2019

China Grain Market Development Report

中国粮食市场发展报告

李经谋　主编

刘文进　副主编

中国财经出版传媒集团

中国财政经济出版社

学术编辑委员会

春天里　拥抱高质量发展的“脉动”

（代　序）　　　郄建伟[1]

今年两会期间，习近平总书记在河南代表团参加审议时指出，“要扛稳粮食安全这个重任”“确保重要农产品特别是粮食供给，是实施乡村振兴战略的首要任务”“要推进农业供给侧结构性改革”“延伸粮食产业链、提升价值链、打造供应链，不断提高农业质量效益和竞争力，实现粮食安全和现代高效农业相统一”。这是在当前复杂特殊的经济形势下，党中央对重农抓粮的再部署，对落实高质量发展要求的再加鞭。

习近平总书记的重要讲话，指明了在更高层次上保障国家粮食安全的方向和路径，体现了党中央对我国国情、农情、粮情的深刻把握，具有很强的政治性、针对性、指导性，为做好粮食工作提供了重要认识论和方法论，也为行业高质量发展提供了重要指导和根本遵循。

---

① 郄建伟，男，1950 年 3 月出生，中共党员，大学本科，经济师。1968 年 7 月参加工作。历任国家计委综合局副处长、国民经济综合司处长，1995 年任国家计委国民经济综合司助理巡视员、副司长。2000 年起任国家粮食局党组成员、副局长。2011 年起任中国粮食行业协会副会长，2012 年起兼任中国粮食行业协会大米分会理事长。

长期以来，习近平总书记高度重视“三农”工作和粮食安全，多次强调对于粮食安全要坚持底线思维、战略思考。刚刚过去的2018年，全国粮食行业主动对标习近平总书记关于粮食工作的重要论述，不忘初心，砥砺奋进，稳妥有序推进机构改革，不断深化收储制度改革，深入实施“优质粮食工程”，扎实推进行业深化改革、转型发展，以新的担当和作为，展现了新时代粮食人忠诚干净的政治品格和善谋实干的工作作风。

这一年，国家粮食和物资储备局如期组建到位，“三定”规定编制、机构人员转隶、内设司局调整等任务顺利完成，职责有序交接，工作平稳过渡，实现了机构改革和业务工作“两不误、两促进”。各省区粮食和物资储备局也基本改革到位，市县部门陆续挂牌，行业职能得到明显加强。

这一年，国际贸易摩擦不断，重要农产品供给保障问题再次凸显。贸易摩擦虽不足以对我国粮食市场产生实质性影响，但也从侧面警示我们：为了规避粮食外部供给的不确定性，要提高粮食综合生产能力，优化粮食种植结构，把握好适度进口的时间与空间，提高国际市场粮源掌控能力，实现由粮食生产大国向粮食产业强国的转变。

这一年，深化粮食收储制度改革，小麦、稻谷最低收购价政策不断完善，价格可升可降，由保增收向保收益转型，执行预案制定更加细化，进一步厘清各方责任，突出质量导向，优质优价特征更加明显。2018年，夏粮市场化收购比重超过90%，秋粮市场化收购比重超过85%，东北地区玉米市场化收购加补贴机制的积极效应不断释放。全国粮食和物资储备部门，统筹组织政策性收购和市场化收购，建立健全粮食收购贷款信用保证基金融资担保机制，各类企业全年收购粮食7 200多亿斤，没有出现“卖粮难”。

这一年，全国粮食行业大力推动优粮优产、优粮优购、优粮优储、优粮优加、优粮优销“五优联动”，引导现代粮食产业体系建设向纵深发展。全国粮食产业经济总产值增幅有望达到10%左右，保持了稳中向好势头。30个省级政府出台落实国务院78号文的实施意见，积极培育粮食产业园区、大力发展特色粮油产业，一批有针对性的政策举措效果显现。粮食产购储加销各环节企业，更加重视科技创新和人才兴粮，不断延伸产业链、完善创新链、提升价值链，向转型升级要效益。

这一年，“优质粮食工程”建设取得新进展，编制完成三年实施规划，支持范围和扶持资金规模进一步扩大，一批兴粮惠农项目见到实效。粮食产后服务体系建设，更加突出实际需求导向，坚持多元主体建设，优化布局和服务功能，实现便民共享。粮食质量安全检验检测体系建设，愈发突出服务功能拓展，推动质检机构转型发展，提高检验监测能力和运行水平。“中国好粮油”行动，更加强调市场品牌认同，吉林大米、陕西小米、广西香米、荆楚大地、齐鲁粮油等一大批粮油公共品牌建设风生水起，有效提升了优质粮油的供给品率和市场影响力。

这一年，也是改革开放40周年。

40年前，我国开启了新中国成立后的伟大转折，40年后，我国书就了波澜壮阔、气势恢宏的历史画卷。

40年前，中国从经济濒临崩溃的边缘走来，40年后，中国化身为带动全球经济快速增长的动力之源，如今已经成长为全球第二大经济体。

习近平总书记在庆祝改革开放40周年大会上的讲话中指出，“40年来……粮票、布票、肉票、鱼票、油票、豆腐票、副食本、工业券等百姓生活曾经离不开的票证已经进入了历史博物馆，忍饥挨饿、缺吃少穿、生活困顿这些几千年来困扰我国人民的问题总体上一去不复返了！”

40年壮阔东方潮！改革开放的伟大转折中，农村改革是突破口。40年前，安徽小岗村18户农民“分田到户”，拉开了我国农村改革的序幕。40年后，我国粮食总产量已经连续7年稳定在6亿吨以上的水平，彻底结束了粮食短缺、低标准、瓜菜代的局面，结束了“凭票供应”“短缺经济”的历史，从根本上解决了国人吃饭的问题，为改革开放的持续深化打下了坚实的基础，加快了壮阔东方潮的涌起。

40年来，粮食产能不断跨上新台阶，人均粮食占有量超过世界平均水平；仓储设施现代化水平处于世界前列，储粮条件显著改善；粮食产品日益丰富，品种结构调整优化，居民粮食消费水平大幅提高，实现了由“吃不饱”向“吃得饱”、进而追求“吃得好”的历史性转变；粮食行业通过“引进来”“走出去”，国际粮食合作规模不断扩大、合作形式不断创新，粮食国际贸易规模持续增加。

2019年是新中国成立70周年，是全面建成小康社会的关键之年。迈向新的一年，我们既要头脑清醒、增强忧患意识，看到经济运行稳中有变、变中有忧，外部环境复杂严峻，经济依然面临下行压力；也要善于从长期大势认清前景，认识到“我国发展仍处在并将长期处于重要战略机遇期”的重大判断没有变，经济发展长期向好的基本面没有变。

习近平总书记参加河南代表团审议时“扛稳粮食安全这个重任”的重要指示，既为全行业的深化改革提出了殷殷要求，也为全行业的转型升级提供了动力支持。

“所当乘者势也，不可失者时也。”正确认识、紧紧抓住、全面用好我国发展的重要战略机遇期，稳扎稳打，真抓实干，中国经济必将迎来高质量发展的美好未来。

“粮食安天下安，粮价稳百价稳。”今年中央 1 号文件提出，在经济下行压力加大、外部环境发生深刻变化的复杂形势下，必须巩固发展农业农村好形势，发挥“三农”压舱石作用，为有效应对各种风险挑战赢得主动，为确保经济持续健康发展和社会大局稳定、如期实现第一个百年奋斗目标奠定基础。

当下，我国粮食产需尽管总量基本平衡，但是优质粮油产品供给不足，大豆产需缺口较大，玉米工业消费快速增长，部分品种阶段性过剩，供给结构还需进一步优化。只有正视这些结构性矛盾，主动求变，加快由增产导向转向提质导向，优化粮食供给结构，构建现代化粮食产业体系，才能把住高质量发展的“脉动”，满足消费升级和人民群众对美好生活的向往，在“巩固、增强、提升、畅通”供给侧结构性改革的主线上行稳致远。

农业农村领域要守住底线，防范风险，首要任务就是确保国家粮食安全。今年中央 1 号文件关于夯实农业基础、保障粮食等重要农产品有效供给的论述，既体现了以习近平总书记为核心的党中央，在治国理政中一以贯之地对粮食安全的高度重视，更是在当前复杂的内外部环境下，对粮食安全的响鼓重锤。

中央 1 号文件强调，将稻谷、小麦作为必保品种，稳定玉米生产，确保谷物基本自给、口粮绝对安全。调整优化农业结构，实施大豆振兴计划，多途径扩大种植面积。实施重要农产品保障战略。加强顶层设计和系统规划，立足国内保障粮食等重要农产品供给，统筹用好国际、国内两个市场、两种资源，科学确定国内重要农产品保障水平，健全保障体系，提高国内安全保障能力。加快推进并支持农业走出去，加强“一带一路”

农业国际合作，主动扩大国内紧缺农产品进口，拓展多元化进口渠道，培育一批跨国农业企业集团，提高农业对外合作水平。

随着农业对外开放程度的不断加大，国内外农产品市场进一步融合，有效应对农产品的国际贸易压力，必须提高农产品的产量和品质，降低生产成本，从而提升我国农产品的国际竞争力。只有提升中国粮食竞争力，才能从根本上抵御国外粮食冲击，才能把中国饭碗牢牢端在中国人的手中，把发展的主动权握在自己的手上。

主动扩大紧缺农产品进口，就是要进一步增强统筹国际、国内两个市场，利用国际、国内两种资源的能力，不仅做好一般性的粮食进口贸易，更要鼓励企业走出去、拓展多元进口渠道，积极主动建立全球性紧缺农产品的供应链。

同时，这也对我国的农产品供给保障管理水平提出新的要求，要构建能够应对新挑战、新格局，满足现代化建设需要，更高质量、更高水平、更富有效率的农产品保障体系。按照立足国内、适度进口的两个路径，不断加强粮食等重要农产品保障能力建设，建设高质量的粮食生产能力、高效率的粮食储备调控能力和高水平的粮食供应链管理能力。

在粮食储备调控能力建设方面，要充分考虑经济下行、复杂格局变化带来的新挑战，适当提高中央储备保障系数，扩大中央储备规模，以应对我国有可能面对的人口峰值的到来，以及国际市场断供、价格急剧波动有可能带来的风险。

总体来看，我国粮食安全保障正处于历史最好水平，但结构性矛盾仍然比较突出。围绕供给侧结构性改革的主线，提升供给品质，满足居民消费新需求，构建更高质量、更有效率、更可持续的粮食安全保障体系，是新时代粮食行业高质量发展的必由之路。

艰难困苦，玉汝于成。中国的发展之路，从来都不是一帆风顺的。有困难和挑战并不可怕，关键是敢于迎难而上，善于化危为机，在攻坚克难中不断开辟发展新境界。

对于迎来新时代的粮食行业来说，新消费、新智造、新零售等一系列新概念不断来袭，在义不容辞地承担起保障国家粮食安全、粮食有效供给使命的同时，更要拥抱经济高质量发展的“脉动”，以新姿态把握新供给，新产品满足新需求，更加重视、提升产品的绿色化、优质化、品牌化、个性化，书写粮食行业高质量发展的新篇章。

生命如铁砧，愈被敲打，愈能发出火花。

在经济下行、形势复杂的双重压力下，全行业当牢记习近平总书记的嘱托，以“而今迈步从头越”的豪情，在这个迎接春天到来的时刻，切实扛稳粮食安全重任，扎实推进供给侧结构性改革，上下求索行业高质量发展之路径，向新中国成立70周年献上粮食人的奋斗答卷。

Embrace the "Pulse" of High-Quality Development in Spring

(Preface)

Qie Jianwei[①]

During the Two Sessions this year, General Secretary Xi Jinping pointed out while participating in discussion with the Henan Delegation: "Shoulder firmly the important responsibility of food security," "Ensuring supply of major agricultural products, especially grain, is the top priority of implementing the Strategy of Rural Revitalization," "Promote the agricultural supply-side structural reform," "Extend grain industry chains, enhance value chains, create supply chains, continuously promote agricultural quality, efficiency and competitiveness, and achieve integration of food security and modern high-quality agriculture." These instructions show the Party Central Committee's rearrangement on giving great importance to agriculture and grain, and its re-urge on implementing the requirement of high-quality development.

General Secretary Xi Jinping's important speech points out the direction and the road to ensure national food security at a higher level, embodies the

---

① Qie Jianwei, male, born in March of 1950, CPC member, is now an economist with bachelor's degree. He started to work in July of 1968, was appointed as Deputy Division Director of the Comprehensive Bureau of the State Planning Commission and Division Director of the National Economic Comprehensive Bureau, and later as Assistant Inspector and Deputy Director of the National Economic Comprehensive Bureau of the State Planning Commission in 1995. In 2000, he was appointed as Party Group Member and Deputy Director of the State Food Administration. Since 2011, he has been serving as Vice President of the China Food Industry Association, and also as Chairman of the Rice Branch of the China Food Industry Association since 2012.

Party Central Committee's deep understanding of China's national, agricultural and grain characteristics, is of great importance in terms of politics, pertinence and guidance, and provides important epistemology and methodology for the grain work, as well as important guidance and basic adherence for implementation of the requirement of agricultural high-quality development.

For a long time, General Secretary Xi Jinping has paid great attention to the work related to "agriculture, rural areas and farmers" and food security, and reiterated for several times adherence to bottom-line thinking and strategic consideration for food security. In 2018, the national grain industry actively took his important instructions on grain work as its work standards, remained true to our original aspiration, forged ahead, carried out organizational reforms in a stable and orderly way, continuously deepened reforms of the purchasing and storing system, deeply implemented the "Quality Grain Project", solidly promoted the industry's further reforms and transformation development, and showed the loyal and clean political qualities and the conscientious and practical working style of the grain workers in the new era.

In 2018, the State Food and Materials Reserve Bureau was established as planned, such tasks as prescribed establishments, transfer of agency personnel, and adjustment of internal agencies were finished smoothly, responsibilities were passed over orderly, and work was transited steadily, realizing both smooth organizational reform and normal business work. Provisional Food and Materials Reserve Bureaus were also basically reformed into place, and the related departments at city and county levels were opened in succession, and the industrial functions were obviously enhanced.

In 2018, along with frequent international trade frictions, the problem of guaranteeing major agricultural products came up again. Trade frictions did not make substantial impact on China's grain market, but it warns us from another aspect: In order to avoid uncertainty in foreign grain supply, we must enhance our comprehensive grain production capability, optimize our grain planting structure, master the right time and space for optimum imports, improve our ability to control international market grain resources, and achieve the transformation from a big grain production country to a powerful grain production country.

In 2018, reforms of the grain purchasing and storing system moved further forward; policies on minimum purchasing prices for wheat and rice were continuously improved, and the prices could rise or fall, transforming from guaranteeing income increase to guaranteeing benefit increase; implementation plans became more detailed, responsibilities of related parties became more specified, quality orientation was more emphasized, and the feature of higher prices for higher qualities became more obvious. In 2018, marketized purchases of harvested grain in summer and in autumn accounted for more than 90% and 85% separately. Positive effects of the mechanism of marketized corn purchases plus subsidies in the northeastern region were continuously released. Food and Materials Reserve Bureaus at all levels nationwide organized policy purchases and marketized purchases in an integrated way, and set up and perfected the financing guarantee mechanism for grain purchase loan credit guarantee fund. Various kinds of enterprises purchased more than 36 billion kilograms of grain, resulting in no "difficulty in selling grain".

In 2018, the national grain industry greatly pushed forward the prioritized production, purchase, reserve, process and sale of quality grain, in order to lead the modern grain industry system building to develop further. The total output of national grain industry economy was expected to grow about 10%, maintaining the trend of being stable and better. 30 provincial governments issued their measures to implement the State Council No. 78 Document, actively cultivated grain industry parks and zones, and made great efforts to develop featured grain and oil industries, resulting in obvious effects of several targeted policies and measures. Enterprises at various links of grain purchase, reserve, process and sale paid more attention to technology innovation and revival of grain industry by talents, continuously extended the industry chain, perfected the creation chain, enhanced the value chain, and sought efficiency through transformation and upgrade.

In 2018, the "Quality Grain Project" made new progress, the 3-year implementation plan was finished, the support scope and the scale of support finance were further enlarged, and several projects for reviving grain industry and benefitting farmers achieved practical results. The after-harvest grain service system put a higher priority on orientation of practical needs, stuck to multiple main body building, optimized overall arrangement and service functions, and realized convenience and sharing. The grain quality and safety inspection and testing system put more stress on service function extension, pushed forward transformation and development of quality inspection agencies, and enhanced the inspection and monitoring ability and operation levels. The "China's Good Grains and Oils" operation paid greater attention to market brand recognition, led such brands as Jilin Rice, Shanxi Millet, Guangxi Fragrant Rice, Jingchu Land, and Qilu Grain and Oil to become more and more popular, and effectively increased supply rate and market influence of quality grains and oils.

2018 was also the 40th anniversary of China's reform and opening up.

40 years ago, China started the great turn since the founding of New China. After 40 years, China has drawn a grand and magnificent historic painting.

40 years ago, China got away from the brink of economic collapse. After 40 years, China has become a major source of driving force to lead rapid growth of global economy, and the second largest economy in the world.

General Secretary Xi Jinping pointed out at the conference celebrating the 40th anniversary of the reform and opening up: "Within the past 40 years… various kinds of coupons and certificates that used to be closed related to people's life, such as the grain coupon, clothing coupon, meat coupon, fish coupon, oil coupon, soybean curd coupon, certificate for purchasing various non-staple food items, industrial product ticket, have all ended up in the historical museum; the problems of food and clothing shortage and hard living used to disturb the Chinese people for thousands of years, but now have gone never to return!"

There has appeared a magnificent oriental current in the past 40 years! In the great turn of the reform and opening up, rural reform was the breakthrough point. 40 years ago, 18 farmers of Xiaogang Village in Anhui divided their collective land to each home, drawing open the curtain of reform and opening up in China's rural areas. After 40 years, China has achieved total grain production of more than 600 million tons for 7 consecutive years, brought a thorough end to the situation of insufficient grain, low standard and melons and vegetables as substitute, as well as the history of "supply by coupon" and "shortage economy", fundamentally solved the problem of providing enough food for its people, laid a solid foundation for further deepening of reform and opening up, and sped up the rise of the magnificent oriental current.

During the past 40 years, China's grain production has continuously reached new levels, with per capita grain possession exceeding the world average; its storing facility modernization is among the best in the world, with grain reserve conditions improving obviously; grain products are more and more diversified, the variety structure adjustment is optimized, and people's grain consumption level is much higher, realizing the historic change from "unable to eat enough" to "able to eat enough" and then to "able to eat well"; through "introducing in" and "going out", the scale of the grain industry's international grain cooperation is more and more bigger, forms of cooperation are constantly innovated, and the amount of international trade keeps growing.

2019 is both the 70th anniversary of the founding of New China and a key year in completely setting up the well-off society. Entering the new year, we should keep sober-minded, enhance awareness of worries and dangers; we should be aware that there are changes and worries with our economic development, that the external environment is complicated and austere, and that our economy is faced with downward pressure; we should also recognize the prospect from the long-term trend and realize that the significant judgment of "China's development is still, and will be for a long time in an important strategic opportunity period" has not changed, and that the fundamentals of long-term good economic development have not changed.

The important instruction made by General Secretary Xi Jinping while participating in discussion with the Henan Delegation, of "Shoulder firmly the important responsibility of food security," is not only a sincere demand to deepening reforms in the whole industry, but also a driving support to the transformation and upgrade in the whole industry.

"Good riders never miss the right trend and time." If we correctly recognize, firmly seize and make comprehensive use of the important strategic opportunity period, and do real practice and hard work steadily, China's economy is bound to greet a beautiful future of high-quality development.

"Food security is the basis of country security, and stable food prices is the basis of other items' stable prices." No. 1 Document of the Central Committee this year points out that, under the complicated circumstance of economy facing more downward pressure and external environment changing profoundly, we must consolidate the good situation in agricultural and rural development, and give full play to the ballast stone of "agriculture, rural areas and farmers", in order to win the initiative to effectively deal with various kinds of risks, and to lay a solid foundation for ensuring sustainable and healthy development of economy and stability of society, and for achieving the goal of the first 100 years as planned.

At present, China's grain production and demand are basically in balance, but there is a lack of supply of high-quality grains and oils, there is a big gap between soybean production and demand, industrial consumption of corn is growing fast, some varieties are in periodical surplus, and the supply structure needs to be further optimized. Only if we face up to those structural contradictions, seek changes actively, speed up the orientation transformation from production increase to quality improvement, optimize the grain supply structure, and establish a modern grain industrial system, can we hold the "pulse" of high-quality development, satisfy consumption upgrades and people's wishes for a better living, and move forward steadily and sustainably along the main line of supply-side structural reform of "consolidating", "strengthening", "enhancing" and "connecting".

We must stick to the bottom line in agriculture and rural areas and counter any risks, and our top priority is to ensure national food security. The statement of No. 1 Document of the Central Committee this year about consolidating agricultural foundation and ensuring effective supply of major agricultural products including grain, embodies the high priority on food security placed and practiced throughout the governance by the Party Central Committee with General Secretary Xi Jinping as its core, and also sends out a loud warning on food security under the current complicated internal and external circumstances.

No. 1 Document of the Central Committee this year emphasizes that we must take rice and wheat as the ensured varieties, stabilize corn production, ensure basic grain self-sufficiency and absolute food grain security. We must optimize agricultural structures, carry out the soybean revival project, and enlarge planting areas through multiple ways. We must implement the strategy of guaranteeing major agricultural products. We must enhance top-level design and system programming, guarantee supply of major agricultural products including grain based on domestic production, make overall use of the domestic and international markets and resources, scientifically set the domestic major agricultural product guarantee level, perfect the guarantee system, and improve domestic food security guarantee capability. We must push and support our agriculture to go out, strengthen international agricultural cooperation along the Belt and Road, proactively enlarge import of agricultural products in shortage at home, broaden diversified import channels, breed a batch of multinational agribusinesses, and enhance foreign agricultural cooperation level.

Along with the speeding up of agricultural opening up to the world and the increasing integration of domestic and international agricultural product markets, in order to effectively cope with the pressure of international agricultural product trade, we must enhance our output and quality of agricultural products, and improve our agricultural products' international competitiveness. Only through improving our grains' competitiveness, can we resist foreign grains' impact fundamentally, hold China's food bowls in our own hands firmly, and grasp the development initiative in our own hands.

Proactively enlarging import of agricultural products in shortage at home, means further strengthening our ability to make overall use of the domestic and international markets and resources. We must not only do general grain import trade, but also motivate our enterprises to go out and explore diversified import channels and actively set up a global supply chain of agricultural products in shortage.

It also raises a new requirement on China's agricultural product supply guarantee management level. We must set up an agricultural product supply guarantee system with higher quality, higher level, and higher efficiency to be able to deal with new challenges and situations and satisfy needs of modernization construction. We must follow the way of relying on domestic production and optimum imports, continuously strengthen our major agricultural product guarantee capability, and establish a high-quality grain production capability, a highly efficient grain reserve regulating capability and a high-level grain supply chain management capability.

In term of building our grain reserve regulating capability, we must give full consideration to the new challenges brought by downward economy and complicated situations, properly raise the central reserve guarantee coefficient, and expand the central reserve scale, in order to tackle the population peak that China might face and the risks that might be caused by international market supply cutoffs and prices fluctuations.

In general, China's food security guarantee is now at the best level in history, but the structural contradiction is still prominent. Enhancing supply quality, meeting people's new consumption needs, and setting up a more quality, efficient and sustainable food security guarantee system along the main line of supply-side structural reform, is the only way for the grain industry's high-quality development in the new era.

Difficulty and hardship is the nurse of greatness. China's development road has never been plane sailing. Difficulties and challenges are not so formidable. What is most important is that we should dare to face up to the difficulties, turn risks into opportunities, and explore new space for development through overcoming difficulties and hardships.

To the grain industry in the new era, a series of new concepts such as new consumption, new intelligent manufacturing and new retailing are coming up one after the other. We must shoulder the mission of guaranteeing national food security and effective grain supply without any hesitation. At the same time, we must also embrace the "pulse" of high-quality economic development, master new supply with new posture, meet new needs with new products, pay greater attention to products' green, quality, brand and personality, and write a new chapter of high-quality development of the grain industry.

Life is like an anvil. The more it is knocked, the more sparks it can send out.

Under the double pressures of downward economy and complicated situations, while greeting the spring, the whole industry must keep in mind General Secretary Xi Jinping's instructions, take on the passion of "restarting from the very beginning", shoulder firmly the responsibility of food security, steadily push forward the supply-side structural reform, explore the road of high-quality development for the industry, and offer the grain workers' striving answers to the 70th anniversary of the founding of New China.

目录

Content

第一部分

2018 年

粮食市场概述

一、中国粮食市场

【内容提要】

2018年，在经济下行压力加大、外部环境发生深刻变化的复杂形势下，以习近平同志为核心的党中央坚持把解决好“三农”问题作为全党工作重中之重，持续加大强农惠农富农政策力度，扎实推进农业现代化和新农村建设，全面深化农村改革，我国农业发展稳中有进，打赢脱贫攻坚战三年行动开局良好，乡村建设迈出新的步伐，农村改革深入推进，农村社会保持和谐稳定，“三农”持续向好形势进一步巩固。农业农村发展取得了实质性成就，为党和国家事业全面开创新局面提供了重要支撑。

2018年，是全面贯彻党的十九大精神的开局之年。在以习近平同志为核心的党中央坚强领导下，全党全国落实党的十九大做出的战略部署，坚持稳中求进工作总基调，按照高质量发展要求，有效应对外部环境深刻变化，迎难而上、扎实工作，宏观调控目标较好完成，三大攻坚战开局良好，供给侧结构性改革深入推进，改革开放力度加大，稳妥应对中美经贸摩擦，人民生活持续改善，保持了经济持续健康发展和社会大局稳定，朝着实现全面建成小康社会的目标迈出了新的步伐。2018年全国粮食产量小幅下降，粮食总产量65 789万吨，比上年减少371万吨，下降0.6%。其中谷物产量61 019万吨，比2017年减少502万吨，下降0.8%；豆类产量1 914万吨，增加72.4万吨，增幅2.1%；薯类产量2 856万吨，增加57.4万吨，增幅0.1%。2018年全国粮食产量仍属于丰收年景，是2004年以来的增产周期中的第四高水平，也是连续第四年稳定在65 000万吨以上水平。2018年，各地按照“藏粮于地、藏粮于技”的发展思路，深入推进农业供给侧结构性改革，调减库存较多的稻谷和玉米种植，扩大大豆种植，因地制宜发展经济作物。初步统计，2018年，全国粮食播种面积17.56亿亩，比上年减少1 428万亩，下降0.8%。2018年，全国粮食作物单产375千克/亩，每亩产量比上年提高0.9千克，增长0.2%（见图1－1－1、表1－1－1）。

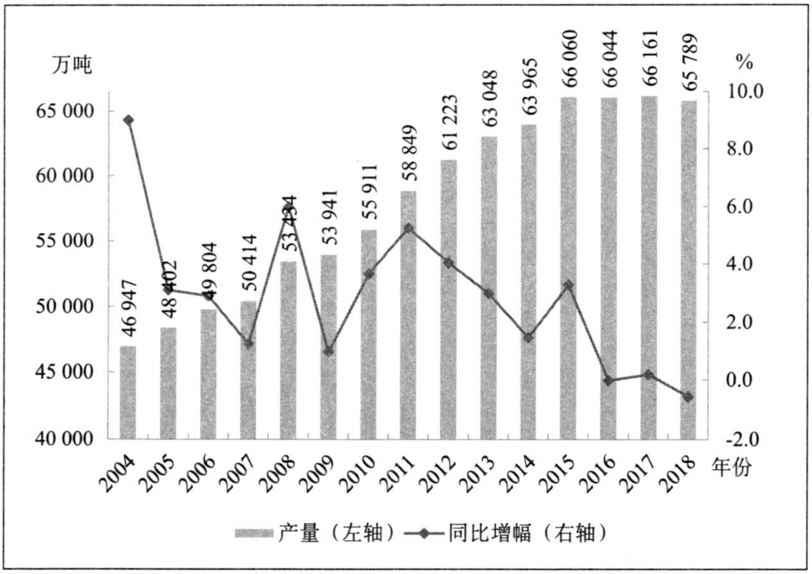

资料来源：国家统计局：《2018年中国统计年鉴》《2018年国民经济和社会发展统计公报》。

图1－1－1　2004—2018年全国粮食产量及增幅

表1－1－1　　2017年和2018年我国粮食产量情况　　单位：万吨，%

	2017年	2018年		
	产量	产量	比上年增减	增减幅度
粮食总产量	66 160.7	65 789.0	－371.7	－0.6
其中：谷物	61 520.5	61 019.0	－501.5	－3.8

续表

	2017 年	2018 年		
	产量	产量	比上年增减	增减幅度
豆类	1 841.6	1 914.0	72.4	2.1
薯类	2 798.6	2 856.0	57.4	0.1

资料来源：国家统计局：《2018 年中国统计年鉴》《2018 年国民经济和社会发展统计公报》。

（一）稳中求进，种植结构调整取得效果

2018 年是我国新一轮农业结构调整的第三年，这一年我国粮食生产再获丰收，党和政府紧紧围绕国家粮食安全战略和乡村振兴战略，以供给侧结构性改革为主线，积极推进农业农村现代化，围绕农业增效、农民增收、农村增绿，加强科技创新引领，加快结构调整步伐，加大农村改革力度，提高农业综合效益和竞争力，取得了良好的成效。2018 年中央继续出台第 15 个涉农中央 1 号文件，加大财政支农投入，完善粮食价格补贴政策，粮食种植业结构调整成效显著。

1. 继续出台第 15 个涉农中央 1 号文件

2018 年 1 月 2 日，中共中央、国务院发布了《中共中央国务院关于实施乡村振兴战略的意见》（以下简称《意见》），这是自 2004 年以来连续出台的第 15 个关于“三农”问题的中央 1 号文件。《意见》分 11 个部分，全面阐述了新时代实施乡村振兴战略的重大意义；实施乡村振兴战略的总体要求；提升农业发展质量，培育乡村发展新动能；推进乡村绿色发展，打造人与自然和谐共生发展新格局；繁荣兴盛农村文化，焕发乡风文明新气象；加强农村基层基础工作，构建乡村治理新体系；提高农村民生保障水平，塑造美丽乡村新风貌；打好精准脱贫攻坚战，增强贫困群众获得感；推进体制机制创新，强化乡村振兴制度性供给；汇聚全社会力量，强化乡村振兴人才支撑；开拓投融资渠道，强化乡村振兴投入保障；坚持和完善党对“三农”工作的领导等方面的工作提出了具体要求。《意见》指出，实施乡村振兴战略，是党的十九大做出的重大决策部署，是决胜全

面建成小康社会、全面建设社会主义现代化国家的重大历史任务，是新时代“三农”工作的总抓手。

2. 加大财政支农投入

2018 年中央财政继续加大支农投入，强化项目统筹整合，完善资金使用管理机制。2018 年中央财政继续安排农业生产发展资金、农业资源及生态保护补助资金、农业生产救灾及特大防汛抗旱补助资金等，支持提升农业发展质量，培育乡村发展新动能；充分发挥财政资金引领作用，因地制宜推广政府与社会资本合作、政府购买服务、贷款贴息等方式，撬动更多金融和社会资本投向农业农村；加快推进农业由增产导向转向提质导向，提升农产品质量安全水平，增加绿色优质农产品供给；鼓励农村创业创新，培育新型职业农民和新型农业经营主体，发展农业适度规模经营；深入推进财政支农专项转移支付资金统筹整合，全面实行“大专项 + 任务清单”管理方式，科学合理确定任务清单，确保中央宏观调控与地方自主统筹平衡兼顾，切实提升政策的精准性、指向性和实效性，提高资金使用效率。2018 年实施的财政重点强农惠农政策有：农民直接补贴（耕地地力保护补贴、农机购置补贴、生产者补贴、棉花目标价格补贴）、支持新型农业经营主体发展、支持农业结构调整、支持农村产业融合发展、支持绿色高效技术推广服务、支持农业资源生态保护和面源污染防治、支持农业防灾救灾、大县奖励政策共计 8 大类别 37 个项目。

3. 完善粮食价格补贴政策

2018 年，国家继续完善粮食价格补贴政策，继续在小麦、稻谷主产区实行最低收购价政策，综合考虑粮食生产成本、市场供求、国内外市场价格和产业发展等各方面因素，首次下调小麦最低收购价，连续第二年下调稻谷全品种最低收购价（其中早籼稻收购价格已连续三年下调），维持大豆、玉米市场化收购加补贴的政策。下调 2018 年生产的小麦（三等）最低收购价至每 50 千克 112 元，比 2017 年下调 3 元，调降幅度为 2.54%；分别下调早籼稻（三等，下同）、中晚稻和粳稻最低收购价格至每 50 千克 120 元、126 元和 130 元，比 2017 年分别下调 10 元、10 元和 20 元，调降幅度分别为 7.69%、7.35% 和 13.33%。在生产补贴方面，

2018 年国家在辽宁、吉林、黑龙江和内蒙古实施玉米及大豆生产者补贴。中央财政将玉米、大豆生产者补贴统筹安排，补贴资金采取“一卡（折）通”等形式兑付给生产者。具体补贴范围、补贴依据、补贴标准由各省（区）人民政府按照中央要求、结合本地实际具体确定，但大豆补贴标准要高于玉米。

总体看来，2018 年粮食补贴政策调整坚持了稳中求进工作总基调，坚持市场化改革取向和保护农民利益并重，着力增强最低收购价政策灵活性和弹性，合理调整最低收购价水平，取得了明显的效果。一是改变了最低收购价只升不降的市场预期，托市收购量大幅减少，市场化购销发挥主导作用；二是引导农民调整种植结构，优质稻谷、小麦的面积逐步扩大，品质逐渐提高，推动我国粮食生产向更绿色和更可持续方向加快转变；三是增强了市场主体活力，激活了下游产业链，粮食加工企业经营状况向好，实现了产业上下游的协调发展。

2018 年，我国粮食种植业结构调整取得明显成效。国家统计局数据显示，2018 年全国谷物播种面积减少，豆类播种面积增加，薯类面积稳定。初步统计，2018 年，全国谷物播种面积 14.95 亿亩，较上年减少 1 619万亩，下降 1.1%，连续两年下降。其中稻谷 4.53 亿亩，比上年减少 837 万亩，下降 1.8%；小麦 3.64 亿亩，比上年减少 360 万亩，下降 1.0%；玉米 6.32 亿亩，比上年减少 404 万亩，下降 0.6%。2018 年，全国豆类播种面积 1.53 亿亩，比上年增加 180 万亩，增长 1.2%，连续两年增加；其中大豆播种面积 1.26 亿亩，比上年增加 232 万亩，增长 1.9%。薯类播种面积 1.08 亿亩，比上年增加 11 万亩，略增 0.1%。2018 年，各地区积极推进农业供给侧结构性改革，湖南、江西两省主动调减单产较低、品质较差的早稻和双季晚稻种植面积 796 万亩，同时增加单产较高、品质较优的中稻和一季晚稻种植面积 348 万亩；黑龙江主动压缩冷凉区域水稻种植面积 249 万亩。贵州、河北两省大力发展经济作物，主动调减玉米种植面积 765 万亩。内蒙古、吉林、河南、山东、安徽等省（区）采取加大政策补贴等措施扶持大豆生产，五省（区）共增加大豆面积 402 万亩（见图 1 -1 -2）。

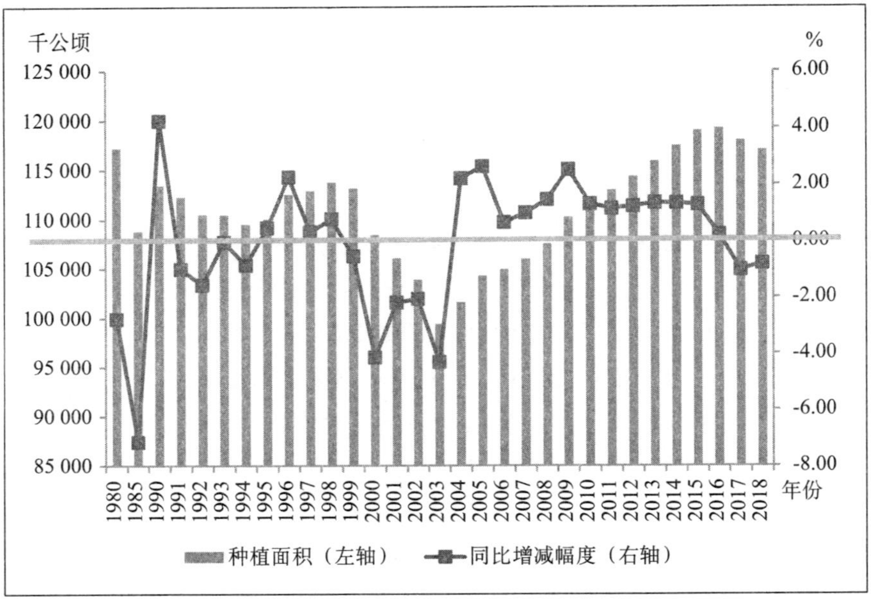

资料来源：国家统计局：《2018年中国统计年鉴》《2018年国民经济和社会发展统计公报》。

图1－1－2　1980—2018年全国粮食种植面积及同比增减幅度

（二）市场购销心态谨慎　粮食收购量下降

2018年，我国粮食生产连续15年丰收，粮食供应充足，受国内经济下行压力加大，非洲猪瘟疫情持续扩散的影响，国内粮食需求疲软，粮食市场供需呈现宽松格局。国家全面下调小麦和稻谷的最低收购价，同步下调临储小麦和稻谷的拍卖底价，小麦托市收购量同比大幅下降；玉米市场化改革深入推进，市场活跃度继续提升，玉米去库存进度超预期，稻谷的库存仍处于上升趋势。

1. 市场购销心态谨慎，市场化收购占比上升

2018年，国家修改完善并及时公布小麦和稻谷最低收购价执行预案，将最低收购价小麦的质量标准从国标五等及以上提高到国标三等及以上，

四等及以下的粮食由各地组织引导市场化收购。夏粮收购开始后，由于小麦和早籼稻市场价格均低于最低收购价水平，在主产省先后启动了最低收购价执行预案，虽然主产区 6 省有 3 省启动了托市收购，但由于达标小麦数量较少，导致政策性小麦收购占比较往年明显下降，市场化收购数量占到了总收购量的九成以上。秋粮上市后，根据秋粮上市和市场价格情况，国家在各主产省先后启动了中晚稻和粳稻最低收购价执行预案。与此同时，有关部门继续通过加强产供销衔接和市场信息发布、支持加工业发展、完善收购贷款信用保证基金、加强跨区域运输保障等措施，激发市场活力，鼓励引导多元市场主体入市收购，拓宽农民售粮渠道。

国家粮食和物资储备局数据显示，截至 2018 年 12 月 31 日，全年各类粮食企业共收购小麦、玉米、粳稻、中晚籼稻、早籼稻、大豆及油菜籽 16 759 万吨，同比下降 21.67%。分品种来看，全部品种收购量均出现不同程度下滑，显示收购市场主体心态谨慎，采购积极性不高，下游需求疲弱。一是政策性收购量下降。由于 2018 年小麦收获时节河南、湖北和安徽等产区出现持续降水，小麦产量、质量大幅下降，符合最低收购价小麦质量要求的数量有限，小麦托市收购量较上年明显下降，小麦收购量同比下降 30.4%。二是国家全面下调小麦和稻谷最低收购价，同时大幅度下调政策性小麦和稻谷的拍卖底价。2018 年小麦拍卖底价分两次下调，全年累计下调 110 元/吨，稻谷拍卖底价全年累计下调 330～770 元/吨，最低收购价和拍卖底价的下调，导致市场购销价格重心下移，市场收购主体获利空间缩小，收购积极性不高，粳稻、早籼稻和中晚籼稻收购量分别同比下降 10.94%、14.99% 和 1.51%。三是下游需求不振。2018 年玉米市场化改革进入第四年，玉米深加工效益良好，全年玉米价格较上年明显上涨，但临储玉米拍卖成交量巨大，加之下半年国内养殖业受到非洲猪瘟疫情持续扩散的打击，下游需求疲软，导致 2018 年玉米收购量下降，同比降幅达 28.95%；大豆、油菜籽也因市场需求疲软出现不同程度的下降。从具体品种来看，据国家粮食和物资储备局统计，截至 9 月 30 日夏粮收购结束，主产区小麦累计收购 5 015.2 万吨，同比减少 2 190.7 万吨；主产区早籼稻累计收购 778.7 万吨，同比减少 121.6 万吨；主产区油菜籽累计收购 112.1 万吨，同比减少 12.7 万吨。截至 12 月 31 日，主产区累计收购中晚稻、玉米和大豆 10 853 万吨，同比减少 2 297 万吨。其中，中晚籼稻 2 936 万吨，同比减少 45 万吨；粳稻 3 402 万吨，同比减少 419 万吨；玉米 4 322 万吨，同比减少 1 761 万吨；大豆 193 万吨，同比减少 72 万吨（见表 1－1－2）。

表 1－1－2　2017—2018 年各类粮食企业分品种累计收购量　单位：万吨

	总计收购量	小麦	玉米	粳稻	中晚籼稻	油菜籽	早籼稻	大豆
2017 年	21 396	7 206	6 083	3 820	2 981	125	916	265
2018 年	16 759	5 015. 2	4 322	3 402	2 936	112. 1	778. 7	193
增减幅度	－21. 67%	－30. 40%	－28. 95%	－10. 94%	－1. 51%	－10. 32%	－14. 99%	－27. 17%

数据来源：国家粮食局（年度数据截至当年 12 月 31 日）。

2. 粮油政策拍卖成交总体增加，玉米和大豆去库存效果超预期

按照稳步有序消化库存的思路，2018 年国家有关部门加大了国家政策性粮油竞价销售的投放量，同时随行就市确定销售底价，合理把握销售时机与节奏，保障了粮油市场的正常供应，促进了产销区市场的有效衔接和平稳运行。中华粮网统计数据显示，2018 年全年累计销售成交政策性粮油 11 980. 6 万吨，同比增加 50%，其中小麦、稻谷和食用油去库存进度明显放缓，而大豆和玉米去库存进度全面提升。分品种来看，玉米成交 10 013 万吨，同比增加 74. 3%；大豆成交 200. 7 万吨，同比增加 830. 8%；小麦成交 866 万吨，同比减少 18. 7%；稻谷成交 857. 5 万吨，同比减少 19. 3%；食用油成交 28. 4 万吨，同比下降 51. 1%。临储大豆拍卖同比增加，主要原因是中美经贸摩擦期间，市场对国内大豆供需缺口存在强烈的预期，加之临储大豆拍卖底价偏低，得到市场青睐。临储玉米拍卖成交率较高，去库存效果超预期，原因一是国内玉米种植面积连续下降，国内玉米产需存在一定的缺口；二是国内玉米价格大幅下跌后，玉米深加工等效益得到持续改善，深加工需求明显增加；三是国内进口替代品数量下降，2018 年中美经贸摩擦导致高粱等替代品进口数量下降。2018 年国家累计投放临储玉米 21 990 万吨，成交 10 013 万吨，同比增加 4 274万吨，增幅高达 74. 5%。累计投放最低收购价小麦 8 000 万吨，实际成交量 866 万吨，同比减少 18. 7%。累计投放最低收购价稻谷 9 848 万吨，实际成交 858 万吨（不含定向及划转），同比减少 11. 4%，其中籼稻

成交量低于上年水平，粳稻成交量明显高于上年水平。累计投放临储大豆523.9万吨，实际成交量200.7万吨，同比增加830.8%。累计投放临储菜籽油65.1万吨，成交量28.4万吨，同比下降68.1%。累计投放临储进口豆油29.3万吨，成交量15.1万吨。

（三）CPI重回2时代　粮价成为“压舱石”

2018年，居民消费价格温和上涨。根据国家统计局的数据，2018年全年居民消费价格比上年上涨2.1%，涨幅较2017年CPI上升0.5%，延续了2012年以来涨幅低于3%的态势，属温和上涨。2018年粮食价格涨幅为0.8%，较2017年下降0.7%，与2010—2011年两位数的涨幅相比，2012—2018年粮食价格涨幅均在5%以内（见表1-1-3），其中2016—2018年粮食价格涨幅均小于2%，2018年涨幅更是首次跌破1%。从2018年粮食价格指数的月度走势来看，基本维持在0.5%至1.2%的窄幅区间震荡，全年走势呈现前高后低的趋势。在居民消费价格分类指数中，粮价波动较小，粮食价格在CPI中依然起着“稳定器”和“压舱石”的作用。

表1-1-3　2010—2018年粮食类居民消费价格指数与CPI

年份	1月	2月	3月	4月	5月	6月	7月	8月	9月	10月	11月	12月	年度CPI
2010年	109.8	109.7	109.5	109.8	110.2	110.4	110.6	110.8	110.9	111.1	111.4	111.8	103.3
2011年	115.1	114.8	114.9	114.6	114.3	113.9	113.7	113.5	113.3	113.2	112.7	112.2	105.4
2012年	106.1	105.7	105.2	104.8	104.6	104.3	104.1	104.0	104.0	104.0	103.9	104.1	102.6
2013年	104.7	104.9	105.0	105.0	105.1	105.1	105.1	105.0	104.9	104.8	104.7	104.6	102.6
2014年	103.1	102.8	102.7	102.8	103.0	103.2	103.3	103.4	103.4	103.5	103.2	103.1	102.0
2015年	102.9	102.9	102.8	102.8	102.7	102.6	102.5	102.4	102.3	102.2	102.1	102.0	101.4
2016年	100.7	100.7	100.6	100.6	100.6	100.6	100.6	100.5	100.5	100.5	100.5	100.5	102.0
2017年	101.2	101.2	101.4	101.5	101.4	101.5	101.6	101.6	101.7	101.6	101.5	101.3	101.6
2018年	101.2	101.1	101.1	101.0	100.9	100.7	100.6	100.5	100.5	100.6	100.6	100.5	102.1

资料来源：根据国家统计局公布的数据整理。说明：（1）粮食指人们用作主食的各种成品粮及其加工品，包括大米、面粉、粗杂粮以及各种粗、细粮制品，不包括薯类、豆类及糕点食品。（2）以上年同期价格指数为100。

2018 年全国主要粮油批发市场主要粮食品种的年度个体价格指数走势分化，除玉米价格指数同比上涨外，其他粮食品种价格指数均有不同程度的下跌，其中粳米和大豆价格跌幅居前，籼米和小麦价格跌幅相对较小。国内玉米市场化购销和去库存进入第三年，玉米去库存进度超预期，市场交易主体对玉米价格相对看好，国内玉米价格触底回升，价格重心整体上移；受 2018 年临储大豆拍卖成交量同比大幅增加的影响，国内国产大豆供应同比增幅明显，而需求并无明显增加，加之第四季度中美经贸摩擦缓和和国内非洲猪瘟疫情扩散，国内大豆价格指数承压下跌。2018 年小麦、晚籼米、早籼米和粳米价格指数均受到最低收购价和拍卖底价下调的影响而下跌。因国内小麦供需偏紧，最低收购价和拍卖底价下调幅度较小，小麦价格指数跌幅较小（见表 1－1－4）。

表 1－1－4　2016—2018 年全国主要粮油批发市场价格指数　（年度个体指数）

年度	2016 年	2017 年	2018 年
白小麦（普通）	204. 30	214. 46	213. 60（－0. 40%）
黄玉米	179. 84	168. 51	184. 40（9. 43%）
粳米	253. 36	249. 14	222. 73（－10. 60%）
早籼米	227. 14	229. 76	224. 19（－2. 42%）
晚籼米	243. 74	248. 82	242. 75（－2. 44%）
大豆（油脂业）	181. 89	179. 84	171. 06（－4. 88%）

资料来源：中华粮网。

说明：基期：1994 年 6 月 =100。括号中为同比涨幅。

（四）经贸摩擦叠加需求疲弱谷物油料进口减少

2018 年，我国粮油进口呈现粮降油升的局面，粮食进口量大幅下降，而食用油进口量小幅增加，国内经济下行压力加大，中美经贸摩擦导致进口成本增加，国内外粮食价格差缩小，使得我国对粮食的进口需求出现明显下降。海关数据显示，2018 年我国谷物和谷物粉进口量为 2 047 万吨，较 2017 年的 2 559 万吨减少 512 万吨，减幅为 20%。2018 年我国大豆进口量 8 803 万吨，较 2017 年的 9 553 万吨减少 750 万吨，减幅为 7. 9%，这是我国大豆进口量自 2011 年以来首次下降。2018 年我国食用植物油进口量 629 万吨，较 2017 年的 577 万吨增加 52 万吨，增幅为 9%，这是我国食用植物油进口量连续第二年增加。加上棕榈油硬脂进口量，2018 年我国植物油进口量在 810 万吨左右。

受国家大幅下调小麦、稻谷最低收购价及降低政策性小麦、稻谷底价的影响，我国优质小麦与进口小麦的价格差缩小，国产大米与东南亚大米的价差大幅缩小，进口小麦和进口大米优势下降，导致小麦、大米进口量明显下滑，而小麦、大米出口同比增幅明显；2018 年玉米进口量同比增加，主要原因是国内玉米价格触底回升，国内外玉米及玉米替代品价格差有所扩大，导致玉米进口同比增加。从分品种的具体数据来看，2018 年饲用谷物品种中玉米进口同比增加 24.6%，大麦进口量同比减少 23.1%，高粱进口同比下降 27.8%，受到高粱反倾销政策的影响导致进口量同比下降；而食用谷物品种中小麦进口量同比下降 33.1%，大米进口量同比下降 55.9%。食用油分品种来看：豆油进口同比减少 16%，菜籽油进口同比增加 67.1%，棕榈油进口同比减少 1.7%。国内临储菜油去库存接近尾声，国内菜油价格高于进口成本，进口菜油有利可图，菜籽油进口量同比大增。出口方面：小麦出口同比增加 79.5%，大米出口同比增加 60.7%（见表 1－1－5）。

表 1－1－5　2013—2018 年我国粮油产品年度进出口数据　单位：千吨

项目	2013 年	2014 年	2015 年	2016 年	2017 年	2018 年	同比
进口							
小麦	5 507.05	2 971.39	2 972.74	3 374.28	4 296.73	2 876.13	－33.1%
稻米	2 244.32	2 598.04	3 349.98	3 534.54	3 992.49	1 760.45	－55.9%
玉米	3 264.88	2 556.55	4 730.04	3 166.95	2 825.45	3 521.51	24.6%
高粱	1 078.00	5 775.70	10 699.69	6 647.58	5 056.79	3 649.82	－27.8%
大麦	2 335.44	5 413.47	10 731.27	5 005.13	8 863.51	6 815.36	－23.1%
大豆	63 375.15	71 398.98	81 740.34	83 230.17	95 536.50	88 030.95	－7.9%
豆油	1 157.59	1 135.47	817.88	560.23	653.45	549.13	－16.0%
油菜籽	3 662.41	5 081.04	4 469.66	3 565.02	4 747.07	4 756.43	0.2%
菜籽油	1 526.83	809.96	815.06	699.75	757.01	1 264.72	67.1%
棕榈油	5 979.07	5 323.89	5 909.66	4 478.53	5 079.48	4 994.50	－1.7%

续表

项目	2013 年	2014 年	2015 年	2016 年	2017 年	2018 年	同比
出口							
小麦	2.52	0.96	5.30	10.54	9.97	7.34	-26.4%
稻米	478.40	419.07	285.94	394.98	1 196.82	769.19	-35.7%
玉米	77.63	20.01	11.07	3.89	85.23	12.02	-85.9%
大豆	208.97	207.07	133.60	127.23	112.21	126.53	12.8%
豆粕	1 070.11	2 090.95	1 695.71	1 876.12	972.90	1 118.11	14.9%

资料来源：中国国家海关总署。

说明：0.00 表示不够一个统计单位。

从年度数据来看，大豆进口量同比下降，原因一是由于中美经贸摩擦引发美国大豆进口成本大幅增加，抑制了国内进口需求；二是国内经济下行压力加大导致肉禽消费需求下降，饲用蛋白需求下降；三是非洲猪瘟导致生猪养殖效益下滑，生猪调出省长期亏损导致豆粕需求下滑；四是国产大豆政策性供应明显增加，临储大豆拍卖成交 200 万吨，使得国内国产大豆供应充足，对进口大豆产生替代效应。

（郑州粮食批发市场　杨京）

二、世界粮食市场

【内容提要】

2018/2019 年度，世界粮食总产量为 26.09 亿吨，减少 1.85%。其中，小麦、粗粮减产，大米增产；世界粮食总消费量 26.52 亿吨，增长 1.4%。其中，小麦、粗粮、大米消费均有增长；当年度粮食产不足消，期末库存减少，为 7.67 亿吨，比期初水平下降 5.33%。其中，小麦、粗粮库存减少，大米库存增加；世界粮食供求安全系数为 28.26%，减少 2.27 个百分点，粮食供求形势继续维持良好状态。其中，小麦为 34.98%，粗粮为 22.58%，大米为 34.4%；世界粮食总贸易量 4.13 亿吨，减少 1.95%。其中，小麦、粗粮、大米贸易量均减少；2018 年，世界市场小麦年度平均价格比上年上涨 15.52%，玉米上涨 6.42%，大米上涨 6.16%。

2018/2019 年度，世界大豆产量增长 5.76%，消费量增长 3.09%，当年度产略大于消，期末库存增长 8.74%，贸易量略增 0.81%。2018 年，世界市场大豆年度平均价格比上年下跌 4.28%。

据联合国粮农组织（FAO）《粮食供需概要》《作物前景与粮食形势》《粮食展望》和美国农业部（USDA）《世界农产品供需预测报告》等机构有关最新（截至 2018 年 3 月）信息资料，现对 2018/2019 年度世界粮食市场形势作如下综合分析。

（一）世界粮食生产

2018年，世界粮食（包括小麦、粗粮和大米三种主要谷物。其中，大米为碾米，由稻谷折算。下同）总产量为26.0863亿吨，低于上年历史最高纪录水平，为历史第三丰产年，比上年减产4 921万吨，减少1.85%。三种主要粮食品种小麦、粗粮减产，大米增产，大米产量创历史最高纪录水平。发达国家粮食产量比上年减少3.1%，发展中国家减少0.9%。

2018年，世界粮食总产量构成比例是：小麦占27.92%，比上年下降0.655个百分点；粗粮占52.34%，比上年下降0.016个百分点；大米占19.74%，比上年提高0.671个百分点。

2018年，三种主要粮食品种的具体生产情况为：小麦产量为7.2829亿吨，比上年减产3 116万吨，减少4.1%；粗粮产量为13.6543亿吨，比上年减产2 619万吨，减少1.88%。其中，玉米产量为11.0116亿吨，占粗粮产量的80.65%，比上年增产2 493万吨，增长2.32%；大米产量为5.1491亿吨，比上年增产814万吨，增长1.61%（见表1－2－1）。

表1－2－1　2016—2018年世界粮食生产情况　单位：百万吨

品　种	2016年	2017年	2018年	2018年比上年增减（%）
粮食合计	2 612.57	2 657.84	2 608.63	－1.85
其中：小麦	756.91	759.45	728.29	－4.10
粗粮	1 353.70	1 391.63	1 365.43	－1.88
大米	501.97	506.77	514.91	1.61

资料来源：联合国粮农组织（FAO）。

近10年来，世界粮食产量变化特点是：总体上呈1.6%的小幅度增长趋势，但年度间增减互现，总体波动不大。2014年增长幅度1.8%，2015年减少幅度1.2%，随后两年小幅度增长，2018年略减。其中，低收入缺粮国粮食产量除2015年减产外，基本上呈增长趋势，近10年趋势增长率略高于同期世界平均水平（见表 1－2－2）。

表 1－2－2　　近年来世界粮食生产变化情况　　单位：%

指　　标	年趋势增长率	与上年相比的产量增长率				
时　　间	2008—2017 年	2014 年	2015 年	2016 年	2017 年	2018 年
世界粮食产量变化情况	1.6	1.8	－1.2	2.8	1.7	－1.9
低收入缺粮国粮食产量变化情况	2.1	2.9	－3.8	4.7	3.6	1.3
除印度外其他低收入缺粮国粮食产量变化情况	2.3	5.3	－2.5	4.3	1.4	1.2

资料来源：联合国粮农组织（FAO）。

（二）世界粮食消费

2018/2019 年度，世界粮食总消费量为 26.5152 亿吨，比上年度增加 3 648 万吨，增长 1.4%，与当年粮食总产量 26.0863 亿吨相比，产不足消，产消缺口 4 288 万吨，这意味着需要调用库存予以消费一定补充，由于产消缺口不大，粮食供求形势继续维持良好状态。

进入新世纪近 19 年来，世界粮食产消形势可以分为五个阶段来分析：第一阶段，即 2000/2001—2003/2004 年度，世界粮食供求形势持续趋紧阶段，连续 4 年产不足消，4 年累计粮食短缺量为 2.1541 亿吨，均是靠挖库存弥补产消缺口，致使粮食供求形势持续偏紧；第二阶段，即 2004/2005—2007/2008 年度，世界粮食供求形势严峻阶段，产大于消年度 3 个，产不足消年度 1 个，4 年累计粮食产消剩余量为 1 873 万吨。即便这 4 个年度产消相抵有剩余，但因第一阶段产消缺口巨大，致使期末库存量与消费量之比在 2006/2007、2007/2008 年度处于近 10 年来的最低水平，粮食供求形势处于偏紧甚至严峻状态；第三阶段，即 2008/2009—2012/2013 年度，世界粮食供求形势波动趋好阶段，产大于消年度 3 个，产不足消年度 2 个，5 年累计粮食产消剩余量为 1.1792 亿吨，对期末库存有较大程度弥补，缓解了持续多年粮食供求形势偏紧的状态；第四阶段，即

2013/2014—2017/2018 年度，世界粮食供求形势宽松阶段，全部为产大于消年度，且年度产消剩余较大，5 年累计粮食产消剩余量为 2. 9865 亿吨，对期末库存又有较大程度弥补，粮食供求形势恢复为较为安全状态甚至偏好的状态；第五阶段（暂界定），即 2018/2019 年度，又转为产不足消，但本阶段尚只有一个年度，是否能成为一个新阶段尚有待观察。从第一至第五阶段的 19 年间，累计粮食产消剩余量为 1. 7701 亿吨，粮食供求形势总体呈供大于求格局（见表 1 –2 –3）。

表 1 –2 –3　近年来世界粮食产消形势变化情况　单位：万吨

<table>
<tr><th>第一阶段</th><th>2000/2001 年度</th><th>2001/2002 年度</th><th>2002/2003 年度</th><th>2003/2004 年度</th><th colspan="2">4 年累计</th></tr>
<tr><td>产量—消费量</td><td>–3 280</td><td>–1 970</td><td>–9 610</td><td>–6 681</td><td colspan="2">–21 541</td></tr>
<tr><td>第二阶段</td><td>2004/2005 年度</td><td>2005/2006 年度</td><td>2006/2007 年度</td><td>2007/2008 年度</td><td colspan="2">4 年累计</td></tr>
<tr><td>产量—消费量</td><td>4 941</td><td>1 340</td><td>–4 525</td><td>117</td><td colspan="2">1 873</td></tr>
<tr><td>第三阶段</td><td>2008/2009 年度</td><td>2009/2010 年度</td><td>2010/2011 年度</td><td>2011/2012 年度</td><td>2012/2013 年度</td><td>5 年累计</td></tr>
<tr><td>产量—消费量</td><td>10 003</td><td>3 747</td><td>–2 407</td><td>2 358</td><td>–1 909</td><td>11 792</td></tr>
<tr><td>第四阶段</td><td>2013/2014 年度</td><td>2014/2015 年度</td><td>2015/2016 年度</td><td>2016/2017 年度</td><td>2017/2018 年度</td><td>5 年累计</td></tr>
<tr><td>产量—消费量</td><td>10 724</td><td>7 889</td><td>2 774</td><td>4 197</td><td>4 281</td><td>29 865</td></tr>
<tr><td>第五阶段</td><td>2018/2019 年度</td><td colspan="5">19 年累计</td></tr>
<tr><td>产量—消费量</td><td>–4 288</td><td colspan="5">17 701</td></tr>
</table>

资料来源：根据联合国粮农组织（FAO）有关资料测算。

2018/2019 年度，世界粮食总消费量的构成比例是：小麦占 27. 97%，比上年度减少 0. 24 个百分点；粗粮占 52. 82%，比上年度增加 0. 33 个百分点；大米占 19. 21%，比上年度减少 0. 09 个百分点。

2018/2019 年度，预计三种主要粮食品种的具体消费情况为：小麦消费量为 7. 4176 亿吨，比上年度增加 395 万吨，增长 0. 54%；粗粮消费量为 14. 0049 亿吨，比上年度增加 2 795 万吨，增长 2. 04%。其中，玉米消费量 11. 3379 亿吨，占粗粮消费量的 80. 96%，比上年度增加 4 808 万吨，增长 4. 43%；大米消费量 5. 0927 亿吨，比上年度增加 459 万吨，增长 0. 91%（见表 1 –2 –4）。

表 1-2-4　2016/2017—2018/2019 年度世界粮食消费情况　单位：百万吨

品　种	2016/2017 年度	2017/2018 年度	2018/2019 年度	2018/2019 比上年度增减（%）
粮食合计	2 570.60	2 615.03	2 651.52	1.40
其中：小麦	734.47	737.81	741.76	0.54
粗粮	1 336.97	1 372.54	1 400.49	2.04
大米	499.16	504.68	509.27	0.91

资料来源：联合国粮农组织（FAO）。

（三）世界粮食贸易

2018/2019 年度，世界粮食总贸易量为 4.1337 亿吨，比上年度减少 821 万吨，下降 1.95%，三种主要粮食品种中，小麦、粗粮、大米贸易量均减少。

2018/2019 年度，世界粮食总贸易量的构成比例是：小麦占 41.37%，比上年度减少 0.59 个百分点；粗粮占 47.23%，比上年度增加 0.61 个百分点；大米占 11.4%，比上年度减少 0.02 个百分点。

2018/2019 年度，三种主要粮食品种的具体贸易情况为：小麦贸易量为 1.71 亿吨，比上年度减少 588 万吨，下降 3.32%；粗粮贸易量为 1.9524 亿吨，比上年度减少 133 万吨，下降 0.68%；大米贸易量预计在 2019 日历年为 4 712 万吨，比上年减少 101 万吨，下降 2.09%（见表 1-2-5）。

表 1-2-5　2016/2017—2018/2019 年度世界粮食贸易情况　单位：百万吨

品　种	2016/2017 年度	2017/2018 年度	2018/2019 年度	2018/2019 比上年度增减（%）
粮食合计	405.17	421.58	413.37	-1.95
其中：小麦	176.28	176.88	171.00	-3.32
粗粮	180.68	196.57	195.24	-0.68
大米	48.22	48.13	47.12	-2.09

资料来源：联合国粮农组织（FAO）。

（四）世界粮食库存

根据对2018/2019年度世界粮食总产量和总消费量的最新估计，当年度世界粮食产量略低于消费量，世界粮食期末库存量将降至7.6651亿吨，与本年度期初水平相比减少4 318万吨，下降5.33%。

2018/2019年度，世界粮食期末库存的构成比例是：小麦占34.53%，比上年度增加0.53个百分点；粗粮占42.3%，减少2.4个百分点；大米占23.18%，增加1.87个百分点。

2018/2019年度，世界三大粮食品种期末库存量具体情况是：小麦库存量为2.6467亿吨，减少1 064万吨，下降3.86%；粗粮库存量为3.242亿吨，减少3 766万吨，下降10.41%；大米库存量为1.7764亿吨，增加512万吨，增长2.97%（见表1－2－6）。

表1－2－6　2016/2017—2018/2019年度世界粮食库存情况　单位：百万吨

品　种	2016/2017年度	2017/2018年度	2018/2019年度	2018/2019比上年度增减（%）
粮食合计	772.80	809.69	766.51	－5.33
其中：小麦	254.53	275.31	264.67	－3.86
粗粮	349.86	361.85	324.20	－10.41
大米	168.42	172.53	177.64	2.97

资料来源：联合国粮农组织（FAO）。

2018/2019年度，在世界小麦库存量中，主要出口国或地区（阿根廷、澳大利亚、加拿大、欧盟、哈萨克斯坦、俄罗斯联邦、乌克兰和美国）拥有的库存量为6 790万吨，比上年度减少1 580万吨，下降18.88%。

2018/2019年度，在世界粗粮库存量中，主要出口国或地区（阿根廷、澳大利亚、巴西、加拿大、欧盟、俄罗斯联邦、乌克兰和美国）拥有的库存量为1.112亿吨，比上年度减少1 470万吨，下降11.68%。

2018/2019年度，在世界大米库存量中，主要出口国（印度、巴基斯坦、泰国、美国和越南）拥有的库存量为3 490万吨，比上年度增加280

万吨，增长 8.72%。

2018/2019 年度，世界粮食供求安全系数（本年度期末库存量与下年度消费量的比率）为 28.26%，比上年度减少 2.27 个百分点，比近 11 年来最低水平的 2007/2008 年度的 20.18% 高出 8.08 个百分点，远高于世界粮食供求安全指标 17% ~18% 的警戒线水平。近 21 年来，世界粮食供求安全系数最高的年度是 1998/1999 年度和 1999/2000 年度，均为 33%。随后，世界粮食供求安全系数基本上一路下降，2004/2005 年度止降回升，2005/2006 年度继续有所回升，2006/2007 年度又比上年度急剧下降，2007/2008 年度又比上年度略微下降，为历史的谷底水平。2008/2009 年度反弹至 23.6%，比上年度增加 3.4 个百分点，扭转了粮食欠安全的状态。随后几年，基本上稳定在 23% ~25% 的水平，呈小幅度波动态势。从 2014/2015 年度起，提升并稳定在 28% 以上的水平，期间最高水平为 2017/2018 年度，达到 30.54%。2018/2019 年度，主要出口国粮食供求安全系数为 16.68%，比上年度减少 1.31 个百分点。

2018/2019 年度，世界主要粮食品种的供求安全系数：小麦为 34.98%，比上年度减少 2.14 个百分点；粗粮为 22.58%，比上年度减少 3.25 个百分点；大米为 34.4%，比上年度增加 0.52 个百分点。

（五）世界粮食价格

2018 年，三大粮食品种价格走势具体为：

1. 小麦价格

2018 年，国际市场小麦年度平均价格（美国 1 号硬红冬麦，西北太平洋港口交货价）为 239.34 美元/吨，比上年上涨 15.52%。从分月份价格走势看，全年呈较大幅度波动态势，1—5 月份价格总体呈上涨态势，6—9 月份呈波动态势，期间 8 月份到达年度最高价 257.19 美元/吨，9 月份价格较大幅度下跌，10—12 月份价格又反转小幅度上涨。12 月份价格为 245.10 美元/吨，比上月上涨 4.77%，比上年同期上涨 12.21%。1—12 月份，各月份均高于上年同期水平（见图 1 -2 -1）。

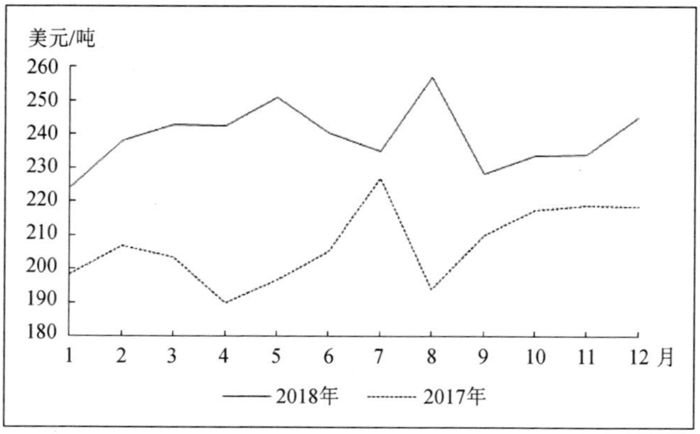

图 1－2－1 国际市场小麦价格走势图

2. 玉米价格

2018 年，国际市场玉米年度平均价格（美国 2 号黄玉米，海湾地区交货价）为 164. 44 美元/吨，比上年上涨 6. 42%。从分月份价格走势看，全年呈较大幅度波动态势，1—5 月份价格呈较大幅度上涨态势，5 月份到达年度最高价 178. 97 美元/吨，随后在 6—7 月份较大幅度下跌，8—9 月份价格小幅波动，10—12 月份价格又反转小幅度上涨。12 月份价格为 167. 38 美元/吨，比上月上涨 4. 11%，比上年同期上涨 12. 35%。1—12 月份，除 1 月份、7 月份价格略低于上年同期水平外，其他月份价格均高于上年同期水平（见图 1－2－2）。

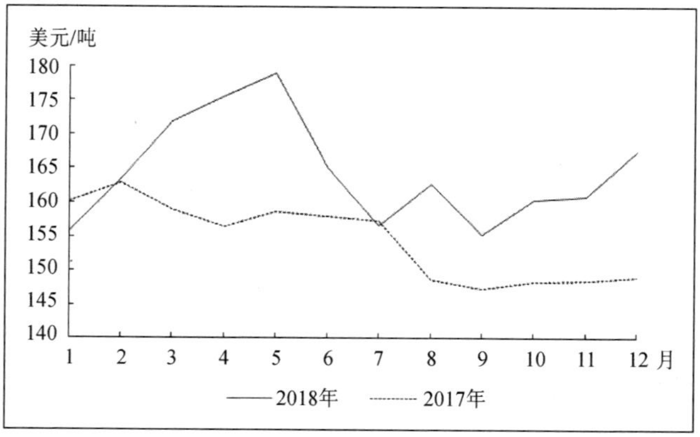

图 1－2－2 国际市场玉米价格走势

3. 大米价格

2018 年，国际市场大米年度平均价格（泰国曼谷大米离岸价，破碎率 25%）为 407. 79 美元/吨，比上年上涨 6. 16%。从分月份价格走势看，上半年呈先上涨、再下行态势，下半年呈水平微幅度波动态势，1—2 月份价格小幅度上涨，3 月份下跌，4—5 月份价格小幅度上涨，5 月份为年度最高价 436. 68 美元/吨，随后 6—7 月份呈持续下降走势，8—12 月份微幅度波动。12 月份价格为 394. 19 美元/吨，比上月略涨 0. 82%，比上年同期略涨 0. 55%。1—12 月份，除 6—7 月份价格略低于上年同期水平外，其余各月价格均高于上年同期水平（见图 1 -2 -3）。

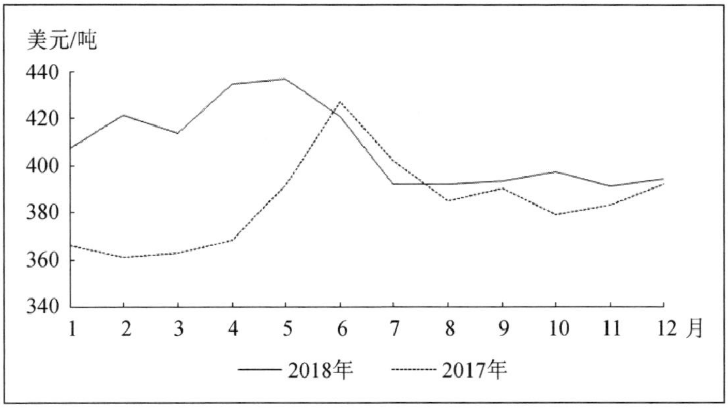

图 1 -2 -3　国际市场大米价格走势

（六）世界大豆市场

1. 大豆生产

2018 年，世界大豆产量 3. 6008 亿吨，增产 1 961 万吨，增长 5. 76%。其中，美国 1. 2366 亿吨，比上年增产 359 万吨；巴西 1. 165 亿吨，减产 430 万吨；阿根廷 5 500 万吨，增产 1 720 万吨；中国 1 590 万吨，增产 70 万吨。美国、巴西、阿根廷产量合计 2. 9516 亿吨，占世界大豆产量的

81.97%，三国份额分别为34.34%、32.35%、15.27%。

2. 大豆消费

2018/2019年度，世界大豆消费量为3.4849亿吨，比上年度增加1 044万吨，增长3.09%。其中，用于压榨消费3.0385亿吨，占大豆总消费量的87.19%，增加872万吨，增长2.96%。本年度大豆压榨量居世界前几位的国家或地区是：中国8 800万吨，比上年度减少200万吨；美国5 715万吨，增加122万吨；阿根廷4 300万吨，增加607万吨；巴西4 270万吨，减少182万吨；欧盟1 660万吨，增加165万吨；墨西哥550万吨，增加25万吨；日本235万吨，与上年持平。

3. 大豆贸易

2018/2019年度，世界大豆贸易量为1.542亿吨，比上年度增加124万吨，增长0.81%。主要出口国是：巴西7 950万吨，比上年度增加332万吨；美国5 103万吨，减少692万吨；阿根廷630万吨，增加419万吨。主要进口国或地区是：中国8 800万吨，减少610万吨，占世界贸易量57.07%；欧盟1 580万吨，增加122万吨；墨西哥523万吨，增加36万吨；日本330万吨，增加4万吨。

4. 大豆库存

2018/2019年度，世界大豆产量增长5.76%，消费增长3.09%，当年度产略大于消，期末库存略有增加。世界大豆期末库存为1.0717亿吨，比上年度期末库存（也即本年度期初库存）增加861万吨，增长8.74%。其中，主产国中，阿根廷2 975万吨，比期初库存增加485万吨；美国2 449万吨，增加1 257万吨；巴西2 373万吨，减少780万吨；主消国中，中国2 222万吨，减少130万吨。

5. 大豆价格

2018年，国际市场大豆年度平均价格（美国1号黄豆，海湾地区交货价）为355.97美元/吨，比上年下跌4.28%。从分月份走势看，全年呈剧烈波动态势，1—4月份价格呈持续上涨态势，4月份到达年度最高价

402. 48 美元/吨，5—9 月份价格持续大幅度下跌，9 月份到达年度最低价 308. 45 美元/吨，10—12 月份价格呈小幅度上涨态势。12 月份价格为 338. 28 美元/吨，比上月上涨 2. 46%，比上年同期下跌 7. 78%。1—12 月份，除 3—6 月份价格高于上年同期水平外，其余各月价格均低于上年同期水平（见图 1 -2 -4）。

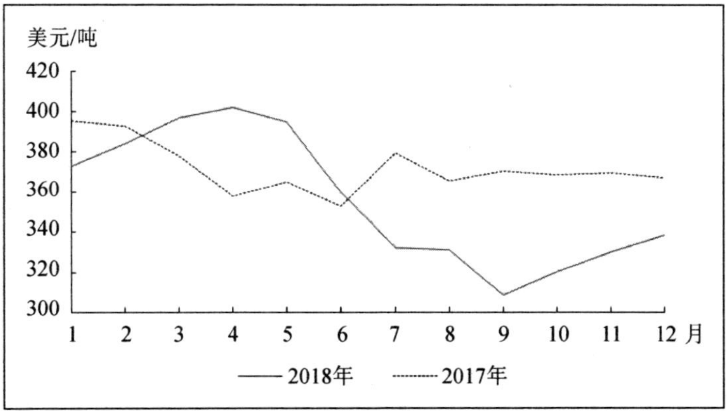

图 1 -2 -4　国际市场大豆价格走势

说明：

（1）本报告的粮食口径为谷物，即小麦、粗粮和大米，不包括豆类和薯类。粗粮口径为除小麦、大米以外的谷物。大米口径为碾米，由稻谷折算。

（2）由于各国（地区）粮食生产的季节差异，世界粮食产量、消费量和期末库存数据均以各国（地区）的粮食市场年度为准。各国（地区）的粮食市场年度与其不同品种的市场年度并不完全一致，但分国别（地区）的粮食市场年度基本保持稳定，因而年度汇总数据具有可比性。

产量数据系指市场年度所列第一个年份日历年（1—12 月）的产量。例如，市场年度 2018/2019 年度的产量，系指 2018 年日历年的产量。

期末库存数据得自各国（地区）市场年度期末结转库存总量，因此不反映某时间点世界库存水平。由于各国（地区）的市场年度不完全相同，期末库存可能不完全等于供给量（产量 + 期初库存）与消费量之差。

小麦和粗粮贸易量系指市场年度所列第一个年份 7 月/第二个年份 6 月的销售年度的出口量，大米贸易量系指市场年度所列第二个年份日历年（1—12 月）的销售年度的出口量。大豆市场年度系指所列第一个年份 10 月/第二个年份 9 月。

（3）由于有关国际组织、机构和国家及地区根据掌握的最新信息情况，一直在对世界粮食产量、消费量、贸易量与期末库存数据等进行动态调整，所以本书中的历史数据与往年书中的数据可能并不完全相同。

（4）低收入缺粮国系指人均收入水平低于世界银行用于确定接受国际开发协会援助资格水平（即 2013 年为 1 985 美元）的缺粮国。根据粮食援助政策及计划委员会商定的准则和标准，在分配粮食援助时应优先考虑这些国家。

（农业农村部信息中心　刘桂才）

第二部分

中国粮食市场主要品种供求形势

一、小麦市场分析

【内容提要】

回顾2018年，我国小麦因气候灾害，导致产量有所下降，质量也受到不同程度影响；托市收购标准进一步收紧，市场化收购占到小麦总体收购量的90%以上；受经济运行疲弱影响，小麦消费呈“旺季不旺、淡季更淡”的特征，加之国家两次下调托市小麦交易底价，小麦行情难有更好表现；由于中美贸易之间的不确定性及国内消费不振，进口小麦数量明显减少。小麦最低收购价政策在2019年继续执行，但托市价格连续第二年下调。

2019年，我国将继续深化供给侧结构性改革，坚持推动高质量发展，强化逆周期调节，妥善应对复杂的内外部环境，确保经济运行在合理区间。展望2019年，我国小麦丰收基础牢固，市场供应宽松，消费维持平稳；政策价格调整、库存结构优化或将是小麦市场的主基调。预计2019年国内小麦价格不会出现大幅震荡走势，在合理区间平稳运行将是大概率事件。

（一）2018年我国小麦供需形势回顾

1. 产量质量双下降，种植收益有所下滑

2018年，我国小麦产量尽管较2017年有所减少，但依旧处于较高水平。据国家统计局发布数据，小麦总产量13 143万吨，同比减少290万吨，减幅2.2%；播

种面积较 2017 年下降 240 千公顷，至 24 268 千公顷，降幅不足 1%。因灾导致小麦单产减少是小麦总产下滑的主要原因（见图 2－1－1）。

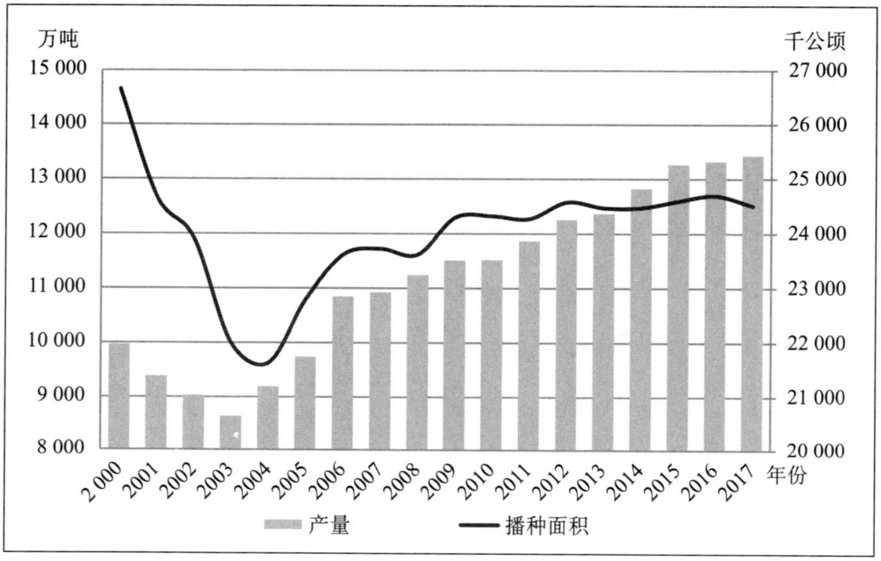

数据来源：国家统计局。

图 2－1－1　2000—2018 年我国小麦产量与面积

在生长及收获期间，主产区受倒春寒、强降雨、干热风等灾害性气候侵扰，小麦质量受到不同程度影响。特别是江淮小麦产区，不完善粒超标、毒素超标等现象较为突出。

受产量和质量下滑影响，2018 年农户的亩均收益相比上年有所减少。以河南为例，据综合测算，如不计算土地及人工成本，2018 年小麦的综合亩均收入约 840 元，较 2017 年减少约 130 元。

2. 国内消费减幅收窄，基础消费刚性增强

2017/2018 年度我国小麦总消费量为 12 350 万吨，相比 2016/2017 年度增加 1 078 万吨，增幅 9.6%。其中，制粉消费量同比略增，饲用消费及损耗大幅增加，达 87.5%，工业消费及种用消费也增加明显，增幅分别为 26.7% 和 27.2%（见表 2－1－1）。

表 2-1-1　　　　中国小麦供需平衡表　　　　单位：千公顷，千吨

项　目	2016/2017 年度	2017/2018 年度 12 月份预测值	2018/2019 年度 12 月份预测值
播种面积	24 187	24 508	24 267
生 产 量	128 845	134 334	131 432
进 口 量	4 253	3 685	2 800
新增供给	133 098	138 019	134 232
制粉消费	92 500	93 000	92 800
其中：面粉	69 375	69 750	69 600
次粉	4 625	4 650	4 640
麸皮	18 500	18 600	18 560
饲用及损耗	8 000	15 000	18 000
工业消费	7 500	9 500	12 000
种用量	4 710	5 992	6 000
年度国内消费	112 710	123 492	128 800
出口量	0	12	12
年度总消费	112 710	123 504	128 815
年度结余量	20 388	14 515	5 417

数据来源：国家粮油信息中心。

制粉消费基本平稳反映出国内口粮消费基础稳定，但增量不足的特点；饲用消费及损耗的数量大幅增加的主要原因是，2018 年夏收小麦不完善粒超标现象明显，被大量用作饲料原料；同样，品质难以达标的小麦也被大量加工成工业用粉。

3. 小麦进口显著下降

2018 年，我国累计进口小麦 311 万吨，较 2017 年减少 119 万吨，减幅 27.6%（见图 2-1-2）。

小麦进口相比上年明显下降的主要原因：一是中美贸易摩擦制约中国继续大量从美国进口小麦，加之人民币汇率因素，也让企业进口小麦的成本相比往年有所提升；二是国内优质小麦价格总体走弱，企业需求相对放缓，在关税配额限制下，扩大进口的意愿不强。但应看到 2017 年进口小

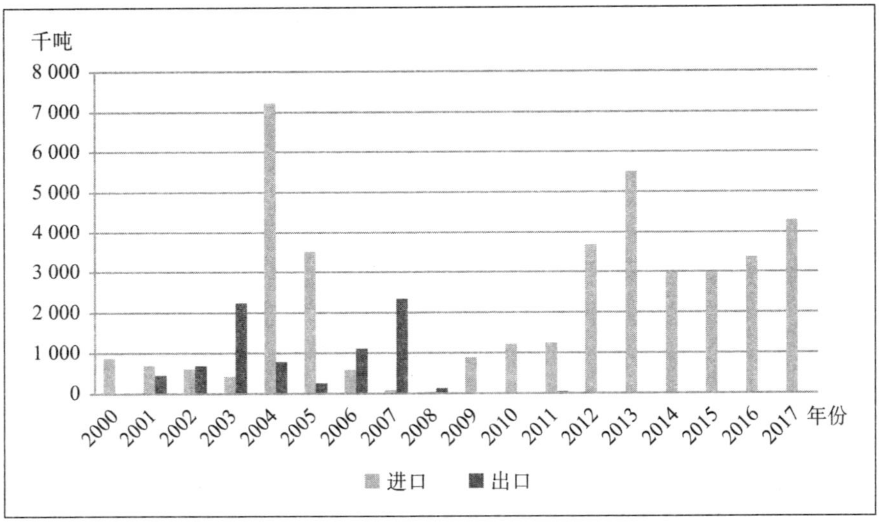

数据来源：国家海关总署。

图 2－1－2　2000—2018 年中国小麦进口及出口情况

麦数量是近五年最高水平，2018 年进口量尽管相比 2017 年明显下降，但依旧处于近年来较高水平。

（二）2018 年我国小麦市场行情回顾

1. “漏斗形”行情，多年来少见

2018 年，我国主产区小麦供需格局总体宽松，除了夏粮收购初期小麦价格出现一波深跌并快速提升之外，全年小麦行情运行呈“上有顶，下有底”的态势（见图 2－1－3）。回顾来看，价格走势主要可以分为三个阶段：

第一阶段（1 月至 5 月中旬）：终端消费不旺，加之国家两次下调临储小麦交易底价，导致 2018 年前 5 个月小麦呈现弱势下行态势。一季度，由于宏观运行压力不减，终端消费受到抑制，同时，国家下调临储小麦交易底价，各级储备轮出、民营企业抛售等使市场供应增加，导致主产区小麦收购价在 2 480～2 640 元/吨区间弱势徘徊。3 月中旬后，国内主产区

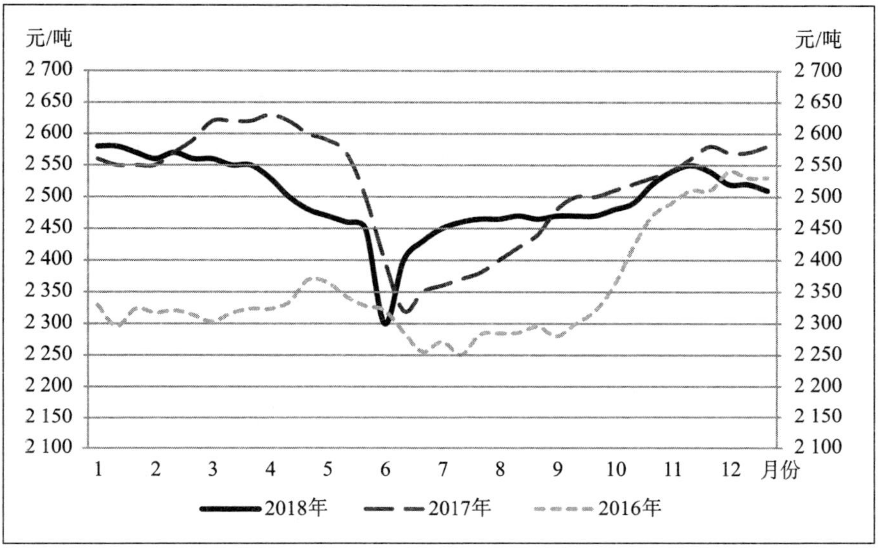

数据来源：郑州粮食批发市场，中华粮网。

图 2-1-3　郑州粮食批发市场白小麦（三等）价格走势

小麦价格稳步走低，至 5 月中旬，主产区小麦价格跌落至 2 360 ~ 2 520 元/吨之间，价格下滑幅度超过近 3 年来的平均水平。

第二阶段（5 月中旬至 7 月上旬）：由于小麦收获期恶劣天气不断，减产降质预期强烈，小麦新上市之初价格混乱无序。主要表现：一是新麦上市时基层开秤收购价格很低，但在短期内价格反弹极快；二是同一地区的小麦之间等级价差、品质价差明显拉大；三是质量符合标准的优质强筋或弱筋品种小麦价格涨幅明显；四是农民惜售心理浓厚，导致市场出现明显的单边上涨态势。7 月份后，随着大中型加工企业逐步完成计划收储数量，收购节奏放缓，基层粮点出货意愿提升，随意调价的现象减少，前期涨幅过高地区的小麦价格也回归理性，新小麦市场行情逐步走稳。至 7 月上旬，主产区标准品质普麦的入库价格在 2 400 ~ 2 500 元/吨，不完善粒及毒素超标小麦价格多在 1 600 ~ 2 300 元/吨不等。

第三阶段（7 月中旬至 12 月底）：7 月中旬至 9 月底，由于市场上购销对峙、好坏掺混，国内主产区标准品质小麦收购价在 2 440 ~ 2 520 元/吨区间持续平缓运行近三个月。国庆长假过后，市场上标准品质小麦数量十分有限，加工企业逐步上调收购价格。标准品质小麦价格升至

2 480～2 600元/吨区间，不完善粒及毒素超标的小麦也缓步涨至 2 200～2 380 元/吨。由于国家加大了对市场的投放力度，企业到货量不断增加，加上传言“进一步下调托市小麦交易底价”，企业采购心态收紧并下调挂牌收购价格，宏观经济运行不振也制约了终端消费总量。从 11 月下旬开始，主产区小麦价格弱势下行。至 2018 年底，华北地区小麦挂牌收购价格基本稳定在 2 480～2 520 元/吨，其他地区小麦价格在 2 360～2 460 元/吨区间。

2. 收购标准严格执行，收购进度迟缓总量下滑

回顾来看，2018 年夏粮收购主要特点有四：

一是政策收紧，收购标准趋严。据 2018 年 5 月中旬发布的《小麦和稻谷最低收购价执行预案》，首先，政策执行起始时间适度延后，从往年的 5 月 21 日推迟至 6 月 1 日；其次预案的启停条件调整为“市场价格连续 3 天低于最低收购价格水平时”，而停止调整则为“当市场价格回升到最低收购价格水平以上时”；再次是托市收购的质量标准从过去的国标五等以上提升至国标三等以上，而三等以下的粮食由各地组织引导市场化收购；最后，对不符合食品安全要求的粮食，严控流入口粮市场，并鼓励各类经营主体开展市场化购销。同时，对于各级储备轮换及托市收购，要求加强对小麦毒素含量的检测，其中，呕吐毒素超过 1 000μg/Kg 的小麦严禁入库（见图 2－1－4）。

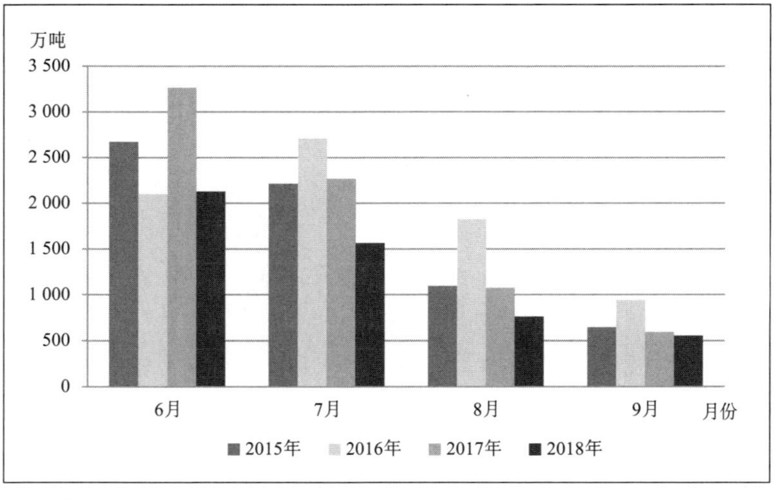

数据来源：国家粮食和物资储备局。

图 2－1－4　小麦分月收购量对比

二是收购进度迟缓。分月来看，除了6月份收购量略超2016年同期外，接下来7、8、9月份的单月收购量均低于近五年平均水平。尽管从6月中下旬开始，多个主产区就不完善粒超标小麦及毒素超标小麦出台应急收储办法，但从7月和8月的收购情况来看差强人意（见图2-1-5）。

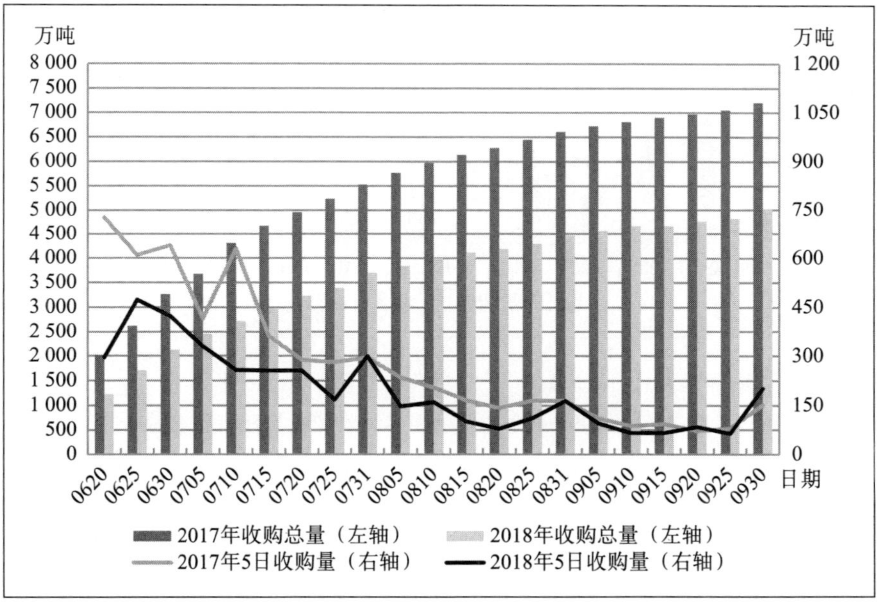

数据来源：国家粮食和物资储备局。

图2-1-5　2017—2018年夏收小麦收购进度对比

三是收购总量及托市收购量大幅下滑。根据国家粮食和物资储备局数据，主产区小麦累计收购5 015.2万吨，同比减少2 190.7万吨。收购量大幅减少，创下近十年来新低。官方未正式发布2018年小麦托市收购的数量，综合多方信源，今年启动托市收购的三个省（江苏、安徽、河南）累计托市收购量或不足300万吨。

综合来看，小麦产量减少质量下滑、入库标准收紧、农民惜售心理严重，三重因素导致今年的小麦收购进度迟缓，收购量大幅下降（见图2-1-6）。

四是农户和经纪人的售粮态度较往年有显著不同，主要体现在两个方面：一方面是囤粮惜售的时间跨度长。从新粮一上市起至集中收购期结束，手中存有标准质量小麦的农户和经纪人的售粮态度基本没有放松。另

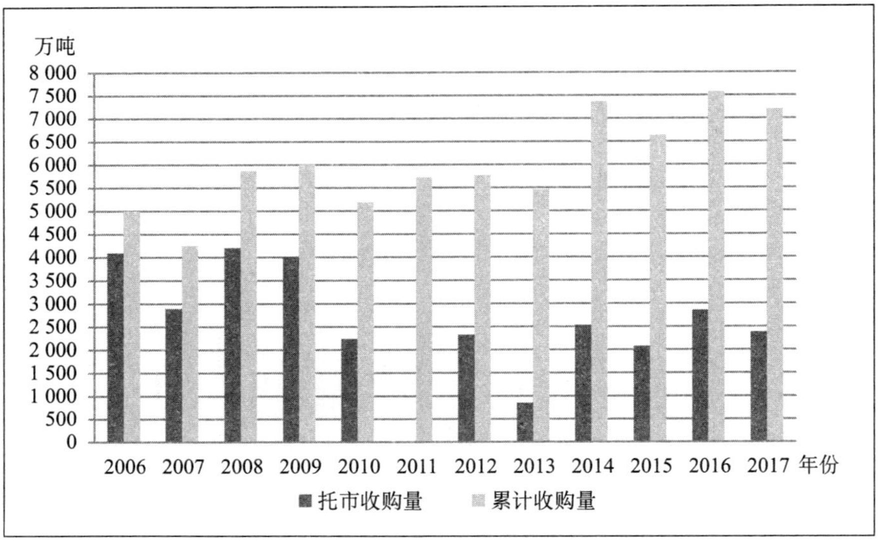

数据来源：国家粮食和物资储备局，各类媒体机构。

图2－1－6 2006—2018年小麦累计收购量与托市收购量

一方面是对未来的价格期望高。依赖于当前发达的资讯传递，能够及时掌握周边的收购情况，并以此判断出未来的市场价位。

3. 托市价格继续下调

2018年11月16日《关于公布2019年小麦最低收购价格的通知》正式发布，较上年推迟20天。“通知”明确2019年国家继续在小麦主产区实行最低收购价政策，综合考虑粮食生产成本、市场供求、国内外市场价格和产业发展等因素，2019年生产的小麦（三等）最低收购价为每吨2 240元，比2018年下调60元。

小麦托市收购价格继续下调是在深入推进供给侧结构性改革为主要方向上，坚持市场化改革导向和维护农民利益并重，加强托市政策的灵活性和弹性，根据实际的市场情况和产业形势进行的合理的政策价格调整（见图2－1－7）。

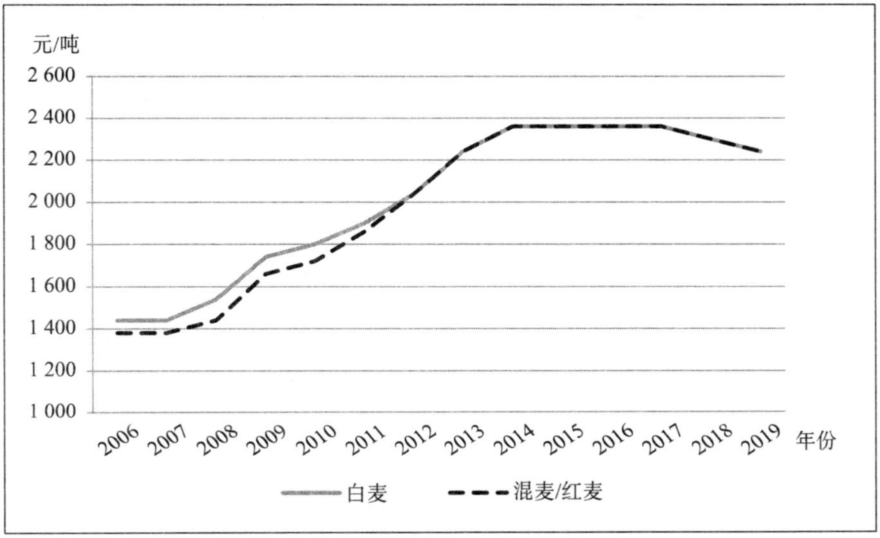

数据来源：国家发展和改革委员会。

图2－1－7　历年小麦最低收购价调整情况

4. 托市小麦去库存意图明显

2018年托市小麦成交情况基本稳定，成交量和成交价的变化主要跟随市场供需形势和政策底价变动情况而变化。

托市小麦投放方面，因为在夏粮收购时期，为鼓励企业加大从市场收购，托市小麦自6月14日至9月25日暂停投放，全年实际投放36周，较上年减少12周。周均投放量222万吨，较2017年减少33万吨。2018年10月中旬，首次在6个主产省同时投放近年份（2017年产）托市小麦，由于是顺价销售，成交情况并不理想。

托市小麦成交方面，2018年累计成交866万吨，较2017年减少59万吨，但周均成交24万吨，较2017年增加5万吨。总体来看，成交情况较2017年变化不大，成交分布上更为合理。

托市小麦成交价格方面，2018年成交均价2 421元/吨，较2017年下降82.4元/吨。成交均价下降的主要原因是国家在1月份和4月份两次下调托市小麦交易底价，从之前的2 460元/吨降至2 350元/吨，降幅达4.5%。不仅如此，在9月份，国家还大幅下调临储进口小麦、跨省移库小麦、临储不完善粒超标小麦的交易底价。下调交易底价主要目的是加快消化不合理库存（见图 2－1－8）。

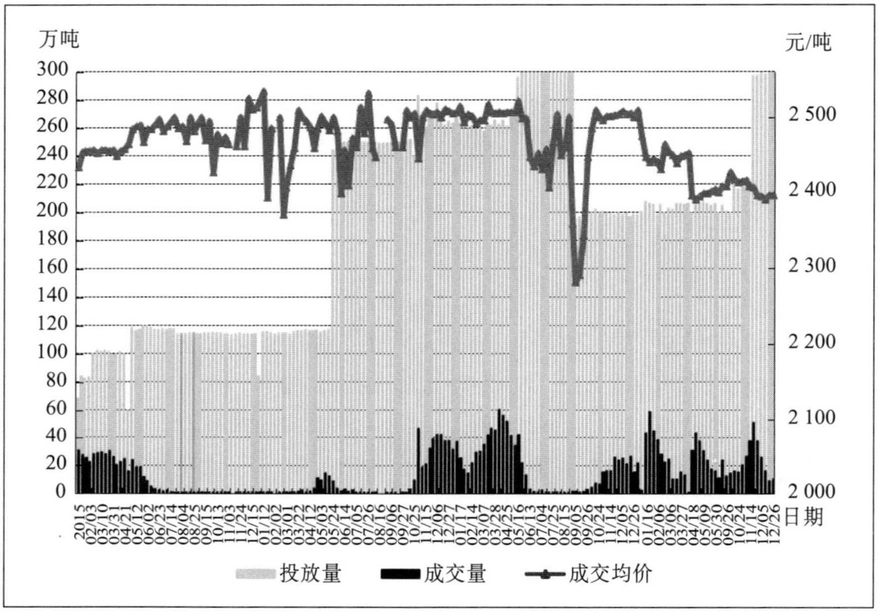

数据来源：中华粮网，国家粮食交易中心。

图 2－1－8　2015—2018 年临储小麦竞价销售交易情况

5. 需求低迷引发强麦年末大跌

回顾 2018 年，郑州商品交易所强麦期货总体呈区间内震荡走势。分阶段看，1、2 月份，强麦期货平稳运行，在 2 月末 3 月初，媒体报道倒春寒致华北地区强筋小麦生产受损，题材炒作让强麦 1805 合约冲至年内高点 2 696 元/吨；之后的 3、4 月份，强麦期价受市场供应宽松影响，快速下滑；5 月份，由于对新季小麦产量和质量的担忧，强麦期价震荡回升，但在 6 月中旬后期价再次下跌，至前期低点。

8 月上旬，强麦 1901 合约曾有过一次短暂的冲高，但市场预期不佳让强麦期价在随后的两个半月内弱势下行；进入 11 月份后，现货市场逐步走高推动期价缓慢上行，但在 11 月 26 日强麦期货大跌，尽数回吐前期涨幅；跌势并未因此而止，在短暂的调整后，强麦期价在 12 月中旬后继续大幅下跌，主力1905合约最低至2 369元/吨（见图2－1－9）。

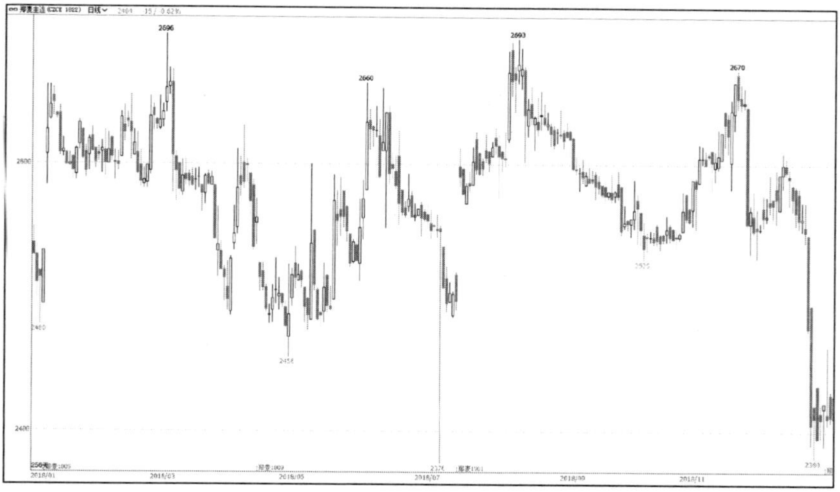

数据来源：文华财经。

图2－1－9 2018年强麦期货主力合约走势

（三）2018年国际小麦走势及2019年国际小麦行情展望

2018年，国际小麦行情走势主要分为两个阶段。

第一个阶段：年初至8月中旬。这一时期芝加哥商品交易所（CBOT）的美麦指数震荡上行，从1月中旬的年内最低413点开始，在经历了7个月之后的8月份，美麦指数冲至608点，创下三年来的新高。多个主产国小麦产量不及预期、主要出口国供给能力大幅下降、美国农业部的供需报告下调全球小麦供应量、下调全球小麦期末库存等多种因素，共同导致国际小麦价格震荡攀升。

第二个阶段：8月中旬至年末。8月中旬后，美麦指数从前期高点大幅下挫至495点，主要原因是全球需求疲弱导致主要出口国外销压力大增，加之俄罗斯等主产国鼓励出口，全球小麦供需格局改善引发美麦价格大跌；随后自9月中旬开始至年末，全球供需格局基本稳定，美麦指数始终在 500 ~530 点区间窄幅波动（见图 2 –1 –10）。

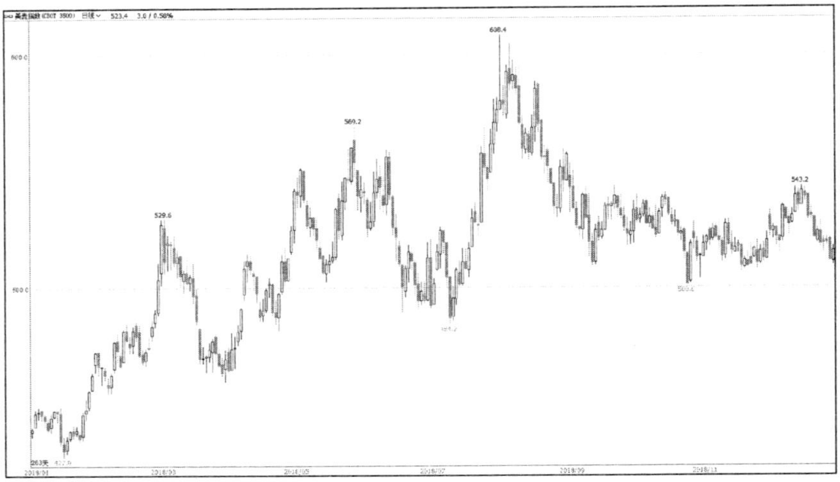

数据来源：文华财经。

图 2 –1 –10　2018 年芝加哥商品交易所美麦期货指数走势

展望 2019 年，更趋复杂的全球形势以及经济状况或让国际小麦行情难有更好的表现，主要生产国的小麦产量和出口政策为全球小麦供应带来很大的不确定性，而主要进口国的经济状况及消费形势也难以再给予小麦价格更多的保证。基于此，预计 2019 年全球小麦行情将更多的趋向于区间震荡态势，尽管不排除在个别时段因突发性因素导致的暴涨急跌行情，但总体来看，芝加哥商品交易所美麦指数预计将在 470 ~ 570 点范围内运行。

（四）2019 年我国小麦市场展望

1. 小麦适期播种，长势良好

总体来看，2018 年主产区小麦播种时期较常年基本一致，播种进度明显快于上年，由于北方冬麦区在播期气温正常，部分地区降水改善土壤墒情，有利于小麦在苗期及冬前形成壮苗。2018 年第四季度，小麦产区平均气温略高于常年，有助于冬小麦安全越冬并稳健生长。2018 年末，全国冬小麦整体长势良好，一、二类苗比例分别为 21%、77%。

综合各产区信息，2018 年冬小麦播种面积较 2017 年基本持平，如果在小麦生产期内不出现极端灾害性天气，预计 2019 年我国小麦产量将在 1.31 亿～1.33 亿吨之间，总体质量将好于 2018 年。

2. 供应数量充裕，渠道多元

预计 2019 年上半年，国内的小麦供应渠道主要是临储小麦投放。据统计，预计剩余临储小麦 7 000 万吨左右，可供市场数年的需求。各级储备轮换以及各地贸易商库存作为市场供应的辅助渠道，会在 2019 年上半年陆续供应市场。其他如农户手中余粮、基层粮食收购点作为补充渠道也将在不同时段满足部分地区企业的加工需求。2018 年下半年，新小麦上市流通，由于托市价格下调，将会有相当数量的小麦被市场化收购，同时企业扩大库存水平的积极性也将减弱。

预计 2019 年的小麦供应局面将好于 2018 年。一是尽快消化临储小麦将是 2019 年的重点工作；二是托市收购价格下调，或让市场上小麦流通量显著增加；三是供应充裕、消费平稳，企业将下调安全库存水平。

3. 制粉消费稳定，饲用增加

国内经济运行正处于调整周期，市场消费难有显著起色，口粮消费也受到极大影响。各类制粉企业的平均开工率预计不超过 50%，除了一些龙头企业的开工率或在 70%～80% 之外，大部分中型或小型企业的开工率或在 40% 左右。在成品粮端，激烈的市场化竞争让面粉价格难有更好表现，而受非洲猪瘟严重拖累的养殖企业也难以促进麸皮价格走高，在加工利润微薄的情况下，制粉企业对扩大加工的态度或进一步谨慎。

饲料消费方面，考虑到未来玉米或出现供需缺口，玉米价格快速提升将导致小麦进入饲料领域数量增加，同时，尚有约 1 000 万吨的 2014 年托市小麦不再适宜继续存储，也存在转作饲料使用或工业使用的可能性。基于此，有机构预测 2018/2019 年度饲用消费及损耗或增加至 1 800 万吨，工业消费增加至 1 200 万吨。

4. 预计托市价格或保持不变

2019 年，小麦最低收购价政策将继续执行，由于 2019 年托市价格降至 2 240 元/吨，加之托市收购要求或继续保持严格态势，启动范围或显著收窄。预计河北、山东无法启动，河南、江苏、安徽、湖北全面启动难度较大，局部地区短期内启动或有可能。如果 2019 年新小麦产量和质量达到常年平均水平，并综合考虑 2019 年企业经营情况、价格运行情况、国内供需形势、农民购销心态等因素，预计 2019 年全社会累计收购总量在 4 800 万～5200 万吨之间，其中，小麦托市收购量预计在 400 万～600 万吨左右。

政策粮交易方面，一方面，或通过下调托市小麦交易底价的方式加快库存小麦出清，特别是针对 2014 年或 2015 年托市小麦的交易底价，或有 40～60 元/吨的降幅；另一方面，或将继续扩大托市小麦的投放数量和涉及区域，满足市场加工消费需求。

托市政策方面，2020 年的小麦最低收购价格或在 2019 年秋冬种时期继续发布，预计将维持与 2019 年托市价格水平不变，即 2 240 元/吨。主要原因是在国家新的粮食安全观的大背景下，稳定种粮积极性，确保口粮绝对安全。

5. 宏观运行机遇与挑战并存

2018 年末召开的中央经济工作会议明确提出，我国发展仍处于并长期处于重要的战略机遇期，要善于化危为机，转危为安，变压力为加快推动经济高质量发展的动力；要增强忧患意识，抓住主要矛盾，有针对性地加以解决。展望 2019 年，我国经济运行下行压力不减，宏观政策或将围绕“稳就业、稳金融、稳外贸、稳外资、稳投资、稳预期”等方面加强调控，预计 2019 年经济增速或调整为 6. 4% 左右，CPI 预计上涨 2. 4% 左右，PPI 预计平均涨幅在 1. 5% 左右；PPI－CPI 缺口将在 2019 年重新由正转负；货币政策将会中性偏宽松以对冲经济下行压力，财政政策将会更加积极，通过减税激发企业活力，通过增资改善基建投资增速，以维持经济合理增长。

6. 行情将维持在合理区间运行

2019 年是中华人民共和国成立 70 周年，也是为全面建成小康社会收官打下决定性基础之年，结合国内主要粮食品种的供需情况，预计国内小麦价格不会出现大幅震荡走势，在合理区间平稳运行是大概率事件。

综合分析，2019 年上半年，国内主产区小麦价格难有亮眼的表现，在区间内小幅波动、总体弱势运行将是主流态势。在 2019 年接新前，预计主产区标准品质三等陈小麦（不完善粒在 8% 以内，毒素在 1 000μg/Kg 以内）的平均到厂价格或在 2 400 ~ 2 500 元/吨；如果 2019 年新小麦产量、质量正常，预计标准品质新麦上市初期的粮库主流收购价格将在 2 200 ~ 2 300 元/吨；收购期间，或根据区域不同或粮食质量不同，企业收购价格或在 2 240 ~ 2 340 元/吨；收购期结束至年底，预计主产区加工企业的平均收购价格或在 2 320 ~ 2 460 元/吨。

（郑州粮食批发市场　申洪源）

二、稻米市场分析

【内容提要】

受最低收购价大幅下调影响，国内稻谷播种面积下滑、总产微降，早稻播种面积创有记录以来新低，产量大幅下降。国内稻米连续5年产大于需，库存创历史新高。大米进口下降，但是价格上升，低价大米出口猛增。全年政策性稻谷销售超过800万吨，连续两年维持较高水平。大米零售价基本稳定，但是原粮收购价出现了十多年来罕见的较大幅度下降。南方销区储备稻谷轮换价差日益扩大，低端大米市场需求萎缩。展望未来，2019年稻谷总产有望继续下降，但是在高库存的压力下，稻米市场价格整体将处于下行通道。不过，随着消费升级，高端优质大米价格仍有望维持坚挺。

（一）供需分析

1. 稻谷总产略降，早稻播种面积创有记录以来新低

2018年稻谷播种面积和总产均略有下降。根据国家统计局的数字，2018年全国稻谷播种面积3 018.9万公顷，同比下降1.8%，但播种面积仍连续9年维持在3 000万公顷以上；2018年全国稻谷总产21 213万吨，同比下降0.3%，产量连续8年维持在2亿吨以上（见图2－2－1）。

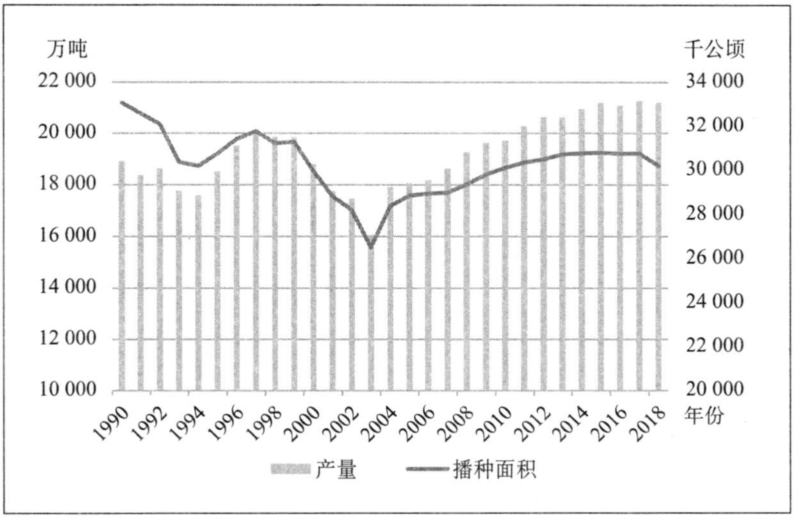

数据来源：国家统计局。

图 2 -2 -1 1990—2018 年稻谷总产与播种面积

稻谷生产总体平稳之下，是早稻生产的大滑坡。

2018 年早稻播种面积 479 万公顷，总产 2 859 万吨，同比分别减少 12. 3% 和 9. 9% 。早稻播种面积不但创下有数字记录以来的新低，同时其降幅也是 57 年来最大，历史上早稻播种面积两位数的跌幅仅出现过三次，分别是 1957 年、1959 年和 1961 年。当然，考虑到早稻早期播种面积大，2018 年虽然播种面积跌幅很大，但是绝对值不算很大。早稻连续 5 年减产，产量创下 2003 年以来的新低，也是自 2004 年以来首次跌破 3 000 万吨（见图 2 -2 -2）。

如果抛开早稻，中晚稻（包括粳稻）实际上播种面积和产量均是增长的。这是一个有意思的现象。2018 年是稻谷最低收购价大幅下调的一年，但是中晚稻几乎不受影响，而早稻却“深受其害”。为什么？因为早稻是一个边际品种。经济学讲，价格影响供需，它影响的是边际供给和边际需求。对于双季稻产区的农民而言，当最低收购价下调时，减少稻谷生产的手段通常是选择“双改单”，种单季的话，中稻或晚稻是必然的选择，因为在投入差不多的情况下，早稻的收益最低。

顺着边际思维，我们还可以推断，早稻核心产区的产量下降往往小于全国。事实也是如此。2014—2018 年，全国早稻连续 5 年减产，这 5 年

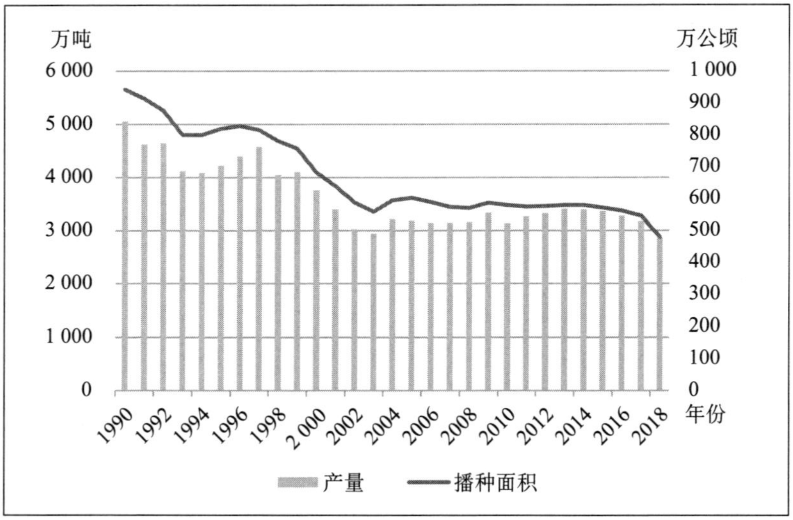

数据来源：国家统计局。

图 2－2－2　1990—2018 年早稻总产与播种面积

当中有 4 年，早稻核心产区（湖南、江西、广东、广西）的产量下降幅度都是低于全国的。全国早稻，2018 年比 2013 年减产 16.08%，但是核心区只减少了 12.48%。与核心区相比，早稻非核心产区就是边际产区，边际产区的生产比较优势弱于核心区，当早稻价格下调时，这些缺乏比较优势的边际产区自然率先退出生产（见表 2－2－1）。

表 2－2－1　　早籼稻产量变动对比

年份	核心区	全国
2014	－0.83%	－0.18%
2015	－0.61%	－0.94%
2016	－1.53%	－2.71%
2017	－3.15%	－3.16%
2018	－6.90%	－9.92%
2013—2018	－12.48%	－16.08%

值得一提的是，2018 年有关部门公布了第三次农业普查数据，2006—2016 年间的稻谷生产数据进行了调整（2017 年数据是根据普查数据的修正数据）。普查数据表 2－2－1 表明，2018 年之前的 12 年稻谷产

量被低估了。2006—2017 年，原公布的稻谷的累计产量是 238 960 万吨，但是普查数据是 241 535 万吨，增加了 2 575 万吨（见表 2－2－2）。

表 2－2－2　　普查前后稻谷产量播种面积对比　　单位：万吨、千公顷

年份	普查前		普查后	
	产量	播种面积	产量	播种面积
2006	18 171. 83	29 294. 65	18 171. 83	28 937. 89
2007	18 603. 40	28 919. 00	18 638. 11	28 972. 75
2008	19 189. 57	29 241. 07	19 261. 22	29 350. 26
2009	19 510. 30	29 626. 92	19 619. 67	29 793. 01
2010	19 576. 10	29 873. 36	19 722. 57	30 096. 87
2011	20 100. 09	30 057. 04	20 288. 25	30 338. 41
2012	20 423. 59	30 137. 11	20 653. 23	30 475. 97
2013	20 361. 22	30 311. 75	20 628. 56	30 709. 74
2014	20 650. 74	30 310. 00	20 960. 91	30 765. 12
2015	20 824. 50	30 213. 20	21 214. 19	30 784. 09
2016	20 693. 40	30 162. 40	21 109. 42	30 745. 89
2017	20 856. 00	30 176. 00	21 267. 59	30 747. 19

数据来源：国家统计局。

质量方面，根据国家粮食和物资储备局的质量调查报告，2018 年早籼稻整体质量基本正常。广东、广西两省区三等以上比例较上年有所增加；安徽省三等以上比例与上年持平；江西、湖北、湖南三省三等以上比例较上年略有下降。2018 年中晚籼稻和粳稻整体质量均好于上年。其中：中晚籼稻出糙率、整精米率、一等品比例、三等以上比例均高于上年；粳稻出糙率、整精米率、一等品比例、三等以上比例也均高于上年。

2. 连续 5 年产大于需，库存创历史新高

鉴于第三次农业普查数据系统调高了中国稻谷产量，美国农业部在没有调高大米 2015 年期末库存的情况下，直接调高了 2016 年的期初库存，达到 8 800 万吨，加上过去 5 年大米产量连续大于消费量以及净进口，中国大米库存在 2018/2019 年末达到 11 600 万吨，创下历史新高，并且连续 2 年维持在 1 亿吨以上。稻米库存消费比已经达到 81%，远超国际警

戒线水平。

在高库存的压力下，政府一方面降低最低收购价，抑制稻谷生产，另一方面也在加大大米出口。美国农业部预计2018/2019年度中国大米出口220万吨，创下2002年以来的新高。而根据海关的数据，2018全年中国实际出口大米209万吨，也是创下2003年以来的新高。

鉴于国内大米价格低迷，美国农业部调低了2018/2019年度的中国大米进口，从上一年的550万吨下调到450万吨。而根据海关的数据，2018全年中国进口大米308万吨，较上一年度下降95万吨（见表2-2-3）。

表2-2-3　大米供需平衡表　单位：百万吨

市场年度	期初库存	产量	进口	消费	出口	期末库存
1992/1993	27.52	130.35	0.11	127.00	1.40	29.70
1993/1994	29.70	124.39	0.70	128.00	1.52	25.20
1994/1995	25.17	123.15	1.96	129.00	0.03	21.26
1995/1996	21.54	129.65	0.83	130.00	0.27	21.76
1996/1997	21.73	136.57	0.33	132.13	0.94	25.56
1997/1998	25.56	140.49	0.26	135.85	3.75	26.72
1998/1999	27.00	139.10	0.18	136.07	2.71	27.50
1999/2000	96.00	138.94	0.28	133.76	2.96	98.50
2000/2001	98.50	131.54	0.27	134.36	1.85	94.10
2001/2002	94.10	124.31	0.31	134.58	1.96	82.17
2002/2003	82.17	122.18	0.26	134.80	2.58	67.22
2003/2004	67.22	112.46	1.12	135.00	0.88	44.93
2004/2005	43.92	125.36	0.61	130.30	0.66	38.93
2005/2006	38.93	126.41	0.65	128.00	1.22	36.78
2006/2007	36.78	127.20	0.47	127.20	1.34	35.92
2007/2008	35.92	130.22	0.30	127.45	0.97	38.02
2008/2009	38.02	134.33	0.34	133.00	0.78	38.90
2009/2010	38.55	136.57	0.39	134.32	0.65	40.53
2010/2011	40.53	137.00	0.54	135.00	0.50	42.57
2011/2012	42.57	140.70	1.79	139.60	0.44	45.02
2012/2013	45.02	143.00	3.14	144.00	0.34	46.83
2013/2014	46.83	142.53	4.00	146.30	0.26	46.80
2014/2015	53.10	144.56	4.70	144.50	0.43	57.44
2015/2016	69.00	145.77	4.80	140.80	0.27	78.50
2016/2017	88.00	147.77	5.30	141.76	0.81	98.50
2017/2018	98.50	148.87	5.50	142.49	1.39	109.00
2018/2019	109.00	148.49	4.50	143.79	2.20	116.00

资料来源：美国农业部。

（二）价格分析

1. 零售价格：先抑后扬，整体价格略低于上年

根据商务部对超市小包装大米平均零售价的监测数据，2018 年大米零售价格整体是先抑后扬。大米价格从年初的 6.59 元/千克下降到年中的 6.47 元/千克，三季度反弹至 6.57 元/千克，四季度在 6.55 元/千克左右震荡。大米年末价格比年初略有下降。整体上，2018 年大米零售价格窄幅震荡，最大振幅为 1.5%，但是幅度已较 2017 年略有扩大。2018 年大米零售价格的波峰和波谷均大于 2017 年（见图 2－2－3）。

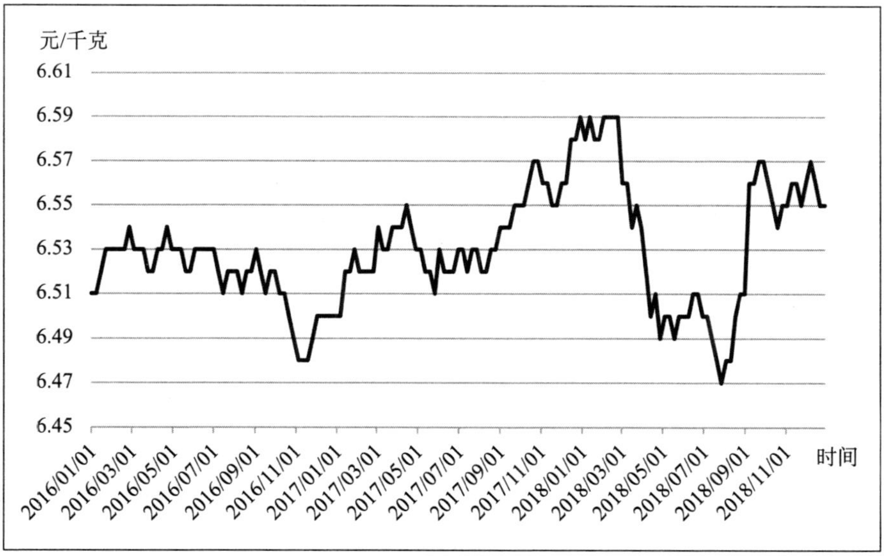

数据来源：商务部。

图 2－2－3　全国小包装大米平均零售价格

根据国家统计局的数字，2018 年全年，中国 CPI 累计同比上涨 2.1%，食品价格累计同比上涨 1.8%，粮食价格累计同比上涨 0.8%。但是大米的零售价格是下降的，表 2－2－3 表明了大米的供给更为充裕。

2. 稻谷生产价格指数：创 15 年来最大跌幅

2018 年农民销售新稻价格同比下跌 3.86%，这是自 2003 年以来的第二次下跌，上一次是 2016 年，而且这是跌幅最大的一次（见图 2－2－4）。

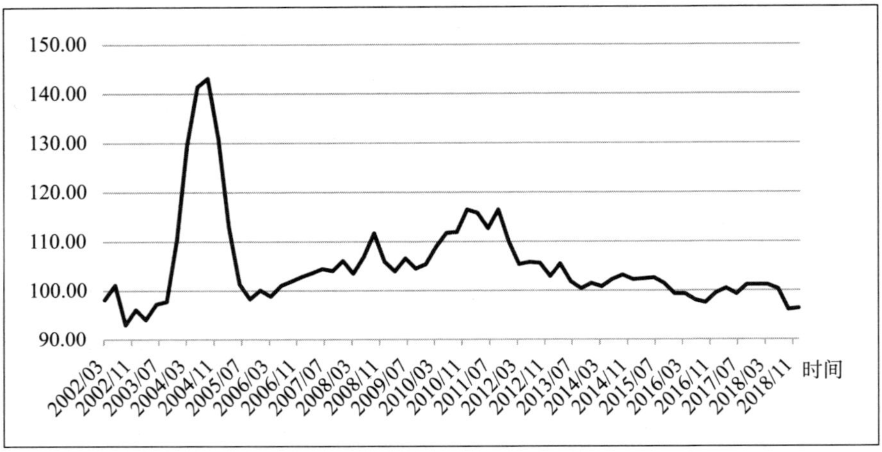

数据来源：国家统计局。

图 2－2－4　2002—2018 年稻谷生产价格指数

我们曾在上一年度的报告中指出："在连续两年下调稻谷最低收购价的影响下，过去两年稻谷生产价格指数一直很疲软，2017 年勉强维持正增长，但是在托市力度继续减弱的大背景下，未来稻谷生产价格仍有下跌空间。"2018 年的数据印证了我们的判断。

稻谷生产价格指数反映的是农民的实际售粮收益，图 2－2－4 表明，稻农的种粮收益出现了较大程度的下滑。这预示着 2019 年农民有可能进一步缩减水稻种植，2019 年的稻谷产量有可能面临较大的滑坡。

3. 收购价格：回到 7 年前，粳稻大跌 8%

根据国家发改委公布的月度粮食收购价，2018 年三大稻谷品种收购价格持续下跌，粳稻跌幅最大。早籼稻收购价格由年初的 132 元/百斤下跌到年末的 124 元/百斤，跌幅 6%；晚籼稻收购价由年初的 139 元/百斤下跌到年末的 131 元/百斤，跌幅 5.76%；粳籼稻收购价由年初的 151 元/百斤下跌到年末的 139 元/百斤，跌幅 7.95%。

早籼稻收购价格已经创下 2011 年 8 月以来的新低，晚籼稻收购价创下 2011 年 10 月以来的新低，粳稻收购价格创下 2011 年 2 月以来的新低。也就是说，稻谷收购价已经跌回 7 年前的水平（见图 2－2－5）。

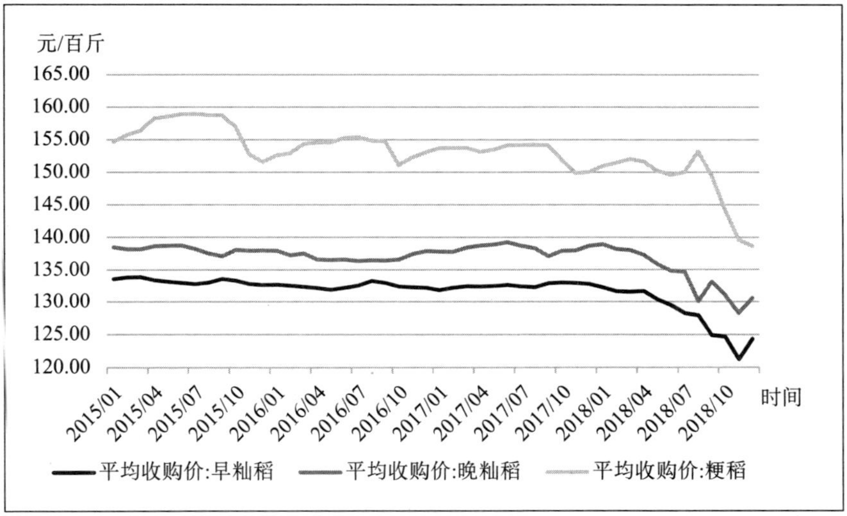

数据来源：国家发改委。

图 2－2－5　稻谷收购价

上半年稻谷收购价格还相对平稳，下半年新季稻谷上市，收购价格开始大跌，与农民售粮价格保持一致。不过，由于有最低收购价托底，三大稻谷品种的收购价依然稳定在最低收购价之上。

从图 2－2－5 可以看到，年底籼稻价格有所反弹，粳稻仍然继续下跌，但跌幅有所放缓。总体而言，由于籼稻的收购价离最低收购价要比粳稻近，因此在最低收购价不继续下调的情况下，籼稻价格有望企稳，而粳稻则很可能继续下跌逼近最低收购价。

考虑到 2018 年政府大幅下调了最低收购价，因此 2018 年稻谷收购价的大跌是在预期之内，稻谷收购价格跌回 7 年前，因为最低收购价也调降到了 7 年前。为什么粳稻跌幅最大？因为粳稻的最低收购价下调幅度最大。随着主要稻谷品种的市场价日渐迫近最低收购价，中国稻谷市场价将日益由政府主导，其波动空间将越来越小。

4. 进口大米价格：同比大幅上涨，但国际市场大米报价相对平稳

根据海关总署公布的月度大米进口数量和进口金额，我们推算出月度中国进口大米单价，见图2－2－6。

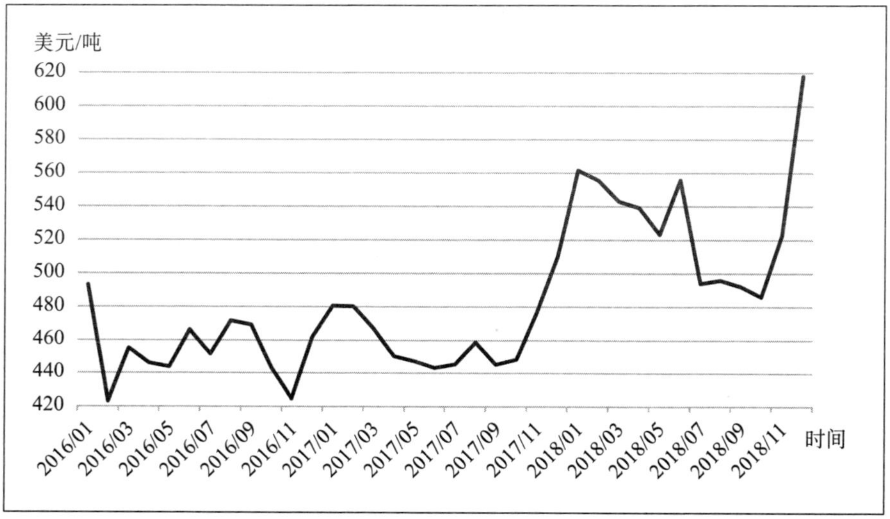

数据来源：海关总署。

图2－2－6　中国大米进口月度单价

2018年中国全年进口大米均价为535美元/吨，大幅高于2017年的463美元/吨。全年价格走势和2017年差不多，均是前三季度震荡下跌，四季度大涨。

中国大米进口价格与国际大米出口价格走势略有不同。根据美国农业部提供的国际大米出口报价，无论是5%破碎率的越南大米还是5%破碎率的泰国蒸谷米，2018年都是上半年下跌，下半年震荡小幅回升。不过整体而言，2018年国际大米出口报价略高于上年（见图2－2－7）。

中国进口大米价格走势与国际大米出口报价的差异其实主要是因为比较的对象不同。中国月度进口大米的具体品种比例是不一样的，也就是说每个月都是有差异的，那么单纯分析其价格走势是没有太大意义的。美国农业部的国际大米出口报价都是严格基于相同的品种，这样才有可比性。

我们还发现一个有意思的现象，就是中国历年大米进口价格的波峰往

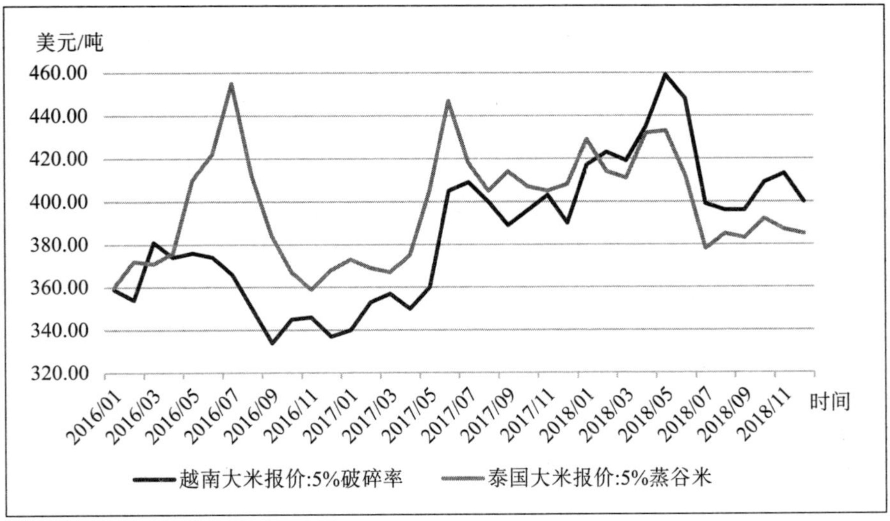

数据来源：美国农业部。

图 2－2－7　泰国、越南大米 FOB 报价

往发生在 1—2 月份，为什么呢？因为 1—2 月份是中国农历新年的月份，中国居民倾向于在此时多消费高档的大米，因此这两个月的进口商也倾向于多进口高端大米满足消费者需求，从而导致这两个月的进口大米价格很高。但是，显然这并非因为这两个月的国际大米出口报价上涨了。这从另一个角度印证了刚才的说法。

在中国大米进口较大幅度下降而国际大米市场相对平稳的情况下，进口价格却较大幅度上涨，说明 2018 年中国大米进口整体品质要高于 2017 年，也进一步说明，2018 年减少的近 100 万吨进口主要是低端大米。这个推断也与大环境是相符的，因为 2018 年中国普通大米价格是下降的，这抑制了同类大米的进口。

在分析进口的时候可以简单提一下出口。2018 年全年中国出口大米 209 万吨，同比增长 75%，创下 15 年新高。全年出口均价为 425 美元/吨，要比进口价格低 110 美元/吨。这说明我们的大米进出口完全是品种结构的调剂。我们出口的相对是低端的大米，不少是托市拍卖的大米，是去库存的大米，进口则是面向较高端的消费需求。

（三）专题分析

1. 政策分析：稻谷安全或具有更高的优先级

2018 年虽然国家大幅下调了稻谷最低收购价，但是由于稻谷市场整体供过于求，库存攀上历史新高，新粮集中上市期间，稻谷价格普遍低迷，各地仍启动了最低收购价执行预案。这恐怕是有关部门没有想到的。

大幅下调最低收购价的意图很明显，就是不再单纯鼓励稻谷增产。然而事与愿违，全年稻谷总产仅仅下降 0.3%，仍然是高产年份。当然，这有一点运气成分。因为 2018 年稻谷播种面积是下降了 1.8% 的，只不过单产提高了。但是即使总产按照播种面积同等下滑，那么稻谷总产也减产不到 400 万吨，当年的产量仍然大于当年的需求。在去库存的大背景下，稻谷的价格仍然面临很大的下行压力。

在稻谷库存创历史新高并且稻谷消费接近顶峰的背景下，去库存必然是未来几年的既定政策方针。去库存，无非是“多出少入”。也就是尽量不启动托市的情况下，把库存稻谷多卖出去。如何做到不启动托市？只有最低收购价较大幅度低于市场价。

然而，在市场预期 2019 年稻谷最低收购价继续下调时，国家依然维持不变。显然在高库存与保护农民利益之间，国家选择了后者。或者这是 2019 年“1 号文件”中“将稻谷、小麦作为必保品种”的要求。然而，2019 年小麦最低收购价可是下调了的。调麦不调谷，或许表明，稻谷安全具有更高的优先级。

不过，2019 年稻谷价格不下调并不意味着今后不下调。如果库存继续高企，而国际粮价继续低迷，我们相信稻谷最低收购价依然会下调。2019 年中央“1 号文件”强调“按照更好发挥市场机制作用取向，完善稻谷和小麦最低收购价政策”。什么是市场机制？市场机制就是优胜劣汰。这意味着未来稻谷最低收购价将减少乃至不保护低端品种，真正满足口粮需求的品种将得到优先的保护。

2. 政策性稻谷销售分析：连续两年成交放量

根据WIND统计结果，2017年政策性稻谷累计计划拍卖9 326万吨，实际成交806万吨，成交率9%，成交量、成交率均有所下降（见图2-2-8）。在稻谷市场价低迷的情况下，政策性稻谷销售成交下滑也在预料之中。

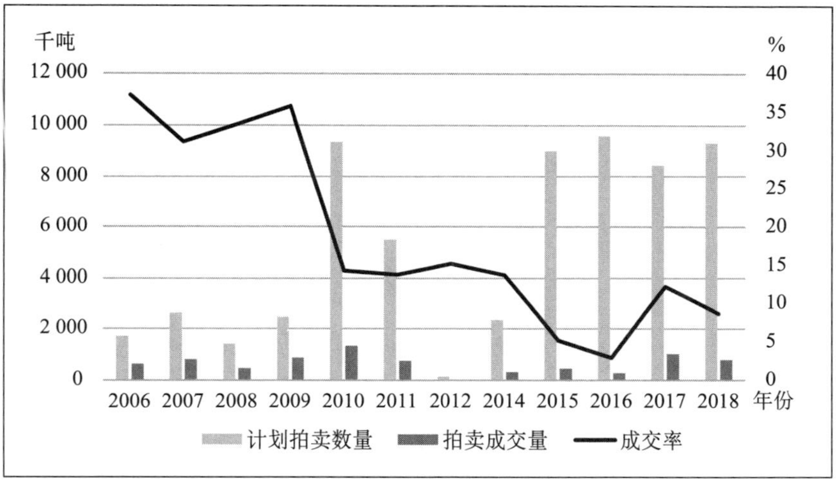

数据来源：WIND资讯。

图2-2-8　历年稻谷拍卖成交情况

自2006年政策性稻谷拍卖以来，12年来累计拍卖成交稻谷7 833万吨，年均成交653万吨。2012—2016年，4年（2013未有拍卖）仅成交1 091万吨，年均272万吨。但是过去两年累计成交1 837万吨，成交量猛增。

但是，中国稻谷的期末库存却越来越高。我们知道，中国稻谷的期末库存绝大部分体现为国家储备、常规储备和临时储备。农民期末存粮几乎是零，市场存粮比例也相当有限。这意味着政策性稻谷是越卖越多。这两年卖出去的陈稻谷确实不少，但是因托市收进来的更多。

所谓的去库存，实际上是一个美好的愿望。客观上来说，自从2006年大规模启动托市以来，中国的稻谷库存就扶摇直上，由5 100万吨直线上升到1.66亿吨。过去两年政策性拍卖稻谷成交了1 837万吨，但是库存却比两年前增加了2 500万吨。

库存越去越高，这意味着后面的压力越来越大。降价去库存将是必然的选择。这个“降价”包括两个层面的意思，一是降低最低收购价，减少托市收购，管住入口；二是降低政策性粮食销售价格，增加销售，疏通出口。双管齐下，才有效果（见图2-2-9）。

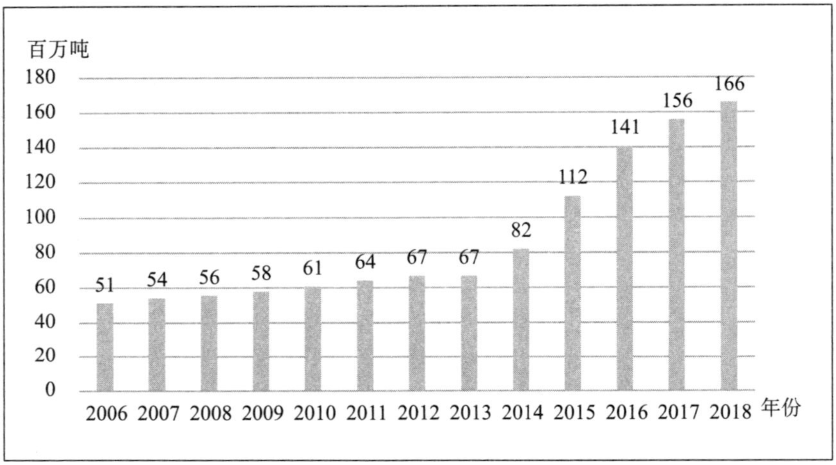

数据来源：美国农业部。

图2-2-9 稻谷期末库存

3. 价差分析：广东地方储备稻谷轮换价差超700元/吨

与全国稻谷价格形势一样，广东华南粮食交易中心的稻谷交易价格与上年相比也有了较大幅度的下滑。整体来看，上半年大幅下跌，下半年有所反弹。年末稻谷采购价格指数报收165.88点，同比下降7.6%，全年稻谷采购价平均价格指数同比下降4.2%；年末稻谷销售价格指数报收137.26点，同比下降8.2%，全年稻谷销售平均价格指数同比下降11.1%。采购价格跌幅要小于产区稻谷收购价，销售价格跌幅则高于全国整体水平。与此同时，2018年的稻谷平均购销价差达到了714元/吨，同比上升了23.7%，创下历史新高。华南粮食交易中心的稻谷交易主要是地方储备早籼稻的轮换，价差的日趋扩大说明早稻的市场需求日益不足。在供需分析部分，我们指出早稻在供给上是一个边际品种，现在在需求上也成为消费升级大背景下首先被升级的对象，两端夹击之下，早稻的地位越来越尴尬（见图2-2-10、表2-2-4）。

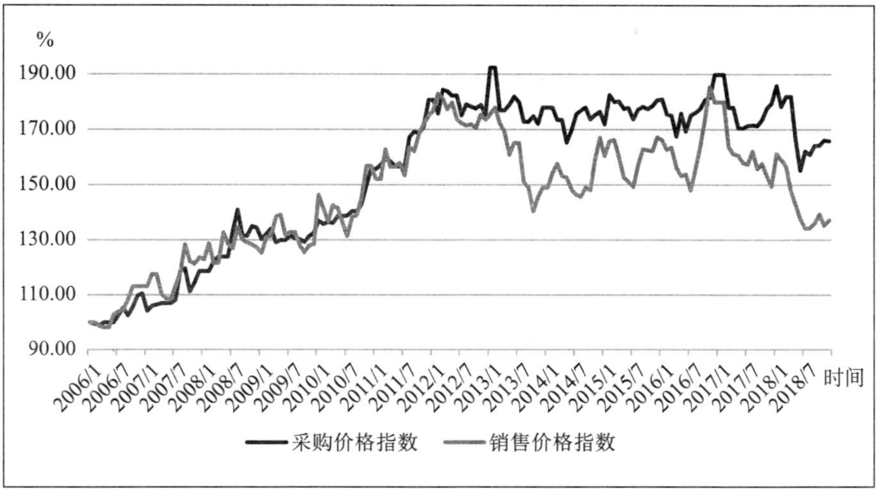

数据来源：广东华南粮食交易中心。

图 2－2－10　华南稻谷价格指数

表 2－2－4　广东华南粮食交易中心历年稻谷购销平均价格　单位：元/吨

年份	采购平均价	销售平均价	价差
2006	1 674	1 488	186
2007	1 799	1 663	136
2008	2 085	1 818	267
2009	2 130	1 866	264
2010	2 293	2 032	261
2011	2 655	2 293	362
2012	2 920	2 500	420
2013	2 915	2 280	635
2014	2 840	2 172	668
2015	2 896	2 275	621
2016	2 882	2 329	553
2017	2 877	2 300	577
2018	2 757	2 043	714

数据来源：广东华南粮食交易中心。

（四）市场展望

鉴于2018年农民的售粮价格大幅下跌，种粮收益大幅下滑，虽然2019年最低收购价没有下调，但是2019年稻谷播种面积预计会进一步下降，稻谷产量也会进一步下滑。历史的经验是，在去库存阶段，稻谷产量的下滑不会只是一两年，而会延续好几年。

显然，在产量下滑的大背景下，早稻的产量会继续以更大的幅度下滑，早稻播种面积会继续缩减。中晚籼稻预计会保持相对稳定，东北的粳稻将面临更大的压力，因为其受政策的影响比南方籼稻大。

2019年政策性粮食的销售会加速，虽然之前两年销售节奏明显加快，但是新增库存更快，在这样的压力下，2019年的政策性粮食销售必须继续加速，成交有望超过1 000万吨。

2019年稻谷价格整体依然会继续下滑，但是由于最低收购价没有下调，有这个托底因素的存在，幅度不会很大。但是品种之间的分化会继续存在。南方储备籼稻的销售将会更加困难，而在早稻整体减产的预期下，储备籼稻的采购价格有望保持稳定或者小幅下滑，储备政策不做调整的话，稻谷轮换价差将继续拉大。

虽然原粮价格有望继续下滑，但是大米零售价格预计继续保持相对稳定。这一方面是因为中间成本的上升，另一方面是因为品质升级。

2019年大米进口有望继续维持2018年的水平，而大米出口很可能继续大幅攀升。最终的结果是，中国有望在2019年实现阶段性的大米进出口平衡。当然，在进出口平衡的背后是结构性的巨大差异：进口大米的品质显著高于出口。

（广东华南粮食交易中心　胡锋）

三、玉米市场分析

【内容提要】

2018 年是玉米市场化改革的第三年，也是改革纵深进程的关键年份。在新时期国内外发展形势背景下，伴随信息化时代发展以及网络新媒体、自媒体异军突起，玉米行业市场需求、心态及市场购销格局悄然转型。

2019 年中国玉米产业发展面临的内外部环境更加严峻复杂，世界经济下行风险增大，保护主义威胁全球贸易稳定增长，而我国资本市场、金融衍生品市场以及实体经济，均在不同程度面临来自国际市场波动带来的影响。伴随市场活跃度的提升及参与主体的增加，各利益团体博弈加剧为后临储时代玉米市场行情的波动再添不确定性。阶段性、区域性波动将进一步加剧，中小企业市场主体生存发展艰难，产业规模化、多元化发展提速，开放的市场带来机遇与挑战并存的新格局正在形成。

（一）2018 年玉米生产情况

1. 玉米主产区生产概述

2017 年玉米走势相对回暖刺激农户种植意向提升，2018 年玉米新季播种面积同比有增，尤其是黑龙江地区玉米种植面积回弹显著，2018 年 4 月底 5 月初多地大豆补贴政策急发，标准较高，5 000 ~ 8 000 元/公顷不等，但农户多表示“为时已晚”且大豆产量低，销路不稳定，改种意愿不高，大豆补贴挤占亦有限。

2018 年 11 月国家统计局对近年玉米面积、单产及总产做了大幅修正，调整后的 2017 年玉米产量 2. 5907 亿吨，较之前数据高 4 318 万吨，其中 2017 年东北地区总产 1. 1241 亿吨，随后国粮和美农紧跟统计局步伐，也大幅调高玉米产量并同步提高下游消费量。虽然春旱导致播种推迟出苗不齐、6 月中旬降雨偏多局地遭遇虫灾、7 月持续高温影响扬花授粉、8 月连阴雨及台风导致洪涝及倒伏等，尤其是吉林部分主产地区生长受损，但 10 月之后主产区多晴少雨、日照充足，有利于后熟玉米最后增质，且黑龙江新季玉米种植面积及单产均大幅上调。结合国家权威部门数据及基层调研，中国玉米网就新季及近年玉米产量及面积情况进行了修正（见表 2 –3 –1）。

表 2 –3 –1　　2018/2019 年度全国玉米产量预估　　单位：万吨，万公顷，吨/公顷

地区	总产量		播种面积		单产	
	2018 年	同比	2018 年	同比	2018 年	同比
全国	23 405. 0	9. 2%	3 775. 0	7. 4%	6. 2	1. 6%
东北	10 694. 5	11. 1%	1 505. 0	9. 6%	7. 1	1. 4%
辽宁	1 363. 0	–5. 1%	235. 0	3. 1%	5. 8	–7. 9%
吉林	3 116. 0	–0. 5%	380. 0	5. 6%	8. 2	–5. 7%
黑龙江	3 869. 5	31. 4%	545. 0	18. 5%	7. 1	10. 9%
内蒙古	2 346. 0	11. 1%	345. 0	6. 2%	6. 8	4. 6%
华北	5 764. 0	15. 8%	1 000. 0	12. 4%	5. 8	3. 1%
山东	2 040. 0	11. 5%	340. 0	9. 7%	6. 0	1. 7%
河南	1 888. 0	26. 0%	320. 0	14. 3%	5. 9	10. 3%
河北	1 836. 0	11. 3%	340. 0	13. 3%	5. 4	–1. 8%
西北	3 785. 6	3. 4%	660. 0	3. 9%	5. 7	–0. 5%
山西	884. 0	–0. 1%	170. 0	1. 8%	5. 2	–1. 9%
四川	756. 0	2. 6%	140. 0	0. 7%	5. 4	1. 9%
陕西	563. 5	2. 5%	115. 0	4. 5%	4. 9	–2. 0%
甘肃	598. 5	1. 4%	105. 0	5. 0%	5. 7	–3. 4%
宁夏	201. 5	2. 2%	31. 0	6. 9%	6. 5	–4. 4%
新疆	782. 1	11. 4%	99. 0	10. 0%	7. 9	1. 3%

续表

地区	总产量		播种面积		单产	
	2018 年	同比	2018 年	同比	2018 年	同比
其他地区	3 160.9	-0.6%	610.0	-1.1%	5.2	0.6%
北京	44.8	6.7%	7.00	0.0%	6.4	6.7%
天津	110.0	10.0%	20.00	0.0%	5.5	10.0%
江苏	235.2	0.3%	48.00	4.3%	4.9	-3.9%
安徽	453.9	-4.6%	89.00	8.5%	5.1	-12.1%
上海	2.1	4.5%	0.30	0.0%	7.0	4.5%
浙江	34.5	4.4%	6.50	-1.5%	5.3	6.0%
福建	21.1	2.3%	4.80	0.0%	4.4	2.3%
江西	13.5	10.8%	3.00	3.4%	4.5	7.1%
湖北	346.8	5.1%	68.00	3.0%	5.1	2.0%
湖南	174.9	-5.8%	33.00	3.1%	5.3	-8.6%
广东	78.2	2.2%	17.00	0.0%	4.6	2.2%
广西	258.0	-9.2%	60.00	3.4%	4.3	-12.2%
海南	10.3	7.0%	2.20	4.8%	4.7	2.2%
重庆	261.0	-0.5%	45.00	-2.2%	5.8	1.8%
贵州	328.5	1.9%	73.00	-2.7%	4.5	4.7%
云南	768.5	-0.1%	145.00	-2.0%	5.3	1.9%
青海	17.1	7.0%	2.80	0.0%	6.1	7.0%
西藏	2.5	9.3%	0.43	0.0%	5.9	9.3%

资料来源：中国玉米网。

2. 东北产区玉米种植成本情况

2018 年玉米主产区尤其是东北产地玉米种植成本大幅提升一定程度冲减新季收益，主要表现为地租成本同比增幅显著。2017/2018 年度玉米价格坚挺利好租地市场，2018 年东北春播地租费用较 2017 年翻倍情况多见，成本 4 500 ~9 000 元/公顷不等，平均增幅 52%。同时，种子、化肥亦有不同程度提升，种子、化肥成本小幅增长，幅度为 5% ~10% 不等。

东北产地玉米种植成本尤其地租方面价格提升，以及部分地区补苗及生长期坐水浇地灌溉、除草除虫施药等费用提升，冲减新季收益。尽管 2018/2019 年度新季粮价坚挺，但类似 2017/2018 年度因粮价同比幅度明显偏高、种植成本低，尤其是东北地区租地农户净收益同比翻倍的情况难再现（见表 2-3-2）。

表 2-3-2　**2018 年东北玉米吨成本情况**　单位：元/吨

省份	不包地平均成本总计			包地平均成本总计		
	2018 年	2017 年	同比	2018 年	2017 年	同比
辽宁	827	780	6.1%	1 606	1 385	16%
吉林	647	605	7.0%	1 287	900	43%
黑龙江	621	617	0.6%	1 331	1 195	11%
内蒙古	768	685	12.2%	1 825	1 424	28%
平均	708	664	6.5%	1 498	1 185	26%

资料来源：中国玉米网。

3. 华北产区玉米种植成本情况

2018 年华北产区玉米种植成本基本维持稳定，人均土地面积少且多不连片，包地种植难以形成种植规模，包地收益不高，面积、成本几无变化等特征依然显著。华北玉米 2018 年播种面积同比上调，河北、山东等地分别受旱情及涝灾影响，局部单产减损（见表 2-3-3）。

表 2-3-3　**2018 年华北玉米吨成本情况**　单位：元/吨

地区	2018 年	2017 年	同比
山东	790	804	-1.72%
河南	614	678	-9.38%
河北	864	848	1.87%
平均	749	776	-3.48%

资料来源：中国玉米网。

（二）2018 年玉米消费情况

1. 玉米深加工消费情况

（1）企业收购开秤同比偏高，原料行情主导产品价格特征显著。2018 年深加工新增产能投入不及预期，产能的迅速扩张令 2017/2018 年度包含淀粉加工及酒精加工在内的行业利润同比萎缩显著。3 月份吉林、黑龙江加工补贴终落地，标准分别为 100 元/吨、150 元/吨，补贴额及补贴加工期同比均大幅缩水，叠加临储拍卖提前及中美贸易摩擦影响，玉米深加工行情受支撑。之后因来自环保方面的压力、夏季季节性检修、限电停产等影响导致行业开机率相对下滑、产品库存相对降低的情况下，加工行业利润才整体出现好转。

而政策粮投放期间，玉米原料行情整体平稳，下游产品价格跟随需求淡旺季区间震荡。2018/2019 年度深加工企业开秤价同比上升 10 ~ 200 元/吨不等，其中黑龙江、内蒙古地区受新增产能及区域需求影响，开秤收购同比偏早 7 ~ 21 天不等，辽宁、吉林地区受新季收割延后及企业陈粮库存影响，开秤普遍延后 5 ~ 41 天不等。11 月原粮价格整体偏强震荡，尤其是东北加工企业在下旬呈 50 ~ 200 元/吨不等大幅提价，在终端消费需求谨慎观望背景下，淀粉和酒精产品价格相对较弱，企业利润整体大幅缩水。受中美贸易摩擦暂停及大量农产品和能源进口预期利空影响，12 月起新季玉米及深加工产品淀粉、酒精、蛋白粉、DDGS 等价格顺势下跌，企业生产利润再度下滑（见图 2 -3 -1）。

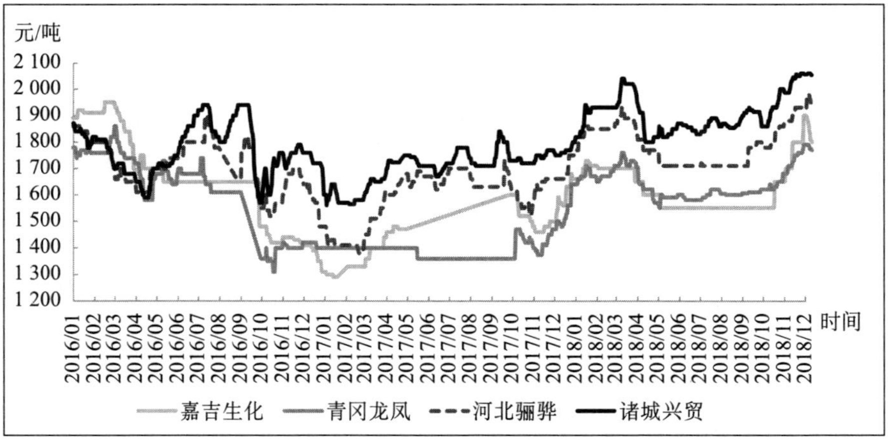

图 2 -3 -1　深加工企业玉米收购价格变化情况

（2）产品走货相对稳定，淀粉行情受原料走势主导。2018 年淀粉产品价格整体受粮价提振支撑行情显著。临储拍卖成本支撑以及 5 月集中出库之后带动的运费上涨均对淀粉价格形成利多，而且伴随淀粉消费旺季的来临，下游企业采购积极性提升。6 月开始华北多家企业限产或停产检修，行业整体开机率下滑。8 月蛋白粉、胚芽粕等副产品价格小幅上涨带动收益略增。季节性检修期之后，原料价格攀升、产品库存不大支撑企业报价意愿坚挺，新粮上市之后企业开机持续上调，截至 12 月玉米淀粉行业开机率处于 2018 年以来较高水平（见图 2－3－2、图 2－3－3）。

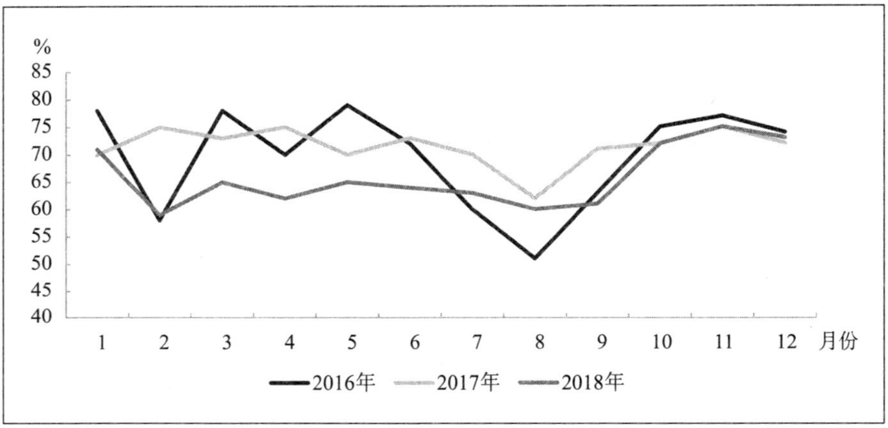

图 2－3－2　淀粉加工行业企业开工率情况

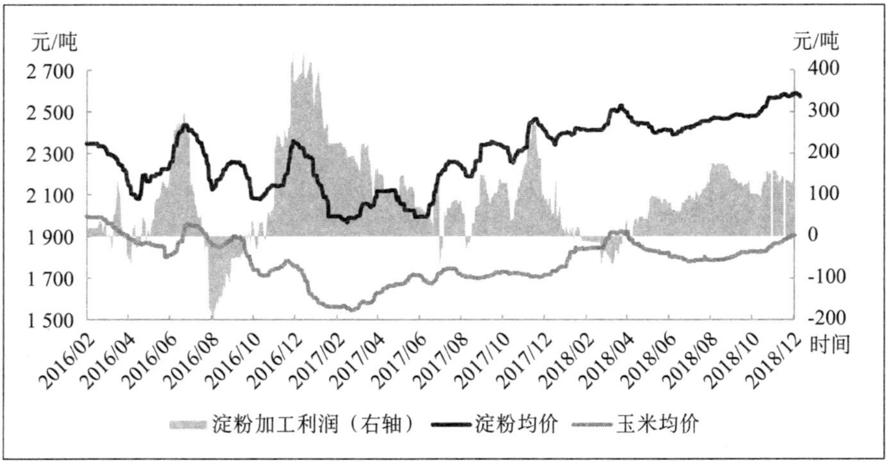

图 2－3－3　全国淀粉行业加工利润情况

（3）成本坚挺叠加下游消费受限，酒精加工高利润难再续。2018 年玉米深加工，尤其是酒精企业因环保压力开机承压行情显著，国内酒企 7

月起轮番进行夏季停产检修，支撑下游及副产品报价，而自 8 月份开始非洲猪瘟疫情蔓延，引发市场对生猪供应和饲料消费下降等问题的担忧，行业利润达到 2018 年年内高点后再度收窄。叠加中美贸易关系缓和，玉米原料价格坚挺调涨的同时 DDGS 等副产品价格持续回落、化工及白酒消费不佳、原油价格大幅走低等影响，进入 12 月份酒精行业加工利润转亏（见图 2 –3 –4、图 2 –3 –5）。

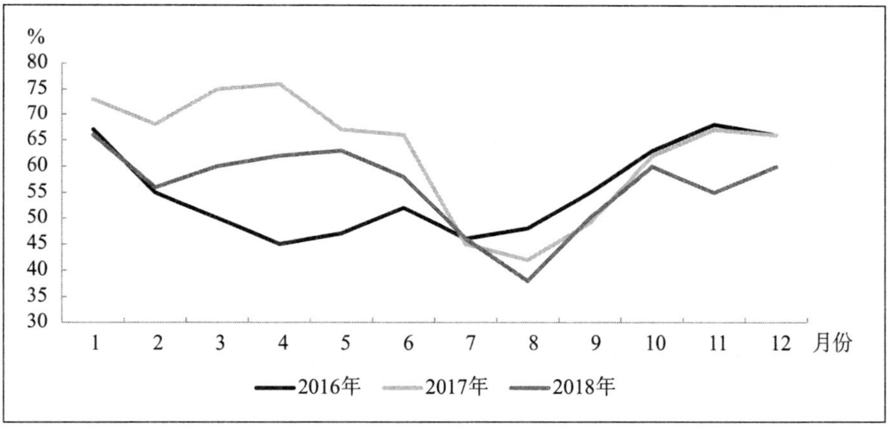

图 2 –3 –4 酒精加工行业企业开工率情况

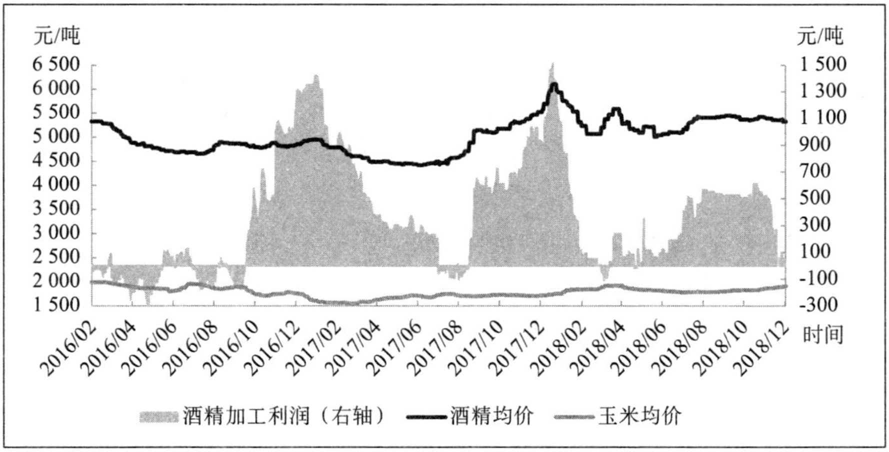

图 2 –3 –5 全国酒精行业加工利润情况

2. 玉米饲用消费情况

（1）畜禽养殖市场分化，行业产能扩增坎坷。受生猪走势疲弱、禽蛋行情坚挺影响，2018年上半年养殖业业绩出现分化，养鸡业上市公司纷纷在中报业绩预告中报喜，实现扭亏或预增，但养猪企业却多数利润大幅下滑，尤其8月开始生猪市场突遭非洲猪瘟袭击，对7月份开始稍有回暖的猪市当头一棒。此外，2017年8月环保部发布《固定污染源排污可分类管理名录》及环保监管部门多次"回头看"措施，对畜禽养殖行业产生极大冲击，尤其是南方水系的中小散养户遭遇大面积关闭、迁移等压力，行业产能增长受阻（见图2－3－6）。

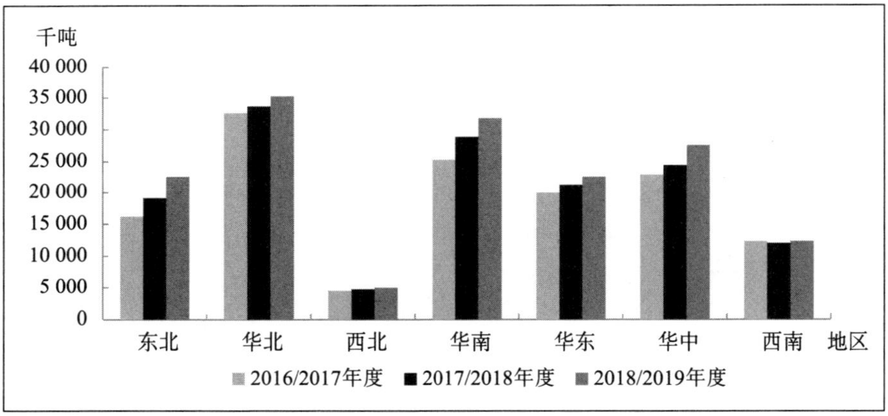

图2－3－6 近年主要地区玉米饲用形势对比

（2）非洲猪瘟疫情来势汹汹，生猪饲养艰难前行。大型企业产能的扩张进一步提升出栏供给，2018年上半年国内生猪市场行情整体持续低迷，价格下跌幅度较大、持续时间较长，整个行业出现亏损，进入7月之后，猪价的持续上涨一定程度提升年度盈利水平。但逐步向好的生猪养殖却遭遇非洲猪瘟疫情突袭，包含辽宁、吉林、黑龙江、内蒙古、安徽、江苏、福建、上海、浙江、河南、陕西、山西、北京、天津、湖南、湖北、江西、四川、重庆、云南、贵州、青海等地在内的省、市、区均有疫情发布。疫情造成调运受阻，生猪市场区域运行差异显著，尤其是疫区饲养企业正常生产运营受到干扰（见图2－3－7、图2－3－8）。

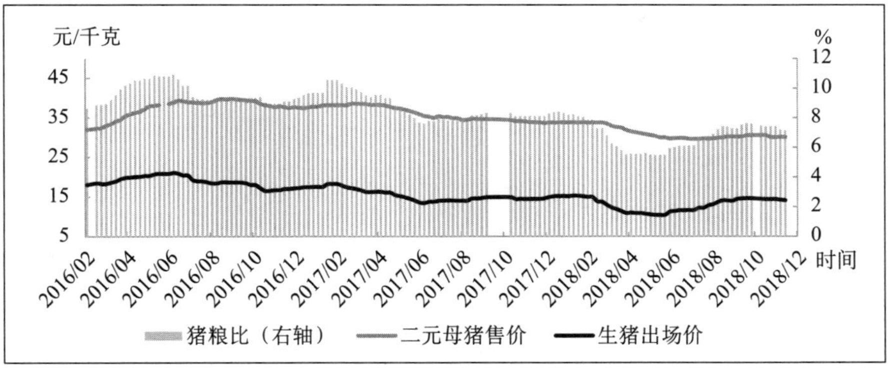

图 2－3－7　全国生猪出厂价及猪粮比情况

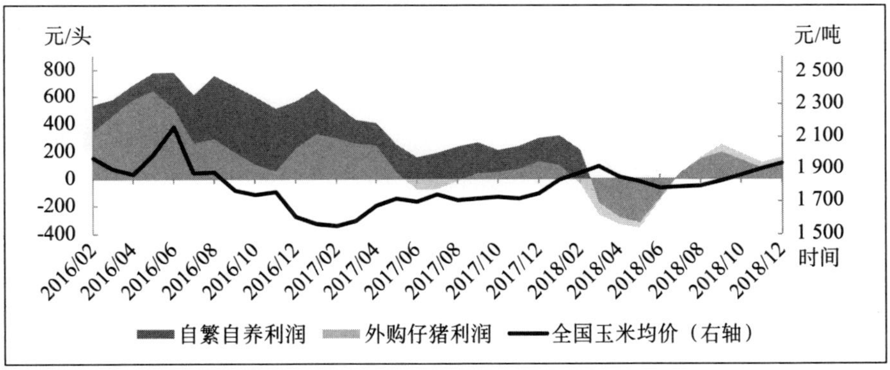

图 2－3－8　生猪养殖利润情况

（3）禽蛋养殖产能谨慎恢复，猪肉消费替代效应凸显。2018 年禽蛋供给增幅缓慢、库存压力不大，尤其是面临非洲猪瘟的替代效应，其价格走势及养殖利润均较可观。受 2017 年第四季度和 2018 年上半年蛋鸡育雏补栏数量较大、生长及开产影响，蛋价在 8 月中旬达年内高点后伴随产蛋率回升及消费转淡而回调，但整体产能仍略显不足。同时，2017 年肉禽价格创十年新低，导致市场各环节相对谨慎，加之 2016—2017 年祖代鸡引种减量、产品供给持续低位，在非洲猪瘟疫情蔓延背景下的替代作用进一步凸显，2018 年肉鸡市场较为可观，带动肉鸡苗行情顺势上涨，录得历史新高近 9 元/羽（见图 2－3－9、图 2－3－10）。

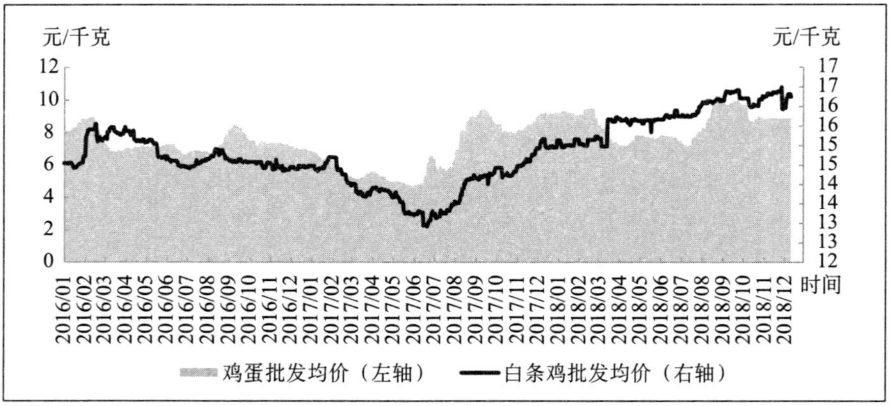

图2-3-9 2018年全国禽蛋价格走势

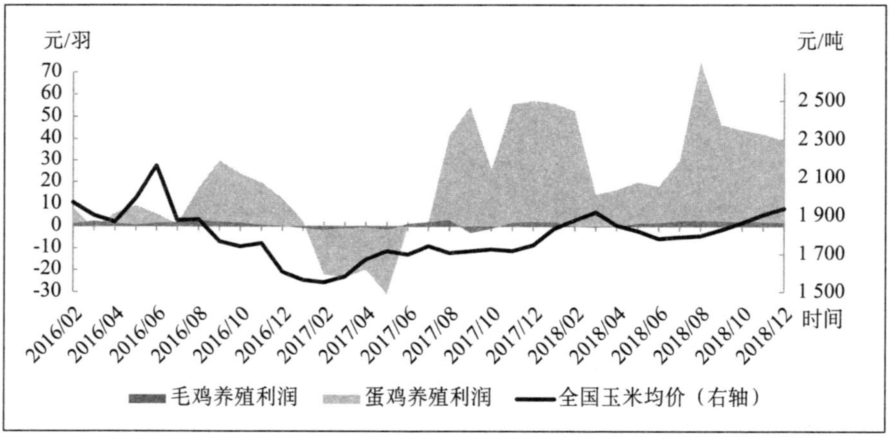

图2-3-10 禽蛋养殖利润情况

（三）2018年玉米相关品进出口

1. 中美贸易关系演变

中美贸易关系一波三折，年底携手破冰。2018年初中美贸易关系持续恶化，4月美国政府宣布将对原产于中国的进口商品加征25%的关税，涉及约500亿美元中国对美出口。随即中方对原产于美国的大豆等农产品、汽车、化工品、飞机等进口商品对等采取加征关税措施。6月商务部决定7月6日起对原产于美国的659项约500亿美元进口商品加征25%的关税，双方贸易摩擦不断升级。但是，11月底召开的G20峰会，中美最高领导人会晤并发表讲话，决定停止升级关税等贸易措施，随即双方代表团开启了长达90天的贸易谈判期。

2. 玉米及替代品进口情况

2018年，受相关进口政策及中美贸易摩擦升级的影响，中国进口玉米及相关替代品数量下降24%。其中，玉米进口量同比增加25%，因丰产且价格低廉的乌克兰玉米进口量增至293万吨，而美国玉米进口量缩减至31万吨，其他替代品进口量均有20%~60%的降幅，4月中国对美产高粱双反调查风波及11—12月对澳麦进行双反立案调查，打压高粱及大麦的进口，2018年DDGS进口量维持低位，高额双反税持续抑制DDGS的进口意愿。2018年内外玉米价差由正转负，以中国对美玉米加征进口关税为转折点，7月6日加征25%关税导致美玉米进口成本在2 000~2200元/吨区间震荡，内外价差维持在-200元/吨水平。3—4月国产玉米跌价及下半年进口高粱、大麦价格的上涨，配合相关政策变动风险的加大，导致进口品价格优势下降甚至丧失（见表2-3-4、图2-3-11）。

表2-3-4　　主要替代谷物进口情况　　单位：万吨

品种	2018年12月	同比	环比	2018年	同比	2018/2019年度	同比
玉米	41.7	-8%	253%	352.7	25%	61.6	12%
高粱	0.3	-98%	-63%	365.0	-28%	3.0	-96%
大麦	14.3	-75%	36%	681.5	-23%	57.7	-70%
木薯干	24.8	-66%	-8%	474.4	-40%	83.3	-57%
DDGS	1.8	196%	-15%	14.8	-62%	6.0	293%
总计	82.9	-57%	59%	1 888.5	-24%	211.6	-60%

资料来源：中国海关。

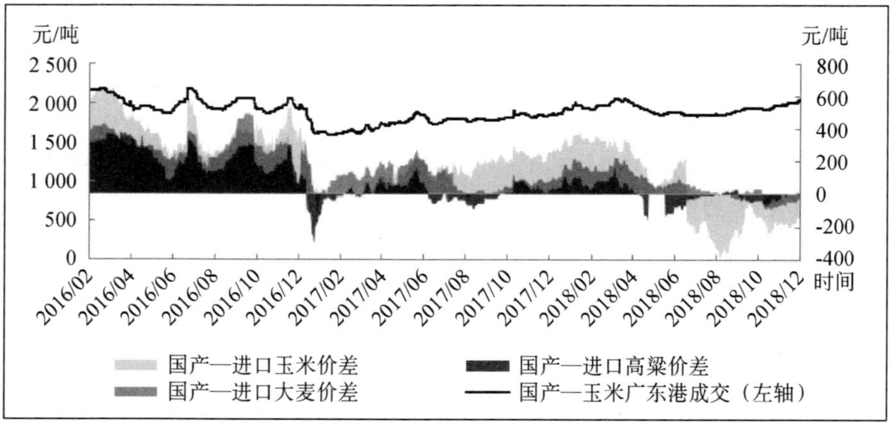

图 2－3－11　主要进口替代谷物与国产玉米价差走势

但中美贸易关系的缓和给市场以新变动，中国对美产进口玉米、高粱加征关税有望取消，进口替代品价格优势或重新刺激进口，12 月 19 日中粮和中储粮已分批从美国采购大豆，鉴于此，2019 年玉米及相关品的进口环境或明显转宽松，相关进口政策或存在变动。

（四）2019 年玉米市场预测

2019 年，国内玉米市场处于临储后时代，市场化程度或进一步加深。市场最突出的变化体现在产地收储形式由国家库存向社会库存的转变上，同时，基层种植及购销心态转变、市场各方博弈加剧、下游加工格局演绎以及国际市场联动效应增强等方面的新特点也将显现。

整体预判，2019 年玉米市场受政策粮结转库存的快速下滑、新季玉米种植面积、产量及种植成本变化、下游稳步发展以及替代品进口环境多变等因素影响，玉米价格走势或延续此前两个粮食年度的坚挺行情，但受 2018 年拍卖陈粮结转库存、非洲猪瘟疫情的持续爆发及中美贸易摩擦缓和等影响，上涨势头或明显放缓，且市场区域性、阶段性行情波动持续且幅度更趋显著。预估分阶段玉米市场主要走势如下：

第一阶段：前期延后上市的新粮集中供应令行情承压（2019 年 1 月）

2018/2019 年度新季玉米上市初期，受粮价坚挺上扬、种植成本抬升、局地单产下滑及贸易囤粮惜售、生产者补贴大幅缩水、初冬气温较往年偏高等影响，北方主产区新粮上量较为缓慢，尤其东北播种生长延后地区收割、基层售粮进度同比明显延后。但伴随拍卖陈粮进一步出库、气温下降促进贸易、年底集中还款压力、非洲猪瘟及 H5N6 疫情蔓延、加工企业节前备货提振力度有限等因素综合影响，2019 年 1 月份玉米现货市场整体呈现疲弱态势，基层市场购销也在 1 月末阴历“小年”前后逐渐收尾进入节日行情。

第二阶段：政策调控力度减弱进一步让位购销对峙（2019 年 2—5 月）

2 月末农历春节之后，预计市场购销恢复迅速，南方用粮企业积极进驻东北询价采购将对产地购销行情带来一波提振，因为春节前备货相对并不充分，不排除出现类似 2018 年以东北深加工为首的一波调涨行情。同时，因为 2 018/2019 年度整体政策面或主稳，包含 1 号文件、全国两会在内的重要政策时点，预计对玉米产业方面影响相对有限，新年度临储拍卖的启动也将整体符合市场主流运行为主，国内玉米现货运行整体回归基本面。但预期进口集中到港以及国内新季玉米因补贴政策调整、行情震荡加剧，播种面积及种植成本方面再度调整的概率较大，春播带来的市场预期及炒作将对现货运行带来波动。

第三阶段：并行关注年度下游需求及新季玉米生长（2019 年 6—9 月）

预计 2019 年整体政策宏观调控干预及临储拍卖市场影响相对萎缩，市场各主体关注重点以及年度内是否存在供需缺口等问题，主要反映在玉米深加工及饲料养殖的需求方面。年度下游需求对玉米市场的影响，一方面来自新增设计产能的实际投产状况，另一方面来自现有生产受行业利润、疫病、监管升级等层面的开机形势，本阶段重点关注非洲猪瘟疫情变化及疫情对饲用玉米需求的变化上。同时，此阶段玉米关键生长期，关注天气、虫灾等对单产方面的影响。

第四阶段：临储拍卖尾声及新季玉米定产上市初期（2019 年 10—12 月）

本阶段临储拍卖进入尾声，临储余粮有限或限制其对长期市场的影响，进而刺激市场主体重新思考新粮食年度是否存在供需缺口等问题，本阶段结合新季玉米生长、定产与饲料养殖和深加工下游需求看待拍卖陈粮成交情况，新季玉米陆续进入定产、上市阶段，关注东北开秤及各主体入市购销的热情。

2019 年玉米市场新特点将进一步体现在基层购销心态转变、市场各方博弈加剧、下游加工格局演绎以及国际市场联动效应增强等方面，玉米行情特征对比 2018 年或差异显著。国有库存向渠道库存转移进一步深化、市场化及补贴制度改革令种植结构及基层农户售粮影响权重提升、传统贸易向金融贸易过渡、固有的南北购销模式再现创新、下游加工产业布局多点开花、进口及替代品市场更趋多元化、市场规模化集中度提升、中小市场主体运营更趋困窘，叠加自媒体发展及信息环境纷繁芜杂、市场各主体心态及购销博弈加剧，市场化改革进一步深化下的国内玉米市场面临前所未有的挑战及不确定性。

产业规模化、多元化发展提速，开放的市场带来机遇与挑战并存的新格局正在形成。反全球化、逆全球化思潮涌动，贸易摩擦、投资保护不断加剧，在经济全球化站在了十字路口的当下，国内玉米产业企业如何有效利用好国内外市场资源、提升市场竞争力以及产业转型升级等，是我们当下及中长期的必修课题。

（中国玉米网　冯利臣）

四、大豆及豆油市场分析

【内容提要】

2018年国产大豆市场价格在相当长一段时间里处于较低的水平，2018年3月份至5月份市场价格展开了一小波上涨行情，主要因基层优质粮源减少以及中美贸易摩擦启动两方面利多因素提振。但是随后的临时储备大豆拍卖又将市场刚刚燃起的上涨势头浇灭，当时2013年储备大豆拍卖的底价是3 000元/吨，而当时东北地区市场收购价格已经接近3 500元/吨，新陈大豆的较大价差促使需求主体采购倾向于陈粮，也相应地拖累新粮价格跟随下滑。2018年国内豆油市场延续底部颓势，现货市场走势可以分为震荡走软→低位反弹→破位下行三个阶段。因中下游需求增速难赶库存攀升的步伐，第四季度国内豆油商业库存打破2017年末的纪录高位至188万吨左右，加上期间马来西亚棕榈油期价屡创三年低点，该季度国际原油累计下跌近40%，全球股市疲软冲击大宗商品市场，利空因素频现，共同施压豆油板块积弱难返。进入2019年，全球地缘板块的联动效应增强，美国总统特朗普会否继续扮演干扰市场“有形的手”值得关注，国内豆油市场预计将在“多空交织、风险与机遇并存”的局面中继续震荡夯实底部，等待去库存走上正轨打破僵局，具体的走势还需视多方影响因素间此消彼长的配合程度。

（一）2018 年我国大豆及豆油市场分析

1. 2018 年大豆市场

（1）大豆生产情况。博朗咨询·大豆网调查预计，2018/2019 年度全国大豆种植面积为 10 359.3 万亩，较上年度减少 14.8%，平均单产为 132.4 千克/亩，较上年度减少 3.4%，总产量为 1 371.8 万吨，较上年度减少 17.7%。2018 年国产大豆种植面积较 2017 年下滑，南北方大豆均有减产，尤其是南方产区更为严重，受大豆生长期干旱、热害以及后期强降雨影响，安徽部分产区甚至绝收（见表 2－4－1）。

表 2－4－1　　中国大豆种植面积及产量表　单位：万亩、千克/亩、万吨

	种植面积	单位面积产量	产量
2011 年	12 431.3	126.0	1 566.0
2012 年	10 905.0	129.4	1 411.1
2013 年	10 523.2	119.3	1 255.8
2014 年	9 590.0	129.8	1 245.1
2015 年	8 468.9	129.8	1 099.3
2016 年	10 264.4	114.1	1 171.2
2017 年	12 162.5	137.0	1 666.3
2018 年	10 359.3	132.4	1 371.8

数据来源：博朗咨询·中国大豆网。

（2）大豆进口情况。根据中国海关总署统计，2017/2018 市场年度我国大豆进口量破纪录达到 9 412 万吨，较 2016/2017 年度的 9 349 万吨增加 63 万吨，增幅为 0.7%。预计 2018/2019 年度中国大豆进口量可能会降到 8 850 万吨，受中美贸易关系影响，2018 年第四季度中国进口量下降（见图 2－4－1）。

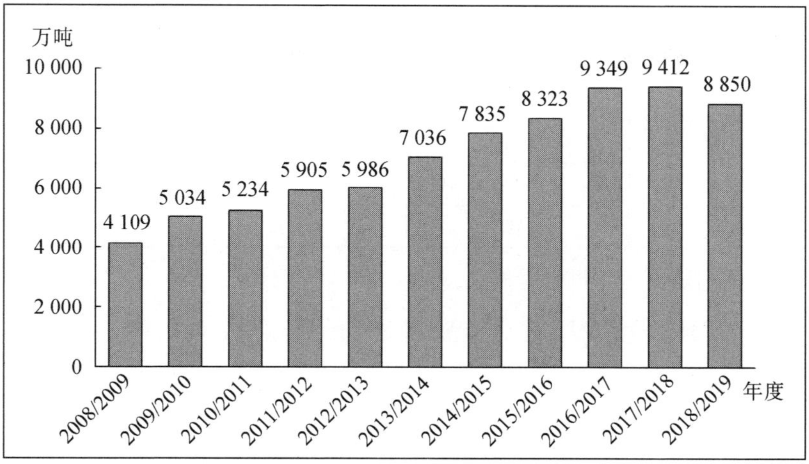

数据来源：博朗咨询·中国大豆网。

图 2－4－1　2008—2018 年中国内进口大豆数量统计

（3）大豆消费情况。2017/2018 年度中国大豆总消费量预计为 11 150 万吨，较 2016/2017 年度增加 6.2%。其中，大豆压榨量预计为 9 396 万吨，较 2016/2017 年度增加 7.3%；食用及食品工业消费量为 1 250 万吨，较 2016/2017 年度增加 1.6%；种用量略降，损耗量略增，出口量增加，期末结转库存量为 1 615 万吨，较 2016/2017 年度降低 4.3%（见表 2－4－2）。

表 2－4－2　　2017/2018 年度中国大豆供需平衡表　　单位：万吨

项目	2016/2017 年度	2017/2018 年度	同比增减
总供给量	12 187	12 765	4.7%
期初库存	1 667	1 687	1.2%
年度供给量	10 520	11 078	5.3%
国内产量	1 171	1 666	42.3%
进口总量	9 349	9 412	0.7%
年度消耗量	10 500	11 150	6.2%
压榨总量	8 754	9 396	7.3%
国产大豆	269	395	46.8%
进口大豆	8 485	9 001	6.1%
食用及工业	1 230	1 250	1.6%
饲料及其他	350	330	-5.7%

续表

项目	2016/2017年度	2017/2018年度	同比增减
种用量	65	60	-7.7%
损耗量	90	100	11.1%
出口量	11	14	27.3%
期末库存	1 687	1 615	-4.3%

数据来源：博朗咨询·中国大豆网。

2017/2018年度我国大豆消费量增加主要是大豆压榨量继续提高。2016/2017年度我国大豆总体压榨量为9 396万吨。其中，进口大豆压榨消费量9 001万吨，较上年度提高6.1%；国产大豆压榨消费量为395万吨，较上年度增加126万吨，增幅为46.8%。2016/2017年度国产大豆压榨量迅速提升，进口大豆压榨量继续保持着较缓的增长率，中美互征关税影响到中国的进口量，不过对2018年第四季度的进口量以及压榨量影响最为明显，在此之前国内的压榨行情并未受到波及。国产大豆压榨量大幅增加，主要受2018年中国拍卖2013年储备大豆提振，储备大豆拍卖底价低于市场价，东北压榨企业以及山东蛋白企业大量买入压榨。

2017/2018年度我国食用及食品工业大豆消费量1 250万吨，较2016/2017年度增加1.6%。按照国产大豆供需平衡分析，国产大豆食用及食品工业大豆消费量约为1 100万吨。按照全国食用及食品工业大豆消费量1 250万吨计算，进口大豆进入食品数量将达到150万吨，占食用及食品工业大豆消费总量的12.0%，较上年度略有增加。

（4）2017/2018年度大豆市场行情走势。2017/2018年度中国大豆现货市场价格整体呈现下坡的走势，2017年10月至11月涨势仅仅维持了一个月左右便迅速下滑，随后在国家拍卖储备大豆拖累下价格一路走低，虽然2018年10—11月份在中美贸易摩擦影响下价格反弹，但也是昙花一现。从价格变化中我们将2018年中国大豆现货市场走势分为四个阶段：高开低走→迅速下滑→小幅反弹→重拾跌势（见图2-4-2）。

2017/2018年度国内大豆市场价格走势较为低迷，整体重心是向下移动的，2018年1月至5月，国产大豆在大半年的时间内价格是不断走高的，这一阶段市场主要销售的是2017年产大豆，随着供需偏紧的供应形势体现，价格也开始逐步走高。不过随着6月14日国家开始拍卖2013年

数据来源：博朗咨询·中国大豆网。

图 2－4－2　2018 年东北大豆现货价格走势图

储备大豆市场价格开始快速下滑。8—9 月份价格上行主要因中美之间贸易摩擦愈演愈烈，2018 年 6 月 15 日白宫对中美贸易发表声明，对 1 102 种产品总额 500 亿美元商品征收 25% 关税。第一组 340 亿美元商品关税于 7 月 6 日开始征收。中国于当天反击，中国国务院关税税则委员会决定对原产于美国的 659 项约 500 亿美元进口商品加征 25% 的关税。贸易摩擦导致国内豆类价格开始飙升，豆粕价格短时间内疯狂上涨 600 ~ 700 元/吨，受其带动国产大豆价格也开始跟随上涨。市场看涨氛围一度被推升到一定高度，无论是国家当时正在拍卖的 2013 年储备大豆还是新上市的大豆价格均出现了较为明显的上涨。而就在市场依然沉浸在上涨气氛中时，中美贸易摩擦出现了破冰迹象，市场人士开始预期两国贸易关系可能会出现缓解，而正是这一预期导致国内豆类价格开始高位滑落，逐步回吐前期积累的涨幅。

2. 2018 年豆油市场

（1）豆油供应情况。据博朗咨询统计数据，2017/2018 年度国内大豆压榨总量较上年度增加 7.3% 至 9 396 万吨，其中，国产大豆压榨量为 395 万吨，较上一年度增加了 126 万吨，增幅为 46.8%，进口大豆压榨总量为 9 001 万吨，较上年度增加 516 万吨，增幅达 6.1%，其中，国产大豆折合豆油供应量为 62.6 万吨，进口大豆折合豆油供应量为 1 598.6 万吨。2017/2018 年度通过油厂压榨对市场供应豆油数量为 1 661.2 万吨，较上年度增加 111.7 万吨，增幅为 7.2%（见表 2－4－3）。

表 2－4－3　　2017/2018 年度中国豆油市场供需平衡表　　单位：万吨,%

项目	2016/2017 年度	2017/2018 年度	增减量	增减幅
总供给量	1 968	2 178	210	10.7
期初库存	350	471	121	34.6
年度新增供给量	1 618	1 707	89	5.5
生产量	1 550	1 661	111	7.2
进口量	68	46	－22	－32.4
年度需求量	1 497	1 652	155	10.4
国内消耗	1 470	1 615	145	9.9
食用消耗	1 350	1 480	130	9.6
其他消耗	120	135	15	12.5
损耗量	15	16	1	6.7
出口量	11.8	21	9.2	78.0
期末库存	471	526	55	11.7

数据来源：博朗咨询·中国大豆网。

海关统计数据显示，2018 年中国食用植物油（不包含棕榈油硬脂）进口量为 629 万吨，较 2017 年增加 51.7 万吨，增幅为 9%。其中，2018 年豆油进口量预计为 59 万吨，较 2017 年下降 6.34 万吨，降幅为 9.7%；2018 年棕榈油进口量预计为 538 万吨，较 2017 年增加 30.05 万吨，增幅为 5.92%；2018 年菜籽油进口量预计为 123 万吨，较 2017 年增加 47.29 万吨，增幅为 62.5%（见图 2－4－3）。

（2）豆油消费情况。2018 年国内植物油消费继续处在增长的过程中，主要是指在食用领域和工业领域的消费需求。据国家粮油信息中心数据，2017/2018 年度国内食用植物油食用消费量估计为 3 440 万吨，较上年度增加 63 万吨，增幅为 1.9%。工业及其他消费量估计为 383 万吨，较上年度增加 13 万吨。具体到豆油这一块，2017/2018 年度，国内豆油消费

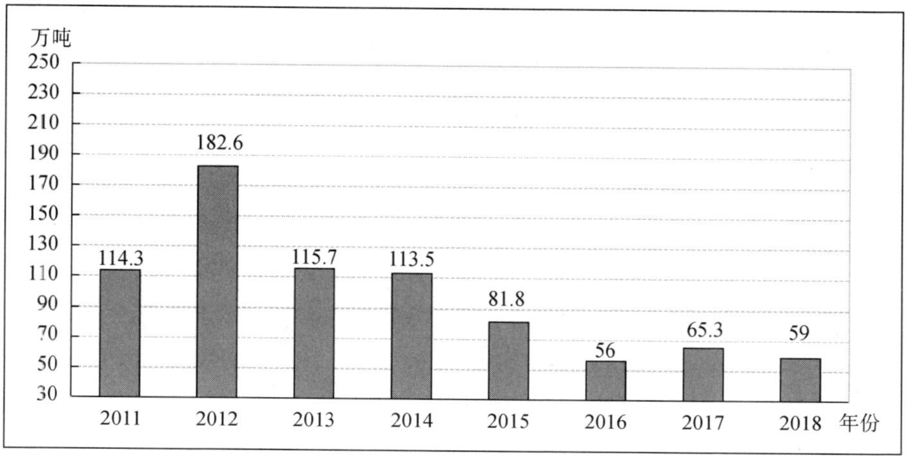

数据来源：中国海关总署、其他相关数据。

图 2-4-3　2011—2018 年中国豆油年进口量统计

包括出口在内的总量为 1 685 万吨，较上年度近乎持平，其中食用消费 1 525万吨，较上年度减少 5 万吨，减幅为 0.33%，在总的消费需求中占比 90.50%；其他消费包括工业消费、损耗及出口在内的量为 160 万吨，较上年度增加 5 万吨，增幅为 3.23%，在总消费需求中占比 9.50%。综合海关数据与其他相关数据统计，2018 年我国共出口豆油估计为 21.74 万吨，较 2017 年增加 8.46 万吨，增幅为 63.71%。主要出口国家集中在朝鲜、韩国、新加坡等国家和地区。

（3）2018 年我国豆油市场行情走势。2018 年国内豆油市场震荡寻底，这一年，全球地缘板块的联动效应增强，美国总统特朗普持续扮演干扰市场“有形的手”、中美贸易摩擦等事件都对油脂油料市场产生举足轻重的影响。我国豆油压榨原料有相当大的比例来自于进口大豆，因此国内豆油市场与国际大豆期货市场联系十分紧密，而国产豆价格对豆油价格的影响则相对较弱。从价格变化中我们将 2018 年中国豆油现货市场走势分为三个阶段：震荡走软→低位反弹→破位下行。第一季度，国内豆油供大于求格局导致价格反弹乏力，外围环境则处于“惊恐连连、多空并存”的局面，南美大豆产区天气炒作火热、印度挥舞关税政策大棒打压国际棕榈油市场、中美贸易摩擦等消息交织混杂，多空博弈格局下豆油在底部呈现区间震荡走势。第二季度，中美在经历了此前一个回合的贸易前哨战之后，中国祭出“大豆武器”予以反击，即对美豆加征 25% 的关税，大豆进口成本攀升的预期刺激国内油粕期、现货价格顺势上涨，但因后续特朗普相关言论安抚市场情绪，豆油开始挤出政策升水、回吐涨幅。第三季度，贸易摩擦再度恶化，人民币汇率大幅贬值推升进口大豆到港成本，中秋、国庆双节豆油备货，东北及内蒙古大豆产区遭遇霜冻侵袭推动连豆飙升，国际原油一度攀升至每桶逾 80 美元的 4 年高点，这些因素共同推动豆油价格低位反弹。第四季度，豆油下游需求不温不火，库存打破 2017 年末的纪录高位至 188 万吨左右，基本面差加上全球股市下挫冲击大宗商品，国际原油第四季度累计下跌近 40%，马来西亚棕榈油期价屡创三年低点等利空因素集中爆发，共同施压豆油行情承压下行（见图 2－4－4）。

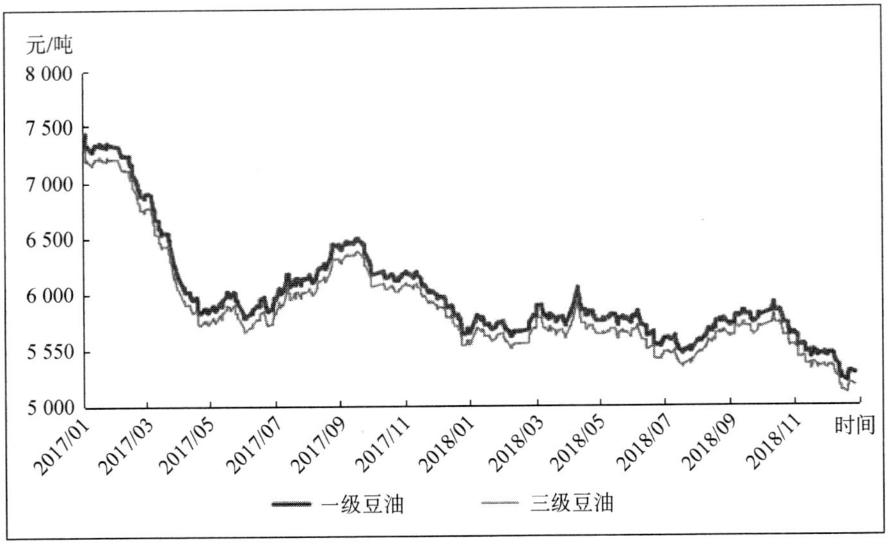

数据来源：博朗咨询・中国大豆网。

图 2－4－4　2017—2018 年国内豆油现货价格走势图

据博朗咨询跟踪统计，2018 年国内散装一级豆油平均销售价格最高点出现在 2018 年 4 月 9 日，为 6 046 元/吨，最低点出现在 2018 年 12 月 17 日，为 5 214 元/吨，较最高点下跌了 832 元/吨，跌幅为 13.76%；同期国内散装三级豆油均价下跌了 825 元/吨，跌幅为 13.90%。

（二）2019 年我国大豆及豆油市场展望

1. 2019 年度大豆市场展望

（1）国内大豆市场供需预计。2018/2019 年度，中国大豆新增供应量预计为 10 222 万吨，较 2017/2018 年度减少 7.7%。其国产大豆产量预计 1 372.0 万吨，较 2017/2018 年度减少 17.6%；进口大豆总量预计 8 850 万吨，较 2017/2018 年度减少 6.0%；大豆消费总量预计为 10 788 万吨，较 2017/2018 年减少 3.2%，其中：全年压榨总量为 9 030 万吨，较 2017/2018 年的减少 3.9%；大豆食用与食品工业需求预计为 1 270 万吨，较 2017/2018 年度增加 1.6%；2018/2019 年度末大豆结转库存预计为 1 049 万吨，较 2017/2018 年度减少 35.0%。值得注意的是，2019 年我们预计中国进口量是减少的，这也是近 14 年以来首次下降，主要因为中国对美豆增加关税导致第四季度开始中国企业开始减少美国大豆进口，而南美大豆进口量虽然增加但是仍然没有平衡掉美豆减少的部分，中国在增加豆粕进口以及改变饲料配方等方面努力降低国内豆粕需求量。

2018/2019 年度中国国产大豆产量预计较上年度有较为明显的下调，今年政策方面的看点较多，2018 年 4 月末黑龙江省农委发布了今年大豆和玉米生产者补贴标准，种植玉米每亩地补贴不足 100 元，种植大豆地块每亩补贴超过 200 元。这一政策对于提高农户种植大豆的积极性有一定的带动作用，但是因为政策发布时间较晚，对于大豆面积的挽回作用并不明显。2018 年 11 月 7 日黑龙江省财政厅发布，2018 年玉米补贴确定为 25 元/亩，大豆补贴 320 元/亩，大豆补贴高于预期，显示出国家继续鼓励东北地区扩大大豆种植面积。中国大豆网在 2018 年进行的三次最终产量的调研数据显示，2018 年南北方大豆均有减产，尤其是南方产区更为严重，受大豆生长期干旱、热害以及后期强降雨影响，安徽部分产区甚至绝收，有收成的地区单产也直降 50%。东北地区早霜提前到来，导致内蒙古呼伦贝尔大部以及黑龙江北部、西部等地大豆秧顶部遭受冻害，大豆收获后伴有青豆影响品质。

国内大豆市场行情分析。后期行情我们仍然偏向于先抑后扬，主要考虑几点因素：

第一，2019 年 3—4 月份价格不易反弹。（1）因农户出售压力后移。截至 2018 年 12 月末黑龙江农户余粮剩余比例大概 70%，上年同期为 61%。受储备大豆出库缓慢以及市场实际需求匮乏等因素影响，2018 年黑龙江大豆外运量呈现下降的走势，农户的售粮压力可能要转移至年后市场，春节过后 4 月份也是春播前的一小波售粮高峰期，所以年后的市场前景并不乐观。（2）国家给予补贴力度大或致价格缺乏底部支撑。2018 年 11 月 7 日黑龙江省财政厅发布，2018 年玉米补贴确定为 25 元/亩，大豆补贴 320 元/亩。农户对于大豆不再惜售，目前各区域底层主流收购价格为 3 200 ~ 3 300 元/吨，如果售粮高峰期来临也不排除毛粮出售价格继续下跌的可能。

第二，2019 年大豆质量"硬伤"也是导致价格跌入谷底的一个重要原因。2018 年 9 月 8—9 日受冷空气影响，内蒙古呼伦贝尔降温明显，农区出现了霜冻，对大豆、玉米等农作物造成一定程度的损害。黑龙江黑河、大兴安岭局部也赶上了早霜，因为今年早霜来得过早，大部分大豆都还没有串叶，有绿叶被早霜打蔫儿的现象。受早霜到来过早影响，内蒙古大杨树、黑龙江嫩江、齐齐哈尔讷河等主要的大豆产区收获质量欠佳，青豆比例明显增加，尤其是内蒙古大杨树地区，青豆比例估算超过 60%，这部分带有青豆的大豆销售困难，大部分可能进入油脂压榨企业作为油豆加工，但因为企业有 2013 年储备大豆可以加工，并且因中美关系缓和，豆粕价格下滑导致企业压榨利润下降，12 月份以后企业的加工量下降，对原粮采购节奏也有所放缓，这进一步加剧了东北地区偏差质量大豆的出货压力，也会拉低整体均价水平。

对于 2019 年 4 月份以后的行情我们偏向于会出现稳中反弹的过程，基于往年的农户售粮规律，4—5 月份是农户集中进行下一年度粮食播种的关键时期，而这一阶段基层余粮大幅减少，高蛋白大豆可能会成为稀缺资源，供需缺口逐步体现可能会推升价格走高。

虽然黑龙江省农委在 2018 年 4 月就发布了当年的大豆生产者补贴标准可能高于 200 元/亩，但是由于当时农户已经大部分购买了种子、化肥等生产资料，所以补贴政策对于大豆面积的挽回作用并不明显，这也直接导致了2018/2019年度国产大豆产量出现较大幅度下滑。我们从国产大豆供需平衡表中可以看出，2018/2019年度当年余缺是275万吨，而2017/2018年度这一数字是11万吨。而国家储备大豆众所周知已经剩余不多，2018年6月14日国家启动储备大豆拍卖，拍卖持续到当年10月31日结束，期间共成交200.7万吨，其中2012年大豆成交2.7万吨，2013年大豆成交198.0万吨左右。2019年国家可用于拍卖的临时储备大豆总量可能不足100万吨，也就是说275万吨的缺口是无法弥补的，这也可能成为后期价格上涨的关键因素。

2. 2019年中国豆油市场趋势展望

（1）市场供需预测。排除极端恶劣天气出现的可能性，2019年全球大豆产量预计依然可观，不过需要关注两大变数，首先是南美天气，近来巴西和阿根廷部分大豆作物地区的天气形势有些让人担忧，天气变量催生很多不确定因素；其次是中美贸易关系及其对大豆和其他农产品市场的影响。身处原料供应“宽松”的背景下，2019年国内豆油供应总体上料难现“紧张”状态，不过供应曲线有望从“过剩”过渡到“相对宽松”，考虑到2019年1月豆油去库存情况较好，据博朗咨询统计，截至1月23日，国内豆油商业库存总量降至141.2万吨左右，较上年的历史高点下降近46.8万吨。油脂需求方面，据国家粮油信息中心预计，2018/2019年度，我国食用植物油食用消费量预计为3 514万吨，较上年度增加74万吨，增幅为2.2%；工业及其他消费量预计为384万吨，较上年度增加1万吨，预计2019年国内油脂消费还是处在平缓上升的趋势中。该年度我国食用植物油生产量预计为2 868万吨，较上年度减少95万吨；进口量预计为902万吨，较上年度增加150万吨。产量下调是基于豆粕需求前景不乐观的考量，一方面国内非洲猪瘟疫情严重抑制饲料需求，另一方面我国正在生猪、肉鸡和蛋鸡养殖中全面推广应用低蛋白质日粮饲料技术，在不影响生产性能和肉类品质的前提下有效减少豆粕用量，豆粕压榨需求降低令同为压榨副产品的豆油产出预期下降，供应缺口可由直接进口弥补，这也是上调进口量的原因所在。

新年度需要关注的影响供应的几个主要因素有：第一，国产大豆的种植面积、期间的天气状况、生长情况及最终产量，以及国储大豆拍卖情况；第二，进口大豆逐月到港数量及压榨量；第三，全球其他油籽的生长、产量及进出口情况，最主要是国内油菜籽的进口情况、国产油菜籽的种植及产量情况等，对菜籽油的供应状况会有影响；第四，全球棕榈油产量、库存增减情况。

初地步预计，2018/2019 年度国内豆油总需求量预计为 1 661 万吨，较上年度增加 9 万吨，增幅为 0.54%，其中，国内消耗总量 1 631 万吨，较上年度增加 16 万吨，增幅为 0.99%。食用消费量预计为 1 475 万吨，较上年度减少 5 万吨。

（2）2019 年国内豆油市场行情预计。2019 年国内油脂市场预计将在“多空交织、风险与机遇并存”的局面中继续震荡夯实底部，等待去库存走上正轨打破僵局。除了着眼于国内市场外，还需重点关注外围豆类和棕榈油市场情况、地缘政治风险、原油价格中枢、中美贸易关系、关税以及政策调整等引爆点。

从根本的“供需”角度来看，国内豆油基本面将是影响行情的重要因素，基于当前豆油库存仍处于相对高位，预计在上半年期间行情上涨动能要受制于库存压力，除非当前的去库存步伐能有效持续，不过考虑到近两年价格已处于历史相对低位，下方空间同样受到制约，总体料将呈现底部区间震荡态势。在全球经济承压走势放缓、国际大豆供应充裕、我国恢复部分美国大豆进口的状态下，也不可因价格处于历史低位而盲目乐观。下半年，国内豆油行情有望在需求回暖的支撑下震荡上行，当然也不排除此阶段豆油库存仍未得到有效消化，从而抑制价格上涨空间及动力的情况，具体的走势还需视多方影响因素间此消彼长的配合程度。现货操作上，在当前国际炒作、投机行为加剧行情波动的市场环境下，现货厂商应根据自身实际出货能力制订灵活的购销计划，维持“低补高卖、及时锁利”的购销策略。

（中国大豆网　刘兆福）

五、油菜籽及菜油市场分析

【内容提要】

2018年，国内油菜籽种植面积和总产量较上年继续下调。由于产量下降及浓香菜籽油需求和压榨利润良好，国产菜籽收购价高开高走，较2017年再上一个台阶。2018年国产菜籽榨利继续为负，主产区国产菜籽压榨企业仍未能开机。2018年国内临储菜籽油基本全部拍卖并消化殆尽，但因2018年进口油菜籽压榨利润多数时间为正，且上半年菜籽油进口给出较为丰厚的利润，2018年我国油菜籽和菜籽油进口数量双双同比增加，使得国内菜籽油商业库存长期居高不下，加上棕榈油行情全年持续下跌拖累菜籽油行情，2018年菜籽油行情走势弱于预期，年尾价格和年初价格基本持平，但表现好于豆油和棕榈油。2019年菜籽油仍是基本面最好的植物油品种，且棕榈油对行情的下拉作用减弱，预计菜籽油价格整体运行区间将较2018年上移。

（一）2018年国内油菜籽、菜籽油供求情况分析

1. 油菜籽产量官方数据继续下调

国家粮油信息中心数据显示，2018年度中国油菜籽播种面积650万公顷，较上年度665.3万公顷减少2.3%；单位产量为2吨/公顷，较上年度的1.995吨/公顷增加0.25%；预计2018年中国油菜籽产量1 300

万吨，较上年的 1 327. 4 万吨减少 2. 1%。其中主产省四川省 2018 年全省夏收油菜籽播种面积为 122 万公顷，较上年 120. 6 万公顷增加 1. 16%；单产 2. 39 吨/公顷，较上年 2. 38 吨/公顷增长 0. 21%；产量为 291. 9 万吨，较上年 288 万吨增加 1. 35%，超过湖北省的 204 万吨，成为我国油菜籽生产第一大省。

2018 年我国油菜籽产量官方数据继续下调，但较业内公认的真实数据相差仍较大。下降的主要原因是油菜种植比较收益较低，种植面积下降。

当前国产油菜籽主要用来生产浓香菜籽油，由于国内浓香菜籽油需求良好，国产油菜籽加工成浓香菜籽油利润丰厚，2018 年国产油菜籽收购价高开高走，较 2017 年再上一个台阶，因此 2018 年国产油菜籽种植效益较 2017 年继续回升。由于种植收益好转，预计 2018 年秋冬油菜播种面积有望回升至 667 万公顷以上，如果后期天气条件正常，2019 年我国油菜籽产量有望结束三连减（见图 2 –5 –1）。

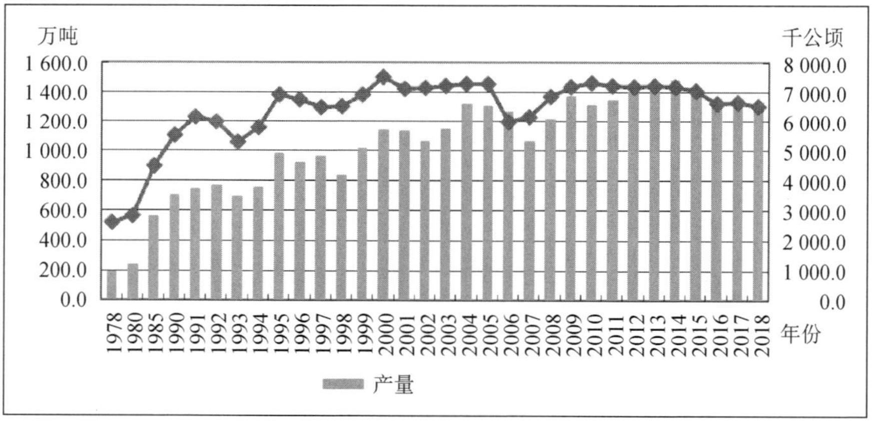

资料来源：2018 年的数据来源于国家粮油信息中心，其他年份来源于中国统计年鉴。

图 2 –5 –1　我国历年油菜籽种植面积和产量

2. 2018 年油菜籽和菜籽油进口量双双增长

海关数据显示，2018 年我国进口油菜籽约 477 万吨，略高于 2017 年的 475 万吨。2018 年我国油菜籽进口数量同比略增的主要原因是，2018 年 1 月初至 10 月底，进口油菜籽压榨利润一直保持 100 ~ 300 元/吨，较为丰厚，油菜籽压榨企业进口油菜籽积极性较高，沿海油菜籽压榨企业开工率一直保持较高水平，这也是2018年沿海地区菜籽油商业库存一直处于历史高位的原因。

预计2019年，我国油菜籽进口数量较2018年持平或略增的可能性较大。一是虽然2018年秋冬播油菜种植面积止降回升的可能性较大，但在国内现有土地资源条件下，油菜籽种植效益和小麦种植效益相比无优势的情况下，国内油菜种植面积回升空间有限，2019年国产油菜籽产量回升空间也有限，国内油菜籽供需之间仍存在较大缺口，需要进口油菜籽来弥补。二是2018年国内临储菜籽油已基本全部销售并消化殆尽，由此产生的国内菜籽油供给缺口，需要进口更多的油菜籽榨油来弥补。不过，当前国内进口油菜籽数量已占全球油菜籽贸易总量的25%以上，加之2018年全球油菜籽减产，国际市场油菜籽贸易量有限，这将抑制我国油菜籽进口增量（见图2－5－2）。

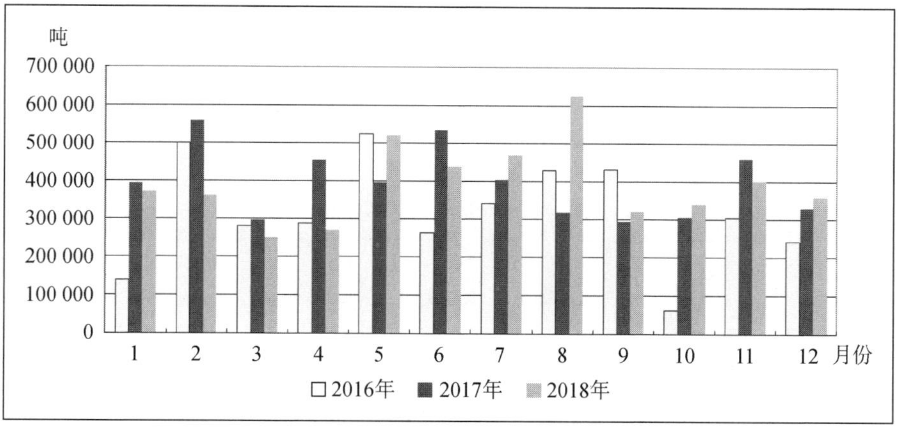

资料来源：海关总署。

图2－5－2　2016—2018年来油菜籽月度进口量

海关数据显示，2018年我国进口菜籽油约127万吨，远高于2017年同期的75.7万吨。主要原因是2018年5月在投机资金推动下，国内菜籽油期价走势持续强于同期外盘，因此进口菜籽油到港成本较相对应合约菜籽油期价给出近300元/吨的丰厚利润，在高利润的驱动下，国内企业进口菜籽油积极性大增，致使2018年5—8月菜籽油进口量较2017年同期增加32.3万吨，增幅达130%。

预计 2019 年我国进口菜籽油数量将较 2018 年继续增加，但增速将减缓。一是过去几年，国内菜籽油供给主要是国产油菜籽榨油、进口油菜籽榨油、进口菜籽油和临储菜籽油，而在“去库存”政策主导下，经过连续几年的拍卖和定向销售，到 2018 年底国内临储菜油基本已全部卖出并消化殆尽，在国产油菜籽数量难有大幅回升的情况下，只有通过增加进口油菜籽和进口菜籽油来弥补国内菜籽油供给缺口。二是历来只有高价才能抑制需求，由于 2019 年国内的近百万吨的菜籽油供给缺口，预计 2019 年国内菜籽油市场仍将不时给出进口利润，刺激企业的进口积极性。三是预计 2019 年国内菜籽油和棕榈油之间的价差、菜籽油和豆油之间的价差均将进一步扩大，对菜油的替代消费将增多，也会减小国内菜籽油的供需缺口，抑制对进口菜油需求的增速（见图 2 -5 -3）。

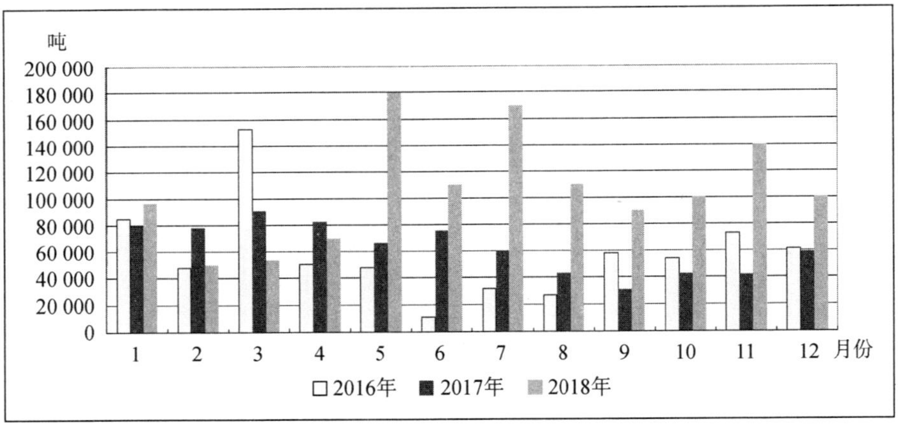

资料来源：海关总署。

图 2 -5 -3　2016—2018 年来菜籽油月度进口量

3. 国内油菜籽、菜籽油市场供需情况分析

国家粮油信息中心数据显示：2017/2018 年度，预计我国油菜籽新增供给量为 1 770 万吨，较上年度增加 63 万吨，其中国内油菜籽产量为 1 327万吨，油菜籽进口量为 442 万吨。预计年度油菜籽榨油消费量为 1 680万吨，较上年度增加 70 万吨，其中包含 1 230 万吨国产油菜籽及 450 万吨进口油菜籽。预计年度油菜籽供需缺口为 5 万吨。

2018/2019 年度，预计我国油菜籽新增供给量为 1 760 万吨，较上年度减少 10 万吨，其中国内油菜籽产量为 1 300 万吨，油菜籽进口量为 460 万吨。预计年度油菜籽榨油消费量为 1 660 万吨，较上年度减少 20 万吨，其中包含 1 210 万吨国产油菜籽及 450 万吨进口油菜籽。预计年度油菜籽供需结余为 4 万吨。

2018 年，我国油菜籽新增供给量和年消费量双双略减，新增供给量减少的主要原因是国产油菜籽产量下降。国产油菜籽主要用于生产浓香菜籽油，国产油菜籽产量下降导致生产浓香菜籽油的压榨量下降。而沿海地区进口油菜籽数量同比增加，加之 2018 年进口菜籽油数量同比增幅 67.7%，沿海地区菜油商业库存在 2018 年长期居高不下，致使油菜籽压榨企业菜籽油走货不畅，影响了开工率。

预计 2019 年国内油菜籽新增供给量将较 2018 年持平略增。一是由于 2018 年国产油菜籽种植利润连续两年回升，2017 年秋冬播油菜面积稳中有升，如天气正常，国产油菜籽产量也将稳中略增。二是在国内油菜籽压榨产能严重过剩，且国内菜籽油供需缺口明显，临储菜油去库存完毕的情况下，2019 年进口油菜籽数量继续上升的可能性较大。预计 2019 年国内油菜籽供和需之间仍将存在缺口，2019 年国内油菜籽供需基本面将继续呈紧平衡状态（见图 2－5－4）。

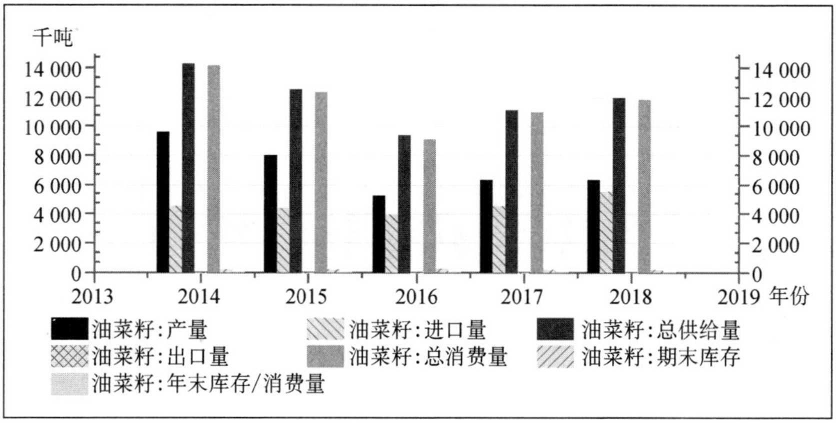

数据来源：WIND 资讯。

图 2－5－4　中国油菜籽供需平衡表

国家粮油信息中心数据显示：2017/2018 年度，预计我国菜籽油新增供给量为 706 万吨，其中菜籽油产量为 626 万吨，进口量为 80 万吨。预计年度菜籽油国内消费量为 855 万吨，较上年度减少 10 万吨。预计年度菜籽油供需缺口为 151 万吨。

2018/2019 年度，预计我国菜籽油新增供给量为 719 万吨，其中菜籽油产量为 619 万吨，进口量为 100 万吨。预计年度菜籽油国内消费量为 860 万吨，较上年度增加 5 万吨。预计年度菜籽油供需缺口为 143 万吨 。

从以上数据可以看出，2018 年国内菜籽油新增供给量和消费量均略增。主要原因：一是 2018 年进口油菜籽数量同比大增，且增幅弥补了国内油菜籽供应量下降带来的菜籽油减产幅度。二是 2018 年国内菜籽油和豆油价差、菜籽油和棕榈油价差均继续扩大，在利益驱动下，豆油和棕榈油对菜油的替代消费，抑制了国内菜籽油消费的增长速度。

预计 2019 年国内菜籽油新增供给较为稳定而消费将继续环比下降。主要原因：一是虽然预计 2019 年国产油菜籽数量和油菜籽进口数量将双双稳中略增，国内新产菜籽油数量也将相应稳中略增，且 2019 年进口菜籽油数量将继续环比上升，但由此带来的增幅远不足以弥补 2018 年临储菜油消费殆尽带来的缺口，因此 2019 年国内菜籽油实际供应量是低于过去三年同期的，国内菜籽油消费量也将随之下降，而这部分下降的消费份额将被棕榈油、豆油、葵花油来替代（见图 2－5－5）。

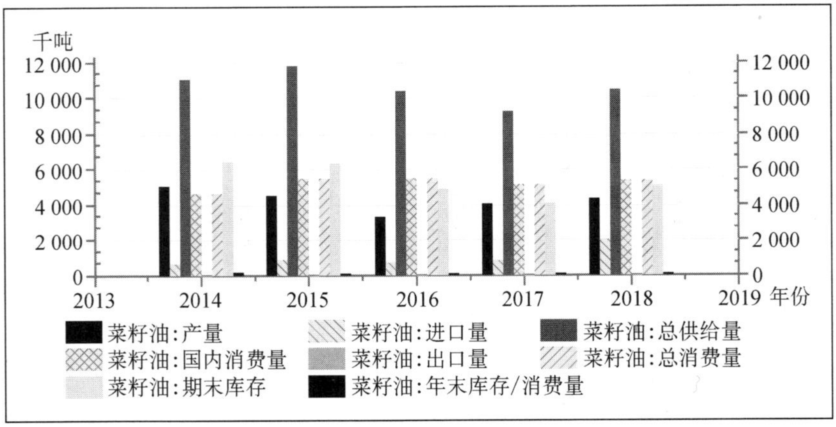

数据来源：WIND 资讯。

图 2－5－5　中国菜籽油供需平衡表

4. 2018 年国内油菜籽、菜籽油市场回顾

2018 年，是国家退出临储菜籽（油）收购政策的第四年，国内油菜籽高度市场化。由于进口油菜籽都是直接进厂压榨，并不进入流通领域，国内油菜籽市场主要是国产油菜籽行情。

受产量连年下降影响，及国内尤其是西南地区对国产油菜籽的刚需支撑，2018 年国产油菜籽行情高开平走，较 2017 年再上一个台阶。整体来看，2018 年国内油菜籽行情分为两个阶段：

一是 1 月至 5 月中旬，市场陈菜籽货源稀少，仅剩少量小榨油厂零星收购，新季油菜籽还没有上市，国内油菜籽市场延续 2017 年第四季度行情继续平稳运行，市场有价无市。

二是 5 月中旬至 12 月，长江流域夏收油菜籽一上市便高开后，到年底呈现平稳运行状态。主要原因是近几年国产油菜籽主要用于生产浓香菜籽油，而国内浓香型菜籽油价格在国内疲弱的油脂市场中一枝独秀保持在较高水平，且需求稳定，而国产油菜籽产量连年下降，在需求稳定、产量下降的情况下，国产油菜籽一上市便遭抢收，收购价因此高开。不过，在国内浓香型菜籽油压榨利润的限制下，国产油菜籽的收购价在高开后走势较为平稳。

2018 年国产油菜籽市场有如下特点：一是由于国产油菜籽基本都流入小作坊生产浓香菜籽油，且按国内菜油和菜粕价格计算，大型油菜籽压榨企业如压榨国产油菜籽，全年深度亏损，因此，2018 年主产区大型油菜籽压榨企业仍没有开工，这也是继 2016 年后，连续第三年出现国产油菜籽上市期也无法开工的现象，主产区油菜籽大型压榨企业或转型或破产。二是国产油菜籽仍是由长江中游流向西南地区，流向小榨油厂，主产区一些压榨企业也多将收购菜籽用于跨省销售，而不是自用。三是虽然 2018 年国内油脂油料市场受中美贸易关系影响较深，让人发出“不看供需看政策”“不看基本面看推特”的感叹，但国产油菜籽市场却这边风景独好，基本没受此影响（见图 2－5－6）。

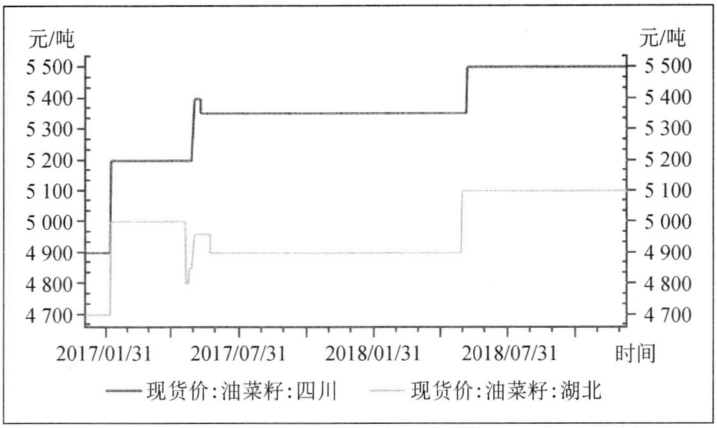

数据来源：天下粮仓。

图 2－5－6　2017—2018 年主产区油菜籽价格走势

2018 年由于国内菜籽油市场长线存在供需缺口，基本面好于豆油和棕榈油，一度成为资金热炒的对象。但因全球大豆丰产和棕榈油大幅增产，2018 年国际植物油市场供大于求，基本面偏空，国际市场豆油和棕榈油价格全年持续下跌，国内植物油 67% 来自于国际市场，国际市场植物油价格下跌直接降低国内植物油进口成本，带动国内植物油价格随之下跌。受此影响，国内菜籽油价格难以一枝独秀，资金的炒作只是阶段性推高国内菜籽油价格，致使国内外菜油价差近 300 元/吨，为菜籽油企业提供了难得一遇的套利机会，导致 2018 年菜籽油进口量同比大幅增加。

不过，2018 年国内菜籽油价格在多数时间强于豆油和棕榈油，菜油和豆油、棕榈油之间的差价较 2017 年进一步扩大。

整体来看，全年国内菜籽油行情呈宽幅震荡态势，年尾与年初价格基本持平，具体可以分为四个阶段。

第一个阶段是 1 月至 5 月底，国内菜籽油市场在经历了 2017 年的震荡下跌后在 2018 年一季度企稳，市场情绪好转，加之随着临储菜籽油的减少，国内菜籽油市场长线看供给存在缺口，资金积极入场，推动国内菜油价格在 5 月大幅上涨，5 月高点较 2 月低点相比，涨幅近 13%。

第二个阶段是 6 月初至 7 月下旬，国内菜油价格调头向下，两个月累计跌幅近 12%。主要原因：一是 5 月国内菜籽油价格大幅上涨，完全是资金推动，使得国内外菜籽油价格出现丰厚的套利空间，菜籽油企业进口积极性大增，5—8 月菜籽油进口量同比增加 32. 3 万吨，国内菜籽油供给充裕，去库存节点迟迟不来。二是国际市场棕榈油进入单月生产旺季，马盘棕榈油价格破位持续下跌，拖累国内植物油市场。

第三阶段是 7 月下旬至 10 月中旬，国内菜籽油价格止跌回升，行情高点较低点涨幅近 8%。主要原因是中美贸易摩擦升级，市场担心国内豆类商品供给，国内菜籽油价格跟随豆油价格回升，但涨幅小于同期豆油。

第四阶段是 10 月中旬至年底，国内菜籽油价格再次回落，回到年初的位置。主要原因是国际原油持续大幅下跌，两个半月累计跌幅达 45%，国际市场植物油除用于食用消费以外，主要用于工业消费，且在植物油总消费中所占比重逐年上升，国际原油下跌，引发市场对植物油消费的担忧，加之棕榈油主产国库存上升卖压持续存在，中美领导人直接通电话预示中美贸易摩擦可能缓和，多重利空叠加下，国内植物油市场大幅下跌，豆油和棕榈油均见十年低点，菜油也随之下跌，但跌幅远小于同期豆油和棕榈油（见图 2 –5 –7）。

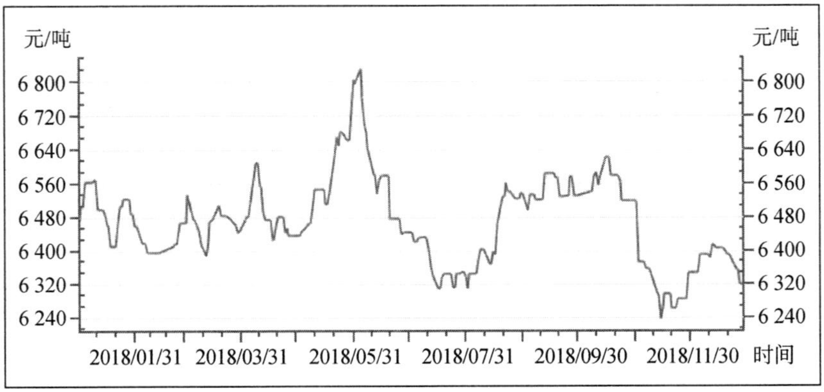

数据来源：WIND 资讯。

图 2 –5 –7　2018 年国内菜油均价走势图

（二）全球油菜籽减产紧平衡

国际市场方面，美国农业部 12 月预计，2018/2019 年度全球油菜籽产量为 7 022 万吨，较上年度减少 381 万吨，其中加拿大菜籽产量较上年度减少 23 万吨至 2 110 万吨。欧盟产量为 2 050 万吨，较上年度减少 255 万吨，澳大利亚产量为 260 万吨，较上年度减少 107 万吨。全球油菜籽出口量为 1 720 万吨，较上年度增加 85 万吨，其中加拿大出口 1 160 万吨，占比 67.4%。全球油菜籽期末库存 617 万吨，较上年度减少 609 万吨。2018/2019 年度油菜籽全球产量、消费、库存均出现下滑，库消比降至 8.45%，上一年度为 9.46%。

虽然 2018 年全球油菜籽减产，但根据 12 月初美国农业部公布的供需数据，2018/2019 年度全球 7 种油籽（大豆、油菜籽、葵花籽、棉籽、花生、棕榈仁和椰干）的产量显著增加，合计增加 2 512 万吨至 6 亿吨。其中油菜籽产量降幅基本被葵花籽产量增幅弥补，预计 2019 年全球油菜籽价格虽因库消比下降表现较为坚挺，但在全球油料供给充裕的情况下，难走出独立性行情（见图 2－5－8）。

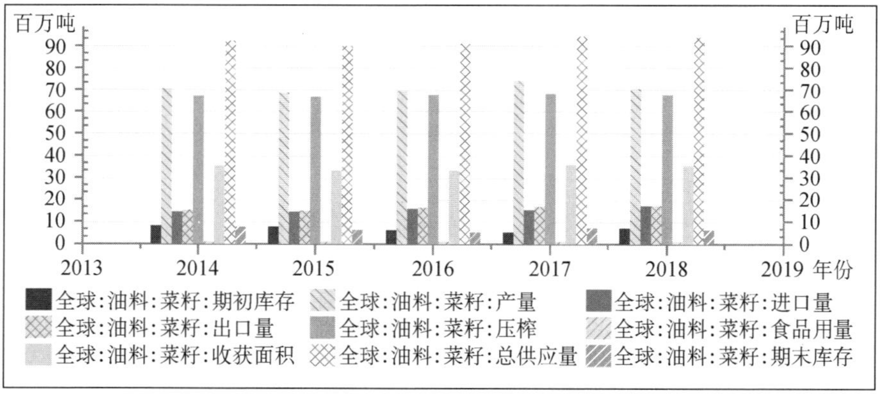

数据来源：WIND 资讯。

图 2－5－8　全球油菜籽供需平衡表

（三）2019 年国内油菜籽、菜籽油市场展望

1. 预计 2019 年国产油菜籽价格运行区间与 2018 年基本一致

预计 2019 年国产油菜籽实际种植面积和总产量均可能稳中有升。一

是经过多年的竞地效应后，国内油菜的种植面积基本已无下降空间。二是国家下调2019年小麦最低收购价，这也是实施小麦最低收购价政策以来第二次下调，而国内油菜种植效益却连续两年回升，这将有利于提高油菜的竞地效应。因此2018年秋冬播油菜种植面积将结束连续多年的下降出现回升，截至2018年底，油菜籽主产区天气正常，后期如无大的意外，2019年国产油菜籽产量将出现回升，但在现有国内耕地条件下，国内油菜种植面积大幅提升的可能性也较小，因此国产油菜籽产量回升的空间也不会太大，整体将呈稳中有升的状态。

预计2019年夏收油菜籽上市前，国内油菜籽市场仍将有价无市，以稳为主。一是市场留存国产油菜籽数量稀少，虽个别小作坊库存足够支撑到下一季国产菜油上市，但也只能满足自身需求，市场不会有国产油菜籽流通，国产菜籽一籽难求，将支撑其价格。二是小机榨油价格较其他植物油价格偏高，预计榨利在2019年上半年难提高，因此同期国产菜籽油价格也难上升。

预计2019年夏收油菜籽上市后，仍是高开平走，行情走势类似2018年。一是2016年至2018年连续三年国产油菜籽集中上市时收购价高开，提高了农民心理预期。二是国内浓香菜籽油需求良好，压榨利润稳定，国产油菜籽上市后贸易商高价抢收的积极性较高。三是国产油菜籽主要用于制作浓香菜籽油，虽然国内浓香菜籽油价格一枝独秀，价格远高于进口油菜籽所榨的菜籽油，但在国内植物油市场整体疲弱的情况下，也难大幅向上，因此，浓香菜籽油榨利也将稳定，国产油菜籽收购价天花板明确。四是预计2019年主产区大型压榨企业多数将继续无法开工，国内可贸易的油菜籽仍将多流向小作坊。

2. 预计2019年上半年国内菜籽油将在底部区域震荡，下半年将走出底部区域并在四季度见年内高点

分析后势，利多因素有：

一是2010年以来国内植物油持续走弱的主要原因之一，过去10年国内养殖业高速发展，国内对豆粕的需求增速快于对豆油的需求增速，致使国内豆油供过于求，库存长期居高不下，2018年一系列针对豆粕的政策出台，加之国内非洲猪瘟疫情持续，国内对豆粕需求将负增长，相应的国内豆油新增数量也将同比下降，国内豆油库存将同比下降。国家粮油信息中心预计，2019年我国豆粕需求将同比下降1 100万吨，导致大豆需求减少1 400万吨，国内豆油新增数量也将相应减少259万吨。豆油是我国第一大食用油，豆油基本面好转，将有利于包括菜籽油在内的整个国内植物油市场。

二是近几年国内菜油供应主要来自于国产菜籽榨油、进口菜籽榨油、进口菜油和临储菜油，前三个供应都相对稳定，而临储菜油在2018年已基本全部销售并消化殆尽，这部分缺口虽然通过增加菜籽和菜油进口来弥补，但国际市场菜籽贸易量有限，因此弥补空间有限，据国家粮油信息中心估算，2 019/2020年度我国菜油供需存在近百万吨的缺口，历来只有高价才能抑制消费，因此做多国内菜油价格的逻辑仍在。

三是2018年资金已开始积极进场做多菜籽油，之所以没有成功的主要原因是受棕榈油的拖累。2018年棕榈油从年初跌到年底，马盘棕榈油期价全年累计跌幅近28%，连棕榈油全年累计跌幅近21%。而经历2018年的下跌后，棕榈油市场的利空因素基本已全部释放，并见此番下跌行情的底部，而2018年冬季出现中等厄尔尼诺，将对半年后的棕榈油产量产生不利影响，因此2019年棕榈油市场对国内菜籽油价格的下拉作用减小，甚至可能转变成利多因素。

四是在原料成本支撑下，2018年国产菜籽油成本多在11 000元/吨以上，因此新油菜籽集中上市后，并未对2018年的国内菜籽油价格形成冲击。预计类似的情况在2019年将继续，国产油菜籽上市后，也不会对国内菜籽油价格形成过多负面影响。

分析后势，利空因素有：

一是由于2018年我国菜籽油进口同比增加近50万吨，进口增速远大于需求增速，截至2018年底国内菜籽油商业库存居于历史高位，加上2018年四季度国内菜籽油和豆油价差扩大至5年来的最高水平，菜籽油消费受到替代，去库存缓慢，且菜籽油仓单按郑州商品交易所规则需在5月底全部注销，因此预计2019年上半年国内菜籽油整体供给充裕。

二是虽然2019年国内菜籽油基本面和国际市场油菜籽基本面均良好，但国际油脂油料市场却整体供给充裕，主产国卖压较大。往年到1月份，美国大豆销售窗口期即将关闭，市场将迎来南美大豆销售周期，而2018

年因中美贸易摩擦，美国大豆到2018年底还有2 600万吨的大豆库存，如后期中美贸易摩擦缓和，中国再次向美国开放大豆市场，则将出现美国大豆和南美大豆销售期重叠的现象，上半年国际大豆市场将阶段性供大于求。

三是虽然预计2019年主产国棕榈油产量增长速度将放缓，且库存在2018年12月见顶后将环比下降，但是一方面2018年12月至2019年1月国内棕榈油期价不时给出进口套保利润，国内棕榈油企业进口积极性提高，主产国以低价换销量，一部分库存已转移到国内，2019年上半年国内棕榈油库存环比上升的可能性较大。加之国内菜籽油和棕榈油库存处于5年来的高位水平，植物油之间的替代关系下，国内菜籽油的消费和行情将受到不利影响。

四是2019年还需关注油脂油料主要出口国、进口国的汇率变化；关注国际原油价格走势和对国际市场植物油工业需求的影响；关注中美贸易关系的变化；非洲猪瘟疫情对粕价的影响及对国内植物油价格的间接影响。

综上所述，2019年上半年国内菜籽油市场底部区间震荡运行的可能性较大，下半年如2018年冬季厄尔尼诺对棕榈油产量影响显现，或美国大豆种植面积下降幅度超预期，生长期天气不理想使得市场对南美大豆销售期结束后的大豆供应产生担心，均可能引发国内外植物油市场行情向上，而国内菜籽油良好的基本面将使其成为资金关注热点。郑菜油主力合约支撑位在6 300～6 400元/吨，当价格低于6 400元/吨时即有了投资价值，可逢低买入，如跌破6 000元/吨可重仓买入。郑菜油主力合约压力位在7 100～7 200元/吨，如国内外植物油基本面没有根本好转并整体走强的情况下，注意逢高离场。

（郑州粮食批发市场　陈艳军）

六、花生及花生油市场分析

【内容提要】

和其他传统油料作物相比，花生具有出油率高、营养价值高和种植适应性强等方面的优势。我国是世界花生生产、消费大国，推动花生产业稳定发展是推进供给侧改革、提高我国食用油脂自给率的重要途径之一。

虽然2017年国内花生种植面积增加，但受收获期天气影响，部分主产区花生收获受阻，产量下降，2018年花生种植面积减少，单产整体好于去年。目前花生机械化收获程度相对较低，人工种植成本较高，这也将在一定程度上抑制花生规模化生产的进展。

2018年，花生价格整体跟随大宗油料震荡下行，贸易商基本采取随用随买的方式，农民种植收益较差，惜售心理较为明显，对花生价格也起到一定的支撑作用，全年来看仅在7—9月份出现了相对明显的上涨行情，行情的不振将会对2019年的花生种植造成不利影响。

花生油市场，由于花生油价格相对较高，不利于增加市场份额，2018年豆油、菜油及棕榈油主要食用油品种市场属于下跌行情，对花生油市场也构成了一定的压力，加上花生原料价格的下降，降低了花生油成本，整体来看2019年花生油市场呈震荡走势。

2019年，国家将进一步加强农业供给侧改革，从油脂油料基本面来看，随着库存的降低，市场行情也将会出现反弹，花生种植面积将会如何调整？花生及花生油市场行情又将如何演绎？本文作者将在文中做具体论述，为从事花生及花生油生产经营的人士提供决策参考。

（一）2018年国内花生及花生油市场分析

1. 国内花生种植面积减少，产量略有增加

花生是我国重要的油料作物和经济作物，河南省、山东省、辽宁省为花生主产省份。国家统计局数据显示，在我国油料生产中，花生种植面积仅次于油菜居第二位，而单产和总产居第一位，花生种植面积经历了快速上升期（1949—1956年）、急速下滑期（1956—1961年）、恢复发展期（1961—2003年）、徘徊调整期（2003—2007年）和稳步增长期（2007—2017年）5个阶段，总体呈波动增长趋势，花生总产量总体也呈波动增长趋势，长期走势尤其是2000年以前的走势基本与播种面积的走势保持一致，2006年以来花生产量得到稳步增长。2018年农民种植花生积极性下降，种植面积有所减少，受收获期天气影响，部分主产区花生收获受阻，预计花生产量下降。中华粮网调研数据显示，2018年，花生种植面积预计在7 000万亩，同比降95万亩；花生平均单产为275千克/亩，同比增加25千克/亩；花生总产量为1 740万吨，同比增长40万吨（见表2－6－1）。

表2－6－1　2009—2018年我国花生种植面积、产量及单产　单位：万亩，万吨，千克/亩

年份	总面积	总产量	单产
2018	7 000	1 740	275
2017	7 095	1 700	240
2016	7 091	1 729	244
2015	6 924	1 644	237
2014	6 906	1 648	238
2013	6 949	1 697	242
2012	6 958	1 669	240
2011	6 872	1 605	233
2010	6 791	1 564	230
2009	6 565	1 471	224

数据来源：国家统计局，其中2018年数据为中华粮网预测值。

2. 花生仁出口数量增加，花生油出口下降

受国内花生价格下跌影响，2017年花生仁出口量增加，海关数据显示，2018年花生仁出口约19.85万吨，同比上涨33.5%；出口金额为2.78亿美元，同比上涨24.1%。中国花生仁出口量及金额较2017年增加，单价有所下降。

受国内花生油价格较为低迷影响，2018年花生油进口量增加，出口量减少，海关数据显示，进口方面，花生油进口约12.8万吨，同比增加18.5%；金额1.54亿美元，同比增加4.05%。出口方面，花生油出口约0.1万吨，同比下滑88%；金额0.2亿美元，同比减少4.8%（见表2－6－2、表2－6－3）。

表2－6－2 2018年中国花生仁、花生油月出口数据与同比分析

单位：吨，万美元，%

品种	年度	月份	当月		同比	
			数量	金额	数量	金额
花生仁	2018年	1月	19 116.29	2 929.42	2 260.573	264.13
	2018年	2月	10 221.78	1 644.43	2 530.125	383.70
	2018年	3月	14 214.05	2 244.22	－29.923	－86.44
	2018年	4月	19 296.99	3 082.73	3 149.519	555.59
	2018年	5月	15 838.74	2 356.55	2 798.144	357.34
	2018年	6月	12 335.86	1 728.02	－2938.190	－561.97
	2018年	7月	11 601.39	1 495.60	－60.333	－168.33
	2018年	8月	9 112.54	1 151.22	1 200.295	124.82
	2018年	9月	13 604.95	1 803.20	7 589.037	1 008.19
	2018年	10月	21 409.50	2 707.26	13 549.102	1 621.83
	2018年	11月	28 046.13	3 563.72	14 313.901	1 565.57
	2018年	12月	23 760.54	3 151.84	5 471.908	312.74
	总计		198 558.76	27 858.21	49 834.158	5 377.16

续表

品种	年度	月份	当月		同比	
			数量	金额	数量	金额
花生油	2018 年	1 月	545. 88	119. 88	-42. 32	44. 24
	2018 年	2 月	801. 74	182. 46	-3. 49	84. 13
	2018 年	3 月	631. 12	142. 72	0. 06	-53. 37
	2018 年	4 月	735. 10	164. 79	3. 53	-5. 13
	2018 年	5 月	804. 50	171. 60	25. 05	-29. 89
	2018 年	6 月	917. 91	190. 53	11. 82	-22. 99
	2018 年	7 月	696. 08	156. 91	27. 11	-29. 40
	2018 年	8 月	731. 66	152. 27	-35. 49	-7. 50
	2018 年	9 月	1 307. 63	243. 57	139. 08	-49. 46
	2018 年	10 月	766. 40	146. 30	-200. 28	42. 46
	2018 年	11 月	1 299. 38	227. 69	120. 23	-55. 92
	2018 年	12 月	921. 08	174. 41	-56. 10	-24. 12
	总计		10 158. 48	2 073. 14	-10. 79	-17. 14

数据来源：海关总署。

表 2-6-3　　2018 年中国花生油月进口数据与同比分析 单位：吨，万美元，%

品种	年度	月份	当月		同比	
			数量	金额	数量	金额
花生油	2018 年	1 月	9 066. 66	1 122. 85	1 192. 58	68. 09
	2018 年	2 月	12 770. 36	1 510. 61	2 387. 42	101. 80
	2018 年	3 月	1 535. 90	191. 26	-10 015. 76	-1385. 93
	2018 年	4 月	7 159. 46	892. 21	-15 713. 00	-2270. 93
	2018 年	5 月	9 000. 27	1 099. 85	-3852. 18	-675. 43
	2018 年	6 月	10 410. 96	1 267. 40	-655. 02	-287. 42
	2018 年	7 月	26 913. 41	3 249. 87	21 285. 21	2 462. 04
	2018 年	8 月	13 904. 92	1 684. 63	7 232. 71	761. 81
	2018 年	9 月	10 937. 70	1 322. 61	2 215. 45	161. 11
	2018 年	10 月	14 454. 13	1 708. 33	9 472. 80	1 050. 87
	2018 年	11 月	4 310. 33	502. 16	1 919. 76	177. 21
	2018 年	12 月	7 798. 56	911. 50	4 657. 09	510. 82
	总计		128 262. 66	15 463. 30	20 127. 04	674. 04

数据来源：海关总署。

3. 国内花生需求结构变化，整体供大于求

我国花生需求主要由压榨、食用及种子等几个部分组成，其中花生油压榨需求以及食用加工需求占主要部分，近年来花生消费需求整体呈现上升趋势，国内花生供应较为充足。一直以来国内花生产量的60%左右用于榨油，2018 年，受中美贸易摩擦影响，国内植物油价格下跌，花生油市场份额下降，花生油厂开工率处于较低水平，花生的油用需求同比下降，更多的花生进入利润更高的食品行业。中华粮网监测数据显示，2018 年，由于国内花生压榨利润率下降，食用花生消费增速快于油用花生，食用花生占比略有增加，其中压榨用花生占比为 44. 5%，食用花生占比为 47. 4%，种用量约 5. 1%（见图 2 –6 –1）。

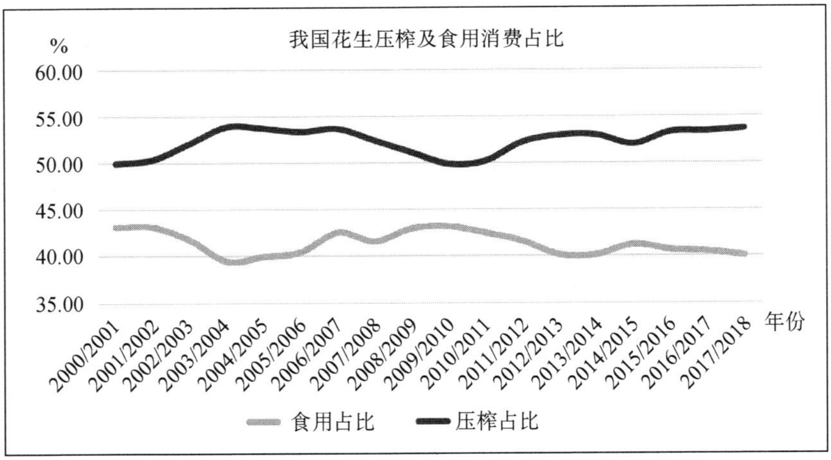

数据来源：中华粮网。

图 2 –6 –1　2018 年国内花生消费比例

4. 花生市场整体涨跌互现

2018 年一季度，春节备货结束后，国内花生进入需求淡季，市场行情跟随大宗油料市场弱势调整，在 3 月中旬由于中美贸易的影响，花生市场出现了反弹，但补库结束后，市场需求重返不振，贸易商采取随用随买的方式，采购意愿不强。8 月份，新花生上市后由于今年花生种植面积减少，好花生量少，农民惜售心理严重，花生米价格出现上涨；10 月份受

农忙影响，加上农民对花生价位不认可，依旧惜售心理严重，加上中间商货源不足，有补货需求，花生市场出现一波反弹；进入 11、12 月份因中美贸易战再启冲突，外盘豆类强势，令花生市场在相关品种的影响下震荡走高。但国内供大于需及其他油料的低迷是 2018 年国内花生价格整体偏弱的主因（见图 2－6－2）。

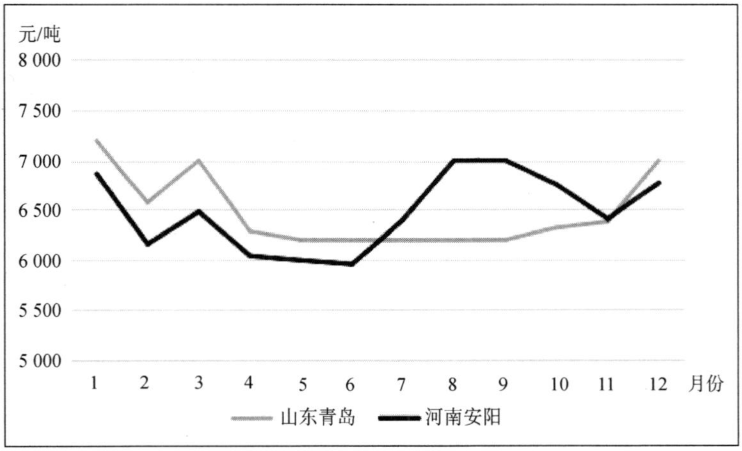

数据来源：中华粮网。

图 2－6－2　2018 年我国含油 45%花生市场价格走势图

5. 种植成本和收益均有下降

近年来，花生平均总种植成本变化不大，据有关机构调查，农药及化肥费用有所缩减，种子成本略有增加，人工及机械费用也有增加趋势，但普通农户多为家庭成员自行种植及收获，而种子多为自留种。中华粮网抽样调查结果显示，河南省被调查样本户花生种植亩均生产总成本为 1 122.75元，同比减少 13.59 元，略降 1.20%。

（1）物质费用增加。被调查样本户亩均物质费用 537.32 元，同比增加 39.57 元，增长 7.95%，占总生产成本的 47.86%。其中增长较大的有化肥费、农膜费、农药费、机械作业费、灌溉费。尽管现在农户在种植上均减肥减药，但由于化肥、农药价格的上涨导致费用增加。机械作业费增幅最大，亩均 110.47 元，同比增加 42.27 元，增幅高达 61.98%。其增加的主要原因是 2018 年收获期天气晴好，农户多用于机械收获，收后花生果的采摘、脱壳也都采用机械，因此机械费用上升较大。

（2）人工费用下降。2018 年花生整个生长期天气条件较为正常，人工投入减少，用工量下降。亩均用工 5. 73 个，同比减少 1. 20 个；亩均人工成本 496. 72 元，同比减少 42. 87 元，下降 7. 94%，占整个生产成本的 44. 24%。纯收益继续下降。因近年来河南省花生种植面积发展较快，产量增加，而河南省油脂加工企业相对较少，就地消化能力较弱，在花生集中上市期市场价格压得较低，而农户一般没有条件大量储存，多在花生晒干后大部分就近出售，造成在上市高峰期价格普遍较低。被调查农户平均出售价格为 218. 46 元/50 千克（带壳花生），同比下降 8. 06 元/50 千克；亩均产值 1 432. 80 元，同比下降 83. 62 元；扣除生产成本后亩均纯收益 310. 05 元，同比减少 70. 03 元，下降 18. 43%。

6. 花生油市场整体下跌

国内花生油市场在因节前备货高峰期结束后，跟随主要食用油品种震荡下调，1—4 月份受国内油脂库存庞大的影响，花生油价格大幅下调。2018 年下半年，国内花生油价格随其他主要食用油品种下跌，9 月份花生集中上市，带动花生油行情的下调，第四季度国内花生油市场行情随大宗食用油市场进一步下调，由于花生油价格较高，销售阶段性受阻较为明显。据中华粮网数据，国内一级花生油价格集中在 12 000 ~ 15 500 元/吨（见图 2 – 6 – 3）。

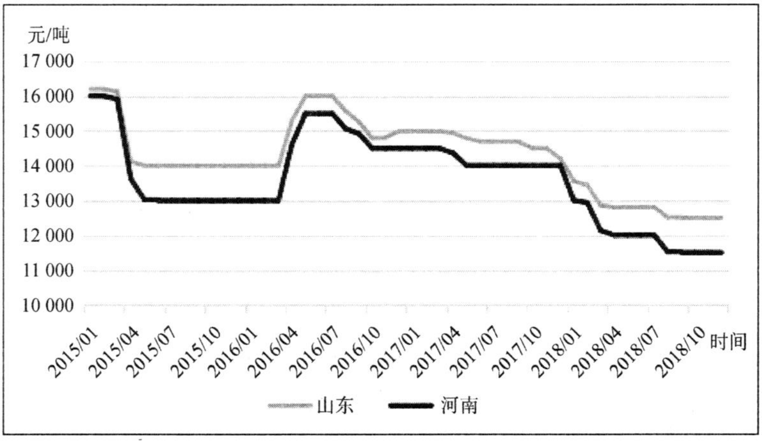

数据来源：中华粮网。

图 2 – 6 – 3　我国浓香花生油市场价格走势图

（二）2019 年花生及花生油市场预测

1. 花生市场行情预计好转

由于花生价格低迷，农户惜售情绪较重，油厂及贸易商收购意愿仍然不强。预计 2019 年 4 月份之前花生价格仍然维持低迷走势，4 月份预计在食品加工企业节日备货需求的支撑下将有所好转。在 8 月份新花生上市之后，新花生的集中上市预计将会对花生行情起到抑制作用。整体来看，国内花生市场行情将会跟随国内主要油料市场走势调整。

2. 花生油价格将随主要食用油市场调整，整体来看预计强于 2018 年

花生油在国内食用油消费的比例偏低，主要跟随豆油、菜油及棕榈油市场调整。受阿根廷干旱影响，南美大豆产量预计略有降低。随着中美贸易谈判乐观，美豆期货将再次走高，预计 2019 年巴西大豆种植面积将会略有降低，国际油脂行情或将有所回升，预计将会对国内食用油市场起到利多作用。随着人们对健康饮食需求的提高，预计对花生油的消费需求将会略有增加，由于与相关食用油品种价差较大，对其他植物油的替代消费作用减弱，预计 2019 年国内花生油市场将会呈现震荡走强的走势，价格运行区间将较 2018 年有所上移，浓香花生油出厂价运行区间将在 14 000 ~ 16 000 元/吨。

3. 我国花生种植面积预计稳中略增

随着花生品种改良、机械化水平提高等利好作用，加上国家农业供给侧改革的支持，有利于国内花生面积的稳定。但由于 2018 年花生及花生油市场弱势调整，农民种植收益下降，在供给侧改革的政策支持下，2019 年花生种植面积将难会大幅增加，预计种植面积稳中略增，花生产量也将保持稳定格局。

4. 国产花生品质逐渐提升，规模化经营将进一步提升

随着科研水平的提升，国产花生的单产和品质将会进一步提升，市场竞争力增强。但当前花生初级加工占食用加工75%以上，小作坊加工占比高，技术简单，生产不规范，行业收益低，缺少知名品牌和规模化企业效应，随着科技水平的提高及提高企业竞争力的需要，预计2019年花生生产经营水平都将进一步提高。

5. 国内花生消费量预计增加

近年来国内进口油料规模连续增加，进口花生米价格较低，从而挤占国产花生的市场份额，不利于国内供给侧改革需要，但受中美贸易摩擦的影响，国内大豆进口量预计减少，作为大豆的油料替代品，预计国内花生消费量将会增加，2018年花生油行情好转，油用花生量会略有增加。

综合来看，预计2019年国内花生、花生油市场将会好于上年，受供给侧改革的需要，国内花生种植面积将会略有增加，供应量预计稳中略增，同时花生优良品种尤其高油酸花生将会得到更广泛的推广，机械化程度也将进一步提高。

（中华粮网　李娜）

第三部分

中国粮食市场专论

一、把握好粮食去库存与稳产能的平衡

【内容提要】

本轮粮食库存增加有三个突出特征：国内外价格倒挂，价差驱动型进口挤占国内市场，导致国产粮食库存增加；玉米临时收储价格过快上升导致玉米产量、进口量、库存量“三量齐增”；粮食深加工业增速放缓影响了粮食加工需求的增长。近几年针对粮食尤其是玉米采取的一系列去库存措施发挥了较大作用，粮食库存快速增长的势头得到遏制，玉米已产不足需、库存开始下降。面向未来，应把握好短期粮食去库存和长期保障粮食产能之间的平衡。去库存应不伤及粮食健康产能，稳产能应不增加当期产量。

（一）本轮粮食库存攀高的主要原因

改革开放以来，特别是 1993 年以来，我国稻谷、小麦和玉米的期末库存在波动中不断增加，分别经历了 3 ~ 4 轮库存上升期（见图 3 - 1 - 1 和表 3 - 1 - 1）。2011 年以来的这轮库存上升期，不仅上升速度明显快于前几轮，而且推动库存上升的因素更为复杂。

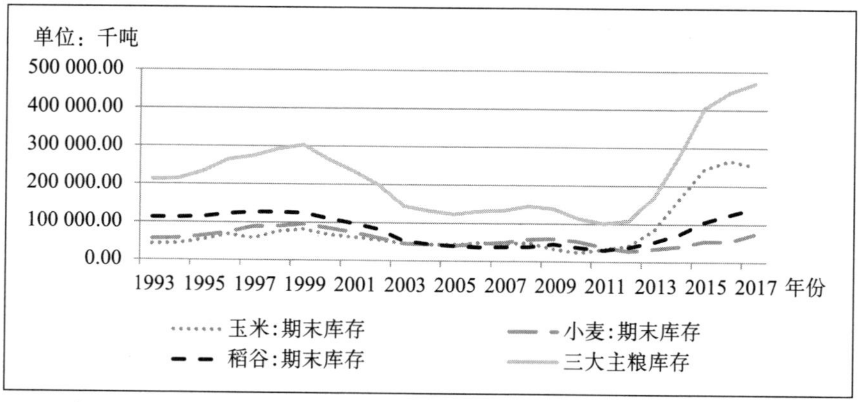

资料来源：WIND 数据库。

图 3－1－1　1993—2017 年三大主粮库存变化情况

表 3－1－1　1993—2017 年三大主粮的库存上升期

品种名称	时期 1	时期 2	时期 3	时期 4
稻谷	1995—1998	2007—2009	2012—2017	
小麦	1993—1999	2006—2009	2013—2017	
玉米	1993—1996	1998—1999	2004—2008	2011—2016
三大主粮	1993—1999	2005—2009	2011—2017	

资料来源：作者根据 WIND 数据整理。

1. 国内外价格倒挂，价差驱动型进口挤占国内市场，导致国产粮食库存增加

长期以来，尽管我国人多地少的资源禀赋一直存在，但工业化、城镇化程度低，粮食生产成本高的问题并不突出，粮食国内市场价格低于进口到岸税后价格。然而，2013 年以来，国内外粮食价格出现倒挂。从国内因素来看，受生产成本上升影响，为保护农民种粮积极性，国家不断提高稻谷、小麦最低收购价和玉米临时收储价，进而支撑国内粮食市场价格持续上升。从国际因素来看，由于农业生产效率的提高、农产品供应量的增加，以及海运费和石油价格的下跌，国际农产品价格逐年下降。受此影响，我国主要粮食品种的国内市场价格开始全面超过配额内进口到岸税后价格。这一时期，价差驱动型的进口开始增加，挤占国产粮食市场。

分品种看，2013 年 6 月至目前，小麦国内市场价格持续高于配额内进口到岸税后价格，刺激小麦进口数量从 2010 年的 123.1 万吨增加到 2017 年的 442.2 万吨。2013 年 7 月至目前，大米国内市场价格持续高于配额内进口到岸税后价格，导致大米进口数量从 2010 年的 38.8 万吨增加到 2017 年的 399.3 万吨。2013 年 7 月至 2016 年 12 月，玉米国内市场价格也长期高于配额内进口到岸税后价格，部分时段甚至高于配额外进口到岸税后价格，导致玉米进口迅速增加（见表 3－1－2）。受收储制度改革影响，2017 年初国内玉米市场价格一度低于进口价格，但自 2017 年 5 月起，国内玉米市场价格再次持续高于配额内进口到岸税后价格，价差驱动型进口压力再次来临。

表 3－1－2　　2007 年以来三大主粮及其替代品进口情况　　单位：万吨

年份	稻谷和大米	小麦	玉米及其替代品			
			玉米	大麦	高粱	玉米酒糟（DDGS）
2007	48.7	10.1	3.5	91.3	0.3	0
2008	33	4.3	5.0	107.6	1.3	1
2009	35.7	90.4	8.4	173.8	1.7	65.5
2010	38.8	123.1	157.3	236.7	8.3	316.3
2011	59.8	125.8	175.4	177.6	0	197
2012	236.9	370.1	520.8	252.8	8.7	252
2013	227.1	553.5	326.6	233.5	107.8	400
2014	257.9	300.4	259.9	541.3	577.6	541.3
2015	337.7	300.7	473.0	1 073.2	1 070.0	682.1
2016	356.2	341.2	316.8	500.5	664.8	306.7
2017	402.6	442.2	282.7	886.3	505.7	39.1

资料来源：《中国农产品贸易发展报告（2017）》。

2. 玉米临时收储价格过快上升导致玉米产量、进口量、库存量“三量齐增”

本轮粮食库存上升的另一个突出特点，是玉米库存大幅上升。2008 年以来，国家在东北三省和内蒙古自治区实行玉米临时收储政策。2008—

2014 年，玉米临时收储价格不断提升，从 1 480 ~ 1 520 元/吨提高到 2 220 ~ 2 260 元/吨，涨幅近 50%（见表 3 - 1 - 3）。受此影响，2008—2014 年，我国玉米播种面积迅速扩大，从 3 098. 1 万公顷增加到 4 299. 7 万公顷，增加了 38. 8%；玉米播种面积占谷物播种面积的比重从 35. 4% 上升到 42. 5%。这一时期，我国玉米产量从 17 212 万吨增加到 24 976. 4 万吨，增加了 45. 1%；玉米产量占谷物总产量的比重从 35. 4% 上升到 41. 9%。从 2011 年起，玉米产量超过稻谷产量，成为我国最大的谷物品种。

表 3 - 1 - 3　　2008—2014 年玉米临时收储价格变化情况　　单位：元/吨

年份	玉米临时收储价格			
	内蒙古	辽宁	吉林	黑龙江
2008	1 520	1 520	1 500	1 480
2009	1 520	1 520	1 500	1 480
2010	1 820	1 820	1 800	1 780
2011	2 000	2 000	1 980	1 960
2012	2 140	2 140	2 120	2 100
2013	2 260	2 260	2 240	2 220
2014	2 260	2 260	2 240	2 220
2014 年比 2008 年增加	48. 7%	48. 7%	49. 3%	50%

资料来源：国家发展改革委公告。

受国内市场玉米价格高企的影响，玉米及其替代品的进口快速增加。玉米进口量 2010 年为 157. 3 万吨，2015 年达到峰值 473 万吨，2017 年仍达到 282. 7 万吨，2010—2017 年累计进口 2 512. 5 万吨。不受配额限制的高粱、大麦、玉米酒糟的进口增长更为迅速，三者进口量合计从 2010 年的 561. 3 万吨增加到 2015 年的峰值 2 825. 3 万吨，2017 年仍高达 1 431. 1 万吨。2010—2017 年高粱、大麦、玉米酒糟累计进口 9 579. 3 万吨，相当于每年挤占了国内近 1 200 万吨的玉米市场。

产量和进口量的快速增长，共同推动玉米阶段性过剩的到来。在本轮库存上升期，玉米库存量增长最快、供求失衡最严重。与 2010 年末库存相比，2017 年末的玉米库存增长了 921%，远高于稻谷库存 282%、小麦库存 37% 的增长幅度。

3. 粮食加工业增速放缓影响了粮食加工需求

粮食的食用和饲料消费增长比较平稳，但工业消费受宏观经济形势影响较大。本轮粮食库存上升期所对应的宏观经济背景与前几轮有所不同。2004—2009 年的粮食库存上升期，我国经济处于高速增长阶段；但 2011 年进入本轮粮食库存上升期以来，我国经济增长速度趋于放缓。在此背景下，农副食品加工业主营业务收入和利润增速也趋于放缓，影响粮食的加工需求。2011 年以来，农副食品加工行业的营业收入增速急转直下，从 2011 年 12 月的 33% 跌到 2017 年 12 月的 5. 8%（见图 3 –1 –2）。行业利润增速也从 2010 年 2 月的高点 56. 68% 下滑至 2017 年 12 月的 4. 5%（见图 3 –1 –3）。农产品加工业整体增长乏力，主营业务收入增速及净利润增速均处于历史低位。

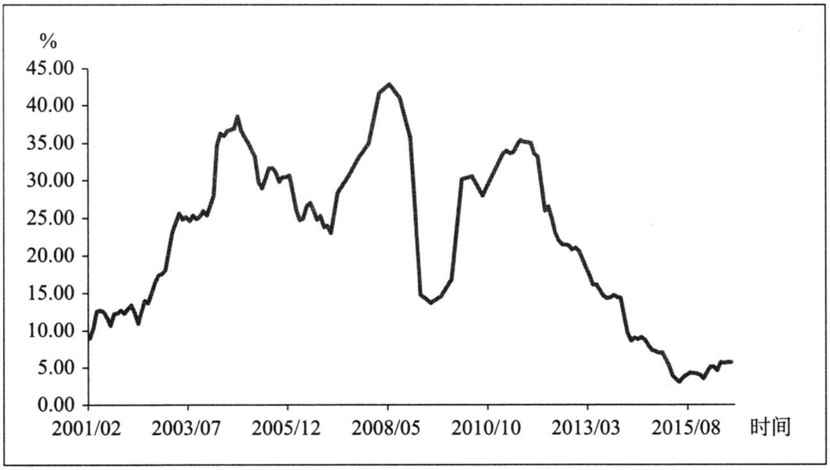

资料来源：WIND 数据库。

图 3 –1 –2　农副食品加工业主营业务收入增速放缓（累计同比，%）

以玉米加工业为例，为防止工业消费与饲料消费争粮，2007—2016 年，国家停止核准和备案玉米深加工项目，并对在建和拟建项目进行全面清理，导致玉米深加工产能长期未能提高。前些年，既有的玉米深加工产能也得不到充分利用。由于玉米临时收储价格上涨等因素影响，我国玉米淀粉行业的原料成本高企、消费需求疲弱，行业整体开工率下降。据中国淀粉工业协会统计，2014 年，我国玉米淀粉产量 2 006 万吨，比 2013 年

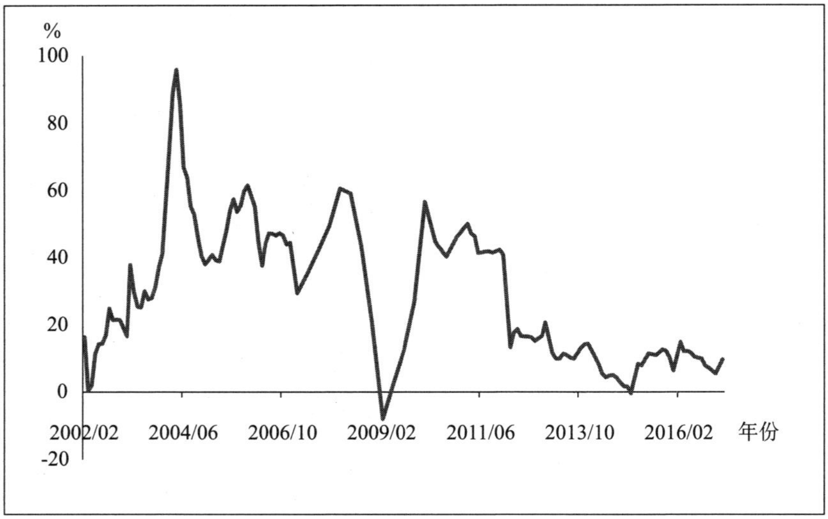

资料来源：WIND 数据库。

图 3－1－3　农副食品加工业利润增速放缓（累计同比，%）

减少 190 万吨，下降 8.6%。从 2014 年第三季度开始，大批淀粉企业因资金无法快速回笼，资金链断裂而停产或半停产，大量小型玉米淀粉企业在高企的原材料价格面前纷纷倒下。2015 年玉米价格虽然有所下降，但没有完全解除企业成本压力，同时国内消费低迷，终端淀粉价格下滑，玉米加工行业仍不景气。玉米酒精是除玉米淀粉之外的另一主要玉米深加工消费主体。2012—2016 年，乙醇产能过剩、下游需求趋于饱和，乙醇价格进入低谷，行业亏损长达 4 年。玉米乙醇行业发展缓慢，也不利于提振玉米深加工需求。近年燃料乙醇的年产量在 200 万吨左右，其中以玉米为原料的燃料乙醇占 60%～70%。按此推算，玉米燃料乙醇的产量在 120 万～140 万吨，消耗玉米 360 万～420 万吨。

（二）以玉米为重点的粮食去库存取得明显成效

近年来，针对粮食尤其是玉米采取的一系列去库存措施发挥了较大作用，粮食库存快速增长的势头得到遏制，玉米库存已开始下降。

1. 控制粮食尤其是玉米总供给量

一是改革玉米价格形成机制和收储制度，推进种植结构调整。随着玉米临时收储制度改革的推进，我国玉米市场价格大幅度下降。2015 年新粮上市起，国家首次降低玉米临时收储价格，降幅最高达 0.13 元/斤，玉米市场价格随之大幅度下滑。2016 年新粮上市起，国家在东北三省和内蒙古自治区取消玉米临时收储政策，玉米市场价格进一步下滑。与此同时，国家有意识地优化种植结构，调减玉米种植面积。随着“镰刀弯”地区玉米种植面积调减，新一轮退耕还林政策实施，地下水超采、重金属污染耕地治理等措施出台，粮食尤其是玉米种植面积出现下降。全国玉米播种面积从 2015 年的 4 496.8 万公顷下降到 2018 年的 4 212.9 万公顷，调减了 283.9 万公顷。受玉米收储制度改革和种植结构调整等措施影响，全国玉米产量从 2015 年的历史峰值 26 499.2 万吨，下降到 2018 年的 25 733万吨，已连续三年下降。

二是减少玉米及其替代品进口。随着我国玉米市场价格大幅度降低，玉米国内外价格倒挂程度逐步减轻。受此影响，近两年玉米进口量持续减少，2017 年已降低到 283 万吨。高粱和大麦是玉米重要替代品。2015 年我国高粱进口高达 1 070 万吨，大麦进口量高达 1 073.2 万吨。随着国内市场玉米价格持续下滑，高粱和大麦进口量迅猛增长的势头得到遏制，并出现下降。2017 年高粱和大麦进口量分别下降至 560 万吨和 886 万吨。同时，随着玉米酒糟反倾销措施出台，玉米酒糟进口量大幅度下降，从 2015 年的峰值 682.1 万吨大幅降低到 2017 年的 39.1 万吨。

2. 增加饲料消费和工业消费，提振粮食尤其是玉米需求量

近两年粮食需求提升主要体现在饲料消费和工业消费增长方面。据国家粮油信息中心估算，2015/2016 年度国内谷物饲料消费、工业消费量合计 19 726万吨，2016/2017 年度提高到 22 330 万吨，增长 2 604 万吨，增幅 13.2%。其中，以玉米饲用消费量、工业消费量增加为主。2016/2017 年度国内玉米消费量提高到 20 168 万吨，比上年度增长 2 408 万吨，增幅 13.6%。

随着国内养殖需求增加，进口替代品及饲用小麦数量下降，玉米饲料消费量显著增长。2016/2017 年度玉米饲料消费为 11 800 万吨，比上年度

增加 1 500 万吨，增幅 14. 6%。为推进玉米去库存，黑龙江、辽宁、吉林等地相继出台玉米深加工企业收购玉米补贴政策，明确对深加工产品为淀粉、淀粉糖、氨基酸、化工醇、酒精等，并达到一定规模的企业进行补贴。在补贴政策支持下，淀粉和酒精行业开工率提升较快。据国家粮油信息中心估算，2016/2017 年度玉米工业消费为 6 400 万吨，比上年度增加 900 万吨，增幅为 16. 4%。

3. 去库存初步成效及展望

近两年粮食去库存举措发挥了较大作用，粮食库存快速增长的势头得到初步遏制。从玉米、稻谷、小麦三大谷物总体供需看，近两年产量、进口量都在下降，而饲料消费、工业消费需求在增加，年度供求结余量持续下降。据国家粮油信息中心监测，2016/2017 年度我国三大谷物结余量下降到 7 105. 5 万吨，比上年度减少 3 273. 7 万吨，减幅 31. 5%；估算 2017/2018 年度三大谷物结余量下降到 4 824. 6 万吨，再减 2 280. 9 万吨，减幅 32. 1%（见表 3 – 1 – 4）。按照目前我国三大谷物年度结余量下降速度预测，2018/2019 年度将下降到 2 000 万吨左右，到 2019/2020 年度将下降到零以下，库存增量下降到临界值，总体库存将开始下降。

表 3 – 1 – 4　　　　全国三大谷物供需平衡表　　　　单位：万吨

年度	2014/2015	2015/2016	2016/2017	2017/2018
生产量	54 836. 2	56 304. 2	55 533. 7	54 905. 1
进口量	1 135. 9	1 159. 3	1 125. 2	850. 0
新增供给	55 972. 1	57 463. 5	56 658. 9	55 755. 1
食用消费量	26 753. 2	26 566. 0	26 380. 0	26 292. 0
饲料消费量	12 420. 0	12 170. 0	13 880. 0	14 450. 0
工业消费量	7 130. 0	7 556. 0	8 450. 0	9 350. 0
种用量	748. 0	745. 0	739. 9	735. 0
年度国内消费量	47 051. 2	47 037. 0	49 449. 9	50 827. 0
出口量	65. 2	47. 3	103. 5	103. 5
年度总需求量	47 116. 4	47 084. 3	49 906. 8	51 380. 5
年度结余量	8 855. 7	10 379. 2	7 105. 5	4 824. 6

数据来源：国家粮油信息中心。

说明：表中结余量为当年新增供给量与年度需求总量间的差额，不包括上年库存。

（三）把握好短期粮食去库存和长期保障粮食产能之间的平衡

当前我国仍面临较大的粮食去库存压力。单纯从去库存考虑，既可以扩大当前粮食消费，也可以减少当前粮食生产，但扩大当前工业消费要考虑粮食库存下降到合理水平以后相关工业产能如何利用的问题，减少当前粮食生产要考虑粮食库存下降到合理水平以后粮食生产如何提高的问题。必须清醒地看到，目前的粮食供大于求是阶段性、结构性的。未来随着人口总量增长、人均消费水平提高，我国粮食供求仍将长期处于紧平衡状态。在积极稳妥消化不合理粮食库存的同时，必须坚决落实“藏粮于地、藏粮于技”战略，巩固和提升粮食长期生产能力，确保一旦粮食供求关系发生变化，能够迅速释放粮食产能。

在去库存方面，应在不伤及粮食健康产能的前提下，把着力点放在规范进口行为和有序退出边际产能等方面。一是通过提高深加工行业现有产能利用率，加快消化低品质粮食尤其是超期稻谷库存。稻谷库存仍在增长，陈化稻谷问题早已显现。应加快消化陈化稻谷。需要注意的是，消化超期库存，应主要通过提高深加工行业现有产能的利用率，不能再盲目扩大这些行业的产能。二是避免粮食及其深加工产品进口过快增长。本轮粮食库存快速增加的主要原因之一，是玉米、玉米替代品及玉米深加工产品进口量过快增长，大幅度挤压了国内玉米市场。应通过改革价格形成机制和收储制度、缩小托市政策导致的价格倒挂幅度等市场化手段，调节粮食及其深加工产品进口。三是分类有序退出超载的边际产能。继续推进退耕还林，把目前还在耕种的陡坡耕地和严重沙化土地坚决退出生产。扩大耕地轮作休耕制度试点，抓好地下水超采区、土壤重金属污染区治理。

在保护粮食产能方面，应在不增加当期产量的前提下，把着力点放在加强高标准基本农田建设、加强农业科技储备、建立种粮农民收入保障机制等方面。一是广辟高标准基本农田建设资金来源。以成立农业农村部、整合相关职能为契机，加大资金整合力度，加快高标准基本农田建设。按照“取之于土、用之于土”的原则，调整完善城市国有土地出让收入使用范围，提高农业农村投入比例；用好高标准农田建设等新增耕地指标和城乡建设用地增减挂钩节余指标跨省域调剂机制，促进城市化地区的土地增值收益流向非城市化地区，为土地整治等乡村振兴举措提供资金保障。二是抓好以种业为重点的重大农业科技储备。深化农业科技体制改革，加大种业知识产权保护，调动农业科研人员积极性。高标准建设国家南繁育种基地。推进我国农机装备产业转型升级，加强科研机构、设备制造企业联合攻关，进一步提高粮食作物机械国产化水平。三是建立种粮农民收入保障机制。自2014年起，国家开始按照“市场定价、价补分离”的思路，改革重要农产品价格形成机制和收储制度。在国家层面，先后采取了目标价格补贴、生产者补贴、降低最低收购价等措施。在地方层面，也采取了价格保险、收入保险、“保险+期货”等探索性措施。这些改革举措取得了一定成效，但在调结构、保收入、保产能等多重目标上存在顾此失彼的问题，有些做法甚至面临WTO规则的实质性约束。面向未来，有必要建立种粮农民收入保障机制，保护种粮农民积极性，从根本上保障粮食生产能力。可考虑构建农产品价格损失保险和农民收入保险双重保险制度：一方面监测农产品价格，当农产品市场价格低于设定的警戒线时，按照价格损失比例，向农民支付一定的补贴，弥补农民收入损失；另一方面监测农民收入，当农户实际收入低于多年平均收入的时候，向农民支付一定补贴。

（国务院发展研究中心农村经济研究部　叶兴庆　伍振军　周群力）

二、中国粮食收储制度改革回顾与展望

【内容提要】

我国40年的粮食收储改革作为农村市场化改革的突破口，对推动农村改革，乃至整个中国改革开放，影响深远、意义重大。最突出的是三个方面：一是粮食价格形成机制，实现由长期以来的政府定价，向以市场定价的全面转轨；二是粮食等主要农产品供求，实现从长期以来的供不应求，向基本平衡、结构升级的战略转变；三是农业与国民经济关系，实现从长期以来的农业征税、以农补工，向工业反哺农业、城市支持农村的历史转折。今后粮食收储制度改革，要坚持底线思维，确保口粮绝对安全；坚持市场化改革方向，保护好粮农基本利益；坚持价补分离，增强政策弹性；坚持稳中有进，加强政策协同。按照“稳定框架、增强弹性、改革机制”的思路稳步推进，选择“托底收购、价补分离”为改革路径，增强政策的合规性，逐步建立形成相对成熟有效的粮食支持政策体系。

1978年，发端于农村的改革，开启中国改革开放的伟大征程。40年来，农村改革之所以取得巨大成功、使农村经济社会发生历史性变化，最根本的措施表现在两个方面，一是制度变革，废除人民公社，确立以家庭承包经营为基础、统分结合的农村基本经营体制；二是市场化改革，打破传统计划经济体制，建立社会主义市场经济体制。粮食价格以及粮食收储改革是推进农村市场化改革的突破口和关键领域，40年的改革经验，对新时期深入推进粮食收储制度和粮食价格形成机制改革具有重要的启示和借鉴，对推进农业供给侧结构性改革、加快农业现代化建设具有重要而深远的意义。

（一）粮食收储改革的简要回顾

民以食为天，仓廪实则天下安。长期以来，粮食一直被认为在保障经济持续发展、维持社会民心稳定方面具有不可替代的特殊重要地位。改革开放初期，正是因为粮食的严重短缺，才率先推动了农村家庭承包经营改革的伟大创举。而与农业经营制度变革相适应，农产品价格和购销体制也被推到改革的前沿，成为从计划经济体制向市场经济体制转轨的突破口。综合而言，粮食收储改革 40 年的改革历程，大致可以分为四个阶段。

第一阶段：1979—1984 年，粮食“减购提价”改革。即国家减少粮食等农产品征购数量，提高统购价格和超购加价幅度，由此推动打破长期以来国家对农产品统一定价、统购统销的计划经济体制。1979 年《中共中央关于加快农业发展若干问题的决定》规定，粮食统购价格从 1979 年夏粮上市时起调高 20%，超购部分加价 70%，由此拉开了粮食价格改革的序幕。尽管这一时期粮食价格形成总体上仍然由计划经济体系决定，但也在一定程度上引入了市场调节因素，如规定在完成粮食统购任务之外，允许粮食集市贸易和议购议销，价格随行就市，改变了粮食价格全部统一定价的特征，初步具备了粮食流通的部分“双轨制”特征。而随着农产品提价、工农业产品之间的比价关系，以及农业内部的比价关系随之被调整，使工农产品价格“剪刀差”趋于缩小，由表 3-2-1，1978—1984 年，工农业剪刀差额绝对数虽然尚未减少，但二者的剪刀差率则已由 43.6% 缩减至 21.6%，呈现出显著缩小趋势。这表明，随着粮食收储改革的推进，粮食价格的上升显著弥补了工农业产品之间的价格鸿沟，由此显著增加了农民的收入，有效促进了国民经济协调发展，极大推动了国民经济的高速增长。

表 3－2－1　　1978—1984 年国家粮食统购统销及工农业价格剪刀差

项目/年份	收购量	销售量	收购价	销售价	工农业剪刀差额	工农业剪刀差率
单位	万吨	万吨	元/50 千克	元/50 千克	亿元	%
1978	5 110.15	5 343.45	10.76	14.10	323	43.6
1979	5 925.00	5 679.05	12.99	14.09	294	32.7
1980	5 882.10	6 416.80	12.99	14.09	284	26.8
1981	6 255.50	7 223.25	13.54	14.05	282	23.9
1982	7 367.45	7 710.40	13.85	14.17	283	21.5
1983	9 879.55	8 003.20	13.50	14.44	314	20.7
1984	11 165.85	10 417.85	13.41	14.52	382	21.6

数据来源：①程国强著：《中国粮食调控：目标、机制与政策》，中国发展出版社 2012 年版。

②韩志荣、冯亚杰等编著：《新中国农产品价格 40 年》，水利电力出版社 1992 年版。

第二阶段：1985—1991 年，粮食等农产品价格“双轨制”改革。从 1985 年起，除个别品种外，国家取消粮食、棉花的统购，实行合同订购，订购粮棉按“倒三七”比例计价①，订购以外的粮食、棉花可以自由上市；针对其他统派购农产品，如蔬菜、畜禽、水产等，国家同样指示要根据品种和地区逐渐放开。随后受制于粮食大幅减产，国家将合同订购改为国家订购，压缩平价粮销售，调减订购基数，扩大议价范围，明确订购义务。通过这一阶段的改革，国家除对涉及国计民生的重要农产品实行指令性计划管理以外，全面放开了计划外的农产品价格，形成从计划向市场逐步过渡的“双轨制”特征。粮食等农产品价格“双轨制”改革以来，我国主要粮食的购销价格稳步上升，粮食等农产品的价格宏观调控开始向市场化方向迈进（见表 3－2－2）。

表 3－2－2　　主要粮食品种的订购价、议购价和市场价　　单位：元/50 千克

粮食/价格/年份	大米			小麦			玉米		
	订购价	议购价	市场价	订购价	议购价	市场价	订购价	议购价	市场价
1985	17.5	18	31.45	21.5	21.5	24.8	15.5	16.5	18.3
1986	18	22	38.4	22	25.5	29.5	15.5	20	22.1

① 南方订购棉按“正四六”比例计价。

续表

年份＼价格＼粮食	大米			小麦			玉米		
	订购价	议购价	市场价	订购价	议购价	市场价	订购价	议购价	市场价
1987	19	25.5	44.55	22	27.5	31.85	16.5	22	24.35
1988	20	30.5	57.25	23.5	31.5	39.1	17	23.5	27.4
1989	24	43.5	84.55	25.5	44.5	59	18.5	32	39.1
1990	25.5	41	66.85	25.5	42.5	52.45	19	31.5	36.45
1991	25.5	36.5	56.85	25.5	38.5	42.95	19	27.5	30.9
1992	27.5	32.5	55	29.5	36.5	44	21	27.5	33.25
1993	31	37	62.55	33	37.5	43.25	23	32	37.6
1994	44.5	57	103.9	44.5	52	57.6	34.5	45	52.8
1995	54.95	86	150.25	54	76.5	87.2	43	69	80.6
1996	66.5	85.5	150.8	65.5	82.5	87.8	53	69.5	74.55
1997	74	72.5	118.2	73	71.5	72.05	61.5	55	74.5
1998	73	67	107.5	72	65	64.9	61.5	58.5	78.95

数据来源：转引自王小鲁（2001）。

第三阶段：1992—2000 年，转换粮食价格形成机制。1992 年初邓小平同志视察南方发表重要讲话，同年底“十四大”确立建立社会主义市场经济体制的改革目标。这一阶段粮食收储改革的重点是实现计划内和计划外价格并轨，转换粮食价格形成机制。随着粮食流通“双轨制”建立，粮食收购价格不断提高，但销售价格并未同时提高，带给了国家财政巨大的补贴负担。为此从 1992 年起，国家废除粮油价格倒挂，提高粮食订购价格和统销价格，实行粮油购销同价。1993 年，国务院发布《关于加快粮食流通体制改革的通知》，决定在国家宏观调控下积极稳妥地放开粮食价格和经营，实行“保量放价”，全面放开粮食销售价格，自此我国粮食价格步入快速上升阶段（见表 3-2-3）；同时，为了保护农民种粮积极性，国家决定对主要粮食品种实行收购保护价格制度。1998 年 5 月，国务院部署启动粮食流通体制“四分开一完善”[①] 改革。同年 10 月，要求

① 即政企分开、储备与经营分开、中央与地方责任分开、新老粮食财务挂账分开，完善粮食价格形成机制。

落实“三项政策，一项改革”①，实施粮食保护价制度、建立粮食风险基金和储备体系，初步形成粮食市场宏观调控体系。1999 年，国家逐步缩小粮食保护价收购范围，降低保护价水平，最终退出保护价收购。到 2000 年，粮食等主要农产品价格形成初步实现由计划向市场的转换。

表 3－2－3　　20 世纪 90 年代的粮食保护价　　单位：元/50 千克

项目	订购价	议购价	市场价	保护价标准
1990 年	23. 30	38. 30	41. 30	40. 90
1991 年	23. 30	34. 20	36. 10	40. 90
1992 年	26. 00	32. 20	35. 90	40. 90
1993 年	29. 00	35. 50	41. 60	27. 60
1994 年	41. 20	51. 30	61. 80	≥订购价
1995 年	47. 50	77. 20	83. 00	≥订购价
1996 年	67. 30	81. 20	86. 40	≥订购价
1997 年	67. 30	64. 80	64. 90	63. 00
1998 年	66. 90	—	62. 00	59. 70
1999 年	58. 30	—	60. 10	58. 30
2000 年	52. 60	—	53. 20	52. 60

数据来源：转引自孙杭生、顾焕章（2002）。

第四阶段：2001—2013 年，建立粮食价格支持新机制。进入 21 世纪，党的十六大报告明确提出了统筹城乡经济社会发展的战略任务。2004 年 9 月，党的十六届四中全会做出“两个趋向”的重要论断②，国家全面启动农业税费改革，制定了包括价格支持政策在内的一系列加强“三农”工作的大政方针。

第一，全面放开粮食市场。2004 年 6 月，国务院发布《关于进一步

① 1998 年 10 月召开的党的十五届三中全会通过的《中共中央关于农业和农村工作若干重大问题的决定》要求，坚决贯彻按保护价敞开收购农民余粮、粮食收储企业实行顺价销售和粮食收购资金封闭运行三项政策，加快国有粮食企业自身改革，确立自主经营、自负盈亏的新机制，确保粮食流通体制改革顺利实施，达到预期目标。

② 即在工业化初始阶段，农业支持工业、为工业提供积累是带有普遍性的趋向；在工业化达到相当程度后，工业反哺农业、城市支持农村，实现工业与农业、城市与农村协调发展，也是带有普遍性的趋向。

深化粮食流通体制改革的意见》（国发〔2004〕17 号），决定全面放开粮食收购市场，充分发挥市场机制在配置粮食资源中的基础性作用，并且要求，“一般情况下，粮食收购价格由市场供求形成”，进一步明确粮食价格形成机制的市场化改革方向。全面放开粮食市场，推动了全国各省（区、市）的粮食购销市场化，粮食收购渠道进一步拓展，粮食流通的约束进一步减少。总体而言，粮食供求总量基本平衡，国内外市场联系被进一步加强。

第二，制定粮食最低收购价政策和临时收储政策。国发〔2004〕17 号文件要求，“当粮食供求发生重大变化时，为保证市场供应、保护农民利益，必要时可由国务院决定对短缺的重点粮食品种，在粮食主产区实行最低收购价格”，并分别自 2004 年、2006 年起对主产区的稻谷和小麦实施最低收购价政策①。与此同时，为解决部分重要农产品价格下跌和“卖难”问题，国家自 2007 年起，在主产区对玉米、大豆、油菜籽、棉花、食糖等实施临时收储措施，这一举措健全了我国的农产品收储拍卖机制，促进了农民增收，实现了农产品的生产发展和市场稳定。

第三，大幅提高粮食收储价格。2008 年，世界金融危机爆发，国际粮食价格迅速上涨，为增加农民种粮收入、应对粮食生产成本上升，国家决定大幅提高最低收购价格和临时收储价格。自 2008 年起，稻谷和小麦的最低收购价连续 7 年上升，累计提价幅度分别达 93% ~107% 和 64% ~71%。2010 年以来，玉米、大豆、棉花等临时收储价格也有较大提高。由此使国内粮食等主要农产品市场基本由政府收储政策所主导，形成了粮食等重要农产品长期面临的高产量、高库存、高进口局面，扭曲了市场信号，加重了财政负担和库存压力，导致下游加工企业经营困难。

---

① 最低收购价政策的机制是，国家综合考虑粮食成本收益、供求情况、市场价格、宏观调控等，确定小麦、稻谷各品种最低收购价水平并制定相应的执行预案，在作物播种前发布，以引导农户生产决策。新粮上市后，在最低收购价适用的期限内，当市场价高于最低收购价时，国家不启动执行预案，粮食收购价格由市场供求形成，各类收购主体按市场价自行收购；当市场价低于最低收购价时，国家启动执行预案，由政策执行主体中国储备粮管理总公司及其委托的公司在规定的主产区按照最低收购价（即到库价）挂牌收购农民交售的新粮，其他粮食企业仍随行就市进行收购。

表 3-2-4　　2004—2013 年中国粮食最低收购价格与农产品临时收储价格

政策	粮食最低收购价政策						农产品临时收储政策				
品种	小麦			稻谷			玉米	油料		棉花	食糖
	白小麦	红小麦	混合麦	早籼稻	中晚籼稻	粳稻		大豆	油菜籽		
执行范围	河南/河北/江苏/安徽/山东/湖北			湖南/湖北/江西/安徽/广西	吉林/安徽/江西/湖北/湖南/四川/黑龙江/辽宁/江苏/广西/河南		东北产区	东北产区	油菜产区	棉花产区	糖料产区
单位	元/50千克	元/50千克	元/50千克	元/50千克	元/50千克	元/50千克	元/50千克	元/50千克	元/50千克	元/吨	元/吨
2004 年				70	72	75					
2005 年				70	72	75					
2006 年	72	69	69	70	72	75					
2007 年	72	69	69	70	72	75					
2008 年	77	72	72	77	79	82	75	185	220		
2009 年	87	83	83	90	92	95	75	187	185		
2010 年	90	86	86	93	97	105	90	190	195		
2011 年	95	93	93	102	107	128	99	200	230	19 800	6 375
2012 年	102	102	102	120	125	140	106	230	250	20 400	6 100
2013 年	112	112	112	132	135	150	112	230	255	20 400	6 100

说明：（1）2008 年小麦和稻谷最低收购价格是国家两次提价后的价格，第一次提价为白小麦、红小麦、混合麦分别为 1.50 元/千克、1.40 元/千克、1.40 元/千克，早籼稻、中晚籼稻、粳稻分别为 1.50 元/千克、1.52 元/千克、1.58 元/千克。

（2）早籼稻最低收购价执行范围从 2008 年开始包括广西，中晚籼稻和粳稻从 2008 年开始包括辽宁、江苏、广西、河南。

（3）东北产区包括黑龙江、辽宁、吉林和内蒙古；其中玉米在东北产区各省的临时收储价格略有差异，如 2008 年黑龙江玉米临储价格为 74 元/50 千克，吉林为 75 元/50 千克，辽宁和内蒙古为 76 元/50 千克，上表数据为四省、区的算术平均值。

数据来源：作者根据国家发展改革委员会、财政部、农业农村部等网站公开政策文件资料整理。

（二）新时期粮食收储政策改革的进展

实施粮食最低收购价、临时收储政策，尽管对保护农民生产积极性、保障国家粮食安全，引导农业结构调整、促进农业规模经营发挥了重要作用。但是，近年来，受国内外经济增速放缓、国际市场粮价持续低迷不振等因素影响，粮食市场形势与政策实施环境均出现变化，尤其是部分粮食品种阶段性产大于需，库存高企、收储压力加大，国内外价差扩大、进口激增，财政负担加重，用粮企业经营困难等问题日益突出。

针对这一形势，国家 2014 年启动粮食收储制度和价格形成机制改革。改革主要针对粮食等农产品临时收储政策和粮食最低收购价政策逐步推进。

第一，全面改革农产品临时收储政策。此次改革范围广、程度深，涉及大豆、棉花、食糖、玉米、油菜籽等重要农产品。2014 年，国家启动东北和内蒙古大豆、新疆棉花目标价格改革试点，退出大豆、棉花临时收储政策，代之以大豆生产者补贴政策和棉花目标价格补贴政策；并同时将食糖临时收储政策改革为制糖企业临时存储贴息政策；大豆、棉花、食糖的市场价格逐步回归正常水平，政策干预的扭曲效应得以逐渐削减。玉米方面，在 2015 年降低玉米收储价格的基础上，2016 年将玉米退出临时收储制度，实行“市场定价、价补分离”改革，玉米价格回归至由市场形成。此外，油菜籽临时收储政策也于 2015 年被正式取消，价格由市场调节决定。经过改革，粮棉油糖等重要农产品的政策干预价格逐步下调，市场价格信号的扭曲逐步纠正，农产品价格市场化机制改革取得阶段性成果。

第二，坚持并完善粮食最低收购价政策。完善粮食最低收购价政策，是推进农业供给侧结构性改革、深化粮食收储制度与价格形成机制改革的迫切要求。从近几年的实践来看，国家对完善粮食最低收购价政策采取循序渐进、稳中有进的策略。首先在 2015 年停止对稻谷、小麦最低收购价的提价，将最低收购价稳定在 2014 年的水平。在此基础上，于 2016 年开始逐步推进改革，改革秉持“托底收购、价补分离”的思路，逐步退出最低收购价政策的增收功能，完善实施机制，增强了政策的灵活性和弹性。

从稻谷来看，2016 年首次将早籼稻价格每 50 千克下调 2 元，释放了深化粮食收储制度改革、完善粮食最低收购价政策的明确信号。2017 年，将调价扩大到所有稻谷品种，分别将早籼稻、中晚籼稻和粳稻价格每 50 千克下调 3 元、2 元和 5 元。在此基础上，2018 年进一步加大改革力度，对三个品种每 50 千克价格分别下调 10 元、10 元和 20 元，为市场机制发挥决定性作用腾出了空间。同时，为稳定生产者收益预期，保障口粮绝对安全，建立了稻谷生产者补贴机制，弥补生产者因价格下调的收益损失。

对于小麦而言，国家在保持 2015—2017 年小麦最低收购价基本稳定的基础上，将 2018 年的价格每 50 千克下调 3 元至 115 元，2019 年的价格继续下调 3 元，至 112 元。

第三，改革成效初步显现。近几年随着政策的调整完善，释放了明确的改革信号，改变了粮食收储价格只升不降的市场预期，使农民可以根据市场价格信号调节生产结构，扩大优质粮生产，缓解企业经营压力，有效激发各类市场主体活力，从而更好地发挥了市场机制的作用，有助于实现产业上下游协调发展。托市收购量总体减少，政策的托市机制已趋于回归为托底功能，突出了兜底线、稳预期、保供给的政策定位，对推进农业供给侧结构性改革具有重要意义。

总体而言，新时期国家逐步改革完善粮食价格政策，注重系统谋划、顶层设计，积极稳妥、稳中有进，较好地把握了政策调整时机、节奏和力度。既坚持了市场导向，又注重发挥政府支持和调控作用；做到了调整结构、减少库存、提升质量、增长效益，保障了粮食生产能力，守住了粮食安全底线（见表 3 -2 -5）。

（三）粮食收储制度改革的启示

40 年的粮食收储改革作为农村市场化改革的突破口，对推动农村改革，乃至整个中国改革开放影响深远、意义重大。粮食收储制度改革给中国农业带来的历史性变化，最突出地表现在三个方面：一是粮食价格形成

表 3－2－5　　2014 年以来中国粮食收储改革情况

品种	小麦	稻谷			玉米	油料		棉花	食糖
		早籼稻	中晚籼稻	粳稻		大豆	油菜籽		
单位	元/50 千克	元/50 千克	元/50 千克	元/50 千克	元/50 千克	元/50 千克	元/50 千克	元/吨	元/吨
2014 年	118	135	138	155	112	240	255	19 800	5 100
2015 年	118	135	138	155	100	240		19 100	4 250
2016 年	118	133	138	155		240		18 600	7 540
2017 年	118	130	136	150				18 600	
2018 年	115	120	126	130				18 600	
2019 年	112	120	126	130				18 600	
改革前适用政策	粮食最低收购价政策				临时收储政策				
改革后适用政策	粮食最低收购价政策				生产者补贴	生产者补贴	（取消）	目标价格补贴	（取消）

说明：大豆于 2014 年取消临时收储政策，启用目标价格补贴政策；2017 年取消大豆目标价格补贴政策，启用大豆生产者补贴政策，即市场化收购＋补贴机制。

数据来源：根据国家发展改革委员会、财政部、农业农村部等网站公开的政策文件资料整理。

机制，实现由长期以来的政府定价，向以市场定价的全面转轨；二是粮食等主要农产品供求，实现从长期以来的供不应求，向基本平衡、结构升级的战略转变；三是农业与国民经济关系，实现从长期以来的农业征税、以农补工，向工业反哺农业、城市支持农村的历史转折。

习近平总书记指出，“新形势下农业主要矛盾已经由总量不足转变为结构性矛盾，推进农业供给侧结构性改革，提高农业综合效益和竞争力，是当前和今后一个时期我国农业政策改革和完善的主要方向。”当前推进农业供给侧结构性改革，仍然要抓住粮食收储改革这个牛鼻子，进一步推进粮食价格形成机制改革。系统总结 40 年来粮食收储改革的经验，对推进农业供给侧结构性改革，促进我国农业政策改革和完善具有重要意义。

第一，必须始终坚持农民主体地位、注重保护农民利益。农民是农村市场的主体，既是改革的推动者，也是改革的受益者。注重保护农民的物质利益，尊重他们的政治民主权利，充分调动农民的积极性，是40年来粮食收储改革乃至整个农村改革成功的基本经验。今后深化粮食价格形成机制改革，必须始终把保护和提高农民利益作为出发点和归宿点，确保农民基本利益在改革中少受损、不受损，注重保护和调动农民参与和推动改革的主动性与积极性。

第二，必须始终坚持市场化改革方向。过去40年，是市场化取向的改革，突破了传统计划经济体制的束缚。发挥市场在配置资源中的决定性作用，促进农产品价格由市场形成、有效反映市场供求，激发市场活力，这既是粮食收储改革的出发点，也是改革的基本目标。如何解决农产品市场"失灵"以及政府有效调控问题，尤其是在加大对农业的支持的同时，更好地发挥市场机制的作用，是今后需要在改革中深入探索实践的课题。

第三，必须始终坚持渐进平稳改革方式。我国农村市场发育基础差、环境复杂，粮食安全保障、农民增收压力大，改革不能一蹴而就，更不能搞"一刀切"。40年来，粮食收储改革从传统计划经济体制下的政府定价到"双轨制"，逐步转换到市场定价；对粮食、棉花、蔬菜、肉类、水产品等的购销体制改革，以及新时期的粮食收储制度改革，均体现了先易后难、逐步推进、渐进平稳、因地制宜的操作思路。今后进一步完善粮食最低收购价政策，仍然需要坚持稳中有进、循序渐进、稳妥推进的原则。

第四，必须始终坚持底线思维，确保国家粮食安全。过去40年，每一次粮食价格政策的重要调整和改革，都与国内外粮食供求形势密切相关，都体现了粮食安全的战略考量。今后推进粮食价格形成机制改革，要把保障口粮绝对安全作为基本底线，注重完善政策机制，统筹兼顾、综合施策，逐步建立形成相对成熟有效的粮食支持政策体系。

（四）深化粮食收储制度改革展望与建议

深化粮食收储制度和价格形成机制改革，是当前推进农业供给侧结构性改革的当务之急。必须毫不动摇地坚持市场化方向，进一步完善粮食最低收购价政策。今后改革的可能方向和要点建议如下：

第一，遵循"四个坚持"原则。即：一是坚持底线思维，确保口粮绝对安全。稻谷和小麦作为口粮品种，自给率要求高，要把“保供给”作为完善最低收购价政策的基本底线。二是坚持市场化改革方向，促进粮食价格由市场形成、有效反映市场供求，激发市场活力，同时也要保护好粮农基本利益在改革中不受损。三是坚持价补分离，增强政策弹性。按照价补分离原则，逐步退出政策的增收功能，完善实施机制，增强政策操作的灵活性和弹性。四是坚持稳中有进，保持政策框架基本稳定，稳妥推进改革，加强政策协同。

其中，改革的关键：一是消除政策市，修复市场机制，建立公平、可预期的竞争规则和秩序，充分发挥多元市场主体的作用，消除政策性库存形成机制；二是以竞争力为导向，促进农业节本增效、高质量发展；三是促进优质优价、提质增效，优化供需结构；四是资源节约、环境保护，实现农业可持续发展。

第二，明确改革思路。即要按照“稳定框架、增强弹性、改革机制”思路稳步推进改革，所谓“稳定框架”，是指保持最低收购价政策框架的基本稳定，给种粮农民吃“定心丸”，稳定农民种粮预期。“增强弹性”，是指逐步将最低收购价调整至合理水平，且粮价既可升、也能降，政策既可及时启动、也将适时退出。“改革机制”，是指最低收购价政策从过去既保供给又保增收的托市机制，回归为最初的“保供给”“定心丸”托底功能。

第三，优化改革路径。近几年我国玉米“市场定价、价补分离”改革已取得初步成功，为深化改革积累了宝贵经验。但小麦、稻谷作为口粮产品，显然不可简单复制玉米改革模式，不能把“市场定价 + 价补分离”作为改革路径和设计方向。

建议选择“托底收购 + 价补分离”作为改革路径。即在稳定最低收购价政策框架的基础上，逐步将最低收购价调整至合理水平，将托市机制转变为托底功能，配套实施粮农收益补偿措施。如此考虑，一是可以更好地发挥市场机制的作用，并突出“保底线”的政策定位，有利于稳定口粮生产；二是易于使基层各方面理解和接受改革方案，减少改革阻力；三是增强农民风险意识和市场意识，促进农业结构优化调整。

对于粮农基本收益补偿机制而言，基本原则：一是适度补偿，即对由于改革所导致的种粮基本收益受损部分给予一定补偿；二是品种平衡，即要与已有的大豆、玉米等补贴衔接，使粮食品种之间、主产区之间的补贴水平基本一致；三是“蓝箱”设计，即要规避 WTO 规则约束。

第四，增强政策合规性。今后粮食收储政策改革，要在有效保障粮食安全的基础上，增强政策的合规性，将遵守 WTO 规则、履行我国加入 WTO 承诺，作为政策设计的基准，积极参与全球农业多边谈判，把握全球粮食安全治理的主动权。

第五，稳步推进实施。在具体推进落实上，要注重区别品种、分步实施、逐步到位，激发市场活力；统筹兼顾、综合施策，配套建立补贴机制，完善相关政策，保障农民种粮收益，确保口粮绝对安全，逐步建立形成相对成熟有效的粮食支持政策体系。

（同济大学经济与管理学院　程国强）

三、小农户融入现代农业生产经营的探索——“期货+保险”试点情况

【内容提要】

按照党的十九大提出的决胜全面建成小康社会、分两个阶段实现第二个百年奋斗目标的战略安排，2035年我国将基本实现农业农村现代化。如何将把小农生产引入现代农业发展轨道，是当前急需解决的问题。2000年以来，各地进行了多种尝试，在推进规模经营方面取得了进展，但是在运用市场化手段规避生产经营风险方面收效甚微。近年来，证监会开展了期货市场服务“三农”工作，与地方合作开展期货农业试点，形成了“期货+保险”模式，得到农民和专业合作组织的充分肯定。

大国小农是中国的基本国情。绝大多数农户一直受生产经营规模小、比较效益低的困扰，很难利用市场化手段规避市场风险，主要依靠国家提高农产品价格和政策性补贴来稳定大宗农产品生产。然而，近年出现了一些新情况：一是以往的提价、补贴政策受到WTO相关规则的限制，国内农业支持保护政策面临着调整；二是快速发展的合作组织将小农户组织起来，扩大了农业生产经营规模，也增强了风险意识；三是期货市场的完善和农产品期货品种的丰富为具有一定生产经营规模的合作组织提供了规避市场风险机会。在此背景下，有关部门组织大连、郑州、上海三个商品交易所针对合作组织和团场开展“期货+保险”试点工作，借助市场化手段，保障大宗农产品收益，取得了一定成效。这是将专

业合作组织、现代经营手段、农业补贴方式结合在一起的探索，对实现小农户和现代农业发展有机衔接，保障农产品有效供给和农民收入，推进中国农业现代化具有现实意义。

（一）农业生产成本逐年上升，大宗农产品利润空间收窄

2004 年以来，我国粮食连年增产，2013 年以来，产量保持在 6 亿吨以上。宏观层面上，我国大宗农产品生产进一步向优势区集聚，随着农业机械化程度的不断提高和专业合作组织的发展，涌现出联耕联种、代耕代种等多种土地经营方式，土地流转加快，促进了农业生产的规模化。根据农业部 2016 年底对 30 个省、区、市（不含西藏）的调查：目前，我国 50 亩（及以上）的各类经营主体有 375 万个，其中大于 175 亩的家庭农场有 48.5 万家（其中 60% 与大宗农产品生产相关）；新型经营主体有 207 万个，经营土地面积在 50～200 亩的家庭农场有 87.7 万家。农业生产的规模化又进一步提高了农产品生产的聚集度。但从微观层面上，农户的生产种植仍然较为分散，各农作物虽然单产均有提高，但由于生产总成本增长较快，各农产品净利润和成本利润率普遍不高。

2010 年以来，农作物生产成本普遍上升，收益下降。2016 年四大粮食品种及棉油糖等作物中，小麦、玉米、大豆、油菜籽等农产品净利润已为负值，水稻、甘蔗、新疆棉花净利润虽为正值，但亩现金成本已接近或高于现金收入（见图 3－3－1、图 3－3－2）。

从现金成本来看，与 2010 年相比，新疆棉花涨幅为 59%，已达到 1 387元/亩；大豆、玉米和甘蔗的涨幅在 50% 左右，每亩分别上涨 97 元、137 元和 459 元；小麦、水稻和油菜籽的涨幅在 40% 左右，每亩分别上涨 143 元、178 元和 67 元。

从现金收益来看，7 种作物收益呈“两增三减两平”的趋势。小麦和水稻现金收益比 2010 年增加了 10%；油菜籽、甘蔗现金收益基本持平；棉花、大豆的现金收益则大幅减少，降幅分别为 47% 和 57%；玉米现金收益在 2014 年达到 728.59 元/亩高点后持续下降，2016 年仅为 341.21

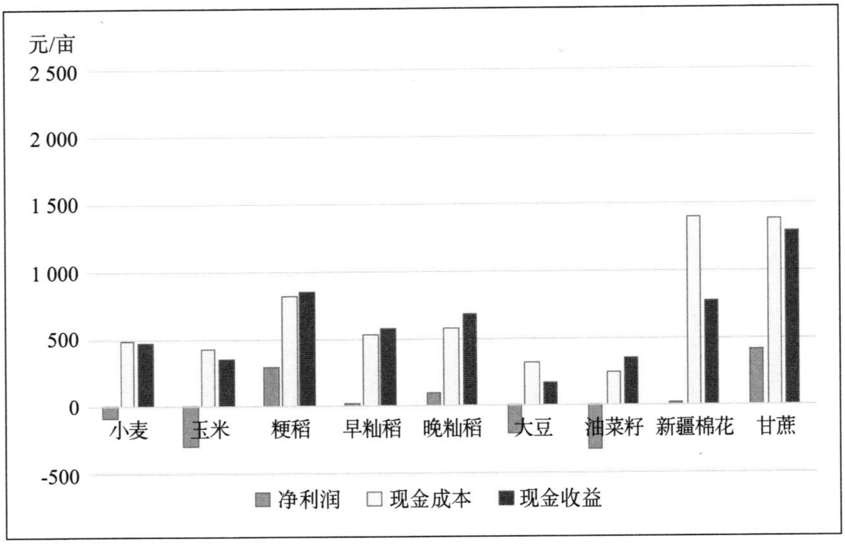

资料来源：笔者根据《全国农产品成本收益资料汇编 2017》数据整理。

图 3－3－1　2016 年大宗农产品成本收益

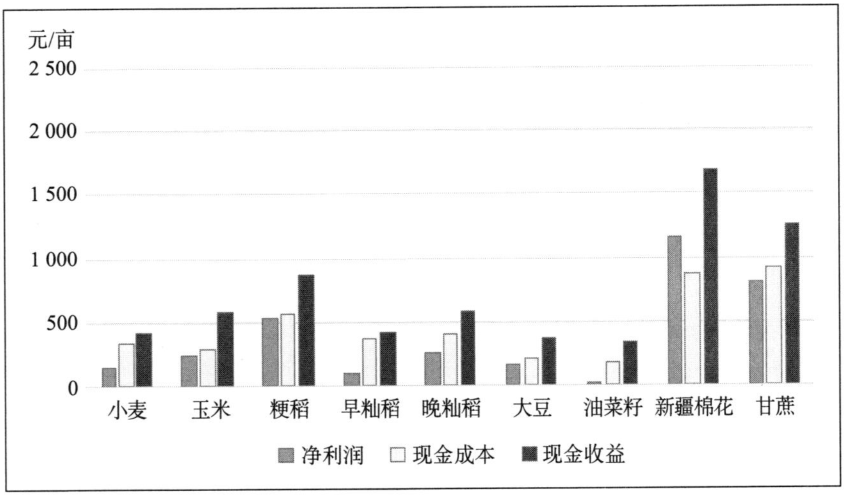

资料来源：笔者根据《全国农产品成本收益资料汇编 2011》数据整理。

图 3－3－2　2010 年大宗农产品成本收益

元/亩，比 2010 年下降 42%。

在净利润方面，小麦、玉米、大豆和油菜籽每亩净利润分别比 2010 年减少了 214 元、539 元、364 元和 339 元，降幅在 150% 以上；新疆棉花减少了 99%，水稻和甘蔗减少了 48%。

分作物来看，三大粮食作物每亩生产成本均超千元，而现金收益增长缓慢，净利润下降明显。油料作物中大豆和油菜籽生产成本虽低于其他农作物，但油菜籽现金收益涨幅甚微，大豆现金收益下降明显，因此净利润降幅较大。经济作物中棉花和甘蔗每亩生产总成本较高，每亩约 1 380 元，但由于两者现金收益不同，造成净利润相差较大。

在此情况下，为稳定大宗农产品生产和保障农民收益，不得不依靠政府托底收购和补贴，这不仅带来了较重的财政负担，而且受到世贸组织有关规定的限制，因此，除了在 WTO 允许的范围内继续对生产者进行必要的补贴外，还应该借助市场化风险管理工具提前锁定收益，降低价格波动对农民收入的影响。

（二）期货市场在大宗农产品生产中的作用日趋明显

改革开放以后，我国重启了期货市场，经过 30 年的发展历程，到 2017 年，我国已有 21 个农产品期货品种，覆盖粮、棉、油、糖和禽蛋等主要农产品。2013 年以来，年均交易量 9.5 亿手，成交额约 36 万亿元，其中，2016 年交易量达到 13.4 亿手，成交额接近 50 万亿元。根据美国期货业协会的统计，2017 年，我国有 12 个期货品种位列全球主要农产品期货市场年度成交前 20 名，其中豆粕、玉米、橡胶、菜粕位列前五。全社会对期货的认知有了很大的改变。农产品期货在政府宏观决策、农民调整种植结构、规避价格风险、提前锁定种植收益，以及推进大宗农产品规模化生产经营方面起到了积极作用。

作为制定宏观调控政策的依据之一。期货市场具有发现价格的功能，价格反映了经济运行情况，也反映了经济政策的预期效果。农产品期货市场价格反映了国际国内农产品供求状况和市场走势，政府可以据此调整农业政策，调控农产品价格，适时进行农产品进出口调控，保证国内供给，有效避免外来冲击，调节市场供给。

指导农民调整种植结构。农产品市场放开后，依靠行政手段调整农业种植结构已不能奏效：一是行政手段滞后，二是农业补贴效益递减。而期货市场带来的价格信号能够帮助农民提前锁定收入预期，因此，成为调整农产品种植结构的重要依据，对农民安排农业生产有较强的指导作用。

帮助生产、经营者规避价格风险，提前锁定收益。期货合约是通过交易所达成的一项具有法律效力的协议。期货合约对商品的买卖数量、预期交货时间和地点以及产品质量都有统一的规定。生产者可通过期货市场进行套期保值，反向交易现货和期货合约的对冲操作，锁定成本（利润），减低风险，稳定生产。贸易商则以预期成本购买原材料，既节省了分散采购的交易成本，又可避免不同产地的质量差别。

有利于大宗农产品规模化经营。期货合约规定了商品的交易数量，强筋小麦、稻谷一手交易量为20吨，玉米、大豆等一手交易量为10吨，棉花一手交易量为5吨，按目前相关作物的单产水平，交易一手折合面积最少为24亩（玉米），最多为80亩（大豆）（见图3－3－3），进入期货市场的生产者必须具备一定种植规模，因而，期货市场对规模经营有助推作用。

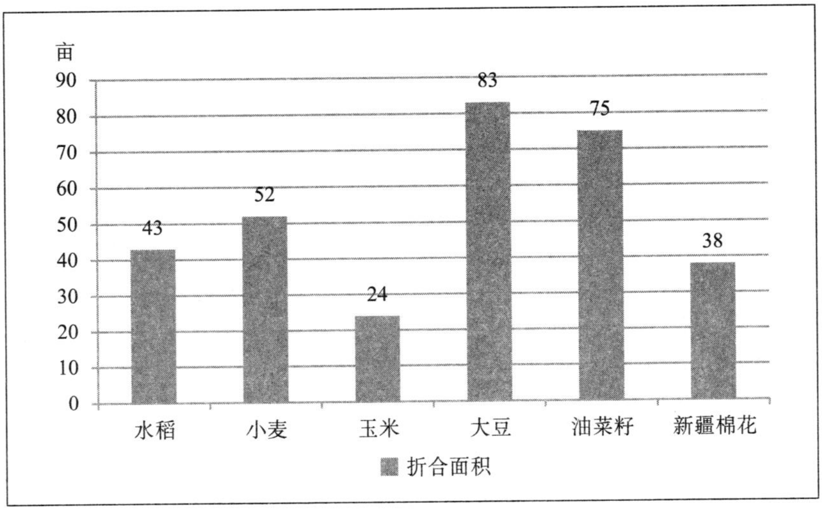

资料来源：笔者根据农产品期货品种最低交易量及主产区单位面积产量计算而成。

图3－3－3　农产品期货品种最低交易量所对应的作物种植面积

（三）农民合作组织亟须市场化的风险管理工具

2008年以来，我国的农民专业合作组织进入了快速发展阶段，数量大幅增加，规模扩大。截至2016年底，纳入统计调查的农民专业合作组织总数达156.3万个，比2010年增加121.1万个，增长3.4倍；实有社员达6 457万户，社均成员41户，分别是2010年的8倍和2倍；通过合作组织带动非入社成员6 992万户，比2010年增长77%。农民专业合作组织已覆盖农林牧渔各业，并逐步扩展到民间工艺、旅游休闲等多领域。

随着入社农户的增加，专业合作组织的土地经营规模不断扩大，2016年流转入农民专业合作组织的土地面积达到1.03亿亩，已占耕地流转面积的21.6%（以入股形式流转入合作社的比重占13.2%）。有利于开展农业产前产后服务，降低了生产成本，提高了生产效益。以河南省淮滨县固城乡谷源种植专业合作社为例，利用土地流转方式在固城村、杨湾村等周边6村建设小麦种植基地5万多亩，集中种植弱筋小麦品种，合作社年产小麦2.5万吨，实现了规模效益。还有少数合作组织参与了期货交易，如黑龙江省勃利县民兴高蛋白大豆专业合作社，开展“成员＋合作社＋期货＋贸易企业”模式的业务，提前锁定种植收益，规避风险。目前社员人数已达286人，来自全县11个乡镇80个村，并吸引了七台河、依兰、桦南等周边地区的农户。

但是，绝大多数的专业合作组织受人员素质、管理水平、经济实力、专业知识等多因素限制，经营状况不稳定，也不具备金融服务的能力。随着组织成员的增加，生产规模的扩大，合作社面临的市场风险也相应增加，特别是生产经营大宗农产品的合作组织急需市场化的风险管理工具和专业人员的帮助。

（四）“期货＋保险”试点情况

2016年以来，大连商品交易所、郑州商品交易所和上海期货交易所积极落实中央 1 号文件关于“扩大‘保险 + 期货’试点”的精神，联合 20 多家期货公司和保险公司，先后在黑龙江、吉林、辽宁、内蒙古、河北、安徽、重庆以及新疆等省、区、市开展了大豆、玉米、棉花、白糖、天然橡胶的“保险 + 期货”试点项目，取得了较好的效果。

“保险 + 期货”包含两层含义：一是利用期货市场的价格发现功能，把期货价格作为保险产品的目标价格和理赔价格依据；二是利用期货市场的套期保值功能，把期货作为农民投保的作物价格下跌风险分散的工具。试点的基本模式为保险公司基于期货市场上相应的农产品期货价格开发农产品价格险；农户或者合作社通过购买保险公司的农产品价格险规避价格下跌风险；保险公司通过购买期货公司风险子公司的场外期权产品进行再保险，以对冲农产品价格下降可能带来的赔付风险；期货公司风险子公司在期货交易所进行相应的风险对冲操作，最终形成风险由期货市场承担、各方受益的闭环①。

2016 年，大连商品交易所在黑龙江、吉林、辽宁、内蒙古、安徽 5 个省、区进行 12 个大豆、玉米价格保险试点，41 个合作社和 4 000 多个农户参保，投保面积 56 万亩，投保数量近 20 万吨。其中玉米试点 9 个，投保 16.65 万吨，涉及土地约 33 万亩②，39 个合作社和 4 022 个农户参保，保险平均价格为 1 537 元/吨，每吨平均保费为 122 元；7 个试点产生了赔付，平均每吨赔付 36 元，共计赔付 435.7 万元。大豆试点 3 个，投保 3.45 万吨，涉及土地 23 万亩③，2 个合作社 136 个农户参保，保险平均价格为 3 734 元/吨，每吨平均保费为 178 元。黑龙江农垦赵光农场试点产生了赔付，每吨赔付 87.61 元，共计赔付 87.61 万元。在农民负担保费方面，12 个试点由于交易所提供了一定的资金补贴，另有农业部和地方少量资金支持，农民实际负担保费水平为 10% ~30% 不等。从试点情况来看，农民仍感觉保费水平较高。永安期货公司在吉林省的试点项目中，针对没有产生理赔的部分，向参保农户全额返还了保费。

2017 年，试点范围在原有省、区基础上增加了河北、重庆两个省、

① 资料来源：大连商品交易所试点总结报告。

② 玉米按平均亩产 500 千克计算。

③ 大豆按平均亩产 150 千克计算（农垦历史数据）。

市，试点数量扩大至32个，其中，23个为价格保险试点，9个为收入保险试点。试点项目覆盖了188个合作社约8万农户，涉及206.4万亩土地，比上年扩大了2.6倍。投保产品数量约79万吨，玉米占85.6%，大豆占14.4%。玉米价格险的平均价格为每吨1 690元，平均保费为66.43元；大豆价格险的平均目标价格为3 857元/吨，平均保费为171.73元。收入险的目的是保障投保户的综合收益，要覆盖农户种地的物化成本，因而设定的平均目标收入为：每亩玉米775.33元，平均保费为58.91元；每亩大豆（黑龙江的赵光农场和嫩江地区）499.47元，平均保费为56.66元。32个试点中，28个试点发生理赔，理赔金额为4 105.34万元。价格险赔付2 521万元，玉米赔付水平19.65元/吨，大豆赔付水平为148.67元/吨。收入险赔付总额1 317万元，玉米由于2017年末价格上涨，因而赔付水平较低，每亩赔付34.74元；大豆赔付水平为每亩53.58元。

除此之外，为了发挥期货市场服务功能，南华期货公司联合阳光农业相互保险公司在黑龙江省赵光农场开展大豆收入险试点的基础上，增加了九三集团粮食基差采购现货环节，为参保农民进行粮食基差销售，提前锁定卖粮价格，即"大豆收入保险+基差贸易"①。阳光农业相互保险公司负责测算保费、费率、保值价格、保值时间等具体细节对接投保户、完成保费收取、测产、理赔等工作。南华期货股份有限公司主要负责项目调研市场状况、设计期权产品、期权对冲、现货对接、期权理赔工作。九三集团北安分厂主要负责推进"基差采购"模式、配合收购现货。

赵光农场位于黑龙江省克东县，是国家重要的商品粮生产基地。2017年大豆种植面积30万亩，产量约6万吨。大豆投保量3 000吨，承保面积37 500亩，投保户为200个农户。收入保险设定保障亩产160千克②，保险水平为0.85%，约定每吨价格为4 000元，保险金额为544元/亩，按费率12.5%计，每亩保费68元，农民分担保费额如表3－3－1所示。该试点有以下特点：一是在价格保险的基础上尝试以期货价格为基准的大豆收入保险，保障价格和产量双向波动带来的风险，更加贴近农业生产实

① 资料来源：南华期货公司试点材料。
② 根据农垦历史数据。

际，对农民收入也带来更加全面的保障（见表3－3－2）。二是将收入保障叠加基差贸易更好保障农民收入。项目引入九三集团与农户之间签订了基差贸易合同，帮助农户实现了预先售粮，并获得了从容点价的权利。顺利售粮加上收入保险的差额补偿真正保障了农民收入。试点项目到期顺利赔付，使得农场投保种植户切实得到了实惠，规避了大豆在上市销售阶段的价格下跌风险，试点受到赵光农场投保农户的好评。

表3－3－1　　收入险保费分担情况

	合计	中央补贴	农场补贴	项目补贴	农户承担
保费（元/亩）	68	29.25	5.5	22	11.25
分担比率（%）	100	43.01	8.09	32.35	16.54

资料来源：南华期货公司试点材料。

表3－3－2　　赵光农场政策性种植险和收入险保障效果对比

	农民缴纳保费（元/亩）	农户数（户）	投保土地数量（万亩）	单位理赔额度（元/亩）
政策性种植险	11.25	1 291	31.9	36.44
收入险	11.25	200	3.477	68.71
差额				32.27

资料来源：大连商品交易所。

棉花等产品的试点情况与玉米、大豆类似，不再赘述。

（五）几点建议

1. 加大宣传引导，正确理解保险的含义

目前，我国实行的农业保险覆盖面广，但水平较低，实际已成为农业补贴的一部分。因而试点区的部分干部和农户把“保险＋期货”试点也看作国家保障农民高收入的工具，对价格保险的认知存在误区，一是希望有较高目标保障价格水平，二是认为购买保险就要得到赔偿，而不考虑是否出现约定的风险。因此，要加大宣传普及工作，向农民普及农产品价格

保险、收入保险等方面的知识，使农民正确认识保险的功能定位，了解农产品市场化改革的重要性。

2. 进一步调动保险公司服务农业生产的积极性

保险公司是连接专业合作组织与期货市场之间关键环节，目前，农民对期货期权的认知度不高，而保险公司通过开展政策性农业保险业务，触角深入农村各个角落，在农民中认可度较高。从“保险+期货”试点情况来看，期货公司均通过保险公司达成与合作组织或农户的合作，保险公司承担了部分专业合作组织的职能，短期内不可替代。但是，保险公司因潜在的系统性风险，参与此项工作的积极性有限。因此，调动保险公司的积极性是关键。为此建议，一是对保险公司经营农险业务进行补贴，按农险业务量、服务范围、赔付额等对经营农险业务的保险公司提供经营管理费补贴。二是将农险保费补贴直接转至保险公司，以解决国内农险保费征收困难这一难题（个别省区已有先例）。三是按照人民银行、银保监会、证监会、财政部、农业农村部近期出台的《关于金融服务乡村振兴的指导意见》的要求，组建农业再保险公司，划拨专项资金用于农业再保险业务，以分散重大灾害出现时保险公司的赔付压力。

3. 调整补贴方式，增加农业保险补贴规模

近3年开展的大豆、玉米、棉花和白糖等“保险+期货”试点，主要靠大连商品交易所、郑州商品交易所、上海期货交易所3个单位提供的资金支撑，2016—2017年共提供资金1.3亿元。2018年，3个交易所扩大试点规模，提供资金4亿多元，比上年增加2倍。3个交易所已竭尽全力，但对于东北、新疆等粮棉主产区的需求仍是杯水车薪，依靠交易所补贴的“保险+期货”试点不可持续。目前，中央财政对农民的补贴高达上千亿元，有些补贴的边际效益已递减，有些对生产的直接作用不大，已成为普惠性的补贴。从“保险+期货”试点经验，看到了利用金融工具和市场化手段保障农民基本收入的可能性。建议调整农业补贴增量结构，用少量财政资金扩大试点规模、品种、模式和地域，做深入探索，为政策性补贴向市场化改革提供经验。同时，交易所也应对承担项目公司试点补贴资金的使用情况进行检查，建立奖罚机制，部分剩余资金可纳入下一年

度使用，防止“跑冒滴漏”。

4. 加快培养合作组织带头人，提高其经营管理能力

我国“大国小农”的基本特点在短期内无法改变，小农户仍是农业生产经营的主体。通过合作组织实现了土地规模经营，使小农户融入现代农业生产，其作用十分重要，但大部分农民专业合作社整体实力弱、经营者素质偏低。因此，培育农民合作组织带头人的工作已迫在眉睫，要拓宽他们的视野和知识面，转变传统观念，接受现代化的经营方式，从以往单纯依赖政府补贴转向适应市场化改革，真正成为带领小农户迈向现代化农业的带头人。

（原国家发展和改革委员会农村经济司　方言）

四、粮食形势变化与政策选择

【内容提要】

自2016年以来，我国深化粮食支持保护制度改革，调整农业项目资金分配，强化地方对粮食安全保障的责任，各地积极探索现代农业发展，粮食等重要农产品生产结构总体上不断优化，藏粮于地和藏粮于技取得进展。但是，农业结构调整等也暴露或者带来一些矛盾和问题值得重视，需要及时采取有效措施应对，切实解决政策手段缺乏或者过软及不配套等难题，这样才能守住粮食安全底线。

（一）我国粮食形势需要引起关注的主要变化

自2004年国内粮食连续12年增产后，受政策托市扭曲效应和农民种粮惯性等因素影响，国内出现粮食生产偏多、库存积压严重和进口规模过大等突出问题。为了解决这些突出问题，2016年前后国家采取措施促进粮食种植结构调整、完善粮食补贴政策、改革粮食收储制度和价格形成机制，旨在减少非优质非优势粮食生产，增加国内产需缺口大和专用优质粮食生产，解决粮食总体阶段性过剩和品种品质结构性失衡等问题。经过几年的努力，原有的粮食供求矛盾明显缓解甚至基本得到解决，但2018年出现了小麦收购量大幅度减少、玉米政策性储备量下降速度快和夏粮早稻均减产等新情况，这其中包含着一些可能冲击国家粮食安全的苗头性隐患。

1. 粮食供求关系及结构正在发生新的变化

粮食供求结构性关系正在发生深刻变化，从而带动粮食供求关系的改变。2018 年，中国玉米产量已经连续第三年减少，由 2016 年的 26 449 万吨下降到 25 733 万吨，累计减少 716 万吨。与玉米产量不断减少态势截然不同，近年来中国玉米需求量和消费量持续增加，平衡玉米产需缺口的主要途径是消化库存。

2018 年消化政策性粮食库存 1.3 亿吨，消化的政策性粮食库存大多是玉米库存，显示出自 2017 年以来玉米年度产需缺口迅速扩大。2016 年中国玉米是最大的阶段性过剩粮食品种，2017 年和 2018 年动用玉米库存属于去库存性质，玉米减产和消化玉米库存具有积极意义。但是，当玉米库存降到合理水平，如果再大规模动用库存平衡不断扩大的产需缺口，就可能带来较大的负面影响，甚至最终无法通过动用库存来平衡不断扩大的玉米产需缺口。

2. 三大主粮种植面积普遍减少反映农民种粮积极性在变化

自 2016 年以来，国家在“镰刀弯”地区对玉米种植结构进行调整，加上市场价格作用，其他地区农民也减少玉米播种面积。根据国家统计局最新数据，以 2015 年为基期，2016—2018 年，全国玉米种植面积累计减少约 4 300 万亩，约占玉米种植面积的 7%。2018 年，不仅玉米种植面积减少，而且夏粮和早稻种植面积也出现下降。全国夏粮播种面积比上年减少 246 万亩，下降 0.6%；早稻播种面积比上年减少 525 万吨，下降 6.8%。我国粮食种植面积已经连续两年下降，2017—2018 年全国粮食播种面积累计减少 219.3 万公顷。受玉米播种面积持续减少影响，2018 年谷物播种面积已经下降到 1 亿公顷以下。

农民减少粮食种植面积，虽然是粮食生产结构调整优化成效的反映，但也是种粮效益下滑甚至亏本导致部分农民种粮积极性不高的反映。历史上，我国几轮农业结构调整，农民种粮积极性下滑与理性调减粮食种植面积都是交织在一起的，造成决策滞后反应。恢复农民种粮积极性往往需要几年，未来农民种粮积极性不高是否会成为立足国内保障粮食供给的主要矛盾还需引起特别关注。

3. 政策性粮食去库存给粮食调控带来新挑战

粮食是耐储存的大宗农产品，金融属性越来越强，市场主体预期对粮食市场波动幅度的影响越来越大。稳定粮食市场，要么保持供给宽松，要么借助高储备保持国家强有力的调控。目前，除稻谷储备足可以应对社会预期及投机所可能带来的市场波动外，其他粮食品种市场波动的国家调控能力明显下降。政策性收储的玉米库存经过 2017 年出库大约 5 000 万吨和 2018 年出库大约 1 亿吨后，2019 年玉米库存可能将降到只能平衡市场供求的水平，不再具有应对市场投机的能力。2018/2019 年度小麦收购量比 2017/2018 年下降近一半，储备调控市场能力也将明显下降。

随着新一轮粮食省长负责制推行以来，各地纷纷加强了地方国有粮食企业发展，地方粮食储备成为市场供给占比越来越高的市场供给力量。过去，地方粮食储备在市场供求偏紧时往往不仅不能起稳定市场作用，反而会成为加剧市场波动的力量，地方粮食储备并不等同于国家调控粮食市场的力量。目前粮食储备管理体制下，地方粮食储备能否成为国家粮食调控能力存在着很大的不确定性。

（二）粮食产需不足可能会引起市场反应

在粮食产需不足的情况下，平衡国内粮食市场供求平衡，要么通过粮食净进口，要么通过粮食库存来弥补粮食产需缺口。我国已经连续多年粮食产需不足，但一直没有引起市场反应，特别是 2017 年以来玉米产需严重不足，主要依靠动用国内玉米库存保证市场供求基本平衡来促进玉米市场的价格稳定。2018/2019 年度，估计国内粮食产需缺口进一步扩大，受中美贸易摩擦中我国对美进口农产品采取反制措施等因素影响，粮食的进口量减少，稳定国内粮食市场更是依靠动用更多的库存粮食。

粮食多元化需求持续扩大，粮食供给来源或者减少或者不确定性增大，是粮食产需不足而引起市场反应的主要原因。一方面，我国居民食物消费结构升级持续拉动饲料粮消费增长；工业品出厂价格持续上涨，石油等价格高位运行，带来工业用粮需求扩大；另一方面，从实际调研了解的情况看，2018年河南等局部地区小麦减产超三成，玉米除黑龙江和内蒙古可能增产外，其他省份普遍减产，库存不高的小麦和玉米产需缺口更大。

农民种粮积极性恢复和调整粮食种植普遍存在滞后期，如果粮食支持政策调整不能超前，未来几年粮食市场波动扩大化的态势可能持续。不仅国内粮食生产扩大存在着较大的不确定性，而且世界产粮大国扩大粮食供给存在更大的不确定性。国际粮食市场价格低迷运行已经持续多年，主要产粮大国生产者亏损而导致的种植减少也持续多年，持续多年的全球粮食产需不足已经使库存不断下降。如果全球发生比较严重的自然灾害，再度爆发全球粮食危机未必危言耸听。世界粮食形势变化的不确定性，加上美国挑起的旨在扰乱现有国际贸易秩序而引起的连锁反应，警示我国在国内粮食产需巨大缺口可能进一步扩大的情况下，依靠进口的路径也可能不可行。

守住粮食安全底线，保障粮食有效供给，重在夯实国内粮食生产能力。2018年我国进口的农产品数量年度波动普遍较大，多数农产品同比增长速度绝对值普遍超过10%，明显地高于国内同类农产品产量等指标的波动幅度。农产品进口量大幅度波动表明，相比国内农业生产来说，我国农产品进口的影响因素更加复杂，特别是不确定因素更多。确保粮食有效供给，总体稳定的主导力量是国内粮食生产。

前期粮食价格及未来预期是影响粮食种植面积的主要市场因素。近年来，受部分粮食品种阶段性过剩影响，粮食市场价格虽然总体稳定，但少数品种市场价格偏低，生产者种植粮食效益不高的问题突出。随着农业供给侧结构性改革的深入推进，玉米等供求关系已经发生变化，市场价格出现恢复性上涨，估计市场主体普遍预期玉米等市场价格将继续保持合理水平，这对于2019年玉米种植面积稳定具有积极影响。

粮食支持保护政策也是影响粮食种植面积的重要因素。考虑到粮食价格在农产品和食品价格中起着基础性作用，一方面政策上通过补贴等手段保护农民种粮积极性，另一方面调控上促进粮食市场价格稳定。近年来，受国内外多种复杂因素影响，不同区域不同粮食品种的支持保护政策措施和力度进行了明显调整。2019年，稳定粮食政策将会促进粮食种植面积的稳定。

（三）粮食支持政策选择的建议

从粮食形势来看，我国粮食安全面临的产需不足和供求结构性不平衡、粮食国内生产支持政策保护调动农民种粮积极性与调整优化粮食生产结构走高质量发展道路、粮食进出口格局与进一步扩大对外开放等支持政策将进一步复杂化，粮食生产是多还是少的困局破解难度也将进一步加大。面对当前复杂的粮食形势和政策两难选择的现实，本着粮食安全关乎大局着想，2019 年粮食工作应以保护调动农民种粮积极性和加强完善国家粮食市场调控为重点。

探索建立政策性农业保险制度等新型粮食支持手段。我国目前试行推行的农业保险完全依赖商业保险公司和市场化运作的弊端十分明显。保险公司套保侵吞财政保费补贴的风险很高，农民理赔程序复杂困难，补偿水平低。顺应世界农业支持保护制度深化改革方向，强化对农业风险管理的支持以增强农业生产者韧性，应将农业保险回归到政策公益性上来，应主要由财政主导、农业农村主管部门参与实施政策性农业保险。商业保险公司运作的农业保险全部推行市场化，仅仅作为农业风险管理的一种补充工具，不再作为农业支持保护政策的工具或者手段。

对于一般小农户从事农业生产的，可以考虑主要使用政策性收入保险手段，确保专门从事农业生产的小农户收入水平高于绝对贫困线标准，凡是因自然灾害和市场价格波动导致专门从事农业生产的小农户减收的，都由财政补助到绝对贫困线标准以上水平。这样，可以确保专门从事农业生产的小农户不返贫，确保脱贫质量，同时也发挥农业支持保护手段对市场的最小扭曲。

对于新型农业经营主体，可以考虑主要使用政策性价格保险手段。农业政策性价格保险是选择性的且需要交纳保费的，即新型农业经营主体可以参加政策性价格保险，也可以不参加政策性价格保险，且根据自身实际情况选择交纳保费金额。同时，新型农业经营主体是否具有参加政策性价格保险的资格，需要设置一定的门槛和条件。凡是按照绿色生产条件的新型农业经营主体才能够参加政策性价格保险。政策性价格保险根据绿色农产品市场价格波动情况，按照补偿平均成本为原则，保障新型农业生产经营主体不亏损生产，这部分资金主要来源于财政预算，新型农业生产经营主体交纳的保费适当补充。

扩大玉米国家储备。短期内口粮安全更有保障，稻谷、小麦市场稳定基础相对较好，而饲料粮，特别是玉米供求关系变化快，近两年国内产需缺口大，主要通过大规模出库稳定市场。从粮食消费变化趋势来看，全国口粮稳定减少，而饲料粮和工业用玉米需求长期呈现增长态势，有时增长速度还比较快。玉米市场价格波动的传导效应更加广泛，不仅直接影响粮食消费价格，而且对动物类产品价格都会产生影响。要适应国家粮食安全保障结构性变化与玉米多用途开发等新情况，国家应扩大玉米储备规模并加快玉米库存周转。

强化粮食省长负责制与保持国家粮食调控能力统一起来。在全国政策性收储粮食库存大清查的同时，应与粮食省长负责制考核结合起来，确保粮食安全的储备质量合格、数量充足。兼顾保障国家粮食安全与提高国有企业粮食储备效率双重目标，深化收储制度改革，在继续发挥中储粮调控市场作用的基础上，应将各地粮食储备数量纳入国家调控体系中。应将稻谷超期储备去库存和加快国有粮食企业稻谷周转区别开来，凡是新收储的粮食都要增加周转效率考核指标。为此，国有粮食企业凡是执行政策性收储的，对费用要采取逐年递减的方式给予补贴，促进国有粮食企业面向市场搞活流通。从国家粮食安全长远考虑，应把完善粮食储备体系、增强国家调控市场能力作为深化粮食收储制度的重点。

（中国社会科学院农村发展研究所　李国祥）

五、农业供给侧结构性改革背景下粮食质量安全问题分析

【内容提要】

改革开放40年，我国经济发展取得了举世瞩目的成就，经济已由高速增长阶段转向高质量发展阶段，粮食行业逐步由增产导向转向提质导向阶段。新时代，人民日益增长的美好生活对粮食质量安全提出了更高需求。粮食质量安全进一步丰富了粮食安全的内涵，粮食安全的“质量约束”越来越强，也成为新时代粮食安全观的突出内容。提高粮食质量安全客观需要强化农业供给侧结构性改革，这也构成了农业供给侧结构性改革的重要内容。构建优质粮食产业化体系，大幅提升优质粮食科技创新水平，完善以质量为导向的绿色生态粮食补贴制度，创新完善粮食质量安全的法律制度供给，成为基于供给侧提高粮食质量安全的基本路径。

（一）粮食行业开始转向高质量发展的新阶段

1. 经济已由高速增长阶段转向高质量发展阶段

改革开放40年，我国经济发展取得了举世瞩目的成就，经济开始步入新的发展阶段。2017年党的十九大做出了一系列重大的判断与战略安排。十九大报告明确提出，“我国经济已由高速增长阶段转向高质量发展阶段，正处在转变发展方式、优化经济结构、转换增长动力的攻关期。”在新的阶段，也会面临新的矛盾，报

告明确“中国特色社会主义进入新时代，我国社会主要矛盾已经转化为人民日益增长的美好生活需要和不平衡不充分的发展之间的矛盾。”发展不平衡不充分，这已经成为满足人民日益增长的美好生活需要的主要制约因素。在经济发展新的阶段，解决新的经济社会矛盾，必须坚持质量第一、效益优先，以供给侧结构性改革为主线，推动经济发展质量变革。这为我国经济发展与深化改革指明了方向。

2. 粮食行业逐步由增产导向转向提质导向阶段

粮食行业同样存在发展不平衡不充分的问题，人民日益增长的美好生活需要包括对优质安全粮食产品的需求。新时代粮食行业同样开始进入高质量发展阶段，这也是经济高质量发展的重要表现。近几年，中央为了促进粮食行业高质量发展进行了一系列政策安排。

2017 年中央经济工作会议提出“推进农业供给侧结构性改革，坚持质量兴农、绿色兴农，农业政策从增产导向转向提质导向”。农业政策由增产导向转向提质导向，也体现了“中国速度”向“中国质量”转变的要求。2017 年中央 1 号文件提出，“促进农业农村发展由过度依赖资源消耗、主要满足量的需求，向追求绿色生态可持续、更加注重满足质的需求转变”。

2018 年中央经济工作会议提出“坚持新发展理念，坚持推动高质量发展，坚持以供给侧结构性改革为主线”，“着力增加优质绿色农产品供给”。2019 年中央 1 号文件提出，“深化农业供给侧结构性改革。调整优化农业结构。大力发展紧缺和绿色优质农产品生产，推进农业由增产导向转向提质导向。深入推进优质粮食工程”。质量兴农、质量兴粮已经成为农业与粮食政策的重点。粮食行业由增产导向转向提质导向已初见成效。

（二）粮食质量安全是新时代粮食安全观的突出内容

1. 新阶段粮食安全战略赋予了新的内容

农业和粮食行业由增产导向转向提质导向阶段，既对粮食质量安全提出了更高要求，也为粮食质量安全提供了更好保证，粮食质量安全在国家粮食安全战略目标中也会有更好的体现。保障国家粮食安全是粮食安全战略的首要目标。不同时期针对经济与粮食供求的形势，我国对粮食安全战略也在进行调整。在过去很长一段时期内，由于粮食产量不足，供不应求，我国粮食安全的核心战略往往是侧重于提高粮食产量和自给率来保障粮食安全。而在粮食产量达到新的水平，粮食由增产导向转向提质导向阶段，粮食安全战略又被赋予了新的内涵。

长期以来，粮食自给率被视为衡量粮食安全战略的核心指标。1996年发布的《中国的粮食问题》白皮书首次明确提出，“立足国内资源，实现粮食基本自给，是中国解决粮食供需问题的基本方针”，强调在正常情况下，粮食自给率不低于95%。2008年国务院审议批准的《国家粮食安全中长期规划纲要（2008—2020）》重申，“粮食自给率稳定在95%以上”。农业部制定发布的《全国种植业发展第十二个五年规划（2011—2015）》提出，“确保自给率95%以上”，“水稻、小麦、玉米三大粮食作物自给率达到100%”。可以说，近20年来“粮食自给率95%以上”是粮食安全战略的基本安排。

但是，根据国内外形势的变化，近年来我国对粮食安全战略进行了适当调整。2013年底召开的中央农村工作会议，明确要求实施“以我为主、立足国内、确保产能、适度进口、科技支撑”的国家粮食安全新战略，明确提出确保“谷物基本自给、口粮绝对安全”的国家粮食安全新目标。将粮食安全目标从“粮食基本自给”转变到“谷物基本自给，口粮绝对安全”，至少突出了三个方面的变化：第一，由保“全面”转向保“重点”，即由保所有粮食品种、保全部，转向更强调“保谷物、保口粮”，集中力量首先把最基本最重要的保住；第二，由保“数量”转向保“数量质量并重”，即强调在保基本、保重要的同时，要能更好地满足人们粮食消费需求，提高保供给的质量。第三，突出“两个市场、两种资源”对确保国家粮食安全的意义，首次将“适度进口”作为国家粮食安全战略的重要组成部分。粮食安全新战略可以说是综合考虑我国未来粮食供求格局、农业资源环境承载能力，以及保持政策稳定性、连续性等因素后做出的重大战略决策，而且粮食质量安全得到了强化。

2. 粮食质量安全是对粮食安全内涵的进一步丰富

粮食安全是一个动态的概念，不同时期人们对粮食安全进行了不同定义。但不管如何定义，应该说粮食安全从来都是数量安全和质量安全的统一，粮食质量安全是粮食安全的应有之义。只不过在不同时期，针对面临的主要矛盾，强调的粮食安全的重点不同。联合国粮农组织不同时期对粮食安全进行了多次定义，往往都包括对营养或健康的要求。如 1996 年 11 月，在罗马召开的第二次世界粮食首脑会议上，对粮食安全表述为：只有当所有人在任何时候都能够在物质上和经济上获得足够、安全和富有营养的粮食来满足其积极和健康生活的膳食需要及食物喜好时，才可谓实现了粮食安全。这一表述具有广泛而深刻的影响，其中“足够”强调了数量安全，而“富有营养”“健康生活”则更强调了质量安全。从我国的法律法规看，2015 年出台的《中华人民共和国国家安全法》第二十二条将粮食安全概括为保障粮食供给和质量安全。2018 年 11 月通过的《浙江省粮食安全保障条例》规定，粮食安全是指粮食生产稳定发展，粮食供求基本平衡，市场粮食价格基本稳定，居民生活和社会生产对粮食的需求基本满足，粮食质量安全符合国家规定。可见，无论在国家法律还是地方法规都将粮食质量安全作为粮食安全的重要内容。实际上，伴随我国进入质量兴农阶段，粮食质量安全必然会成为关注的焦点。

对于粮食质量，安全理论界有不同的理解，还未形成统一的定义，但这些都丰富了对粮食质量安全的认识。有的从粮食安全的角度分析，如曾晓昀（2016）认为，粮食安全包括供给平衡、质量安全、价格稳定，粮食质量安全是粮食安全的高层次要求，并认为粮食质量安全是多维发展的，从主体划分，粮食质量安全包括个体的粮食质量安全、特定群体的粮食质量安全和国家粮食质量安全；有的从产业链的角度理解，如王立锋、董艳玲（2017）认为，粮食安全的新内涵包括横向产业链安全和纵向四维，横向与纵向都涉及粮食质量安全；有的从生理和心理需要角度进行阐释，如马莺和崔杰（2010）认为粮食质量安全是指一个单位范畴（国家、地区、企业或家庭）从生产或提供的粮食制品中获得营养充足、卫生安全的食物以满足其正常生理和心理需要。

2018 年修正的《中华人民共和国农产品质量安全法》第二条规定，

农产品质量安全是指农产品质量符合保障人的健康、安全的要求，这可以说是从法律角度对农产品质量安全进行定义。而粮食作为主要农产品，以此角度，粮食质量安全就是指粮食质量符合保障人的健康、安全的要求。安全是相对风险而言的，衡量安全或风险一定要制定安全标准体系。我国制定了比较严格的粮食质量标准和食品安全标准，这些标准都是强制性的技术规范。因此，粮食质量安全至少包括两个层次的含义：一是粮食要符合国家粮食质量标准及相关食品安全标准，确保粮食无污染、无激素，农药残留不超标等，这是粮食质量安全的最低标准。制定粮食质量安全标准应当充分考虑粮食质量安全风险评估结果，并与国际标准及发达国家标准接轨。二是粮食的营养品质符合民众健康水平的更高要求，达到营养安全。粮食营养安全是粮食卫生安全基本实现之后，对于粮食质量安全更高的要求。因此，粮食质量安全要体现“合格、卫生、健康、营养”的要求。

可见，随着人们生活水平的提高和城镇化进程的加快，人们对粮食的需求正从“吃饱”向“吃好、吃得安全、吃得营养健康”快速转变，粮食安全的“质量约束”越来越强。提高粮食质量安全客观上需要强化农业供给侧结构性改革。

（三）提高粮食质量安全是农业供给侧结构性改革的重要内容

从中央农业政策看，2016 年中央农村工作会议首次提出了“农业供给侧结构性改革”后，近几年中央 1 号文件均包含此项重要内容。推进农业供给侧结构性改革，就是要以增加农民收入、保障有效供给为主要目标，以提高农业供给质量为主攻方向，加快转变农业发展方式，大力发展紧缺和绿色优质农产品生产，推进农业由增产导向转向提质导向，保持农业稳定发展和农民持续增收，走产出高效、产品安全、资源节约、环境友好的农业现代化道路。粮食作为最主要的农产品，粮食质量安全自然成为农业供给侧结构性改革的重要内容。

从农业面临的主要矛盾看，经过多年不懈努力，我国农业农村发展已进入新的历史阶段。随着农产品产量，尤其是粮食产量的不断提升，农业的主要矛盾已由总量不足转变为结构性矛盾，突出表现为阶段性供过于求和供给不足并存，而矛盾的主要方面在供给侧。供过于求主要指的是总量上，尤其是一些普通品种，供给不足主要表现在结构上，尤其是优质的农产品。农业供给侧结构性改革是化解这些矛盾的关键。粮食供给侧结构性改革是农业供给侧结构性改革的核心内容。立足粮食行业的实际，粮食供给侧结构性改革同样存在去产能、去库存、降成本、补短板的艰巨任务。

从人民对日益增长的美好生活需求看，根据国家统计局的统计公报，2018 年我国初步核实的国内生产总值为 900 309 亿元，人均国内生产总值 64 644 元，全国居民人均可支配收入为 28 228 元，其中城镇居民人均可支配收入为 39 251 元。随着我国经济的快速发展，城乡居民可支配收入的不断增长，城乡居民对粮食的品质和质量提出了更高的要求。但是现阶段，我国粮食的品质和质量还不能很好满足城乡居民粮食消费升级的需求。因此，粮食需求侧对供给侧的改革形成了倒逼，粮食供给侧结构性改革存在补质量短板等艰巨任务。提高粮食质量安全水平是粮食供给侧改革的核心内容之一。

（四）基于供给侧提高粮食质量安全的政策建议

影响粮食质量安全的因素很多，提高粮食质量安全可以从需求侧入手，也可以从供给侧改革。本文主要从供给侧进行一些探讨。

1. 构建优质粮食产业化体系

从源头来看，粮食质量安全是生产出来的。新时代，粮食产业需牢固树立创新、协调、绿色、开放、共享的发展理念，全面落实国家粮食安全战略，通过推进粮食供给侧结构性改革，以保障粮食质量安全为重点，大力实施优质粮食工程，增加绿色优质粮食产品供给，通过粮食产业的转型升级，构建优质粮食保障体系。

构建优质粮食产业化体系，需重点做好以下几方面的基础性工作：（1）制定优质粮食产业化规划。通过规划对优质粮食产业化的目标、任务、举措做出合理安排，并制定具体行动计划。（2）提高高标准粮田在粮食播种面积中的比重。通过结构性改革，在巩固和提高粮食生产综合能力、严守 18 亿亩耕地红线的基础上，需在其中划定粮食播种面积底线及高标准粮田底线，尤其通过高标准粮田的建设，着力培育一批标准化、规模化的高产优质绿色商品粮生产基地，为优质粮食生产提供基本保障。（3）推进优质粮食产业化组织发展。大力培育壮大优质粮食产业化龙头企业，扶持一批具有核心竞争力和行业带动力的优质粮食产业化重点龙头企业，通过构建全产业链，引导优质粮食品种种植、加工；扶持新型粮食生产经营主体和种粮大户，鼓励与优质粮食产业化龙头企业开展多元合作，形成优质粮食产业化联合体。（4）大力培育优质粮食品牌。名牌就是优质标准的载体，是高质量的代名词。培育一批具有自主知识产权和较强市场竞争力的全国性甚至国际化粮食名牌产品，是提升粮食质量安全的重要途径。

2. 大幅提升优质粮食科技创新水平

从科技来看，粮食质量安全是创新出来的。整体上，我国粮食科技的水平不高，这也是制约我国粮食质量安全的重要“瓶颈”。为了实现创新驱动发展，加强国家现代农业产业技术体系建设，2019 年中央 1 号文件明确提出，要加快突破农业关键核心技术。为此，要重点培育支持一批粮食战略科技创新力量，促进产学研深度结合，建设粮食领域国家科技创新平台，实施粮食关键核心技术攻关行动。同时，种业安全在国家粮食安全中具有举足轻重的作用，建设种业强国，可为国家粮食安全、生态安全提供根本性保障。因此，要把现代种业作为粮食基础性战略产业，以水稻、小麦、玉米等粮食种子为重点，加强国家良种重大科研攻关，加快优势良种基地建设，逐步构建以良种产业为主导、优秀企业为主体、优势良种基地为依托、国家支持为保障的现代粮食种业体系，从而为我国粮食质量安全提供科技创新支撑。

3. 完善以质量为导向的绿色生态粮食补贴制度

从政策来看，粮食质量安全是支持出来的。优质粮食产业发展离不开粮食补贴政策支持。多年来，我国粮食补贴水平不断提升，这对保障国家粮食安全、调动农民种粮积极性、增加农民收入等发挥了非常重要的作用。但在补贴政策实施过程中也出现了绿色生态补贴政策倾斜不明显、提升质量补贴力度不足等问题。同时，随着一些类别补贴量的增加，我们面临WTO规则的“黄箱”补贴压力也越来越大。2019年2月，世贸组织发布美诉中国对小麦、水稻种植户提供粮食补贴过多争端案报告，并做出了有利于美方的裁决。面对新形势，需要引起我们对现行补贴效应的关注，尤其在由增产导向转向提质导向阶段，客观需要对粮食补贴政策进行调整。政策调整的基本方向应是以质量为导向，增加绿色生态粮食补贴。重点可在以下几个方面调整：按照世贸组织规则及入世承诺，调整改进“黄箱”政策，扩大“绿箱”政策使用范围；实施最严格的耕地保护制度，加大对绿色生态耕地保护补贴的力度，实现“藏粮于地”；加大对粮食科技创新的补贴支持力度，实现“藏粮于技”；加大对优质粮食品种的补贴，提升粮食补贴政策的精准度；优化粮食补贴的区域政策，加大对粮食生产功能区和重要农产品生产保护区的补贴力度；优化粮食补贴产业政策，加大对优质高效粮食产业的补贴力度等。

4. 创新完善粮食质量安全的法律制度供给

粮食供给侧结构性改革的重要内容是进行制度创新，完善法律制度供给，这也是提升粮食质量安全的法律保障。近年来，根据新的粮食安全形势，我国适时调整了粮食安全战略，党的十九大也强调“确保国家粮食安全，把中国人的饭碗牢牢端在自己手中”。尽管《中华人民共和国国家安全法》《中华人民共和国农业法》均有对粮食安全的条款安排，但是比较笼统，尤其没有把质量安全提到应有的高度。2006年出台、2018年修正的《中华人民共和国农产品质量安全法》，对农产品质量安全进行了较周密的法律安排，但毕竟不是粮食安全保障的专门法律。同时，我国还出台了《粮食流通管理条例》《中央储备粮管理条例》等行政性法规，发布了《关于建立健全粮食安全省长责任制的若干意见》等，也从不同角度涉及粮食安全保障问题，但还远远不能满足新时代国家粮食安全形势的需要。因此，进入新时代，面临新形势新要求，必须加快粮食安全保障立法的进度，健全粮食质量安全法律体系，以确保能把国家粮食安全战略目标落到实处。

（上海立信会计金融学院　杨光焰）

六、当前我国粮食安全存在的问题和对策建议

【内容提要】

当前我国经济运行的内外部环境复杂多变，经济增速下行、贸易保护主义抬头等因素相互交织，不稳定、不确定性上升，对国家粮食安全造成了影响。历史经验表明，越是在经济运行困难的时期，越要高度重视粮食安全。目前，我国粮食安全总体形势平稳，但稳中有变、稳中有忧，粮食供求关系出现的一些新趋势新变化，特别是部分正在积累的风险尤其值得关注，需谨防粮食短期减产因素与宏观政策叠加、国内市场与国外市场共振给粮食生产乃至宏观经济运行带来的不利影响。建议根据形势变化，尽快调整针对“三高”（高产量、高库存、高进口）背景下的粮食政策，完善促进粮食高水平、高质量供求平衡的政策体系。

（一）我国粮食阶段性结构性过剩局面发生新变化

2018 年以来，受天气气候事件影响，全球粮食普遍减产，我国夏粮也减产了 2.2%。夏粮减产虽然没有改变我国粮食安全总体形势，但出现了一些值得关注的新趋势新变化。

1. 止步“十二连增”后我国粮食产量回归正常波动状态

2018 年我国粮食产量连续第六年稳定在 6 亿吨以上，同比减产 0.6%，减产幅度远小于过去两轮粮食减产周期的变化量。总体上，近三年粮食产量“两减一平”，与 2004 年之前产量变动轨迹相同，但本轮波动是高基数和高保障程度下的波动，是市场机制调节下的良性波动，也是国家政策主动调整的结果。从粮食人均数量看，预计 2018 年人均粮食产量与人均粮食占有量（剔除大豆）分别为429.3 千克与450.7 千克，粮食供给是有保障的（见图 3－6－1）。

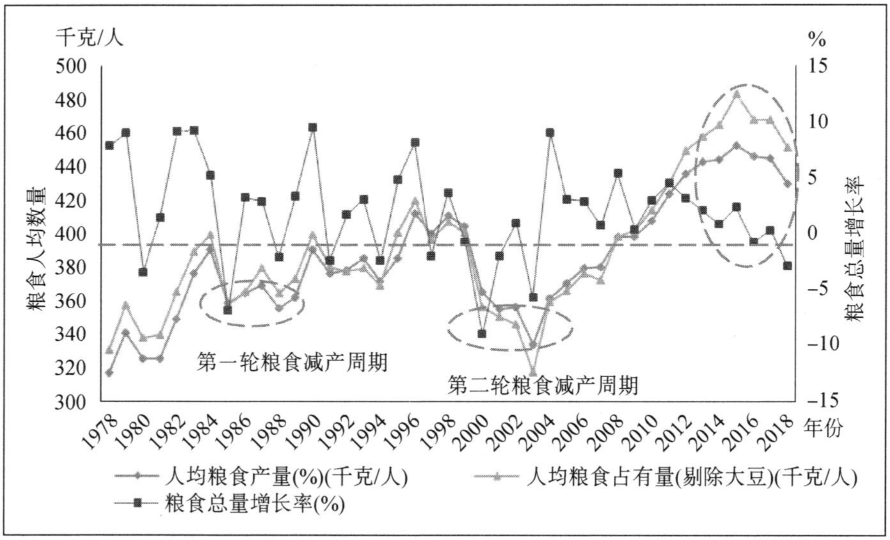

图 3－6－1 1978—2018 年我国人均粮食产量、占有量增长率

2. 国内玉米供求关系正在发生转折性变化，由供过于求转向供求紧平衡

自 2016 年调减玉米种植面积以来，我国三年累计调减玉米种植面积5 000 万亩；同时，伴随两年多的大规模拍卖，玉米库存已大幅降低，2018 年年底玉米临储库存将跌至5 800 万吨，玉米阶段性过剩局面出现了逆转，供求关系从供大于求向产不足需转变，预计 2018 年玉米国内生产与消费需求缺口将持续扩大到2 300 万吨，较上年增加2 042 万吨；玉米库存消费比从 2015 年的 51% 高位，快速下降至 2018 年的 23%

(见图3-6-2、图3-6-3)。

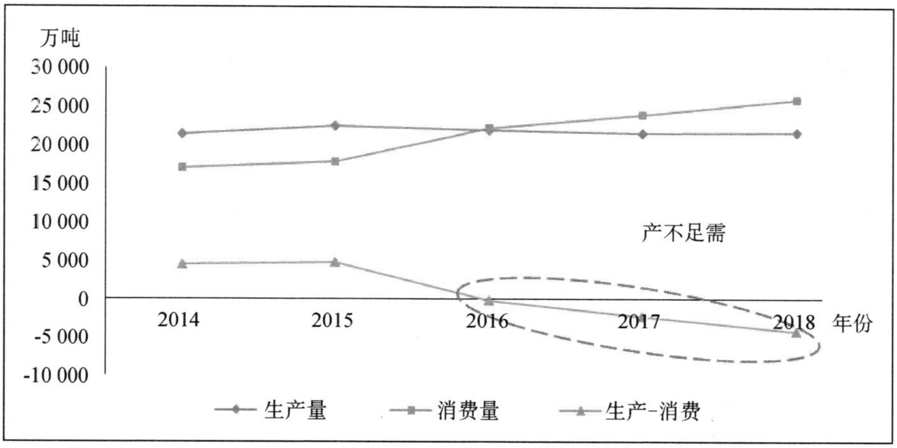

注：数据来自国家粮油信息中心，2018年为预测数据。

图3-6-2 2014—2018年我国玉米生产量与消费量变化

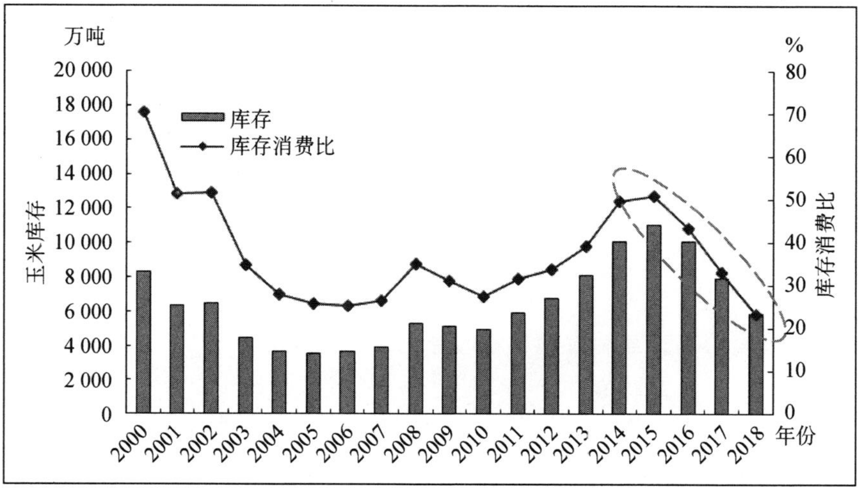

图3-6-3 2000—2018年我国玉米年末库存与库存消费比

3. 中美贸易摩擦的影响已经从大豆逐步波及其他粮食品种

从我国宣布对进口美国大豆加征 25% 关税以来，大豆进口成本逐步上升，2018 年 1—8 月我国大豆累计进口量同比减少 2.1%。由于饲用消费是进口大豆的重要用途，受此影响国内豆粕价格逆势上涨，出现玉米及 DDGS（玉米乙醇副产品）替代高粱和豆粕的趋势，饲用玉米需求增加，带动玉米价格同步上升，预计 2018 年玉米饲用消费将增加 3.6%（见图 3－6－4）。

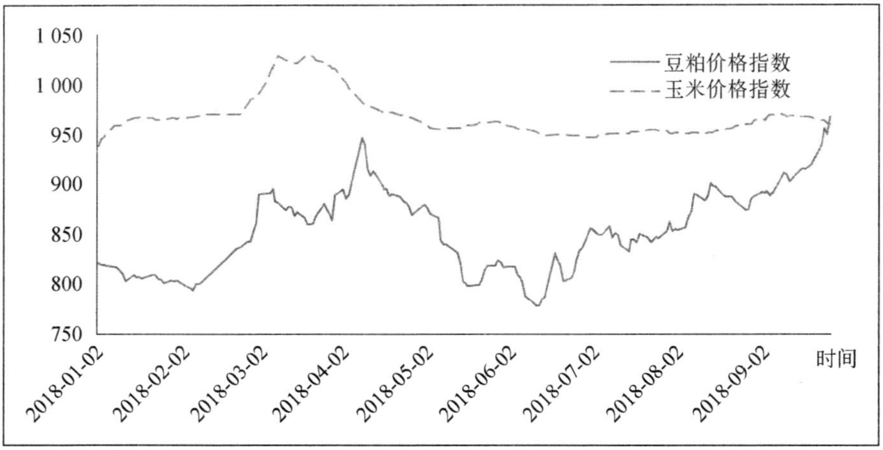

注：数据来自卓创资讯，豆粕、玉米价格指数以 2009 年 12 月 31 日为基日，基点为 1 000点。

图 3－6－4　2018 年我国豆粕、玉米价格指数

4. 粮食价格改革后农民种粮收益出现“三连降”

多年来，虽然粮食生产成本刚性上涨，但种粮收益持续多年保持较快增长。粮食价格改革以来，玉米价格总体走低，水稻、小麦最低收购价逐年调低，近三年农民种粮收益与净利润双双下降。2016 年种粮亩均收益相比 2014 年下降 80 元，亩均亏损 80 元。虽然国家加大生产者补贴力度，但仍没有能扭转种粮收益下降的局面。受此影响，2016—2018 年农民经营性收入增速相比 2015 年明显下降（见图 3－6－5、图 3－6－6）。

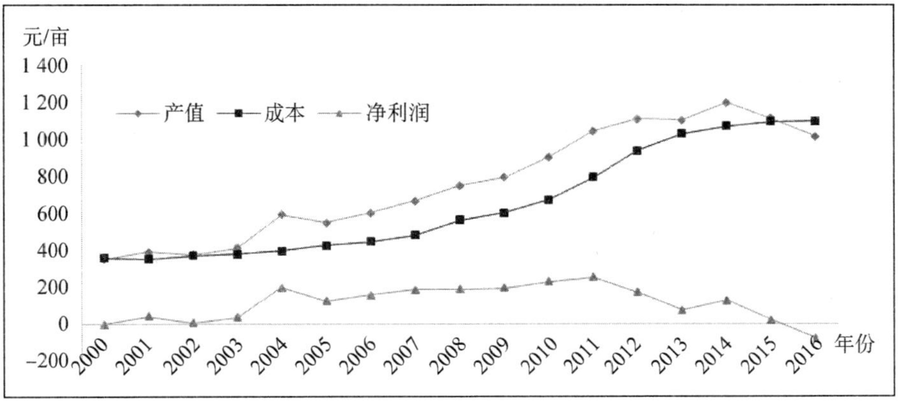

图 3-6-5　2000—2018 年我国三种粮食平均成本收益

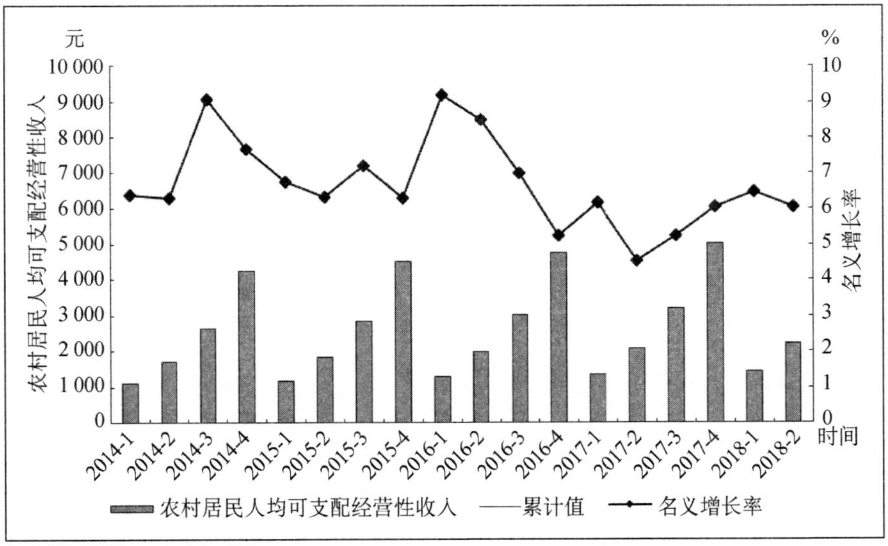

注：以上数据为季度数据，来自国家统计局官网。

图 3-6-6　2014—2018 年农村居民人均可支配经营性收入

（二）当前粮食安全值得关注的五大问题

虽然我国粮食产量连续 6 年保持在 6 亿吨以上，但粮食生产能力长期稳定在较高水平的基础并不稳固，当前形势下粮食供需面出现的新变化，对粮食安全和国民经济运行的影响不容忽视。

1. 玉米深加工可能出现新一轮产能过剩

在两年多来的政策刺激下，玉米深加工产能快速增长，很可能出现与21 世纪初期玉米深加工产能波动和过剩相似的情形。为消化陈化粮，2001 年我国批准了4 家燃料乙醇企业，随后开展车用乙醇汽油使用试点，并辅之以高额加工补贴。随着陈化粮消化殆尽，深加工企业不得抢购新产玉米小麦，降低开工率，随着国家限制政策出台，大量玉米加工企业走向死亡。2016 年以来，为消化玉米超高库存，我国相继出台了玉米加工品出口退税、在全国推广车用乙醇汽油、对东北等粮食主产区深加工补贴等刺激性政策，玉米深加工产能短期迅猛扩张。截至2017 年10 月，全国玉米深加工企业产能达7 608 万吨，在建和规划的新增产能3 368 万吨，合计产能近1. 1 亿吨，占2017 年玉米产量的50. 8%，2018/2019 年度玉米工业消费量占玉米消费总量的比重也将升至32. 7%（见图3 －6 －7）。2018 年5 月以来，玉米深加工行业开工率虽仍处于相对高位，但环比和同比均出现下降趋势，深加工产能过剩风险上升。

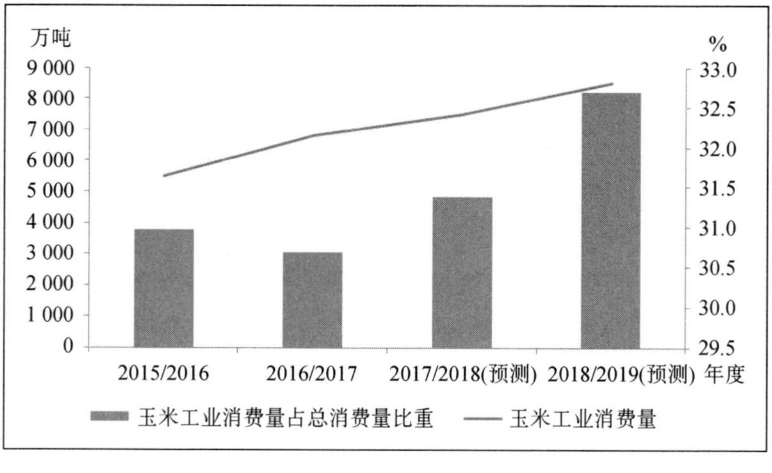

数据来源：国家粮油信息中心。

图3 －6 －7　玉米工业消费及占比

2. 中美贸易摩擦给“稳玉米”和“扩大豆”带来两难选择

尽管当前国内豆粕及港口大豆库存相对充足，但随着中美贸易摩擦持续升温，出现豆粕需求缺口将是大概率事件。据国家粮油信息中心 2018 年 9 月预测，2018/2019 年度我国豆粕供需缺口预计为 8 万吨。短期内，尽管可以用杂粕、玉米以及复合氨基酸来替代豆粕，但杂粕进口量有限，使用大量的氨基酸替代豆粕无疑会推高氨基酸价格，国内玉米替代空间也有限，单纯依靠国内供应填补豆粕缺口困难较大。从中长期来看，可以通过增加大豆种植面积弥补部分豆粕缺口，但势必进一步挤压玉米种植面积，加剧玉米供需缺口。

3. 国内大豆和玉米供应“两不足”可能助推物价指数抬头

随着大豆进口受限，玉米大豆库存见底，玉米大豆后市看涨将会最终波及物价水平。当前我国生猪肉鸡养殖成本中饲料成本高达 70% 左右，玉米作为主要的能量饲料来源，占饲料成本的 65% 左右；豆粕作为主要的蛋白饲料来源，占饲料成本的 25% 左右，两者合计占生猪肉鸡养殖成本的 50% 左右。玉米、大豆价格能够通过成本传导推动肉类价格上升，进而推高居民消费价格指数。而且，我国玉米大豆进口来源国集中度超过石油。2017 年，从乌克兰和美国进口玉米占比高达 92%，从巴西和美国进口大豆占比达 87. 9%。

4. 小农户与规模经营主体种粮意愿呈现“双降”趋势

近年来，稻谷、小麦最低收购价下调，玉米、大豆价格波动加剧，农资等生产成本持续刚性上涨，导致农民种粮收入与净利润下降，挫伤了粮食生产者的积极性，成为威胁粮食安全的最大隐患。江苏常州、山东禹城、安徽巢湖等多地对农户种植意愿的调查显示，农户粮食作物种植意向有下降趋势，粗放经营倾向加重，不少农户和规模经营者主体都在择机扩大蔬菜瓜果等经济作物种植。东北等地玉米调减计划之所以能够提前完成，主要原因也是玉米种植比较效益下降引发农户自愿缩减。

5. 影响粮食稳定生产的部分农业政策落地过程中出现“梗阻”

粮食生产功能区虽然已经开始划定，但相关的配套支持政策没有及时跟进，目前更多停留在划定的技术层面，下一步如何强化对粮食功能区的投入、调动功能区内粮食生产者的积极性等政策细节均未实施。涉农资金整合虽然提出“大专项＋任务清单”的改革方向，但地方普遍反映，涉农资金具体使用和考核上依然是各行其是。高标准农田建设推进力度虽然很大，但资金投入不足问题突出，大多数农业县也是财政穷县，难以足额配套建设资金，建设质量打折扣在所难免，建成后管护运营更是捉襟见肘。农业补贴虽然总量大，但对小农户种粮的边际激励效应下降，而实际种粮者却往往无法享受到相关补贴。近年来一直强调保持农村土地承包关系长久不变，但地权不稳已成为影响粮食规模经营的重要因素，随着农村土地二轮承包期的日益临近，规模经营主体普遍不愿长期流转土地，不敢进行长期投资。

（三）长短结合、内外并举，保障国家粮食安全

针对我国粮食供需关系的新变化，应树立大粮食安全观，既要注重短期防风险，也要着眼长期补短板、建机制，处理好中美贸易战中粮食进口和国内供给的关系、乡村振兴中粮食生产与其他产业发展的关系，牢牢守住粮食安全底线，把中国人的饭碗牢牢端在自己手中。

1. 玉米政策应尽快从“双调”转向“双稳”

针对当前玉米供需形势的新变化，玉米种植面积要从“调减”转向“稳定”，在5 000万亩调减任务完成后，重点稳定玉米种植面积，尤其是确保生产功能区内的玉米播种面积不减少；同时，玉米深加工要从“调增”转向“稳定”，提前做好新一轮产能过剩的防范和化解工作，利用倒逼机制淘汰落后过剩产能。一方面，强化对玉米等粮食深加工项目的备案管理，对玉米加工品出口退税政策设立过渡期，取消东北地区深加工企业参与临储玉米拍卖的国家补贴，严格实施粮食燃料乙醇产能总量控制，督

促地方终止各类深加工补贴等刺激政策。另一方面，吸取过去几轮调控的教训，不能为追求立竿见影效果动不动就在政策上下猛药，从一个极端走向另一个极端，导致政策“翻烧饼”，应积极探索建立玉米深加工产能持续健康发展的预警机制和长效机制，将玉米种植结构调整政策与深加工政策结合起来，前瞻做好玉米深加工产能调控工作。

2. 多渠道解决中美贸易摩擦造成的豆粕缺口

实施更加灵活的饲料粮进口调控政策，冲减贸易摩擦和价格上升的不利影响。一是提升饲料粮国际贸易话语权，组建饲料粮进口行业协会，整合进口需求形成合力，支持大型粮商建立国际性饲料粮交易市场，提升区域市场饲料粮定价权。依托国际粮食贸易公司，并整合中储粮的力量，建立面向国际市场的饲料粮收抛储机制。二是积极开拓大豆及其替代品进口渠道，建立稳定的产销关系，通过双边或多边协定，与受地缘政治影响较小的大豆出口国签订中长期供应协议，扩大杂粕、玉米进口量，在粮食增产潜力较大的国家和地区，建设海外粮食生产基地，畅通海外粮食返销渠道。三是适度选择低蛋白饲料配方以及增加杂粕替代豆粕，顺势加快低蛋白日粮技术推广应用，引导企业更多使用菜籽粕、葵花籽粕、花生粕等杂粕。

3. 培育支撑粮食安全的“稳定器”和“定盘星”

落实藏粮于地、藏粮于技战略，坚持粮食生产领域优先投入，推动政策、补贴、基础设施建设向粮食生产功能区、规模化经营主体、三大主粮品种倾斜。一是尽快将粮食生产功能区落实到具体地块，及时跟进基础设施、农民种粮收益保障等配套政策。二是培育壮大粮食规模经营主体，结合实施乡村振兴战略，建立健全面向规模化、组织化种粮主体的社会化服务体系，探索对从事粮食生产的新型农业经营主体进行地租补贴。三是完善细化高标准农田、中低产田改造、土地整治、大田物联网等建设标准，降低财政困难农业县的配套比例，建立可行的投入分担机制。四是加强三大主粮的良种研发投入，大力开展广适、多抗、优质、高产粮食作物品种的科技攻关，推广粮食生产管理先进适用技术。

4. 打好粮食价格市场化改革组合拳

深入推进粮食价格市场化改革，不断强化稳定农民种粮积极性的配套政策措施。一是以稳定种粮者收益为基准，根据稻谷小麦最低收购价下调幅度，参考玉米生产者补贴经验，在稻谷小麦主产区适时建立生产者补贴制度。二是建立健全防范“卖粮难”机制，对达不到收储标准的中低等级稻谷小麦，做好临时收储预案，并启动落实农业保险赔偿程序。三是不断完善玉米生产者补贴政策，尽早明确玉米生产者补贴政策的实施周期，及时向农户发布补贴标准，坚定农民玉米种植预期，重点确保玉米生产功能区农民收益不降低。

5. 构建以提质为导向、健全产业链为重点的粮食支持政策

将保持总量安全与提质增效作为农业支持政策转型的基本取向。一是从增量支持转向提升政策效能，补贴从生产支持拓展到产业链价值链提升，新增补贴和支持手段向产业链前端的研发和产业链后端的贸易等环节覆盖。二是强化耕地地力保护、农业科研、自然灾害救助、环境保护、农业基础设施建设等支持力度。三是尽快明确土地承包经营权长久不变预期，建议明确农村土地承包经营权“长久不变”的实现形式为 70 年，承包期届满后自动续期。四是借助大部制改革契机，建立由发改委和农业部门牵总协调的涉农资金整合有效机制。

（国家发改委产业经济与技术经济研究所
黄汉权　张义博　周振　涂圣伟）

七、当前粮食生产发展的政策建议

【内容提要】

在中央的正确领导下，在农业农村部有力指导和推动下，2018 年我国粮食生产结构进一步优化，科技水平进一步提高，生产能力建设进一步强化，全年继续保持丰收局面。粮食持续稳定发展，成为深化改革和社会稳定的“压舱石”，为应对外部不利因素提供了有力保障。同时也应该看到，在粮食连续 14 年丰收的情况下，麻痹松懈的情绪滋生蔓延，放松粮食生产的倾向日益扩大，防止粮食生产好形势逆转和保持 2019 年稳定发展的压力进一步加大，需要坚决贯彻落实习近平总书记新时代中国特色社会主义思想，牢牢地把握粮食发展的主动权，采取强有力的政策和举措，确保“中国粮食”“中国饭碗”。

（一）当前粮食生产中的积极变化

通过对黑吉湘赣数省的调研，深刻感到粮食生产逐步内涵式发展转变，比如粮食结构与品质不断优化、粮食生产机械化与规模化、新型种粮主体专业化与年轻化和加工企业购销势头旺盛。

1. 粮食种植结构与品质不断优化

优质粮食面积大幅增加，2018 年黑龙江北安市高蛋白食用大豆达到 200 万亩以上，比上年增加 40 万亩；加工型专用玉米比上年增加 45.3 万亩。“水稻 +”模式越来越旺，每亩增加收入700～1 000元。同时，高粱等杂粮种植规模也不断扩大，形成了主粮、杂粮交相辉映的局面。南方种粮大户开始调整种植结构，发展优质稻和再生稻。湖南湘阴县优质稻种植面积达96万亩，占全县水稻面积的73.8%，其中高档优质稻标准化生产基地20万亩，全部由加工企业订单生产。

2. 粮食生产技术呈现机械化、轻简化

调查地区的粮食生产实现了从播到收的全程机械化，一些种粮合作社已从“种地”向“管地”转变，开着汽车上田头，监督农机作业质量和效率。大量使用农机设备，减少了对劳动力的依赖，上百垧玉米全年累计仅需40天工时。为有效降低生产成本，越来越多的种粮大户通过统防统治推进病虫害治理和绿色防控，湖南湘阴县扶持发展病虫害专业化服务组织22个，全年承包代治服务面积2 000万亩次，农药使用量实现负增长，减轻了成本负担。乡镇农技站也及时转换服务内容，大力指导推广优质稻种植、绿肥红花草种植和施用生物农药等。

3. 规模性种粮主体呈现专业化、年轻化

规模性种粮主体的代际过渡特征明显，“75后”“80后”成为新一代主力军，在吉林榆树市和前郭县，很多大户年龄都是三四十岁，他们乐于接受各种专业技术培训。更重要的是，这部分人大多具有强烈的乡土情结，有的合作社创办人早年在外生意收入颇丰，因情系故土而返乡种粮。这些新粮人通过多元经营“三产”联营，开展粮食收购业务和少量的初加工业务，或者进一步发展乡村旅游、农业休闲、农家餐饮等“三产”，拓展增收渠道。

4. 粮食加工企业集聚发展、迸发活力

粮食政策深刻变革后，理顺激活了加工企业产业链，许多粮食加工企业生产经营呈现规模扩大、销售活跃、效益较好的局面。2016年投资的北安象屿金谷60万吨玉米深加工项目，9个月就完成了开工建厂的所有过程，当年投产、次年见效益，并从嘉吉、邦吉等引进成熟型人才。主营优质稻业务的企业产品销路好，产量和销量持续上涨，据前郭绿和源米业

公司介绍，仅一个客户的月需求量就从三五年前的 300 吨增加到现在的 600 吨，全年供应量达到 7 000 ~ 8 000 吨。

（二）粮食发展形势的基本判断

当前，中国经济依然处在新旧动能转换的关键期，新的增长动能总体上看还处于发育期，此时更容不得粮食生产有任何闪失。我国粮食连续丰收是在复杂的国际环境、关键的历史时期、重要的经济社会发展阶段、多变的自然气候条件下取得的，因此特别要重视以下几个问题。

1. 粮食产量绝不能低于 12 000 亿斤这个关口，这是满足国内需求的安全底线

我国正处于膳食结构转型升级期，依据饮食习惯与我们较相似的东亚发达国家（地区）发展历程来看，未来人均粮食消费水平仍将保持增长状态，且动物产品消费需求的增长是推动人均粮食消费需求增长的主要动力。早在 20 世纪 80 年代，中国农业科学院就曾提出“人均 400 千克粮食必不可少”这一判断。2014 年我国人均粮食消费量已经超过 840 斤，以 2017 年末全国 13.9 亿人口计算，合计需要 11 676 亿斤粮食。若考虑净进境到我国旅游及商务活动超过 6 000 万人次带来的消费和粮食产后损耗情况，我国粮食总需求量不会低于 12 000 亿斤。

当前，由于粮食多年连续丰收，一些地方对粮食地位的历史认识有限，一定程度上存在忽视粮食生产的现象。国家正在大力引导调整种植业结构，2019 年粮食面积可能会继续减少。要警惕以调整种植业结构为名，通过兴建现代农业产业园、田园综合体等侵占粮食生产的行为。如果不及时遏制粮食面积大幅减少的倾向，2019 年跌破 12 000 亿斤的风险在加大，危及“中国饭碗”的不利因素在蔓延。

2. 气候异常变化将成为未来影响粮食生产的重大冲击变量，我们仍未摆脱“靠天吃饭”的局面

2018 年的粮食生产中，首当其冲是小麦，先是局部主产区小麦遭遇

了严重冻害，随后是收获关键期的大规模连续阴雨。作为我国玉米最主要的产区，东北地区的春播玉米可谓开局不利，从春旱到夏季高温少雨，再到收获时节的秋雨影响，整个生长期天气不佳，比如吉林遭受62年一遇的“三旱”（春旱、伏旱和卡脖旱）碰头，按照调研地区减产的典型推算，全省玉米减产超过100亿斤。从总体上看，这几年“藏粮于地、藏粮于技”使粮食综合生产能力有了新的提升，但不能估计过高，重大自然灾害的制约仍不能忽视，比如黑、吉两省有效灌溉面积分别占耕地面积31%和22.4%，粮食生产仍以雨养为主，受自然条件的影响难以改变。已有的农田设施也比较薄弱，吉林反映约40%的大型灌区节水工程不配套，水资源利用率仅17%；黑龙江水利工程设施功能不足，地表水利用率不足30%。

3. 中美经贸摩擦再次验证外部冲击不可小觑，不能侥幸过多依靠国际市场平衡国内供求关系

美国的贸易霸权行径重新引发了我们对粮食贸易与国家粮食安全的思考，我国粮食连续丰收是在复杂的国际环境、关键的历史时期、重要的经济社会发展阶段、多变的自然气候条件下取得的。在中美贸易摩擦中，粮食已经成为重要的筹码。20世纪50年代以来，国际上一共发生了10次粮食禁运，其中8次由美国发起。同时，伴随国际石油价格波动上浮至80美元/桶关口，生产资料价格与石油价格同步起伏，种粮农民经营投入不确定性增加，保障国家粮食安全的任务更加艰巨，需谨防粮食生产滑坡。

（三）有关政策建议

1. 牢牢抓住粮食生产主动权不放松，不折不扣地贯彻落实习近平总书记关于粮食安全的重要指示精神

“要牢记历史，在吃饭问题上不能得健忘症，不能好了伤疤忘了疼。”这是2013年中央农村工作会议上习近平总书记的谆谆告诫。习近平总书记高度重视粮食问题，他强调：“中国人的饭碗任何时候都要牢牢端在自己手上，我们的饭碗应该主要装中国粮。”粮食生产的主动权，要牢牢抓在自己手上，这是今后指导我们粮食生产的重大战略思想。抓住粮食生产主动权，就要全面贯彻落实粮食安全省长责任制，以科技进步为抓手，让粮食生产插上科技的翅膀，增加粮食生产的稳定性、可控性。现在有一些地方领导对粮食生产有放松和麻痹意识，然而2018年以来的中美经贸摩擦再次给我们敲响了警钟，进一步证实我们必须坚定不移地筑牢“中国饭碗”的底座，切实把习近平总书记的重要指示精神落到实处。

2. 科学合理推进农业结构调整，不能以调整结构为名减少粮食生产

转变发展方式，调整农业结构，决不意味着要调减粮食生产。我国目前粮食产量虽已超过12 000亿斤，但粮食供应仍处于“紧平衡”状态。“紧平衡”将是我国粮食供求的长期态势，如果对粮食生产稍有松懈，“紧平衡”就很容易被打破。粮食结构调整只能优化，不能减少粮食生产，要以品质优化、结构优化、供求协调为导向，调整粮食耕作制度，精准细化地分区施策。玉米是“镰刀弯”地区不可替代的轮作品种，根据科学轮作要求，大力推广播种施肥、田间管理等先进生产技术。同时，适度发展经济作物轮作间作，把畜牧产业发展需要与粮食结构优化相结合，以粮经饲结合、农牧协调原则优化粮经饲结构配比，积极发展青储玉米、饲草等替代作物。

3. 深度挖掘科技对粮食提升的潜力，给粮食生产插上科技的翅膀

目前，我国粮食生产水平和科学理论水平还有很大差距，粮食作物专家表示大豆理论产量为1 200斤/亩，水稻为2 200斤/亩，玉米为4 800斤/亩，其中美国玉米单产已达4 142斤/亩，而我国玉米单产最高仅为3 034斤/亩。进一步深挖科技的支撑潜力，有助于减轻资源环境约束、确保国家粮食安全。种子和农机是农业科技的两大载体，急需理顺作物性状与气候条件、生产条件和市场需求等不匹配情况，根据气候变化和气象条件研发抗寒抗旱抗倒伏品种。顺应机械化种植的技术要求，优化植株高度、果实含水量破碎度等性状，把握市场需求开发优质品种。加强农艺与农技配套、缩小试验田产量与实际产量的差距，针对水田旱地、耕作环境、种植规模等差异特征，开发全套植保技术配套。

4. 全面实施粮食价补分离政策，构筑补贴、保险与贷款的“三位一体”生产支持体系

在总结玉米生产者补贴情况的基础上，取消稻谷、小麦最低收购价政策，全面实行粮食生产者补贴。依托原来支持最低收购价政策的资金，考虑从增大保费补贴着手，使补贴隐性化，确保补贴与直接生产者挂钩，加大保险保费补贴，降低种植风险。调整保费补贴分摊办法，进一步提高产粮大县保费补贴标准，取消主产区市县政府配套保费补贴。在完善粮食作物完全成本保险和收入保险试点的基础上，持续深入推进种粮保险“扩面、提标、增品”。利用现有已从补贴中提取的部分作为贷款风险保证金，推广“银行＋保险＋风险保证金”模式，加大对新型经营主体贷款贴息、融资担保等扶持政策。结合种植作物周期调整农民还贷梯次，实行错峰还贷。支持发放种粮中长期贷款，对中长期的贷款给予税收减免、财政贴息、融资担保等扶持政策。

5. 加强国内外涉粮风险预警研判，防止外部冲击转化为内部干扰

因为有着可靠的粮食生产根基，中国才能在世界经济的汪洋大海中屹立不倒。在国内经济转型与世界局势变换相交织的关键阶段，要加强对国际风险的预警和防范。对外，要加强对全球粮食产量、能源价格、天气变化、运输风险等追踪及关联性研究，建立全球粮食产业发展贸易风险观测平台；对内，要严控粮食过度加工，规范金融市场，加强对涉粮金融衍生品的研究，控制粮食能源化、金融化的传导效应。要积极拓展多元进口、布局全球产业链条。面对未来贸易保护主义、孤立主义、民粹主义等倾向抬头带来的世界经济秩序不确定性，应进一步促进粮食产业转型升级、提高产业竞争力、加快全球战略布局，合理确定风险防控边界和启动标准、制定风险防控预案。

6. 建立健全“两个转移”发展补偿机制，增强产粮大县可持续发展动力

长期以来，产粮大县一直没有摆脱经济小县、财政穷县的困境，本级财政基本没有能力投入粮食产能建设。要着力建立健全“两个转移”的发展补偿机制，除了进一步加大中央财政对粮食主产县的专项转移支付力度，对产粮大县还要给予资源转化优惠政策等发展性补偿，对产粮大县的大型农业农村基础设施、义务教育等纯公共物品，中央财政要担负起主要责任。主销区是当前国家粮食政策最直接的受益者，大大增加了其发展机会，除了在主产区和主销区的财政收入间形成利益补偿关系外，还要鼓励销区企业到产区投资，提升产区粮食生产技术装备和产业化水平，培育新经济、新业态和新模式，推动现代产业经济快速发展。

（中国农业科学院农业经济与发展研究所　钟钰）

八、谱写河南粮食产业出彩新篇章的思考与建议

【内容提要】

2014年5月9日，习近平总书记在河南考察时指出，河南粮食生产这个优势、这张王牌任何时候都不能丢。近几年来，河南牢记总书记嘱托，坚持粮食生产与流通并重，制定政策，强化措施，狠抓粮食资源优势向商品经济优势的转化，实现粮食产业经济跨越发展，打造河南粮食新王牌。

（一）河南粮食产业基本情况

1. 切实扛稳粮食安全责任，粮食综合生产能力稳步提升

（1）粮食生产功能区和重要农产品保护区划定任务全面完成。全省共划定粮食生产功能区7 852.538万亩，重要农产品保护区1 030.738万亩。

（2）高标准农田建设快速推进。累计投入资金873.2亿元，建设高标准农田5 957万亩，新增粮食生产能力178亿斤。农田基础设施渐趋完善，形成了“田成方、林成网、渠相通、路相连、旱能浇、涝能排、电配套、农机化、科技优”的现代农业生产格局，农业抗灾减灾能力明显增强，粮食产量连续13年稳定在1 000亿斤以上。

（3）粮食收储制度改革持续深化。坚持政策性收购和市场化收购“双轨”运行，认真执行小麦和稻谷

最低收购价政策，确保农民基本收益；建立10亿元粮食收购贷款信用保证基金，积极引导各类市场主体入市收购，千方百计扩大农民售粮渠道；出台超标粮食处置办法，切实做好超标粮食收储工作，减少农户损失。全省全社会年均粮食收购量保持在700亿斤左右，牢牢守住了农民种粮“卖得出”工作底线，有效保证农民种粮积极性。

2. 大力实施“四优四化”发展战略，优质粮食供给水平大幅提高

（1）“四优四化”进展顺利。2016年以来，河南主动适应市场多元化、专用化需求，启动“四优四化”战略，积极推进优质专用小麦发展，取得了明显成效。2016年全省优质专用小麦种植面积600万亩，2017年发展到840万亩，2018年秋播全省优质专用小麦种植面积达到1 204万亩。全省粮食部门认真开展“专收、专储、专管、专用”的“四专”服务，实施精准备仓，利用不同类型仓库服务优质粮食专仓收购。积极开展产销对接，督促大型地方国有粮食企业和龙头加工企业提高订单履约率，先后与中粮集团、益海嘉里集团签订优质专用小麦发展战略合作协议，2018年秋播优质专用小麦已签订订单97.6亿斤，订单率达84%。

（2）“优质粮食工程”建设蹄疾步稳。扎实推进项目建设，“中国好粮油”行动计划累计投资13.3亿元，支持15个示范县、11个省级示范企业、1个低温成品粮“公共库”示范项目和94家河南好（放心）粮油（主食）加工企业；累计建设粮食产后服务中心643个，完成154个；累计拨付质检网络体系建设补助资金1.6亿元，全省建成质检中心20个，实现市级质检体系全覆盖，切实提升了优质粮食收储能力，减少农户产后损失，提高种粮农民收益。

3. 持续增强粮食核心竞争力，粮食产业经济发展良好

（1）产业规模不断扩大。2018年，全省以米面主食加工为主体的入统粮油加工企业1 234家，实现总产值2 036亿元，十二五以来年均增长8.6%；与2010年年底相比，2018年全省粮油加工转化率由70%提高到86%，主食产业化率从不足15%提高到48%。目前河南小麦粉及其工业化馒头、挂面、方便面等年产量均占全国1/3以上，速冻食品年产量占全国速冻食品总产量的2/3以上。

（2）加强财政扶持。规模 5 亿元的主食产业化和粮油深加工企业扶持基金运营良好，152 家企业入围首批项目库，拨付扶持资金 1.9 亿元。全省累计对 258 家主食产业化和粮油深加工企业给予 3.7 亿元财政贴息。

（3）强化粮油产品品牌培育。全省粮油企业品牌 1 030 个，其中，驰名商标 89 个，著名商标 232 个，知名商标 20 个，普通商标 685 个，中华老字号 4 个，三全、思念、大程、白象等粮油产品享誉全国。

（4）鼓励企业创新经营业态。实施“互联网 + 粮食”行动，发展粮食电子商务和新型零售业态，降低企业营销成本，提升企业销售效率，2018 年，全省粮油产品互联网销售收入达到 7.59 亿元，同比增长 87.4%。

（二）粮食产业发展面临的突出矛盾

河南粮食产业经济发展过程中有“五大矛盾”较为突出。一是收储强与加工弱的矛盾。产业发展不协调，初级加工产能过剩，精深加工能力不足，一直是河南省粮食产业经济发展的“短板”。二是科技强与应用弱的矛盾。一方面，河南省拥有全国粮食行业从博士、硕士到中专和高级技工等最为健全的人才培养体系，拥有中国小麦研究中心、中粮科研院等一大批知名科研院所，研发能力较强，但因与企业对接不够，科研成果转化率不高；另一方面，多数粮油加工企业对科研重视不够、投入较低。2017 年度，全省粮油加工企业投入的科研费用仅为 7.03 亿元，占工业总产值的 0.37%，远低于其他行业的科研投入比例。三是产业强与企业弱的矛盾。河南省面粉及各主要面制品总量均占全国 1/3 以上，但许多产品的全国最大企业并不在河南，缺乏大型“粮油航母”。四是质量强与品牌弱的矛盾。尤其缺乏全球、全国知名度很高的大品牌和强品牌，不少省内质优产品却总“贴牌”生产。五是产量高与链条短的矛盾。如产量高、产能大的小麦及小麦粉，加工链条短、附加值低，远不如玉米、大豆深加工的链条长。

（三）促进河南粮食产业更加出彩的思考建议

2019 年 3 月 8 日，习近平总书记在全国人大会期间参加河南代表团审议时指出："确保重要农产品特别是粮食供给，是实施乡村振兴战略的首要任务。"要求河南"要扛稳粮食安全这个重任""在确保国家粮食安全方面有新担当、新作为""要推进农业供给侧结构性改革。发挥自身优势，抓住粮食这个核心竞争力，延伸粮食产业链、提升价值链、打造供应链。"总书记的这一系列重要指示，为河南粮食工作指明了主攻方向，明确了重点内容，提出了更高要求，我们要学习好，领会好，贯彻好，落实好。正如王国生书记强调指出的那样，把学习贯彻总书记讲话精神作为一项长期的政治任务，把扛稳粮食安全责任作为增强"四个意识"、坚定"四个自信"、做到"两个维护"的具体行动，作为解决"三农"问题的重大机遇，作为推动粮食产业发展的战略之举，强化问题导向，坚决守住耕地红线，深化农业供给侧结构性改革，把结构调优、链条拉长、质量提级，在更好推动"国人粮仓"到"国人厨房"再到"世界餐桌"的嬗变中，彰显河南的新担当、新作为。

1. 激活粮食产业发展活力

首先，要遵照习近平总书记"粮头食尾、农头工尾"的总要求，紧紧扭住产业振兴这个总抓手不放，持续推进"四优四化""五优联动"和农业供给侧结构性改革，大力发展粮油深加工和从田间到餐桌的主食产业化，引导企业拉长产业链条，创新发展方式，激发内生动力，为全省粮食产业经济发展注入新活力，促进一、二、三产业融合发展，实现粮食供给从解决"吃得饱"到满足"吃得好"的转变。

其次，要坚持和做到"四个注重"。一是注重粮食基础设施建设。积极争取国家在"优质粮食工程""金储工程"等方面给予河南更大支持，通过实施粮食仓储、物流、产后服务中心、智能化升级改造等基础设施建设，为粮食产业经济发展奠定坚实基础。二是注重粮食产业园区建设。争取政策支持，推动粮食产业园区建设，逐步实现粮食收购与加工的互联互通，以及生产链、供应链与服务链的无缝对接。大程集团投资 33.5 亿元，建设驻马店市天中食品和大程泉谷坊食品产业园，产业园建成后将实现年产值 34 亿元，预计将为企业增加利润 2.6 亿元。三是注重粮食全产业链发展。支持粮食企业发展“产购储加销”一体化模式，逐步实现粮源基地化、加工规模化、产品优质化、服务多样化。豫粮集团以全产业链模式为重点，建设优质小麦种植基地，开设了中国好粮油网上商城及线下专卖店，已成为集现代农业、食品加工、餐饮服务等多产业融合发展的大型企业集团。四是注重推进粮食新业态发展。积极推进“互联网 + 粮食”行动，支持企业积极发展电子商务，推广“网上粮店”“主食厨房”等新型粮食零售业态。南阳市想念集团和新蔡县麦佳公司，将实体店与电子商务紧密结合，通过城镇居民和农村百姓手机 APP 的营销模式，既有效扩大了产品销售，提高了品牌知名度，又极大地方便了群众生活。

2. 持续放大“优质粮食工程”效应

积极推进和实施“优质粮食工程”，在制定方案、安排项目、分配资金、出台政策、遴选企业时，做到对包括中央粮食企业在内的各类粮食经营主体一视同仁，充分调动各类粮食经营主体的积极性。要本着“少花钱、办大事”的原则，充分发挥中央财政和省级财政投入的引领作用，放大财政资金的带动效应；市县财政要加大扶持力度，同时引导企业加大投入，确保自筹资金及时足额到位，使有限的资金发挥出最大效益。各地要积极建立健全“优质粮食工程”实施的长效工作机制和投入机制，鼓励各市县财政、粮食等部门探索创新投融资机制，拓宽筹资渠道，积极推广政府和社会资本合作（PPP）模式，推动“优质粮食工程”持续实施，深入推进，取得实效。“中国好粮油”行动要以“增品种、提品质、创品牌”为目标，坚持与推进“放心主食”“放心粮油”工程相结合，与促进粮油深加工和主食产业化发展相结合，与推动整个粮食流通产业经济发展相结合，充分发挥中央、省级以及地区性大型国有骨干粮食企业的引领、带动和示范作用，尤其要充分发挥各示范县和示范企业的引领作用，加大品牌推广、渠道建设和专题宣传力度，推动河南粮食由数量优势向品牌优势转变。要重点支持有基础、有实力、有品牌、有市场占有率，且能带动农民扩大优质粮食种植、增加绿色优质粮食市场供给的企业，尽快实现规模化、标准化、品牌化，加快推进产业升级，提升绿色优质粮油产品供给水平，促进全省粮食产业经济发展。

3. 建议继续加大政策扶持力度

一是继续完善粮食收购金融担保政策和完善风险分担机制。将粮食产业化龙头企业融资担保服务纳入农业信贷担保体系政策性业务范围，并适当提高单个经营主体的担保余额限制。二是扩大粮食风险基金使用范围，增加当前粮食产业发展急需的内容，如加大对地方国有粮食企业改革建设等方面的资金支持。三是完善粮食运输支持政策措施。综合考虑公铁比价、实际运量、权重等因素，对河南省外运粮食及深加工产品给予运费补贴。四是加大税收政策扶持。明确粮食产业化龙头企业享受农业产业化龙头企业的税收优惠政策。五是实施用地支持政策。指导地方国有粮食企业在改革中采取县级以上政府依法作价出资（入股）方式处置原生产经营性划拨土地，支持粮食企业做大做强。

在国家粮食和物资储备局和省政府的正确领导与大力支持下，河南省粮食和物资储备行业的干部职工团结一致，扎实工作，粮食产业发展取得了可喜成效。下一步，我们将以习近平新时代中国特色社会主义思想为引领，以认真学习贯彻习近平总书记在参加河南代表团审议时的重要讲话精神为契机，坚持底线思维，学先进，找差距，再接再厉，开拓进取，深入推进粮食供给侧结构性改革，推动粮食产业经济持续健康发展，助力企业增效、农民致富、乡村振兴。

（河南省粮食和物资储备局　张宇松）

第四部分

中国粮食产业专论

一、中国小麦（面粉）产业报告

【内容提要】

2018 年国内面麦产业变革进程加快，产业融合度进一步提升，面麦产业结构进一步优化，产业链市场主体产品品质与品牌意识明显提高。2018 年初，我国组建成立了国家卫生健康委员会，为实施健康中国战略奠定了坚实的组织基础。国内面麦产业经营主体应以市场需求为导向，把握市场趋势和政策导向，加大技术创新力度，不断提升自身产品品质及品牌价值。

（一）我国小麦加工产业情况

2018 年，食品安全、环保压力、市场竞争激烈等因素进一步加快国内小麦加工业整合进度，面粉加工企业品牌意识提高，生存压力加快自身转型升级力度，从以往的重视产量及“价格战”转变为重视品质及“品牌战”。

1. 国内面粉加工业整合持续，行业集中度进一步提高

国内面粉加工企业普遍存在中小型企业低效产能微利维持，大型面粉企业继续扩张生产规模，行业产能过剩的问题愈发突出，企业间同质化竞争现象加重。国内面粉加工业整合仍在持续，面粉加工企业向规模化、专业化方向发展，加工企业数量进一步减少，行业集中度及产区集中度进一步提高。《粮食加工业发展规划（2011—2020 年）》指出，培育壮大龙头企业，合理引

导企业兼并重组，适度提高产业集中度，发展拥有知名品牌和核心竞争力的大型企业。

从国内加工产能区域分布情况来看，产能超2 000万吨的省份2个（河南和山东），超1 000万吨省份3个（江苏、河北和安徽），超200万吨省份7个（陕西、新疆、湖北、四川、广东、黑龙江和山西）。据统计，河南、山东、江苏、河北、安徽5省小麦产量高，约占全国总产的75%左右；5省入统企业约占全国入统数量超50%；5省年加工能力约占全国总产能的70%，而5省小麦粉产量约占全国总产量的75%。

从加工企业数量来看，行业内中小型企业仍占多数。据统计，国内日处理能力200吨以下的企业近2 000家，占入统企业数量的70%，且众多规模以下企业尚未纳入统计。近年来，国内面粉加工业产能利用率平均保持在45%左右，远低于70%的国际公认的合理尺度，行业产能过剩一定程度反映行业缺乏规模经济的支持。未来国内中小型面粉企业或在行业洗牌中淘汰出局，或被收购，生产逐渐转为集团化（见图4－1－1）。

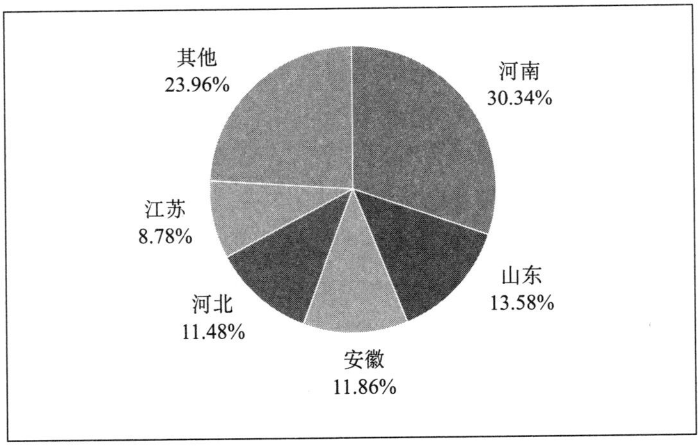

图4－1－1　2018年国内主要地区小麦粉产量占比

2. 国内面粉总产量小幅增长，产品市场销售分化

随着国内恩格尔系数不断降低，城市消费群体中家用面粉越来越少，对面粉的需求也逐渐转向安全和有品牌的面粉，农村居民对面粉的需求也逐渐向品牌转变。国内消费结构的转变，迫使面制食品企业在选用原料面

粉时，着重追求面粉的专用化、个性化、品牌化。近年国内面粉产量增速明显放缓，节假日所带来的面粉消费效应也在弱化。

国家粮油信息中心预计，2018/2019 年度国内小麦食用消费量为9 280 万吨，较上年度减少 20 万吨，减幅 0.2%。近年国内普通粉销售持续低迷，但专用粉市场却一直较好，企业开工率也较高，专用粉的品种和产量逐步扩大。据统计，国内城镇居民人均粮食消费量由 1978 年的 152 千克降到 2017 年的 110 千克，农村居民人均粮食消费量由 1978 年的 248 千克降到 2017 年的 155 千克。

近三年来，国内面粉加工企业整体开机率基本在 30% ~55% 之间，而专用粉生产企业开机率则在 60% 以上，个别大型企业开机率达到 80% 左右，远远高于社会平均开机率不到 50% 的水平。《粮食加工业发展规划(2011—2020 年)》指出，重点发展适合传统食品的专用粉，今后相当长的时间，我国面粉工业将以安全、营养、方便、专用型产品为主要发展方向，优化产品结构，提高优、新、特产品比重，重点发展适合中国人消费习惯的蒸煮类、速冻类、油炸类食品专用粉，满足饮食和传统主食品工业化需求，到 2020 年，专用粉品种达到 50 个以上，产量在小麦粉总量比重中达到 40% 以上。

河南省政府办公厅出台的《河南省绿色食品业转型升级行动方案(2017—2020 年)》提出，到 2020 年，河南省小麦专用粉产量占全部小麦粉总产量的比例达到 12%（见表 4 -1 -1）。

表 4 -1 -1　　近年国内制粉加工小麦需求量　　单位：万吨

年度	2013/2014	2014/2015	2015/2016	2016/2017	2017/2018	2018/2019
制粉加工小麦需求量	9 630	9 200	8 850	9 100	9 300	9 280

3. 国内食品安全及环保压力，面粉企业加快转型升级力度

2017 年 11 月 6 日，国家食药监总局印发关于进一步加强小麦粉质量安全监管的公告，公告要求，取得“小麦粉（通用）”生产许可的企业，不得在小麦粉中添加任何食品辅料，取得“小麦粉（专用）”生产许可的企业，生产专用小麦粉时，应按照《食品安全国家标准食用淀粉》

（GB31637）、《食品安全国家标准食品加工用植物蛋白》（GB20371）、《谷朊粉》（GB/T21924）等相应的标准，添加食用淀粉、大豆蛋白、谷朊粉等食品辅料，并制定相应的企业标准，报省级卫生行政部门备案。

2018 年，在全国范围内刮起的环保风暴，一轮比一轮猛烈，环保重压之下，加剧中小型面粉加工企业倒闭的压力。《中华人民共和国环境保护法》《中华人民共和国大气污染防治法》的全面实施，水耗、能耗、污染物排放与资源综合利用标准不断提高，环保督查与监察力度持续加大，中小型加工企业发展面临越来越严峻的生态环境挑战。

在去产能、去杠杆的大背景下，银行对产能过剩行业的信贷政策有所调整，面粉加工企业资金需求量大，但利润微薄，融资难、融资贵等问题使得面粉企业现金流压力陡增。为解决资金困境，部分面粉企业产业链纵向合作积极性明显提高。

食品安全、环保、行业产能过剩所带来的激烈竞争，使得面粉加工企业新麦采购数量、质量及成本控制较为严格。面粉加工企业加快转型升级力度，从以往的重视产量及“价格战”转变为重视品质及“品牌战”。

4. 消费个性化推进产品市场细分，面粉企业品牌建设加速推进

国家政策加大“好粮油”推进力度，面粉企业加工产品下游市场细分度不断提升。国内面粉加工行业集中度进一步提高，使价格恶性竞争转变上升为品牌、价格、服务的综合竞争。

近年来，国内面粉加工行业正处在从扩大市场规模到打造行业品牌的关键时期，从数量到质量，从质量到渠道，从渠道到认知，都正在进行着巨大的转变，面粉企业更加重视品牌战略，以促进企业素质的全面提升。国内面粉需求量大、需求多元化，面粉加工企业要根据不同需求开发不同产品，扩大产品消费受众群体，符合细分消费市场的需求，继而用品牌引领质量管理，打造企业的可持续发展力。

很多面粉加工企业不再追求销量的增加，转而关注面粉质量的提升、产品多样化的供给等；追随市场消费变化的潮流，加大专用粉的生产量与营销，面粉加工企业品牌建设加速推进。内蒙古恒丰集团挖掘河套小麦独特的品质，开发出系列高端家用面粉、专用面粉和系列面制品，逐步把原料优势向产品优势转移，打造出“河套”牌系列雪花粉；金龙鱼面粉以

个性化的优势，占领市场先机，饺子专用麦芯粉、粗纤维小麦粉等专用面粉满足多样化的消费需求。

5. 国内居民网购消费增速明显，产品市场销售渠道扁平化

随着网络技术进步和互联网普及率的提高，网购用户规模不断扩大，网上零售在上年高增速的基础上继续快速增长。2018 年全国网上零售额 90 065 亿元，同比增长 23.9%。面粉加工企业及食品企业积极布局电商，迎合消费者购物习惯的变化，天猫、京东等综合型电商平台凭借流量优势，吸引诸多企业入驻；中粮我买网等大量垂直型食品电商迅速崛起，为消费者在平台型电商之外提供了更多的选择。

互联网、物联网技术的日臻成熟和快速发展，改变了商品的传统营销模式。加工企业积极推进实施“互联网＋零售”行动，开展在线销售、原料采购等活动，发展“网上粮店”，推广“网订店取”“网订店送”等零售新业态、新模式，促进线上线下融合发展，创新现代营销模式。同时加大新媒体营销，通过网络进行大体量传播，实现和消费者的巨量互动，以刷新品牌印象（见图 4－1－2）。

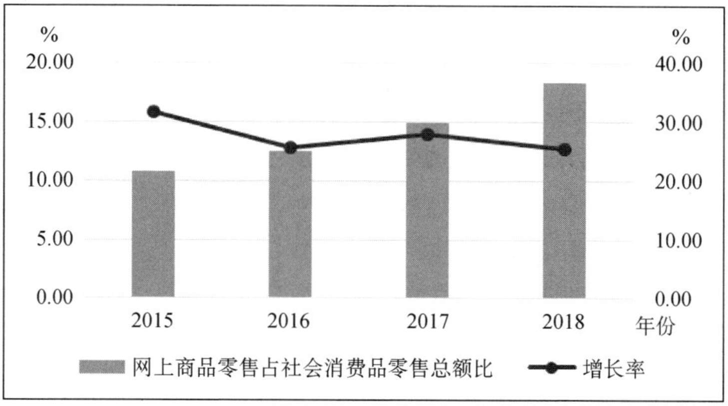

图 4－1－2　国内网上商品零售占社会消费品零售总额比及增长率

6. 国内外粮食市场联动性增强，加工企业“走出去”“引进来”

随着国内外粮食市场联动性进一步增强，粮食生产、贸易、投资等双边和区域合作不断深化，这有利于国内加工企业拓展全球视野。国内

"一带一路"建设对小麦加工业的发展提供了历史性的机遇和广阔的发展空间，西安爱菊粮油集团自 2015 年起，主动融入"一带一路"建设，先后在沿线国家和地区布局了三大物流加工园区，并促成了中欧国际货运班列"长安号"的首次回程。

7. 加工设备自动化智能化，劳动密集型转向技术型

随着国内劳动成本的攀升以及生产工艺提升，面粉加工行业进入门槛提高，自动化、智能化正逐步改变面粉加工业劳动密集型经营模式。为满足和促进面粉加工业的进一步发展，加之面粉机械行业激烈竞争，在消化吸收国外技术的基础上，我国面粉机械工业进一步在"重质量、重研发、强创新、上水平"上大做文章，进一步提高机械的质量，制粉设备加工精度更高，设计更合理。在减轻劳动强度方面，采用自动称量，人工辅助高速打包，包装好的面粉采用机器人自动码垛技术，部分面粉企业基本上实现了智能化。

五得利面粉集团有限公司通过研究亚洲先进国家的制粉工艺，并结合中国各地居民的饮食习惯，消化吸收国外先进工艺，实施长粉路精加工，保持工艺先进；在生产工艺上，五得利小麦自动接收称重系统，达到准确入库、省人高效的效果；刷麸机提高了出粉率；麸皮烘干技术解决了夏季麸皮保质期短、不易运输的业内难题。

（二）我国食品加工业情况

2018 年国内食品加工行业规模和营业收入增速放缓，行业整合力度加大，国内食品安全稳定向好，食品工业规模化、智能化、集约化、绿色化发展水平明显提升。《粮食行业"十三五"发展规划纲要》提出，国内面制主食品工业化率到 2020 年提升至 30%。

1. 国内食品加工业运行平稳，行业整合进一步深化

《2018 年度全国食品工业经济运行分析报告》显示，2018 年全年国内食品工业实现主营业务收入 9.02 万亿元，同比增长 5.29%；全国

规模以上食品工业企业实现利润总额 6 694. 4 亿元，按可比口径计算，比上年增长 8. 4%；全国 40 909 家规模以上食品工业企业完成工业增加值同比增长 6. 3%，比全国工业增速快 0. 1 个百分点；2018 年全国食品工业产销率为 98. 3%，同比微减 0. 5 个百分点。国内食品工业逐步进入发展的新常态，产业规模快速扩张已成为历史，国内方便食品制造业规模企业总数 10 年来首次减少，从 2016 年的 1 802 家减至 1 663 家，减少近 8%，139 家企业退出市场。面对传统市场增长放缓、竞争日益加剧的不利局面，国内食品企业正在积极采取横向兼并、进入细分领域跨界合作、轻资产化运作、渠道拓展整合等一系列应对措施。国家发展改革委、工业和信息化部《关于促进食品工业健康发展的指导意见》指出，到 2020 年，食品工业规模化、智能化、集约化、绿色化发展水平明显提升，供给质量和效率显著提高；规模以上食品工业企业主营业务收入预期年均增长 7% 左右。

2. 方便面行业垄断趋势明显，多元化消费升级中再现活力

国内方便面品牌的集中度越来越高，其在市场上的主竞品基本表现为康师傅、统一、华龙、白象、三太子、锦丰等强势品牌，而作为低端产品的小厂家在市场上日渐式微，行业垄断趋势越来越明显。从品牌集中度来看，国内方便面市场集中度非常高，仅康师傅和统一两个品牌就占据市场份额的 60%。2018 年以来，国内方便面行业呈现回暖趋势，方便面品牌不断巩固高价面、发展高端面以顺应消费者的健康化需求。除了统一主推的“汤达人”“藤娇”外，康师傅也加强了豚骨、金汤、胡椒等熬制高汤产品的曝光度，以营养美味的健康形象满足大众对于品质的诉求。统一企业中国控股有限公司发布的 2018 年业绩报告显示，2018 年其营收为 217. 72 亿元，同比增长 4. 6%；其中方便面业务收益上升 5. 7%。数据显示，2018 年全国方便面产量为 794. 22 万吨，同比增长 4. 19%；其中河南省方便面产量位居第一，占全国总产量的 29. 26%（见图 4 – 1 – 3）。

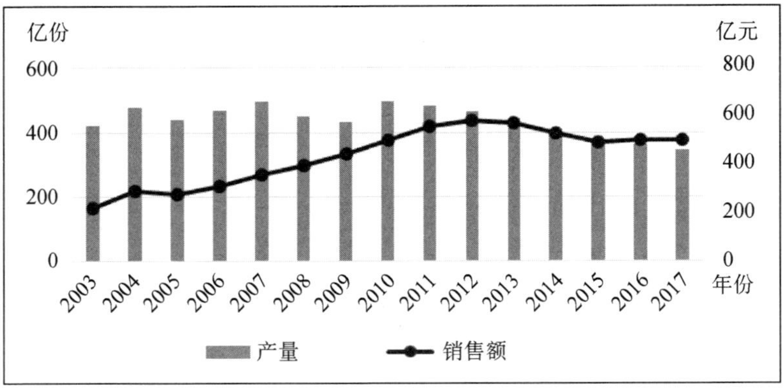

图4-1-3　2003—2017年国内22家方便面企业总产量、销售额走势图

3. 挂面行业集中度及创新能力提升，科技及装备进入世界领先行列

2018年国内挂面行业创新日趋活跃，健康、便捷、营养、儿童，成为挂面产品特色四大趋势，挂面行业集中度提升，品牌企业对市场的占有加速，行业竞争在高端不断发力。数据显示，2018年国内24家挂面生产企业总计拥有394条生产线，较上年增加26条，形成了约350万吨的产能；2018年挂面行业新增产能150多万吨。从2018全国挂面年产销变化及市场需求变化趋势来看，2018年挂面行业国内市场同比增长约4%，但行业分化趋势明显。其中，中小企业占比下滑10%，前十大规模企业占比上升约7%，行业集中度进一步上升。克明面业发布的2018年度业绩快报显示，2018年克明面业股份有限公司实现营业总收入28.56亿元，同比增长25.85%；净利润1.89亿元，同比增长67.32%。

从简单美味到天然健康，从零售售卖到线下体验，近年来，整个面食行业一直在进行着颠覆性的消费升级，差异化、精细化、健康化、高端化等新消费需求不断传达给挂面品牌。金沙河独特工艺“赛擀面”“原味银丝挂面”，克明面业“大宽波浪挂面”“素拌面”等销量增速显著。两家龙头企业一个在规模效益上发力，一个在产品价值上提升，保持稳定的增长。博大面业更是以其多样的产品体系，独特的口感风味，营养健康的科学配比，受到广大消费者的青睐。为了保证产品的绿色、天然，博大面业延伸上游产业链，实行合约式家庭小麦种植，并自建面粉工厂，实现从田间到餐桌的全产业链把控，从源头上确保挂面产品的绿色天然（见图4-1-4）。

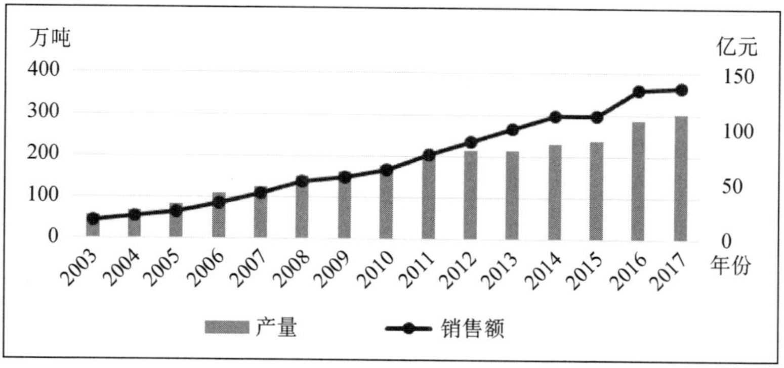

图 4－1－4　2003—2017 年国内 24 家挂面企业总产量、销售额走势图

4. 休闲食品市场年轻化、高端化、健康化，市场增长空间巨大

近年来，国内烘焙食品零售规模保持稳步增长态势，2012—2017 年年均复合增长率为 12.8%。2017 年国内烘焙食品零售规模突破 2 000 亿元，预计 2018 年烘焙食品零售规模将近 2 170 亿元。在饼干市场上，国内前 10 名品牌占据 60% 以上的市场份额，其中前两名分别为乐滋中国和徐福记；在膨化食品市场上，乐事、上好佳、好丽友、品客、可比克、艾比利等品牌占据了零售渠道 90% 以上的市场份额（见图 4－1－5）。

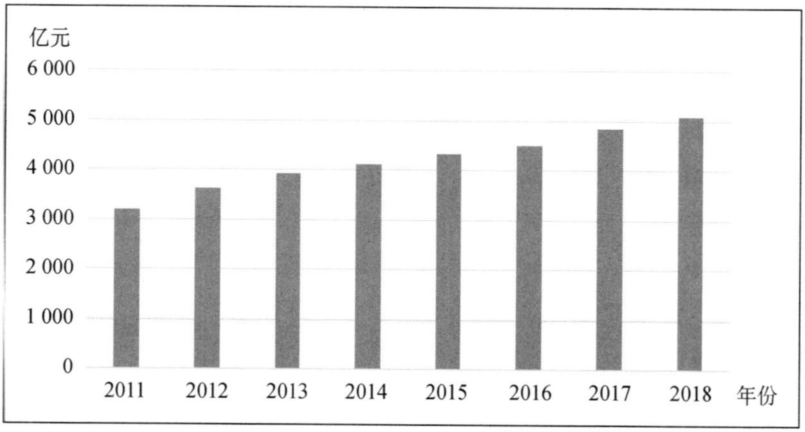

注：2018 年为预估数据。

图 4－1－5　2011—2018 年国内休闲食品市场规模统计

（三）我国面麦产业展望

随着新时代社会主要矛盾的变化，国内居民更加关注粮食质量安全，消费需求转向“吃得好”和“吃得安全”“吃得健康”“吃得便利”。对于产品种类，更加注重多样化、个性化；对于品质要求，更加注重绿色有机、安全营养；对于供给服务，更加注重便捷化、精细化。习近平总书记在党的十九大报告中提出“实施健康中国战略，实施食品安全战略，让人民吃得放心”。

1. 好产品好原料是关键，国产优质麦市场空间大

随着国内粮食供给侧改革持续推进及消费结构升级，优质麦产业备受市场关注。《全国种植业结构调整规划（2016—2020 年）》指出，大力发展市场紧缺的、用于加工面包的优质强筋小麦和加工饼干蛋糕的优质弱筋小麦。国内优质麦产业发展需从全产业角度出发，以市场需求为导向，以科技为支撑，发挥政府引导示范作用，构建产业链主体利益共同体。以市场需求为导向，不断对优质品种提纯改良，提高种属的特性，让小麦品种更适合食品加工和现代消费的需要，包括形态、口感等。

2. 健康需求带来消费升级，产品创新拓展市场空间

国内消费者对于高品质高营养的面粉产品、主食产品需求会越来越高。面粉加工企业及食品加工企业应紧抓消费需求，坚持产品安全质量第一，把“适口、营养、健康和方便”作为发展方向，走差异化竞争路线。加工企业应加快产品更新换代速度，增强品牌意识，突出自己的品牌独特个性和内涵，扩大品牌的差异性，做大做强优势品牌，提升品牌附加值。中小型加工企业应立足走区域特色发展之路，挖掘地域饮食文化潜力，推出具有地域特色的差异化产品，打造粮食地理标志和特色品牌。

3. 技术创新对产业的推动作用加大，产业链企业加快转型升级

在科技创新驱动下，科技与食品工业将在原料生产、加工、制造和消

费的全产业链上实现无缝对接，“产、学、研、政、金”合作进一步加强，科技创新将成为推动行业发展的新动能。面麦产业链企业应从自身实际出发，加大新产品、新技术、新模式开发力度，积极采用先进技术与装备，提高市场竞争力，加快企业转型升级。

（南方小麦交易市场　张春良）

二、中国稻谷（大米）产业报告

【内容提要】

面对新形势，我国稻米市场主体应积极把握新机遇，充分发挥价格机制和粮食加工业“粮头食尾、农头工尾”的转化引擎作用，加快推进稻米供给侧改革，推动产业转型升级、提质增效，不断满足人民对美好生活的向往，促进稻米产业健康可持续发展，在更高质量和更高层次上保障国家粮食安全。

跨入新世纪以来，在党和政府的高度重视下，我国稻谷生产持续向好，大米供应由偏紧逐渐迈向温饱和小康阶段，确保了中国人的饭碗牢牢端在自己手上。随着经济的快速发展，居民饮食结构也发生了很大变化，目前已进入追求好吃、美味阶段，并正在向追求安全、放心、健康、美容等更高阶段发展。目前我国大米产业已进入转型升级的关键时期，但仍有部分加工企业的营销理念还停留在以生产为中心的阶段，过度加工，忽视消费者诉求，导致大米生产过剩与有效供给相对不足现象并存。

（一）我国稻米产业发展现状

大米是我国60%以上居民的主食。随着物质生活的日益丰富、居民消费观念的进步和科技水平的提高，我国大米产业近年来取得了长足的发展，大米产量多年位居世界第一，中高端大米产量快速增加，大米加工企业实力不断增强，大米精深加工水平持续提升。

1. 大米产量恢复性增加，行业新时代即将开启

在经历稻谷连续多年增产后，国内规模以上加工企业生产的大米产量于2017年首次出现下降。据统计，2017年国内大米产量较上年下降9.4%（中商产业研究院），这是10多年来我国规模以上企业大米产量首次出现下降。

随着经济发展和人们生活水平的持续提升，我国大米口粮需求已连续多年出现下降。据国家粮油信息中心预测，2018/2019年度国内稻谷食用消费为15 850万吨，较上年度略减30万吨，较最高峰时减少1 600多万吨，已连续6个年度下降。大米进口再创新高，挤占了国内大米的市场份额，相应减少了国内的大米加工量。从2008年到2014年，我国大米行业产销率连续6年保持高位运行。近几年来，由于大米需求下降，大米行业总体产销率也开始小幅降低，使得大米加工企业生产更加谨慎（见图4－2－1）。

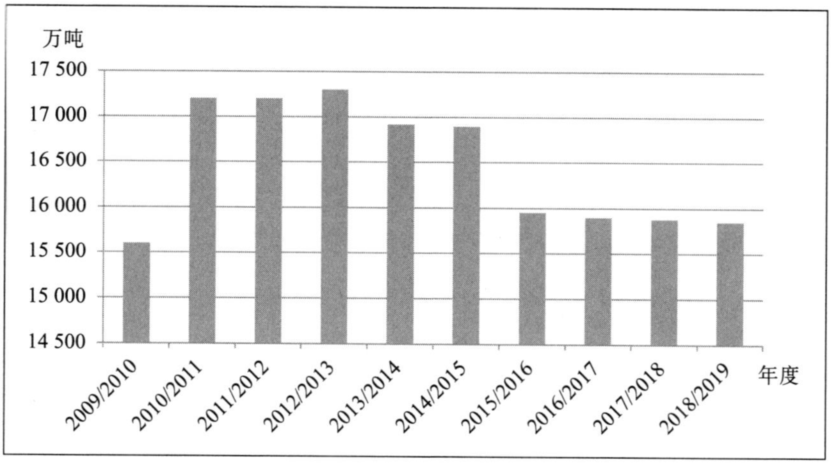

资料来源：国家粮油信息中心。

图4－2－1　2009/2010—2018/2019年度我国大米食用需求变动表

进入2018年，大米产量出现小幅回升。据统计，2018年全国大米产量为10 580.53万吨，同比增长4.1%（中商产业研究院）。2018年大米产量小幅回升的主要原因是国内大米价格下降，刺激了大米出口，减少了大米进口，大米净进口较上年减少184.3万吨，这是国内大米产量增加的

主要原因。同时，大米价格下降，竞争力增加，刺激大米工业用粮和饲料用粮需求增加，提升了大米加工量。

尽管短期大米产量可能会存在一定的反复，随着人均大米口粮消费的减少，后期大米产量继续增加的可能性不大，以量取胜的时代应该基本走到了尽头，大米行业更加注重高质量发展、更好地满足人民对美好生活需求的新时代即将到来。

2. 优质米产量快速增加，转型升级初见成效

以前我国大米产业整体科技水平不高，主要以加工初级产品为主，产品结构单一，市场竞争激烈，效益不高。随着人们对食品安全的认识不断提高，消费升级不断加快，选择高品质、安全、健康和营养大米的人越来越多，中高端大米的需求快速增加。由于中高端大米的销售价格相对较高，生产效益要好于无序竞争的低端大米，因此，加工企业生产中高端大米的热情也在提升。

据统计，2013 年我国高端大米的市场规模约为 122.5 亿元，到 2017 年增长到了 246 亿元，年复合增长率达到 18%，远高于大米行业的整体发展速度。随着后期居民越来越重视食品安全和消费升级步伐加快，我国中高端大米的需求将继续提升。按照近年来的发展速度，预计 2023 年高端大米产业规模将达 600 亿元左右甚至更高（见图 4－2－2）。

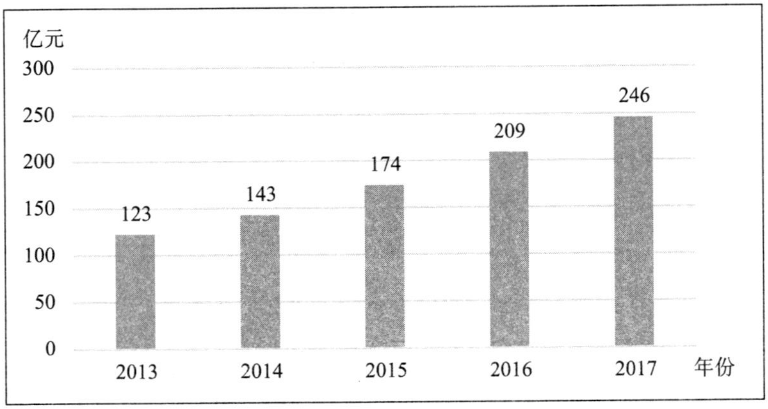

资料来源：中国报告网。

图 4－2－2　2013—2017 年我国高端大米销售额统计图

3. 品牌大米集中度不断提升，品牌价值再创新高

随着我国消费步入升级换代，中高端大米市场出现快速扩张，为优秀大米品牌的产生提供了有利的土壤，福临门、金龙鱼、华润五丰、北大荒、国宝桥米、葵花阳光、苏垦、金健、梧桐、金佳等大米品牌纷纷崭露头角。随着品牌大米市场占有率和知名度的提升，其品牌价值也不断增加。近年来，知名企业通过加大品牌投入及铺市力度，优化产品结构，提高渗透率，品牌大米的市场份额和销售额持续提升。据尼尔森监测，2018年重点城市大卖场大米销售位列前三的分别为福临门、华润五丰、金龙鱼，所占份额分别为13.4%、12.4%、12.1%。三个品牌大米销售额所占份额超过了1/3。其中，福临门大米在CTR监测的全国全渠道份额中达到8.4%，并列第一。

随着品牌大米市场占有率和知名度的提升，品牌价值也不断增加。2018年中国品牌价值评价榜单中，"北大荒"品牌价值为682.75亿元，比上一年增长114.63亿元，增幅达20.18%，荣登中国500最具价值品牌榜单第54名，粮油调味品牌价值榜单的第二位。金龙鱼品牌价值318.79亿元，福临门品牌价值318.52亿元，分列粮油调味品牌价值榜单的第三位和第四位。知名大米品牌效益相对突出，具有很强的集聚效应，对行业起到了积极的引领示范作用。

2018年五常大米品牌价值达670.7亿元，较上年净增31.15亿元，位列区域品牌（地理标志产品）综合排名第六位，全国大米类第一位。在五常大米品牌效应示范下，目前五常市大米加工企业达293家，年加工能力达560万吨。

4. 产量持续向产区集中，规模优势逐渐显现

随着近几年科技的不断进步，我国稻谷生产北移迹象明显。同时，国内大米加工企业实力不断提升，大米产业也不断向集中化和规模化方向发展。

（1）大米生产日益向产区集中。据统计，我国大米生产主要集中在华中、华东、东北三大地区，产量合计占国内大米总产量的近九成。其中，粳米产能主要集中在东北和苏皖地区，籼米产能主要分布在两湖、两

广、江西和四川等地。上述地区也是我国的稻谷主产区。产粮大省中，湖北、安徽、黑龙江、湖南、吉林、江苏等省大米年产量都在 1 000 万吨以上，六省大米产量合计占国内大米年产量的七成以上。大米生产布局主要集中在稻谷主产区，是因为稻谷加工成大米后，重量将减少近 30%，可以有效节约物流成本。同时，随着大米生产品牌化和规模化，对稻谷粮源的控制显得尤为重要，因此，大型加工企业更愿意在稻谷主产区直接投资设厂，促成了大米加工企业不断向稻谷主产区集中（见图 4 – 2 – 3）。

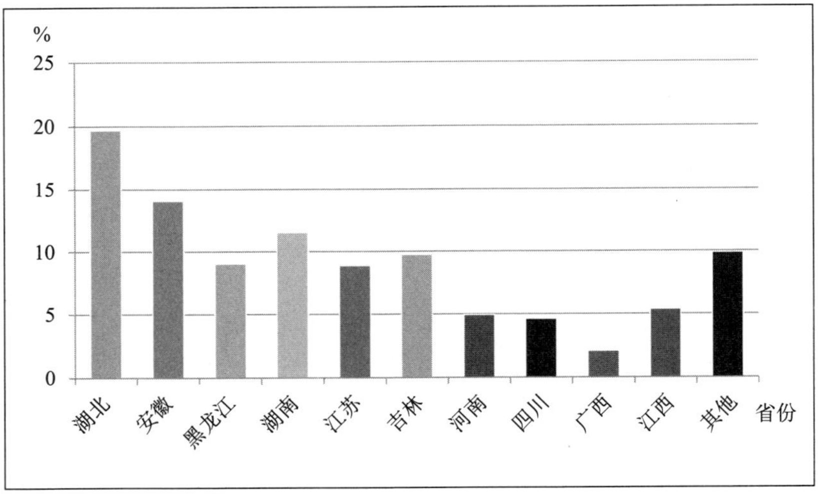

图 4 – 2 – 3　2017 年分省大米生产分布图

（2）大米产业规模化不断发展。由于大企业实力雄厚，技术先进，有能力对稻谷进行精深加工，提高对副产品的综合利用水平，可以形成一个将稻谷“吃干榨净”的循环经济产业链，提升产品附加值，提高经济效益和竞争力。相反，小型加工企业主要以简单初加工为主，产品质量雷同。由于大米产能严重过剩，稻米市场牛市行情结束后，市场竞争非常激烈，加上低端大米大量进口的冲击，小企业一直深陷价格战泥潭，效益低下，处境艰难，为大中型企业扩大市场份额提供了契机。经过多年发展和竞争洗礼，国内大米行业涌现出了一大批规模型企业，且龙头企业的地位持续提升。据统计，目前我国年处理原料 10 万吨以上的稻谷加工企业大米产量占总产量的比重已达 35%，较前几年有明显提升。但从总体上看，我国大米产业集中度仍远低于发达国家水平。

5. 大米包装逐渐小型化，包装功能不断提升

随着人们生活水平的提升，粮食市场的不断开放和大米企业之间竞争的加剧，以及大米品质向中高端发展，大米销售逐步由散装向包装方向发展，目前包装大米销量已超过散装大米。包装形式发展到普通包装、真空包装和充气包装；包装材料发展到纸包装、箱包装；包装规格趋于小型化，从1千克到100千克都有，主要以5千克和10千克为主。随着大米产品向高质量发展、大米电子商务的发展以及人们审美观念的转变，大米包装也逐渐向保鲜兼顾多样化、透明化、美观化方向发展，并将继续“大改小，重改轻”，未来小包装大米仍将是发展方向。

（二）我国稻米产业面临的问题

1. 大米口粮需求或将持续下降

随着我国经济发展和人们消费观念的变化，对食物的需求逐渐多样化，加上洋快餐的冲击，导致大米口粮需求不断下降。2012年度我国年人均大米口粮消费为92千克，2018年度下降为81.8千克，6年减少了10.2千克，相当于减少大米总需求量1 400万吨，折合稻谷超过2 000万吨（以2018年末人口基数为准）。从同样以大米为主食的发达国家日本和韩国的经验来看，后期我国大米口粮需求仍有较大的下降空间。日本1968年人均大米消费为120千克，目前已下降为54千克，下降幅度超过一半。韩国2006年人均大米消费量为78.8千克，2015年下降为62.9千克，9年下降了20%。

如果我国人均大米口粮需求下降到韩国2015年的水平，则还将下降18.9千克，降幅达23.1%，相当于年减少大米需求2 500万吨以上，折合稻谷3 500万吨以上。如果下降到日本目前的水平，则大米需求下降幅度将更为惊人。如果后期没有新的需求产生，在大米产能严重过剩的情况下，预计国内大米加工产业后期还将面临更为严峻的考验。

2. 品牌大米市场占比仍不高

经过近几年的发展，我国大米品牌的影响力有所提升，但总体品牌效应不高，与发达国家相比差距仍较大。目前国内大米品牌众多，单黑龙江就有上千个，其中五常市大米企业就有注册商标500多个。据统计，全国有1万多个大米品牌，比较活跃的大米品牌在三成左右，但在全国叫得响的品牌寥寥无几，品牌集中度非常低，与世界第一大米生产国和消费国的地位极不相称。日本前10个品种的大米产量约占总产量的80%，其中“越光”牌大米一枝独秀，产量约占大米总产量的1/3，品牌集中度非常高。而我国单个大米品牌市场占有率非常低。全国全渠道大米销售份额第一的福临门大米占比也仅有8.4%。“真正的‘五常大米’每年产量约为65万吨”（黑龙江省五常市农业局局长伊彦臣），不到国内大米产量的1%。由于我国大米品牌集中度不高，国内大米企业在国际上的竞争力不强，尤其是中高端大米的影响力远不如国际品牌，这反过来又影响我国大米品牌走向世界。

3. 过度加工现象仍较严重

在人们生活水平提升的同时，大米消费观念却一度出现偏差。为迎合消费者对白、亮、美的偏好，国内大米加工企业普遍采用抛光工艺甚至双抛工艺来生产大米，造成大米普遍过度加工。过度加工，把大米最营养的功能性成分白白去掉，作为饲料留给了动物，只给消费者留下淀粉层，导致大米纤维、维生素B1、维生素B2等营养要素流失，不利于人体的健康。另外，过度加工不但影响米饭的品质，还造成严重浪费。据统计，每增加一次抛光，稻米出米率会降低1%。目前日本大米产业已进入适度加工阶段，糙米出米率为90%～92%（折算稻谷出米率为68%～70%），平均出米率比我国要高3%～5%。按照我国每年大米产量1.4亿吨测算，单过度加工一项我国每年就要损失大米400万～700万吨。

4. 优质大米有效供给相对不足

2011年以来，我国累计托市收购稻谷超过1.9亿吨，其中粳稻托市收购约占稻谷托市总收购量的六成以上。2014—2018年底拍卖成交仅

4 000万吨左右，庞大的临储稻谷库存对市场构成巨大的供应压力。稻谷的品质将因时间延长而降低，后期部分政策性稻谷低价出库仍将继续，低端大米的加工短期内仍将活跃，国内大米产业的转型升级可能将被延缓。

由于长期以来我国稻谷生产重量轻质，因此，托市收购的稻谷绝大部分为普通稻，越来越难以满足人们对大米的多样性需求，而销路持续看好的优质稻种植比例不高，很多大米生产企业难以稳定获取优质粮源，造成优质大米有效供给不足，产业结构性矛盾日渐突出，不利于大米产业的消费升级。当前国内普通大米生产同质化严重，产品竞争激烈，价格持续走弱。而优质大米供应偏紧，价格相对坚挺。在价格指挥棒的指引下，优质大米发展前景将继续看好。

5. 大米企业规模总体不大

我国大米市场规模和加工产量多年来稳居世界第一，但我国稻谷加工企业规模总体偏小。我国稻谷加工企业（含农村加工专业户）有数十万家，其中加工能力小于1吨/时的农村小型加工机组的加工量占比较高。同时，规模以上企业稻谷加工能力达3亿多吨，产能严重过剩，近几年的平均开工率基本上低于30%，停产和半停产现象日益增多。小企业多且管理粗放，初加工能力严重过剩，导致加工产品含杂多、质量差，出米率低，资源浪费严重，同质化竞争激烈，制约了大米加工企业的可持续发展。

（三）我国稻米产业发展机遇

1.《大米》新国标将引领产业绿色发展

2018年10月10日，国家市场监管总局、国家标准委发布了《大米》（GB/T1354－2018）国家标准，并将于2019年5月1日实施。与旧标准相比，本次修订主要是调整了大米产品等级、定等指标和杂质等其他指标。其中变化最主要的有两个：一是新国标对大米加工精度设置了上限，2009年修订的旧国标对一等大米的加工精度要求是“米胚和粒面皮层去净的占 90% 以上”，而新国标改为 80% ~90%，加工精度从“下限是 90%”改成了“上限是 90%”，适度加工理念得到了充分体现；另一个是新国标要求在大米标签中标示“食用期”，并提出了“品味评分值”这一衡量大米食用质量的定等目标，以前的规则只要保质期，着重的是质量安全，现在要求标示食用期、品味评分值，明显更加注重质量和口感。《大米》新国标适应了人们不断提高的饮食需求和新的健康理念，有利于提倡适度加工，促进节粮减损，进一步方便消费者选择，促进国产大米的进出口贸易，将对国内大米产业的发展带来积极的影响。

2. 经济发展将促进大米消费升级

我国人口众多，大米产业发展空间巨大。改革开放以来，我国经济建设取得了巨大的成就，目前已成为世界第二大经济体。2018 年全国居民人均可支配收入 28 228 元，较 2013 年增长 54.16%，已处于中等偏上收入国家。经济发展，生活水平提升，必然对包括大米在内的食品需求提出更高的要求，大米消费已不仅仅是满足人们温饱的需要，而是进入了追求美味、安全放心、营养健康、便捷等多样化、人性化阶段，这就为中高端大米的发展带来了巨大的机遇，将有利于加快大米产业的转型升级。

3. 科技创新助推产业高质量发展

科技的不断创新，将为大米产业的高质量发展提供坚实的技术保障。优质水稻种子的研发推广，种植方法的改进，机耕、机插和机收等机械化作业的大量使用，烘干设备和先进冷藏技术的广泛采用，大米加工工艺的革新等，为中高端大米的发展提供了技术支撑。互联网的发展和大数据的应用，将利于大米销售模式的创新，也为品牌大米的推广提供了新的渠道。而方便米饭等米制品与新产品的开发、生物技术的突破、物联网的应用、副产品综合利用的提升等，将为大米产业发展带来新的增长点和更多的机遇。

4. 政策对产业发展扶持力度加大

随着我国由温饱步入小康，粮食加工业的引领作用越来越受到重视。国务院于 2017 年 9 月提出的《关于加快推进农业供给侧结构性改革大力发展粮食产业经济的意见》，首次从国家层面提出了粮食加工转化的引擎作用，为大米产业的发展提供了方向。国家粮食局制定的《粮油加工业“十三五”发展规划》提出，要“积极发展米糠油”，到2020年使“米糠等副产物利用率达到50%以上”，培育一批粮油加工产业融合领军企业，将极大地促进大米加工产业的健康发展。

5. 进口减少有利于产业转型升级

海关数据显示，2018年我国累计进口大米308万吨，同比减少95万吨，降幅23.6%。出口大米208.9万吨，同比增加89.3万吨，增幅74.7%，为2004年以来年度最高水平。大米净进口下降至99万吨，较上年同期减少184.3万吨，减幅65%。随着进口大米对国内大米市场的冲击进一步下降，将有利于国内大米产能利用率的提升和效益的好转。

（四）我国稻米产业发展趋势

党的十九大报告指出，中国特色社会主义进入了新时代，我国社会主要矛盾已经转化为人民日益增长的美好生活需要和不平衡不充分的发展之间的矛盾。这个重大判断，为我国进入新时代的发展指明了方向。深入贯彻落实十九大精神，以需求为导向，以市场化为引领，加快大米产业转型升级，为广大居民提供更多高质量的大米产品和服务，不断满足人民对美好生活的向往，既是大米产业的前进方向，也为大米产业持续发展注入了新的动力。

1. 大米产业升级将加速

2018年居民恩格尔系数降为28.4%，比上年下降0.9个百分点，较2001年降低近10个百分点。居民恩格尔系数快速下降，表明我国居民食品消费升级换挡继续提速。大米口粮消费将进一步降低，其中预计普通大米的需求仍会减少，而中高端大米的需求将不减反增，后期优质米的销量仍将有很大的提升空间，从而将刺激企业增加优质米产出。

2. 品牌大米迎发展机遇

人们生活水平的提高和大米消费理念的转变将增加中高端大米的需求，这将有利于我国大米产业的转型升级，也为企业的发展壮大提供了新的机遇。当前我国最好的大米质量与日本大米、泰国香米相比差别不大，甚至有的还有所超越。比如河南原阳的“黄金晴”大米比日本“越光”大米和“一见钟情”大米的铁含量高出5倍，硒元素含量高出4~8倍。但我国的优质大米并未体现优质优价，价格甚至远低于国际同类大米。如从日本进口的“越光”大米和“一见钟情”大米售价每千克分别达99元和94元，比本地大米贵10倍以上。主要原因在于我国大米品牌众多，集中度不高，知名度更低。无论五常大米，还是盘锦大米，市场占有率都非常低，目前国内前十大品牌大米市场占有率不到10%，如金龙鱼品牌大米占国内大米市场的份额不到1.2%。而日本“越光”牌大米约占总产量的1/3，“一见钟情”大米约占10%。品牌大米影响大、效益高，大米加工企业要想取得好的经济效益，必须走品牌化道路。

3. 精细化管理将受重视

经过多年的发展，我国大米生产设备已基本达到了国际先进水平，却不能生产出更多高质量大米，产生更多知名大米品牌，主要原因在于管理跟不上，尤其是细节化管理方面存在不足。大米品牌要想脱颖而出，需要从每粒水稻种子的制种开始，一直到产品送达消费者手中的各个环节都实行精细化管理。只有推进严格的质量管理体系，加快建立从田间到餐桌的稻米精细化管理模式，才能生产出更多高质量的大米产品。

4. 多举措刺激大米需求

在实现大米产业转型、发展高质量大米的同时，应积极采取措施，使大米在传统米饭和米制主食的基础上吃得更加方便、更加美味、更加健康。一是增加方便米饭、无菌方便米饭、保鲜米饭、免淘米、预熟米、速食米等的开发，满足人们快节奏生活的需要；二是增加胚芽米、富硒米、糙米、营养强化米、平衡膳食米等大米品种的开发，满足人们对营养的需要；三是增加绿色有机米的生产，满足人们对大米健康安全的需要；四是增加米制品的研发，吸引更多的年轻人消费大米及其制品，为大米产业的平稳发展争取更多的时间。

5. 加快推进规模化生产

目前，我国大米加工企业仍以中小型企业为主，同质化竞争激烈，企业利润空间越来越小。只有加快国内大米产业的兼并重组，造就一批技术先进、实力雄厚的规模化米业集团，凭借规模优势，依托产加销一体化，积极做大产业链，加大品牌建设，才能不断增强市场竞争力；也只有大型企业才能凭借规模优势，建设完善的大米加工全产业链，实现更高的附加值。

6. 打造全产业链发展模式

建立大米全产业链，不但可以提升产品附加值，提升经济效益，还有助于推进大米质量可追溯体系建设，实现质量全程可监控，保障食品安全。大米产业链虽不如玉米等谷物的产业链长，但也具有很大的发展潜力。从纵向来看，主要是指上游的水稻种植、中游的大米加工及下游的副产品综合利用。

粮油加工业“十三五”发展规划提出，要在长江中下游、东北等稻谷主产区，长三角、珠三角、川渝地区、海峡西岸等大米主销区以及重要物流节点，发展稻谷加工产业集聚区或集群，形成优质米、米制主食品、方便食品、米糠、稻壳和碎米等综合利用的循环经济模式。通过兼并重组或改扩建等，引导培育一批年处理稻谷 20 万吨以上的大型产业化龙头企业、年处理稻谷 50 万吨以上的骨干集团企业。实现年处理原料 10 万吨以上稻谷加工企业，产量占比到 2020 年达到 45%，建设完善的大米加工全产业链。政策的支持将加快推进加工企业向规模化、精深加工方向发展。

按照粮油加工业“十三五”发展规划，2020 年我国米糠油的提取率将达到 50%，目前我国稻谷年加工量在 1.9 亿吨左右，年产米糠约 1 400 万吨。按出油率 18% 计算，如实现 50% 产油，可生产出米糠油约 120 万吨，相当于增加 1 000 多万亩大豆的产量。目前，经济发达国家粮油加工企业对谷物深加工利用已实现了产业化。我国稻米深加工不到 30%，副产品综合利用水平更低，远远落后于发达国家，加工企业效益不高，但也说明我国大米深加工产业的发展潜力巨大。

7. 大米电子商务迎发展机遇

近几年来，随着大米产业发展水平的提升，中高端大米销量快速增加，大米附加值不断提高，大米包装趋于小型化，以及国内物流业快速发展，物流成本持续降低，为大米电子商务的发展带来了新机遇。目前，在京东上销售的大米品牌有600多个，在天猫上销售的大米品牌也有几百个。随着后期国内大米品牌化进程的加快，知名大米品牌的涌现，将为人们选择大米提供方便。而大米电子商务的发展，又为品牌大米的营销推广、引导消费提供了良好渠道。随着大米产品的特色化、品牌化、小包装化和中高端产品的大量推出，通过线上与线下的良好互动，将促进大米电子商务和大米产业的共同繁荣发展。

（浙江衢州新农都实业有限公司　郑红明）

三、中国玉米产业报告

【内容提要】

我国玉米供给侧结构性改革实施3年来，玉米市场发生了翻天覆地的变化，玉米产量按计划逐步调低，玉米市场价格平稳过渡，玉米市场化进程逐步提速，各市场主题被有效激发，市场呈现出购销两旺的崭新格局。玉米去库存工作进度加快，年度玉米拍卖数量超过1亿吨。站在玉米市场新的历史转折点上，展望我国玉米加工行业发展大格局，规避市场风险，寻找新的机遇，是企业经营的大事。

（一）我国玉米深加工行业发展总体情况

我国玉米深加工产业从无到有、从小到大，历经40多年风风雨雨，年玉米消耗量已经从不足百万吨到超过6 000万吨。我国玉米深加工品类最为齐全，绝大多数玉米深加工产品产量居全球首位（见图4－3－1）。

我国玉米深加工行业是以营养健康和健康环保为基础理念的粮食精深加工行业，是国民经济发展所必需的基础产业。与美国以酒精类为主、淀粉类为辅的产业格局不同，我国玉米深加工产业是以淀粉类为主、酒精类为辅的总体格局。淀粉类产品是指在生产过程中产生淀粉或淀粉乳的玉米加工产品，比如淀粉及淀粉糖、变性淀粉、赖氨酸、味精、柠檬酸、山梨醇等。淀粉类产品是人们日常食用、药用和饲料用产品。酒精类产品主要包括食用酒精、燃料乙醇及相关产品。

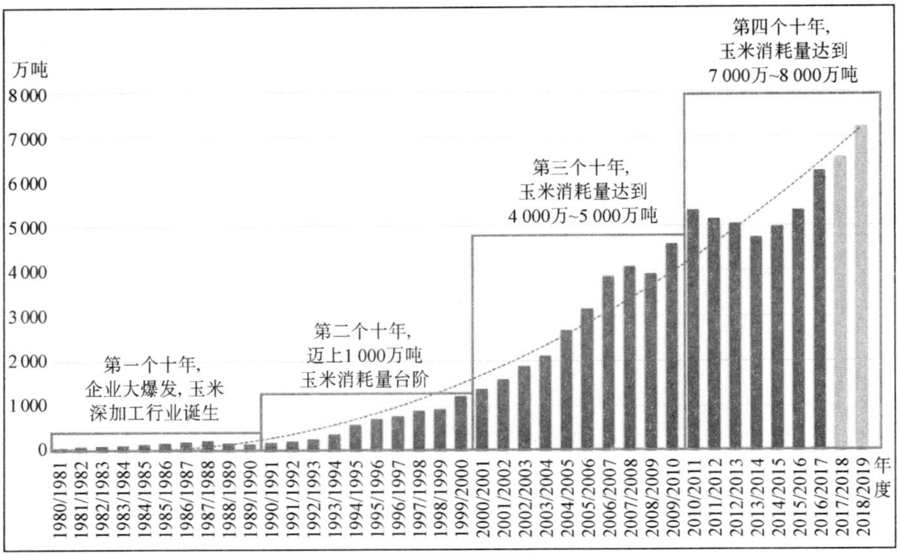

图 4－3－1 改革开放以来我国深加工玉米量

在美国玉米深加工行业中，酒精类产品消费玉米量占比约 80%，淀粉类产品消费玉米量占比约 20%。而我国恰好相反，淀粉类产品消费玉米量占比约 80%，酒精类产品消费玉米量占比约 20%。据测算，我国玉米深加工产品中约有 85% 用于食用和饲料相关行业。

（二）我国玉米淀粉行业发展现状及展望

我国玉米淀粉工业始于 1956 年，兴起于 20 世纪 80 年代，发展于 21 世纪。2017 年我国政府取消对玉米深加工项目审批，行业发展激情高涨。过去两年间新投产扩产的淀粉类企业有青冈京粮、龙江阜丰、绥化象屿、大庆伊品、寿光金玉米、福洋生物、宁晋玉峰、白城梅花、松原嘉吉等企业，此外复产企业有长治长清、邹平荣海等，新增玉米消耗能力远超 1 000万吨。黑龙江是这一轮产能扩张的主要区域，传统优势产区的山东、河北、吉林也是本轮扩张的主要区域。

目前，我国淀粉加工区域更加集中，已经形成了东北以黑吉为主，华北以冀鲁为主的规模均衡并行发展的态势。山东虽然仍是我国淀粉和玉米深加工第一大省，但黑龙江已经跃升为第二位，且追赶势头不减，河北已经跃升为第三位，吉林再次下降一位（见图4－3－2）。

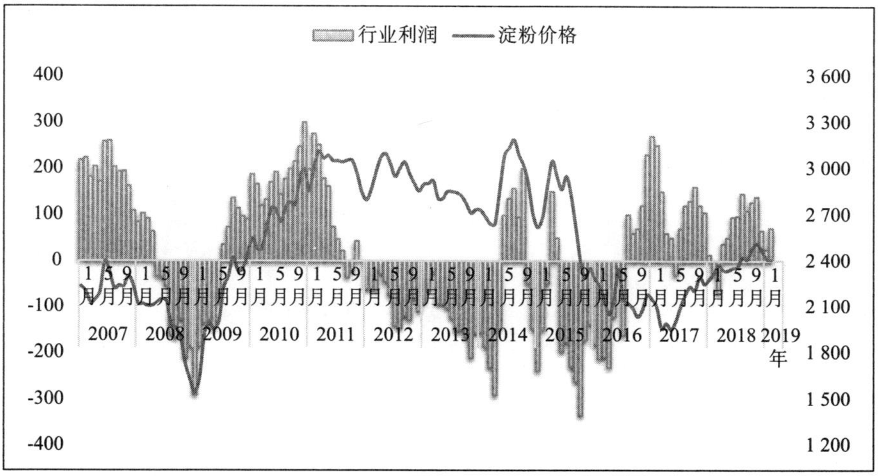

图4－3－2　玉米淀粉价格及行业利润情况（元/吨）

2017年以来，我国玉米淀粉价格稳步回升，淀粉行业保持持续稳定盈利态势。这主要得益于我国玉米市场化改革的成功推进。然而，未来一个阶段随着新增产能的不断释放和原料成本的高企，我国玉米淀粉市场将面临新的压力和挑战。

（三）我国玉米乙醇行业发展现状及展望

玉米市场化政策红利的逐步释放、国家玉米深加工行业政策限制的放开、2020年国家全面实施燃料乙醇添加战略的出台等相关政策，共同刺激了我国乙醇工业的大发展。目前，我国玉米乙醇企业布局仍以吉林、黑龙江、河南、安徽等省为主，产能拍卖却出现较大变化。黑龙江省在过去两年新增产能较为突出，产能已经追平吉林省。黑龙江在建乙醇产能非常庞大，若能全面建成投产，则乙醇产能还将翻番。过去两年间以四川鸿展和国投生物为主的乙醇企业大规模扩张，鸿展新增乙醇产能达到100万吨，国投生物新增乙醇产能达到60万吨，且还有在建产能150万吨。同时，一些环保不达标的小企业纷纷退出。当前，我国有效玉米乙醇产能800多万吨，年实际玉米酒精产量300多万吨（见图4－3－3）。

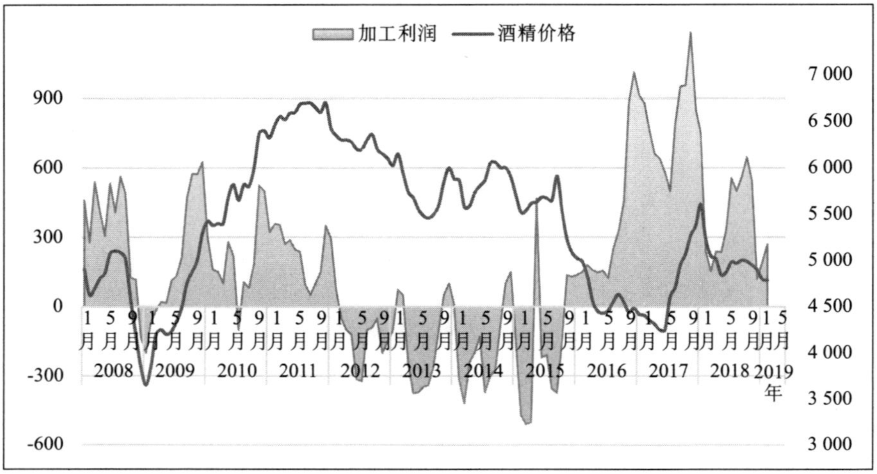

图4－3－3　我国玉米乙醇行业的盈亏情况（元/吨）

近年来，国家玉米市场化和去库存政策持续给力，加之木薯进口成本大幅提升，玉米酒精行业利润好转，食用酒精开工率持续高位。显然，玉米乙醇利润很好与玉米乙醇产量较低不匹配。主要原因：其一，玉米乙醇新增产能达产需要过程，市场需要一个接受过程；其二，原有的玉米燃料乙醇企业改用超期储存稻谷等其他谷物原料，导致玉米消费量减少。因为现有燃料乙醇企业理论上都可以用玉米生产，在统计产能时仍计算在内，但在计算产量时又未计算在内。

值得一提的是，2018年8月22日国务院常务会议通过燃料乙醇发展总体规划，为我国玉米燃料乙醇发展奠定了基础。根据规划，到2020年全国将实现全覆盖，届时我国玉米燃料乙醇新增规模将达到600万吨以上，新增玉米消耗超过2 000万吨左右。

（四）我国味精行业发展现状及展望

过去两年，我国味精行业寡头垄断格局进一步显现。随着齐齐哈尔市阜丰、白城梅花、大庆伊品相继开工建设并逐步投产，阜丰集团、梅花生物、伊品生物更加稳居国内味精行业前三甲，其中阜丰集团作为全球最大味精生产企业，其产量已经超过国内总产量一半（见图4－3－4）。

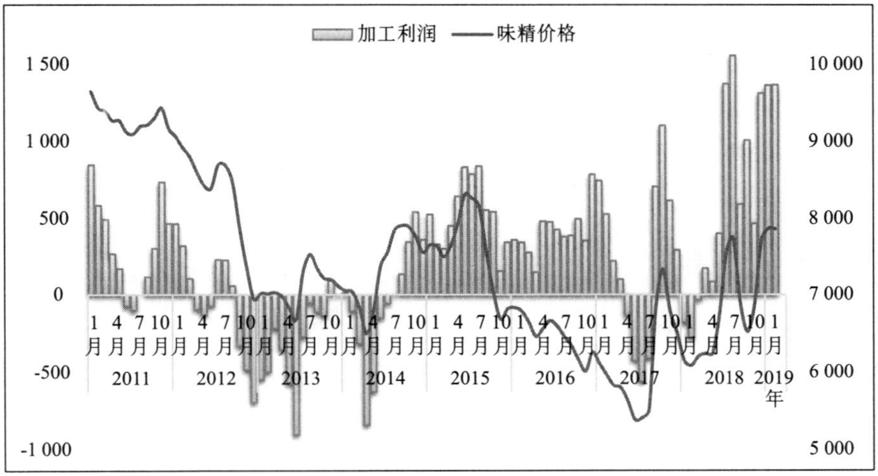

图4－3－4　我国味精行业的盈亏情况（元/吨）

相对于玉米淀粉和玉米乙醇而言，过去两年的味精行业利润却经历了大幅波动的过程。前期因为国家玉米去库存和市场化政策影响，使得行业月度利润一度创出新高，中期因为产能扩张和产业竞争导致行业利润亏损和大幅波动，后期因为环保限制和行业垄断提升，行业利润出现较好状态。总体而言，我国味精行业已经成为寡头垄断市场，行业利润保持较好水平，未来随着产能扩张仍不排除竞争而利润转差。

（五）我国赖氨酸行业发展现状及展望

过去两年，我国赖氨酸行业也在进行大幅调整，总体上有进有出。梅花生物、伊品生物、寿光金玉米纷纷扩产，固镇丰源新军突进，成武东晓也有意向杀入，而沈阳希杰战略调整为其他氨基酸，中粮生化早已退出。一轮混战已经开始，没有一家企业能够占有绝对领导地位，战国七雄特征明显。梅花生物、伊品生物、寿光金玉米、长春大成、聊城希杰、肇东成福、诸城东晓等仍是国内最主要的赖氨酸生产企业，年产量占行业总产量的 90% 以上（见图 4－3－5）。

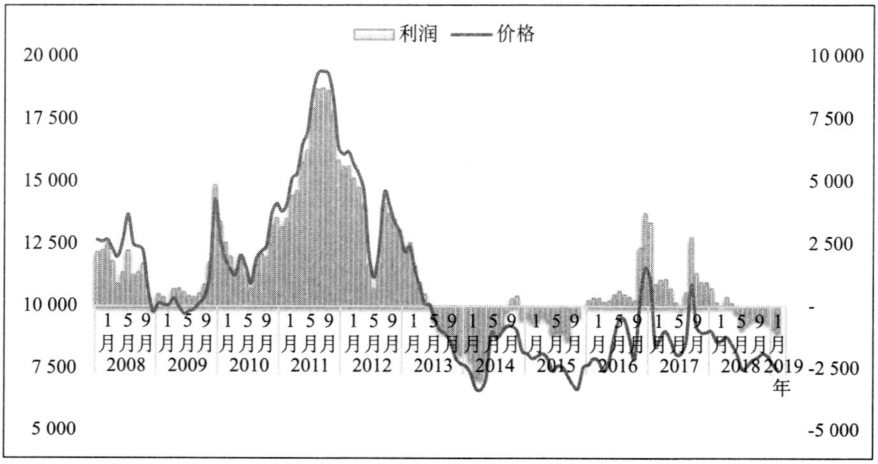

图 4－3－5　我国赖氨酸行业的盈亏情况（元/吨）

正因为群雄混战，赖氨酸价格持续低位震荡，过去几年行业利润一直在盈亏平衡线上下拉锯。虽然利润不佳，但我国赖氨酸年产量快速增长。2017 年产量已经超过 150 万吨，年均增幅达到 20% 以上。尽管 2018 年赖氨酸行业出现大规模亏损，但市场预计产量增幅也将在 10% 以上。对于赖氨酸行业而言，行业整合尚未大规模开始。由于赖氨酸行业主要是用于饲料消费和人们的营养健康消费，符合新时代人们对美好生活的需要范畴，总体来看仍是一个具有长远发展潜力的朝阳行业。

（六）我国柠檬酸行业现状及展望

目前，我国柠檬酸企业仍然仅有 6 家，即潍坊英轩、鲁信金禾、柠檬生化、中粮生化、宜兴协联和莱芜泰禾。柠檬酸总有效产能达到 170 万吨，较两年前有所提高，主要是日照金禾完成扩建，中粮生化迁厂完成（见图 4－3－6）。

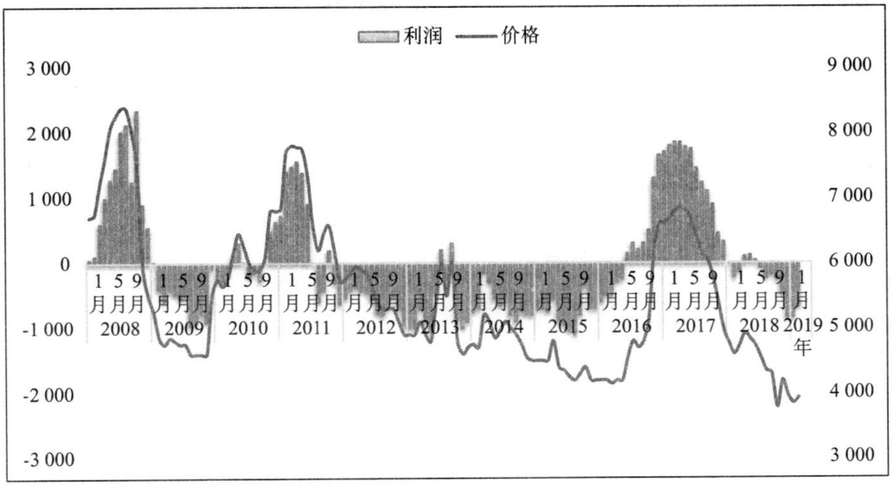

图 4-3-6 我国柠檬酸行业的盈亏情况（元/吨）

在经历了 2017 年暴利之后，2018 年柠檬酸陷入巨幅亏损的泥潭当中，且越陷越深。由于我国柠檬酸出口量占全国总产量的 70% 以上，中美贸易摩擦对我国也有一定影响。总体来看，柠檬酸也属于战国阶段，行业整合尚未开始，这种行业格局或仍然处于难解格局。

总体来看，我国玉米深加工行业仍处于蓬勃发展时期，行业发展主要依靠自身规模的内生增长实现，行业大规模整合尚未开始。新的产能和新的品种仍在不断出现，给行业带来新的活力。我国玉米深加工各主要产品因为所处阶段不同，行业盈利情况出现分化。未来几年，随着我国玉米去库存基本结束，玉米价格波动将越发加剧，我国玉米深加工行业的整合将会全面启动，深加工行业发展面临巨大挑战。

（中粮生化 朱勇生）

四、中国食用油产业报告

【内容提要】

随着人民生活水平的日益升高，以及人口数量的逐步攀升，我国居民对食品以及食用油的需求也在不断增加。随着人们对高端食用油需求量的增大，对食用油的质量安全和品牌也越来越看重，这为食用油行业向品牌化和轻量化方向发展打下了一个坚实的基础。但是国内油脂油料加工产能过剩、利用率低下等问题依旧没有得到实质性解决，借助“供给侧改革”和有关环保政策，加速国内企业之间的兼并和整合，对食用油行业集中度的提升以及行业的发展具有积极的促进作用。

（一）中国食用油产业现状概述

1. 食用油行业发展历程（见表4－4－1）

表4－4－1　　我国食用油行业发展历程

发展阶段	时间	阶段	背景及特点
计划经济时段	1993年之前	计划经济	改革开放之前，油料加工行业一直处于国家监管之下，油脂实行定量供应，整个行业发展停滞，产量无法满足需求
快速发展阶段	1993—1995年	缓慢发展	油脂油料的生产加工逐渐市场化，全国各地开始兴建油厂，但仍需进口大量植物油，以满足国内需求
	1996—1998年	行业调整	国内食用油供给开始过剩，国内大量进口毛油，在一定程度上损害了国内食用油行业的生产积极性

续表

发展阶段	时间	阶段	背景及特点
快速发展阶段	1999—2003 年	快速发展	国家出台“稳粮压棉扩油”政策，大批大型油脂加工企业转向港口城市建厂，我国成为全球第二大食用油加工国
	2004—2005 年	产业整合	受国际大豆价格波动及“禽流感”影响，食用油加工业全面亏损，兼并、重组，加速整合，产业集中度明显提高
	2006—2010 年	二次发展	养殖业快速发展及食用油价格不断上涨，行业盈利水平大幅提高，食用油产业进入新的快速发展时期
去除产能阶段	2011—2013 年	产能过剩	随着油脂加工企业不断扩张，行业产能过剩严重，国家开始政策性调控，食用油行业步入消费低迷的亏损状态
	2014 年至目前	去除产能	国家针对油脂油料的政策调控加强，在去除食用油融资性贸易的同时，增强食品安全监管，也使兼并、重组再现

资料来源：然卡实业。

在 20 世纪 90 年代初期之前，我国油脂油料行业发展十分缓慢，食用油的产量无法满足人民的生活需求。直到进入 21 世纪，随着国内出台一系列对食用油相关的扶植政策以及大量油脂加工厂的兴建，油脂油料行业才逐步快速发展。然而，随着时间的推移和国内供需格局的变化，国际原材料的价格对国内食用油加工产业的影响越来越大，产能过剩带来的利润下降，使得各个企业之间开始进行重组、吞并，实现了产业的集中化，使我国食用油行业正式进入快速发展的新阶段。但是，随之出现的食用油加工企业不断扩建，行业产能过剩现象日益突出，国家也开始对食用油的去库存、去产能做出相应调控，2017 年提出的“供给侧改革”更是针对产能过剩、保证市场稳定的有效方法，这保障了我国食用油行业在未来的健康发展。

2. 食用油企业发展现状

多年以前，食用油企业对采购成本的把控一直不太到位，一旦对于采购成本进行了错误判断，那么对于企业发展来说，将会造成重大亏损，甚至一夜破产都极有可能。经过近几年的发展，目前国内各大食用油企业对于采购成本的把控方面做得比较不错了，在销售端开始纷纷效仿国际大豆贸易形式，大量运用“期货＋基差”的模式进行对外报价，即使遇到市场行情和价格波动幅度较大的情况，企业也不会因此而受到较大程度的亏损，这大大增强了企业的抗风险能力。

在食用油产业不断发展的状况下，国内各大粮油集团也开始探索能让企业更快速健康发展的理想模式。其中，益海嘉里的“首创循环经济，致力普世认知”、中粮集团的“三大拉动、四大转型”、嘉吉公司的“连接、滋养、发展”等发展理念都取得了非常不错的成绩。

3. 食用油行业盈亏简析

随着国内金融衍生品工具的推广，以及“基差”“期权”等贸易形式的出现，国内大型食用油企业经营也进一步成熟，大豆加工行业抗风险能力增强，不过由于外汇市场波动偏大，中美等贸易问题持续发酵，令油厂的生产经营利润难以稳定。但整体而言，2018 年大豆压榨加工企业大多有 200～300 元/吨的压榨收益，尤其是中美双方提升关税后，国内油粕等下游产品维持强势，而国外大豆价格则相对走低。于是，未应用期货等工具进行现货保护的，则大多亏损 100～200 元/吨。

相比较大豆压榨而言，油菜籽市场未受到中贸贸易摩擦直接影响，因而菜籽的压榨利润持续居于高位，且稳定于 200～400 元/吨，这归咎于贸易摩擦引发了部分菜籽油粕产品对豆类油粕产品的替代。

（二）我国食用油产业现状成因分析

虽然我国是一个农业大国，但是出于人口众多的原因，我国对于食用油及压榨原料进口依存度一直处于较高水平，因此一些外部环境因素会影响到我国食用油产业，例如，国际经济环境、外汇变化等外部宏观因素。2018 年，国际政治经济格局发生变化，这对我国的食用油产业发展产生了重大影响。

1. 进口大豆渠道多元化

2018年，围绕食用油行业最多的话题便是中美贸易摩擦。在中美贸易摩擦之初，国内食用油生产企业便提早调整了进口大豆的采购计划和采购方向，在加大南美大豆采购比例的同时，也积极尝试加拿大、俄罗斯、乌克兰大豆的进口。贸易争端改变了我国的进口原料来源，国家也出台较多的应对政策和方法，比如鼓励和支持扩大国内大豆主产区种植、调整饲料配方减少对豆粕需求的依赖，以及应用配制新技术降低蛋白类原料需求，加大其他食用植物油供给的替代力度，完善大豆扶持政策体系，提高国产大豆综合生产能力等多重举措。在中美贸易谈判后期，双方正在逐渐向结束贸易摩擦的预期方向发展。

2. 产能过剩格局依旧存在

（1）大豆压榨产能继续增加。我国人民生活水平不断提高，人口数量快速增长，在高质量生活水平下，人们对于食用油的品质要求也在不断提高。在此背景下，我国大豆压榨产能进一步扩张（见表4-4-2）。

表4-4-2　　全国大豆压榨新投产能

2019年计划及在建油厂					
地区	油厂	所属集团	性质	设计产能（吨/日）	预计投产日期
东北	大连中纺粮油加工基地	中粮	国有	6 500	2019年
华北	沧州黄烨汇福	汇福	民营	10 000	计划建厂
山东	青岛富海	路易达孚	外资	12 000	2019年
华东	九江一德	一德	民营	10 000	2020年
广西	北海中海	中海	民营	6 000	尚未奠基
福建	莆田中海	中海	民营		审批待定
河南	郑州益海	益海嘉里	外资	4 000	尚未奠基
四川	自贡北部湾	北部湾	国有	4 000	投产待定
山西	太原益海	益海嘉里	外资	4 000	正在建厂
浙江	温州乐清益海	益海嘉里	外资		投产待定
广东	潮州益海	益海嘉里	外资	2 000	2019年
四川	泸州中海	中海	民营	3 000	投产待定
日增产能				61 500	
年增产能				22 447 500	

资料来源：然卡实业。

近年来，大豆压榨产能持续扩张，到2019年，我国大豆日加工新增产能6.15万吨，年加工新增产能2 200多万吨。但从实际开工率来看，近几年大豆压榨加工企业的开工基本处于50%～60%水平，这也体现出了产能过剩的严峻性。

从地区划分来看，目前我国的大豆压榨集中地带依旧处在具有港口大豆进口优势的区域，例如山东、江苏、广东、广西、天津和辽宁，而其他偏远省份在压榨市场占有的份额已经逐渐减少。

国内对动物蛋白消费的旺盛需求，不断驱动着养殖行业的扩张，在豆粕成为压榨主产品的情况下，进一步驱动压榨企业的扩张。通过近几年我国大豆压榨产能扩张的趋势来看，蛋白原料消费市场是我国大豆压榨产能扩张区域选择的重要因素。由于这几年南方地区的禁养令生猪养殖产业向北转移，所以，东北区域豆粕需求的增长大大刺激了压榨企业的扩张，而部分南方压榨企业也开始把销售目标转向西南区域，使得大豆压榨行业再度进行了整合（见图4－4－1）。

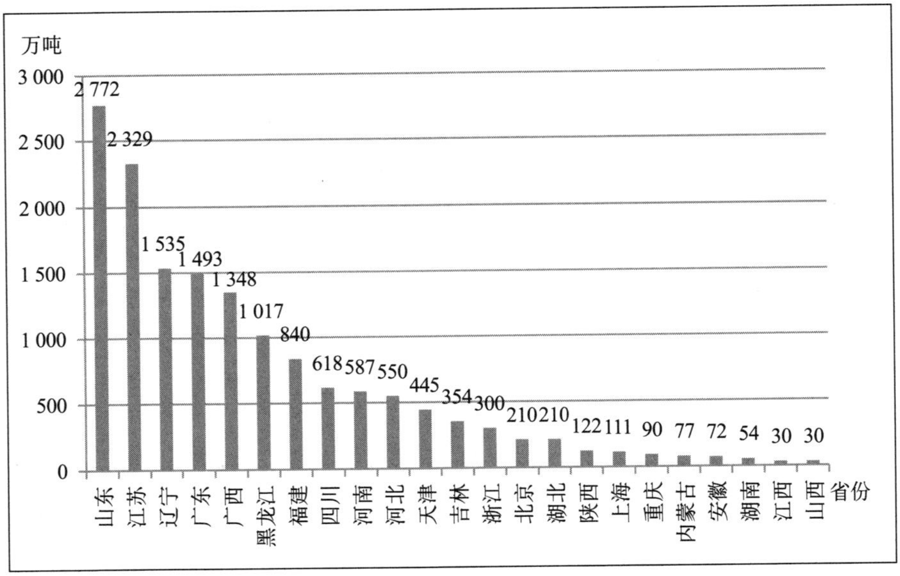

资料来源：然卡实业。

图4－4－1　各省区市大豆压榨产能

（2）国企、外资、民企、合资“四分天下”。随着国际贸易市场化的深入，以及我国在人口优势下具有庞大的食用油和蛋白消费需求，因而为了做大、做强，近些年一些油脂企业进行了广泛的兼并、重组、竞购等操作，在大豆压榨企业逐渐集团化、集中化的同时，外资企业数量所占比重大幅下降，以中粮、九三、汇福、渤海等为代表的国内大豆压榨企业发展迅速。

从数据上看，近几年外资企业和中外合资（大多为国内控股）虽然依旧占有较大比重，但却在逐年缩减，其中外资企业约占 15%，中外合资企业占比 30%。而国有企业和民营企业近几年扩张速度较快，市场占有的比重在逐年增大，其中国有企业占比约为 22%，而民营企业仍为油脂产业的大多数，比重约占 33%。食用油产业的资本构成将逐渐倾向回归国内化（见图 4 –4 –2、图 4 –4 –3）。

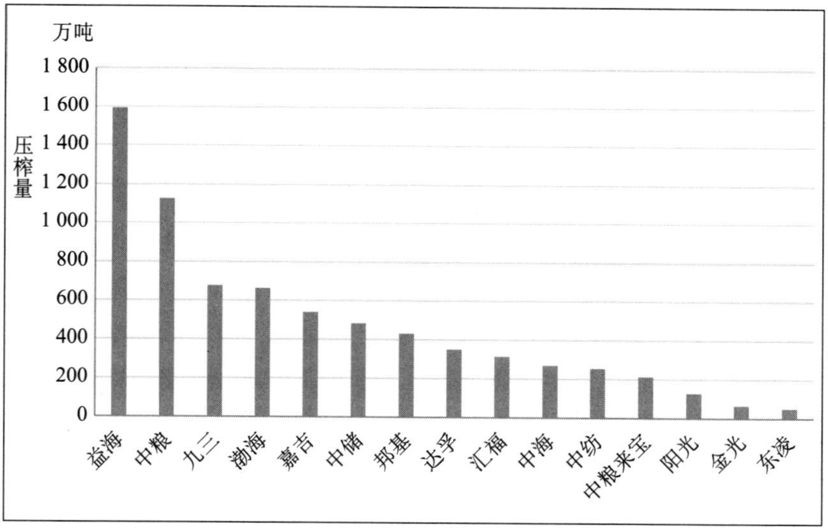

资料来源：然卡实业。

图 4 –4 –2　2018 年国内各集团大豆压榨量排名

（3）其他油籽压榨产能仍过剩。近几年，大豆压榨产能仍在扩充，而油菜籽、棉花等种植收益缩减，且国家收购政策发生变化，使得油菜籽、棉籽等产量出现减少，也使得大豆、花生、葵花籽等油料的市场份额增大，进一步导致油菜籽、棉籽等压榨产能过剩。国内油菜籽的压榨产能处于 4 000 万吨以上，而由于原料供应的问题，压榨厂的开机率常年只能

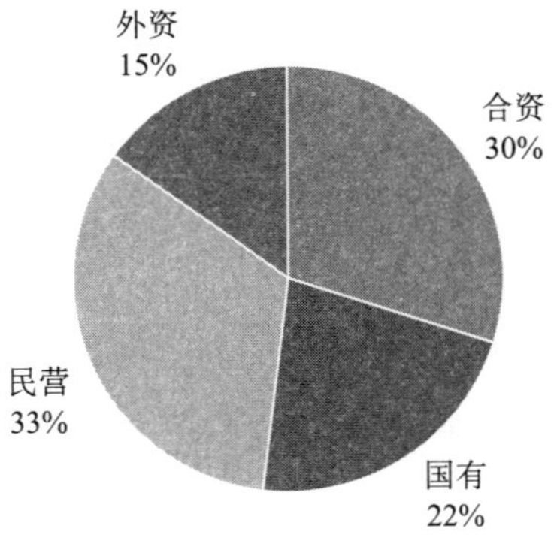

资料来源：然卡实业。

图 4－4－3　中国大豆压榨企业性质构成

维持在 20%～25%的偏低水平，致使坐落于长江沿区菜籽原料产区的菜籽压榨厂逐渐向大豆、棉籽等压榨转型（见图 4－4－4）。

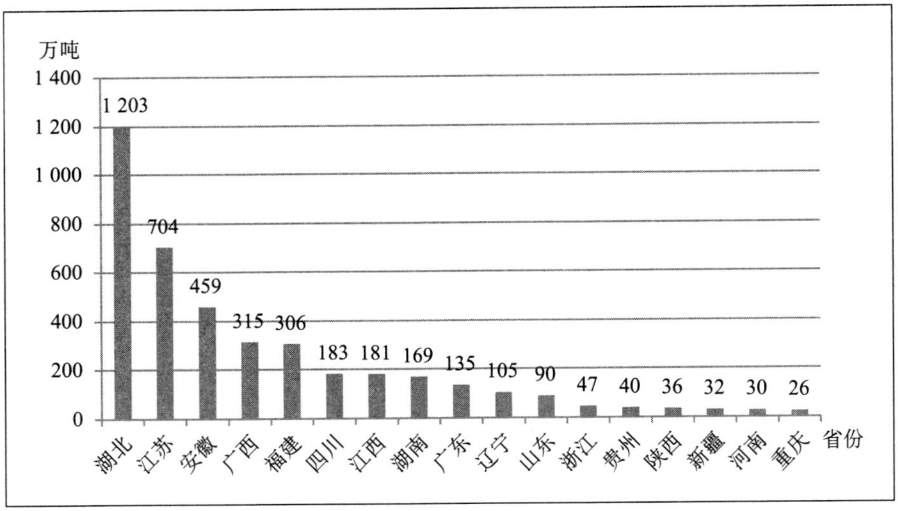

资料来源：然卡实业。

图 4－4－4　全国各省菜籽压榨产能

3. 国内进口油料依存度维持高位

近几年，我国实行供给侧改革，对大豆等作物实行生产者种植补贴政策，这在一定程度上使得主要国产油料产量得到保障，而由于 2018 年中美贸易摩擦加剧，进口成本提高，使得我国大豆、菜籽等进口量缩减，我国对大豆等的进口依存度有所降低，但我国主要油脂仍需要大量进口，且棕榈油、菜油等进出口未受贸易争端影响，因而我国食用油供应的进口依存度提高到了71%左右（见表4－4－3）。

表4－4－3　我国食用油供应依赖进口　单位：万吨

项目	2013年	折油	2014年	折油	2015年	折油	2016年	折油	2017年	折油
大豆进口量	6 338	1 172	7 140	1 321	8 169	1 511	8 391	1 552	9 553	1 767
菜籽进口量	366	152	508	211	447	185	357	148	475	197
其他油籽进口	80	24	104	31	141	42	205	61	173	52
植物油进口量	922	922	787	787	839	839	688	688	743	743
进口植物油和进口油籽折油		2 270		2 350		2 577		2 449		2 759
国产油籽生产植物油量		1 170		1 150		1 100		1 095		1 100
当年植物油新增供应量		3 440		3 500		3 677		3 544		3 859
植物油供应对外依存度		66.0%		67.1%		70.1%		69.1%		71.5%

资料来源：然卡实业。

2018年虽然大豆种植补贴政策继续实行，但具体补贴内容公布偏晚，农户已经进行了作物的种植，因而当年国产大豆种植面积和产量未出现预期增幅。油菜籽因种植效益低下，种植面积也继续减少，加上天气不佳，国内油菜籽产量降至300万吨左右。加之2018年贸易摩擦持续，我国主要油脂油料受制于国外，这也进一步促使国内政策向促进自产转变，以降低对某一国家或区域的进口依赖程度（见图4－4－5、图4－4－6）。

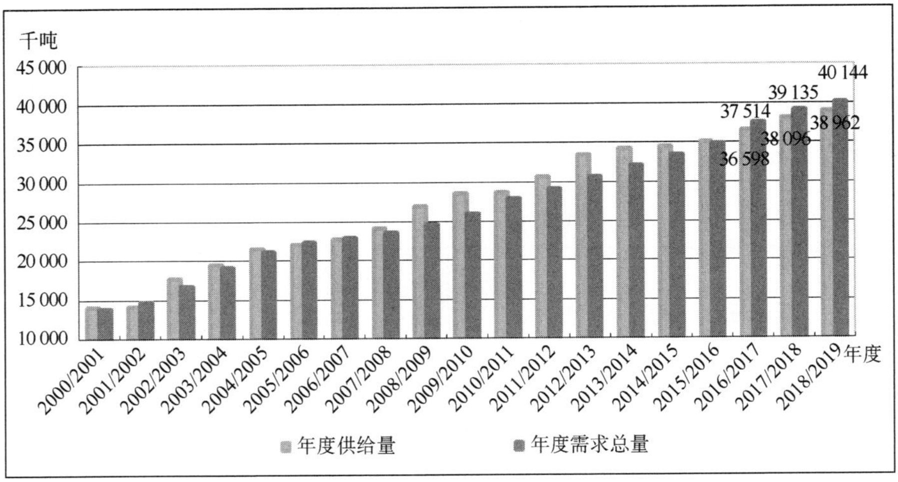

资料来源：然卡实业。

图4-4-5 2000/2001—2018/2019年我国植物油供应状况

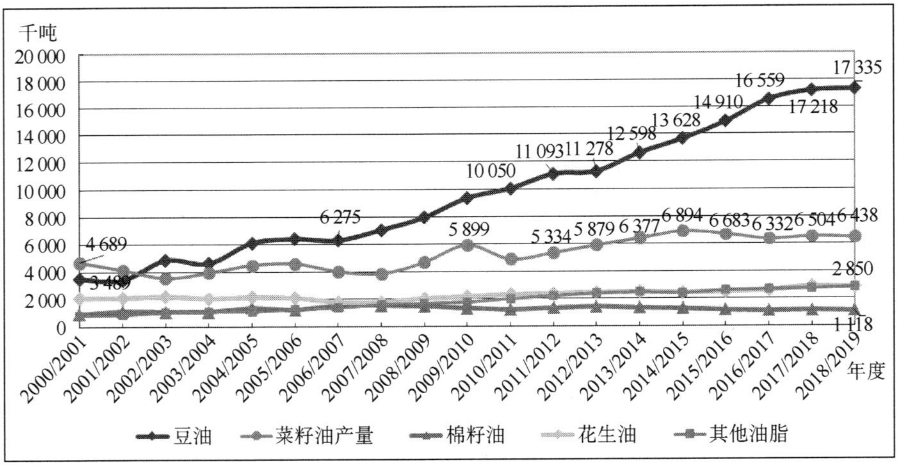

资料来源：然卡实业。

图4-4-6 国内食用油产量情况

由于我国人口数量大，且国内植物油消费主要用于食用，而随着我国经济发展水平的不断提高，人们对传统的豆油、花生油需求增长之外，对葵花油、玉米油、茶籽油的需求也逐年增长。尤其是具有良好品牌声誉的中小包装食用油，被人们广泛接受。

不过，各地居民对食用油的消费仍有一定的区域性偏好，比如长江沿区的人们依旧喜欢以菜油消费为主，在当地其他食用油的替代性偏弱。而出于价格差异考虑，以及食品的上色喜好，棕榈油依旧是食品生产企业的青睐对象，因而价格偏低的棕榈油，未来一段时间在国内的消费有恢复性增长可能（见图4-4-7）。最近几年临储菜油拍卖使得菜油消费量大幅增加。

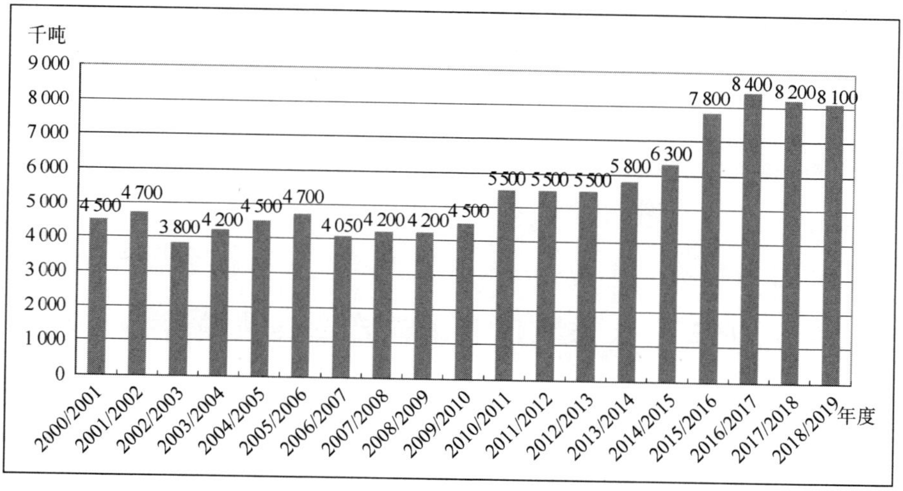

资料来源：然卡实业。

图4-4-7　我国菜油的消费状况

虽然近几年国内环保监管力度增强，生物燃料得到很大程度的宣传和应用，但我国生物柴油的计划仍未提上日程，因而食用油在工业领域的消费增长，仍需要一个漫长的时间过程。

由于国产油料供应一直有限，加之国内储备拍卖不断，以去库存为指导的政策，使国内食用油处于去库存的运行周期之中，当临储油料和储备菜油拍卖结束之后，国内植物油的去库存状态方有可能结束（见图4-4-8）。

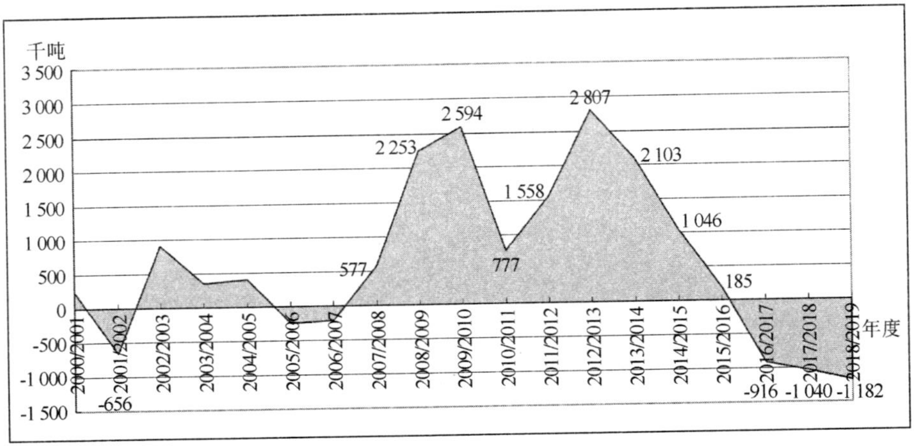

资料来源：然卡实业。

图4-4-8　国内植物油进入去库存状态

（三）未来我国食用油产业发展趋势

最近几年，我国食用油企业已经开始普遍接受基差定价、期权定价等购销方式，尤其是在进口油脂油料贸易上，熟练地运用金融工具可以使企业避免由价格大幅波动带来的额外损失，也可以使企业长期保持较为稳定的收入，促进我国食用油产业的稳定发展。在未来几年里，供给侧结构性改革对我国食用油产业去库存化和压榨行业去产能方面将产生较大影响。国内食用油价格不断向市场化迈进，食用油行业持续保持强有力的竞争性。

1. 对消费和进口领域管控加强

由于生活水平不断提高，我国人民对食用油的消费和蛋白质的摄入量开始增加，在食用油行业中，原料大多需从国外进口，而2018年国际贸易争端不断，使得我国对外依存度极高的食用油产业风险大大提高，所以，我国政府也在不断寻求更多的供应端来源，在原材料替代方面也在积极寻求方案。在进口大豆、菜籽和棕榈油等油脂油料方面，加强审查和质量检测力度，在目前这样一个贸易风波不断的国际环境中，增强对消费和进口领域的管控，也是对我国食用油产业的一种保护。

2. 产能过剩难持续，需加快整合

近年来，我国大豆、菜籽等油料压榨行业一直面临着一个重要的问题，那就是产能过剩。一个行业如果长时间存在产能过剩问题，那么整个行业的利润必然会缩减，这对于国内大豆压榨行业来说显得尤其明显。虽然目前大多企业已经可以成熟地运用期货、期权等避险定价方式来保护自身的利润，但是产生的另一个弊端便是食用油企业扩张更加严重，油脂油料压榨产能也更加过剩。不过，当资金体量偏小、风险承受能力较差的企业面临突变的市场行情和未知的系统风险时，可能会面临破产的局面，因此资金雄厚、风控能力强的大型企业将会吞并那些落后企业，通过淘汰落后产能和加速企业重组，有利于食用油行业的发展与壮大。

3. 粮食安全是食用油产业的前提保证

这几年，国家一直比较重视环保的监管和治理，一些污染较为严重的大豆、油菜籽压榨企业纷纷停机整改，这对我国食用油产业健康发展具有十分重大的意义。近年由于国际贸易摩擦不断，也使我国不得不对进口转基因的油脂油料进行严格审查，这也为我国食用油产业迈向安全化、健康化提供了重要的前提保证。

4. 食用油市场秩序向合理化转变

过去在小包装食用油销售方面，会有部分厂商以配方保密为由以次充好，比如打着橄榄调和油旗号的食用油，实际上成本很高的橄榄油在产品中占比只有0.8%。随着人民生活水平的提高，食用油消费结构多元化，城乡居民对饮食健康越来越重视，消费者更青睐购买营养、健康、安全的食用油。2018年底，国家对食用植物调和油实行了新的国标，为快速拨正市场秩序和保持食用油行业的稳定发展，实行新国标无疑是正确选择。

（上海然卡实业投资有限公司　高艳滨　赵建新）

第五部分

2018 年中国粮食相关政策法规

一、大力实施乡村振兴战略 加快推进农业农村现代化

【内容提要】

2018年，是全面贯彻党的十九大精神和实施乡村振兴战略的开局之年。面对新时代社会主要矛盾发展变化和决胜全面建成小康社会、全面建成社会主义现代化国家对农业农村发展提出的新要求，党中央、国务院发出了以“关于实施乡村振兴战略的意见”为主题的指导农业农村工作的1号文件。文件立足当前、着眼长远，在对实施乡村振兴战略这一新时代“三农”工作的总抓手进行顶层设计和系统部署的同时，就坚持质量兴农、绿色兴农，推动乡村产业兴旺，提高农业创新力、竞争力和全要素生产率，加快实现由农业大国向农业强国转变，提出了一系列重大政策措施。在中央1号文件的正确指导和全国上下的共同努力下，农业农村经济发展继续保持稳中向好态势，乡村振兴实现良好开局，为保持经济持续健康发展和社会大局稳定提供了有力支撑。

2018年1月，中共中央、国务院发出了《关于深入实施乡村振兴战略的意见》（中发［2018］1号），对走中国特色社会主义乡村振兴道路进行了全面部署，是新时代做好“三农”工作的纲领性文件。

（一）政策出台背景

2018年的中央1号文件，是党的十九大后第一个

中央1号文件。文件全面贯彻党的十九大精神，以习近平新时代中国特色社会主义为指导，对实施乡村振兴战略做出了顶层设计和系统部署。这是以习近平同志为核心的党中央着眼党和国家事业全局，深刻把握现代化建设规律和城乡关系变化特征，顺应亿万农民对美好生活的期待，对“三农”工作做出的新的战略决策。主要考虑有：

第一，这是适应我国社会主要矛盾变化的紧迫要求。我国社会主要矛盾已经转化为人民日益增长的美好生活需要和不平衡不充分的发展之间的矛盾。适应社会主要矛盾的变化，必须在继续推动发展的基础上，着力解决好发展不平衡不充分问题，更好满足人民日益增长的美好生活需要。尽管这些年农业农村有了长足进步，但基础差、底子薄、发展滞后的状况并没有根本改变，乡村仍然是我国发展不平衡不充分问题最为突出的部分。从人民日益增长的美好生活需要看，在生活总体达到小康后，农民群众期盼有更高质量的就业、更为满意的收入、更好的基本公共服务，城乡居民都期盼有更多更高质量的农产品、更加优美舒适的生活环境。实施乡村振兴战略，建设繁荣、富裕、美丽的现代化农村，既是解决好发展不平衡不充分问题的重点所在，也是全体人民过上更加美好生活的共同愿望。

第二，这是实现中华民族伟大复兴中国梦的紧迫要求。目前我国农村有近6亿常住人口，即便将来城镇化率达到较高水平，仍会有数亿人生活在农村。如果只顾城市不顾农村，导致农业落后、农民贫困、农村凋敝，就是城市建设得再好，那也不能算是实现了中华民族伟大复兴。经过几十年的工业化、城镇化，现在我国很多城市已经很华丽、很繁荣，但农村发展明显滞后。在工农、城乡、地区三大差距中，城乡差距问题最大。如期实现第一个百年奋斗目标并向第二个百年奋斗目标迈进，最艰巨最繁重的任务在农村。确保农村在全面建成小康社会、全面建设社会主义现代化国家征程中不掉队，必须坚决打赢脱贫攻坚战、加快推进农业农村现代化，促进乡村全面振兴。

第三，这是建设现代化经济体系的紧迫要求。虽然现在农业占国民经济的比重已不足8%，但农业的基础地位并没有变。近些年我国在经济增速放缓的情况下，能够实现就业增加、收入增长、环境改善，很重要的一个原因就是有农业的坚实支撑。建设现代化经济体系，农业仍然是基础。农产品供给充裕、物价稳定，推进供给侧结构性改革、加快经济结构调整优化就会有底气。同时，农业产业链条长、农村特色资源丰富、农民潜在消费需求巨大，蕴含着新动能成长的巨大空间。实施乡村振兴战略，促进农业发展、农村建设、农民增收，既能增加消费需求，又能扩大有效投资，还可以依托农村丰富的资源要素，培育大量新产业、新业态，为经济社会发展注入源源不断的新动能。

第四，这是加快农业农村自身发展的紧迫要求。过去很长一段时期，“三农”工作的重心主要在促进农业生产发展上，特别是农产品产量增长上，对提升农业发展质量效益和加强农村建设重视不够。这既加剧了农业的资源环境制约、压缩了农业持续发展的空间，还造成农村资源要素大量流失，农村人才、资金、土地等持续单向流入城市，导致部分农村产业落后、基础设施薄弱、公共服务不足、社会缺乏活力，削弱了农村持续发展的动力。只有促进乡村全面振兴，扩大农村开放，才能进一步提升农村人气，吸引外部现代资源要素流入，才能加快培育壮大农业农村发展的新动能，开辟农业增效、农民增收、农村发展的新空间。

（二）主要政策内容

2018 年的中央 1 号文件，从提升农业发展质量、推进乡村绿色发展、繁荣兴盛农村文化、构建乡村治理新体系、提高农村民生保障水平、打好精准脱贫攻坚战、强化乡村振兴制度性供给、强化乡村振兴人才支撑、强化乡村振兴投入保障、坚持和完善党对“三农”工作的领导等方面进行了全面部署，提出了一系列重大政策、重大行动和重大举措。其中与农业特别是粮食生产直接相关的内容主要有 4 个方面：

1. 提升农业发展质量，培育乡村发展新动能

一是夯实农业生产能力基础。深入实施藏粮于地、藏粮于技战略，全面落实永久基本农田特殊保护制度，加快划定和建设粮食生产功能区、重要农产品生产保护区。大规模推进农村土地整治和高标准农田建设，加快灌区续建配套与现代化改造，建设一批重大高效节水灌溉工程。加快发展现代农作物、畜禽、水产、林木种业，高标准建设国家南繁育种基地。进

一步提高大宗农作物机械国产化水平，加快研发经济作物、养殖业、丘陵山区农林机械，大力发展数字农业。二是实施质量兴农战略。制定和实施国家质量兴农战略规划，建立健全质量兴农评价体系、政策体系、工作体系和考核体系，推动农业由增产导向转向提质导向。推进特色农产品优势区创建，建设现代农业产业园、农业科技园。三是构建农村一二三产业融合发展体系。实施农产品加工业提升行动，加强农产品产后分级、包装、营销，建设现代化农产品冷链仓储物流体系，打造农产品销售公共服务平台，鼓励支持各类市场主体创新发展基于互联网的新型农业产业模式。四是构建农业对外开放新格局。实施特色优势农产品出口提升行动，扩大高附加值农产品出口。积极支持农业走出去，培育具有国际竞争力的大粮商和农业企业集团，积极参与全球粮食安全治理和农业贸易规则制定。五是促进小农户和现代农业发展有机衔接。统筹兼顾培育新型农业经营主体和扶持小农户，培育各类专业化市场化服务组织，推进农业生产全程社会化服务，帮助小农户节本增效。发展多样化的联合与合作，提升小农户组织化程度。打造区域公用品牌，开展农超对接、农社对接，帮助小农户对接市场。改善小农户生产设施条件，提升小农户抗风险能力。

2. 推进乡村绿色发展，打造人与自然和谐共生发展新格局

一是统筹山水林田湖草系统治理。实施重要生态系统保护和修复工程，健全耕地草原森林河流湖泊休养生息制度，分类有序退出超载的边际产能，扩大耕地轮作休耕制度试点。实行水资源消耗总量和强度双控行动，继续开展退耕还湿，扩大退耕还林还草、退牧还草，建立成果巩固长效机制。二是加强农村突出环境问题综合治理。加强农业面源污染防治，开展农业绿色发展行动，推进有机肥替代化肥、畜禽粪污处理、农作物秸秆综合利用、废弃农膜回收、病虫害绿色防控。扩大华北地下水超采区综合治理范围，推进重金属污染耕地防控和修复，开展土壤污染治理与修复技术应用试点，加大东北黑土地保护力度。三是建立市场化多元化生态补偿机制。落实农业功能区制度，加大重点生态功能区转移支付力度。

3. 推进体制机制创新，强化乡村振兴制度性供给

一是巩固和完善农村基本经营制度。衔接落实好第二轮土地承包到期后再延长 30 年的政策，完善农村承包地“三权分置”制度，农村承包土地经营权可以依法向金融机构融资担保、入股从事农业产业化经营。实施新型农业经营主体培育工程，培育发展家庭农场、合作社、龙头企业、社会化服务组织和农业产业化联合体。二是深化农村土地制度改革。系统总结农村土地征收、集体经营性建设用地入市、宅基地制度改革试点经验，逐步扩大试点。三是深入推进农村集体产权制度改革。全面开展农村集体资产清产核资、集体成员身份确认，维护进城落户农民土地承包权、宅基地使用权、集体收益分配权。四是完善农业支持保护制度。扩大“绿箱”政策的实施范围和规模，深化农产品收储制度和价格形成机制改革，加快培育多元市场购销主体，改革完善中央储备粮管理体制。探索开展稻谷、小麦、玉米三大粮食作物完全成本保险和收入保险试点，加快建立多层次农业保险体系。

4. 汇聚全社会力量，强化乡村振兴人才支撑和资金保障

一是大力培育新型职业农民。全面建立职业农民制度，实施新型职业农民培育工程，支持农民专业合作社、专业技术协会、龙头企业等主体承担培训，引导符合条件的新型职业农民参加城镇职工养老、医疗等社会保障制度。二是加强农村专业人才队伍建设。建立县域专业人才统筹使用制度，扶持培养一批农业职业经理人、经纪人等。三是确保财政投入持续增长。公共财政更大力度向“三农”倾斜，加快建立涉农资金统筹整合长效机制，通过财政担保费率补助和以奖代补等，加大对新型农业经营主体支持力度。四是拓宽资金筹集渠道。建立高标准农田建设等新增耕地指标和城乡建设用地增减挂钩节余指标跨省域调剂机制，将所得收益通过支出预算全部用于巩固脱贫攻坚成果和支持实施乡村振兴战略。

（三）政策实施效果

2018 年，在中央 1 号文件的有力推动和全国上下的共同努力下，农业农村经济发展继续保持稳中有进，实施乡村振兴战略开局良好。主要表现在：一是农业和粮食生产保持基本稳定。全国粮食总产量达到 65 789

万吨，比上年下降 0.6%，仍属历史高产年，棉油糖、果菜茶、肉蛋奶和水产品等都供应充足。二是农民收入继续较快增长。全国农村居民人均可支配收入达到 14 617 元，扣除价格因素比上年实际增长 6.6%，比城镇居民人均可支配收入增幅高 1 个百分点。三是农业高质量发展实现新突破。农作物耕种收综合机械化率达到 68%，主要农作物绿色防控应用面积达到 5.8 亿亩，耕地轮作休耕面积达到 3 000 万亩，化肥农药使用量双双实现负增长，畜禽规模养殖比重提高近 3 个百分点，农产品优质率和品牌率进一步提高，主要农产品监测合格率保持在 97% 以上。四是农业农村发展新动能加快成长。各类新型经营主体超过 300 万家，新型职业农民超过 1 500 万名，返乡下乡创新创业人员超过 780 万人，农产品加工业与农业产值比提高到 2.3∶1，休闲农业和乡村旅游总收入超过 8 000 亿元，农村网络销售额突破 1 万亿元，乡村新产业新业态蓬勃发展。农业农村经济形势持续向好，为保持经济持续健康发展和社会大局稳定提供了有力支撑，为应对国内外风险挑战、做好全局工作增添了底气。

（国务院研究室农村司　张顺喜）

二、2018年粮食信贷政策与管理

【内容提要】

2018年，国际国内经济形势复杂严峻。党中央、国务院采取了一系列政策措施，我国经济运行保持了稳中向好态势，但经济运行中的结构性矛盾仍然突出。国家大力实施乡村振兴战略，深化粮食收储制度和价格形成机制改革，粮食产业发展面临重大机遇；同时，国内粮食市场供大于求，“稻强米弱、麦强粉弱”的格局尚未改变，加工企业经营仍存在一定困难，政策性去库存压力较大。面对错综复杂形势，农发行始终将服务国家粮食安全作为根本职责和政治使命，提升站位，聚焦主业，积极支持国家粮食收储制度改革，完善和创新信贷政策，做出并出台了三十条市场化收储信贷政策的制度性安排，统筹支持政策性和市场性收购，延伸支持粮食全产业链，不断提升金融服务能力，有效维护了粮食市场稳定，促进了粮食产业发展，为将中国人的饭碗牢牢端在自己手里提供了有力的资金保障。

（一）政策背景

2018年，世界经济延续温和复苏，但贸易保护主义、单边主义抬头，主要经济体货币政策收紧，经济发展动能放缓，不确定因素增多。面对复杂多变的国内外经济形势，党中央、国务院认真贯彻党的十九大精神，坚持稳中求进的工作总基调，采取稳就业、稳金融、稳外贸、稳外资、稳投资、稳预期的政策措施，我国经济运行保持了稳中向好态势。但经济运行中的结构性矛盾仍然突出，部分领域的困难和风险还比较大，实体经济和民营企业发展还面临一定的困难。国际农产品供需保持宽松，国内粮食供过于求与结构性矛盾共存，我国粮食安全工作的重点已由总量安全向产能安全、结构安全、质量安全和生态安全拓展，粮食安全目标由保障城乡居民"吃得饱"向"吃得好"转变。同时，农业供给侧结构性改革纵深推进，粮食收储制度改革进程加快，政策性粮食去库存力度加大，粮食市场行情波动较大，都对粮食信贷政策产生了一定影响。

1. 国家继续完善支农惠农政策

党的十九大做出实施乡村振兴战略的决策部署，要求坚持农村优先发展，加快推进农业农村现代化，强调要确保国家粮食安全，把中国人的饭碗牢牢端在自己手中。2018年中央1号文件要求，夯实农业生产能力基础，实施"藏粮于地、藏粮于技"战略，完善农业支持保护制度，健全粮食主产区利益补偿机制；明确农业发展银行在乡村振兴中的职责定位，加大对乡村振兴中长期信贷支持。农发行做好粮食收购资金供应工作，既是党中央、国务院的要求，也是服务国家乡村振兴战略和粮食安全战略的需要。

2. 粮食市场化改革进程加快

2018年，国家深入推进粮食收储制度和价格形成机制改革，全面下调小麦、稻谷最低收购价格，稻谷价格下调幅度还比较大，修订了小麦、稻谷最低收购价执行预案，缩短了预案执行时间，提高了收购质量标准，最低收购价粮食收购量同比明显减少。最低收购价预案不启动或只在局部地区启动正逐步成为常态，以市场化收购为主正逐步成为常态。同时，国家加大政策性粮食去库存力度，玉米去库存进度超预期，农发行政策性粮食收储业务"触顶回调"，要求农发行因时而变，推动粮食信贷业务转型发展。

3. 防控信贷风险压力较大

宏观经济运行稳中有变，变中有忧，农产品贸易风险加大，粮食信贷业务面临一定风险。从行业来看，大豆和玉米行业受中美贸易摩擦影响，市场行情波动较大；从产业来看，玉米加工产能扩张、利润下降，大米、面粉、大豆加工产业仍未摆脱低迷；从企业来看，实体企业经营还比较困难，一部分粮食企业处于亏损和亏损边缘。宏观和微观形势都要求农发行强化粮食信贷管理，提高风险防控能力，切实打好防范化解信贷风险攻坚战。

（二）信贷政策

2018 年农发行粮油信贷工作，坚持以习近平新时代中国特色社会主义思想为指导，以服务乡村振兴和国家粮食安全为重点，推动粮食信贷业务由政策性业务为主向政策性和市场性并重转变，由支持收储为主向支持全产业链发展转变，努力提高市场份额，创新培育发展新动能，重塑“三铁”、坚守“三查”，强化风险防控，推动粮食信贷业务高质量发展。具体的信贷政策主要有以下几个方面：

1. 保障政策性粮食收购资金供应，确保国家宏观调控政策落实

农发行将保障政策性粮食收购资金供应，作为促进农业供给侧结构性改革，服务国家粮食安全，维护种粮农民利益的重要举措。一是及时足额保障中央储备粮及轮换贷款资金需要；在地方政府明确粮权、落实各项财政补贴的前提下，保障地方储备粮油增储和轮换资金需求。二是认真落实小麦和稻谷最低收购价预案，配合有关部门做好库点认定工作，加强委托、租赁库点的资信审核，保证最低收购价粮食信贷资金供应。三是依托粮食安全省长责任制，配合地方政府制定低质粮收购预案，及时供应地方调控粮食收购资金，防止出现区域性卖粮难问题。

2. 加大市场化粮食业务支持力度，积极服务粮食产业发展

树立“大市场”“大粮食”“大流通”“大产业”理念，先后制定出台了《关于推进市场化条件下粮油信贷业务发展的实施意见》和《当前支持粮食市场化改革发展的若干措施》，加大对粮食全产业链的信贷支

持。一是做好购销储。粮食主产区，重点保收购，巩固住收购资金供应主渠道地位。粮食主销区和产销平衡区，重点保供给，保障粮食市场的稳定，为市场提供优质绿色的粮食产品，以满足人民日益增长的美好生活需要。二是做大流通。积极支持国家提高粮油流通把控能力，打造产销区有机衔接、产业链深度融合、经济高效运行的粮食现代物流体系。努力满足“北粮南运”“中粮西运”“西杂东运”“内外流通”等资金需求，实现产销衔接和国内外市场及资源的统筹利用。三是做强加工。积极支持龙头加工企业开展优质米、专用粉、全麦粉、薯类及其制品等绿色优质营养健康产品加工，支持企业发展燃料乙醇、酿酒、生物医药等粮食深加工项目，支持“中国好粮油”行动计划，推动优质优价和品牌创建。四是做活产业链。围绕“藏粮于地、藏粮于技”，支持各类耕地质量保护和提质工程；支持土地流转和适度规模经营；支持促进粮油提质增效的农业科技创新类项目；支持企业发展“产购储加销”一体化模式，向上游延伸与新型农业经营主体开展产销对接，建立加工原料基地，向下游延伸建设物流服务和营销网络，促进全产业链发展。

3. 以客户为中心，提供优质信贷服务

制定《以客户为中心服务管理体系改革方案》，树立以客户为中心的经营意识和服务理念，构建前中后台和上下级行整体协同的大服务格局，支持和帮助客户创造价值。一是因地制宜建立优质客户群。根据企业经营状况、信用等级及综合贡献度等情况，对客户分级分类管理，对风险可控、专注主业的粮食企业重点支持。二是优化信贷服务。按照“首接负责制”的原则，为企业提供一站式信贷服务。对大型集团客户指定单独的信贷服务方案。优化评级授信和办贷流程，提高办贷效率。三是完善信贷产品。拓宽收购、调销和仓储设施贷款使用范围，增强信贷产品的适用性。明确对符合条件的企业可以发放信用贷款支持。四是创新信贷模式。继续推广信用保证基金融资模式，从玉米扩大到小麦、稻谷和大豆等品种。推广贷款保证保险。鼓励辽宁、江苏、广东等分行依托粮食专用港口，结合港口粮食收购经营特点，开展供应链金融创新试点。

4. 从严加强管理，有效防控信贷风险

树立全面风险管理理念，坚持依法合规经营，正确处理好保收购、促发展与防风险的关系。一是加强信贷关键环节管理。严格落实“三铁”“三查”，把好客户准入、贷款调查、资金支付、库存管理和货款回笼等关键环节监管，解决好“信息不真实、用途不匹配、准入不审慎、审查不专业、管理不负责”问题。二是加强风险监测预警。加强粮食行业分析和产业分析，从宏观高度看大势走向。完善贷款风险监测指标，做好大额贷款客户监测和收购贷款“双结零”监测，做到早识别、早预警、早发现、早处置。三是运用现代科技手段推动管理创新。制定“封闭运行+大数据、云计算、人工智能”实施方案，逐步在客户信息、贷款办理、授信融资、贷后管理、分析预警、风险处置等方面实现智能化。四是推行精准问责，尽职免责。对未落实尽职管理要求形成风险的，从严问责；在管理到位，没有道德风险、合规风险的前提下，为解决“卖粮难”和“打白条”问题、为执行各级政府调控任务和因市场价格波动出现风险的，可以酌情予以免责处理。

（三）实施效果

1. 服务了国家粮食安全

农发行始终将服务国家粮食安全作为根本职责和政治使命，集中力量做好粮食信贷主业，发挥了粮食收购资金供应的“压舱石”作用，为将中国人的饭碗牢牢端在自己手中提供了资金保障。全年累计投放粮食收购贷款 1 962 亿元，支持企业收购粮食 1 305 亿千克，发挥了粮食信贷主办银行作用，维护了粮食市场稳定，保障了国家粮食宏观调控政策的顺利实施。农发行开户企业收购量占粮食全社会商品量的50%。

2. 助力了粮食收储制度改革

针对玉米全面市场化收购，小麦、稻谷最低收购价格全面下调的形势，农发行主动加大市场性信贷资金投入，积极支持多元市场主体入市收购，保证了“有人收粮”“有钱收粮”。全年新准入粮食市场性客户392户，市场性客户总数增长29%；市场化贷款投放份额和收购份额分别较上年提高9个百分点和18个百分点，没有发生区域性“卖粮难”和“打白条”问题，保证了粮食收储制度改革的稳步推进。

3. 推动了农业供给侧结构性改革

配合国家有关部门，做好政策性粮食去库存和挂账工作，加强对去库存粮食和资金的全程监管，及时收回去库存占用贷款，一方面优化了国家粮食库存结构，缓解了库存压力，玉米等粮食品种库存降至合理水平；另一方面保障了国家粮食安全和政策性信贷资金安全。

4. 缓解了粮食企业融资难融资贵问题

建立粮食信用保证基金的省份拓展到9个，全年发放基金项下贷款超过百亿元，粮食信用保证基金贷款实现了“基金额度、企业户数、贷款投放、收购数量、支持成效”五个增加，缓解了企业融资增信难的问题。在企业落实封闭运行管理，有效资产应抵尽抵的前提下，积极投放信用贷款支持企业收购。加大对民营企业支持力度，全年新准入民营企业客户200余户，支持民营企业做大做强。农发行投放的粮食贷款利率比商业银行普遍低20%以上，有效降低了企业融资成本。

5. 实现了粮食信贷业务的高质量发展

在服务国家粮食安全战略的同时，农发行市场经营意识显著增强，“以客户为中心”服务理念逐步确立；客户结构和信贷结构进一步优化，AA⁻以上客户占全部粮食客户数的近一半，AA⁻以上客户贷款余额占全部粮食贷款余额的88%；信贷管理水平持续提升，贷款风险得到有效控制，2017年投放的市场性粮食收购贷款基本实现了“双结零”，信贷资产质量保持较好水平。

（中国农业发展银行　鲍建安）

第六部分

2018 年中国粮食市场体系建设

一、粮食批发市场发展状况与展望

【内容提要】

2018年，在全国粮食行政管理机构面临重大改革的情况下，国家有关部门和地方认真执行中央政策，突出了对粮食批发市场产业链、创新链、价值链“三链协同”发展的政策支持，促进加快了市场创新发展、转型升级和提质增效的步伐。2018年，全国粮食竞价交易统一平台运行稳步发展，“互联网+粮食”线上线下融合交易和现代物流运行、金融服务相结合的国家级交易大平台正日趋成熟，粮食去库存成效明显。

（一）粮食批发市场发展的外部环境

据国家统计局公布的全国粮食生产数据显示，2018年全国粮食总产量65 789万吨（13 158亿斤），比2017年减少371万吨（74亿斤），下降0.6%。全年粮食产量虽有所下降，但减幅不大，仍处于高位水平，属于丰收年景。

1. 粮食种植结构调整持续优化

2018年，各地在党中央、国务院的坚强领导下，认真贯彻中央1号文件精神，坚持稳中求进的工作总基调，按照“藏粮于地、藏粮于技”的发展思路，深入推进农业供给侧结构性改革，调减库存较多的稻谷和玉米种植，扩大大豆种植，因地制宜发展经济作物，收效显著。

2. 我国粮食安全形势依然不容乐观

我国粮食生产连年丰收、流通能力显著提升，为保障国家粮食安全提供了有利条件和宽松的环境，但应当看到，中国是一个人口大国，粮食始终是事关国计民生的最重要农产品。虽然我国粮食产量多年保持在高位水平，粮食尤其是谷物库存较为充裕，种植结构调整取得阶段性进展，但我国粮食生产基础尚不稳固，还未完全摆脱“靠天吃饭”的局面，粮食供给地区不平衡、结构不合理、种植效益低及“高库存、高进口、高成本”的“三高”压力沉重，给精准调控、稳定市场、防范风险带来的较大压力等问题仍没有从根本上解决，确保国家粮食安全任重道远。

3. 国家继续强化对粮食市场扶持，促进市场稳定发展

2018 年中央 1 号文件指出“重点解决农产品销售中的突出问题，加强农产品产后分级、包装、营销，建设现代化农产品冷链仓储物流体系，打造农产品销售公共服务平台”“深化农产品收储制度和价格形成机制改革，加快培育多元市场购销主体，改革完善中央储备粮管理体制。通过完善拍卖机制、定向销售、包干销售等，加快消化政策性粮食库存。国家有关部门和地方认真贯彻执行中央政策，加大了对建设现代化农产品冷链仓储物流体系，打造农产品销售公共服务平台，尤其是优质粮油示范工程项目的政策和资金扶持力度，促进了市场的健康稳定发展。

（二）2018 年粮食批发市场的发展状况

1. “去库存”中粮食交易中心独树一帜，发挥了强大的主渠道作用

2018 年，各省粮食交易中心通过完善拍卖交易机制、定向销售等形式，紧抓“去库存”政策性销售业务，全年通过国家粮食交易中心统一竞价交易平台成交国家政策性粮食 12 559 万吨，较 2017 年增加 4 739 万吨，增长幅度达 60.6%，交易中心经营性效益明显提高，既有效降低了粮食库存，又促进了粮食生产结构性调整，增加了农村和农民的收入。在

推进国家粮食“去库存”的同时，许多省级交易中心将竞价交易机制向市县延伸上下功夫，主动出门对接引进地方政策性粮食出库轮换、销售和采购业务，已成为地方粮食流通调控的重要载体。浙江交易中心在省粮食局的支持下通过实施“内分外合”发展战略，在省内外建立了八大粮食交易分中心，另外两大分中心正在建设推进中，交易触角覆盖到了全省各市，有效扩大了地方储粮竞价交易业务拓展，全年共组织公开竞价交易活动 430 场，实现省以下地方储备粮交易量 188 万吨。黑龙江、吉林交易中心在稻谷和玉米“去库存”中，发挥了粮食主产区流通主导作用，交易量分别达到 4 300 吨和 3 800 吨，为历史最高水平。武汉、南昌、河北、四川、江苏、福建等交易中心发展稳定，交易量、交易额齐升，就连近两年刚组建的广西、贵州中心也后来者居上，交易活跃。

在积极响应国家粮食和物资储备局提出的“中国好粮油行动计划”和“五优联动”工程中，国家粮食交易中心联合各省级交易中心为主承办了在哈尔滨召开的新中国成立以来规模最大的首届中国粮食交易大会，赢得了国内外行业的良好反响。各交易中心也创新思维，积极谋求在粮食供给侧改革中的粮食市场发展模式，山东、黑龙江交易中心积极推进市县分中心建设。江西、山西、陕西、江苏、湖北、安徽主动开展交收库和仓单金融服务业务。浙江交易中心主动对接南昌、河北、山东、吉林、黑龙江、福建交易中心建立主销区和主产区交易中心互为融合的粮食产销合作联盟，分别举办了浙赣闽、浙冀、浙鲁吉等多场粮食网上竞价交易会，通过 BTOB/BTOC 形式，把交易平台打造成永不落幕、产销对接的优质粮油商品网上交易会，受到了国家局领导和相关粮食企业的肯定。

2. 成品粮市场发挥出粮食流通保供稳价的重要作用

成品粮市场作为确保城市粮食安全供应的主渠道，发挥出了越来越显著的保供稳价主导作用。2018 年 12 月，中粮协在厦门召开会议，再次表彰了全国十强粮食批发市场，这既是对前些年国家粮食局建立的全国大中城市重点联系成品粮市场制度的延续，又融入了新的发展理念。一年来，各市场积极提档升级经营措施，拓宽销售渠道，成品粮油成交量稳步上升。杭州粮油物流市场粮食线上线下融合交易，年交易量达 340. 89 万吨，福州市场 143. 21 万吨，北京盛华宏林 112 万吨，东莞常平市场 80. 1 万吨，苏州市场 85.7 万吨。据对全国 20 家大型成品粮市场统计，年粮油成交量达 3 900 万吨，较上年有较大幅度增长。首批全国十强粮食市场的年交易量均已占当地口粮的 71% 以上，成为当地居民消费用粮的主渠道。

在提高交易能力的同时，成品粮市场积极投身“中国好粮油”行动计划和“五优联动”工程，通过开展放心粮油示范市场（商户）的创建评比和加强对粮油检测硬件设施的投入及日常巡查管理相结合的方式，守好前沿阵地，强化粮油商品质量管理，打造城市粮食安全消费的准入口，一年来在批发市场领域没有出现过一起食品质量安全方面的责任事故，确保了粮食消费安全。

3. 粮食批发市场行业主导促进发展

中国粮食行业协会粮食批发市场分会积极发挥桥梁纽带作用，全年组织全国各种类型粮食批发市场负责人分别在武汉和秦皇岛召开了分会理事长和理事扩大会议，通过专家点题、精英演讲、企业交流等形式，广泛探讨了在新形势下我国粮食批发市场的发展方向以及影响市场发展的国家新法律法规实施后的风险防范和困难问题。同时市场间还突破了地域限制，在如何发挥好党建工作的政治引领作用上进行了专题交流合作，浙江交易中心和河北、福建交易中心在全国粮食行业首创式分别缔结了党建红色联盟，用党建来促进业务经营合作的提高。

4. 全国粮食竞价交易平台龙头作用稳定凸显

国家交易协调中心不断强化对全国粮食竞价交易平台及运行体系的业务创新与领导，推行交收库制度和物流、金融服务板块，为全面实施社会贸易粮交易进行了积极创新准备。同时进一步加强与各省级粮食交易中心的联网运行，充分发挥龙头主导作用，重点积极推进稻谷、玉米的“去库存”业务，成效显著。在成功研发全国军粮统筹交易系统、服务于粮食宏观调控的同时，积极应对在“去库存”集中交易后的商务处理，通过加强制度建设、规范操作行为等一系列举措，及时化解矛盾，进一步树立了中心“公开公平公正”的良好形象，赢得了参与交易各方的口碑认同，影响力不断扩大，交易量不断上升，既消化了政策性粮食库存，极大地缓解了稻谷、玉米的“高库存”困难，又提高了交易履约率，确保了市场流通稳定。

5. 积极探索线上线下融合物流、金融服务的新业态

为适应国家粮食收储制度的改革，各市场在转型升级发展上积极作为，成品粮市场由于有强大的物流现货为依托支撑，所以对“互联网+粮食”BTOB/BTOC/CTOC 交易中信用和物流配送问题解决具有得天独厚的优势，对促进成品粮市场快速发展也具有强大的推动作用。交易中心居安思危，利用资金、资源及经营优势，在创新建立粮食大物流、仓单质押金融服务及粮食线上线下融合交易的新业态上进行探索。陕西市场与中粮集团深化紧密型合作，利用老粮食仓库资源改造建设成品粮市场，既为市场未来发展稳定创造基础，又融合了不同业态，寻求新的发展空间。有的交易中心未雨绸缪，开始着手准备对粮食以外物质轮换交易的系统研发，以适应发展的需要。同时还自行筹措资金，开始开发社会集团性消费贸易粮油的交易信息发布和竞价系统，以实现社会流通性粮油网上交易的全覆盖，进一步扩大市场占有率。

（三）2019 年粮食批发市场展望

2019 年，是深化贯彻习近平中国特色社会主义思想的重要之年，是庆祝中华人民共和国 70 华诞之年，同时也是全国粮食系统“加快推进深化改革转型发展年”，以“五优联动”为核心的优质粮食工程将引领、推动粮食产业高质量发展。加快粮食产业创新发展、转型升级、提质增效，实现优质化、特色化、品牌化发展。所以粮食批发市场发展面临着新的机遇和挑战，在进一步完善粮食批发市场体系建设、提升功能的同时，将在深化粮食宏观调控、推进粮食供给侧结构性改革和“去库存”中发挥出积极重要的作用。

1. 统一性，打造全国粮食流通大平台

2019 年中央 1 号文件明确指出要“实施重要农产品保障战略。加强顶层设计和系统规划，立足国内保障粮食等重要农产品供给，统筹用好国际国内两个市场、两种资源，科学确定国内重要农产品保障水平，健全保障体系，提高国内安全保障能力。将稻谷、小麦作为必保品种，稳定玉米生产，确保谷物基本自给、口粮绝对安全。”粮食批发市场要立足“必保”和“绝对”，在整合市场资源，发挥好国家粮食交易中心核心引领功能基础上，积极转型升级、提质增效，创建中国粮食智慧交易平台，进一步优化服务方式，继续扎实做好政策性粮食竞价交易；完善运输协调、交收库管理、质量检验、仓单交易等功能，持续推进贸易粮网上交易，探索稳定国家粮食安全新途径，形成国内集聚、国际有影响力的粮食大市场、大平台，打开发展的新局面。

2. 融合性，打造线上线下融合交易新业态

在推进“加快推进深化改革转型发展年”的进程中，粮食批发市场服务于粮食宏观调控，确保建立稳定的粮食流通秩序和保障中心城市粮食安全供应将发挥越来越明显的重要作用。一是各市场将通过汇聚全国优质成品粮油，发挥动态市场的蓄水池，成为确保地方粮食安全的主渠道。二是市场将成为“中国好粮油”线上线下融合销售和产品展示发布的主平台，扩大“中国好粮油”社会美誉度和市场引领力。三是在服务于政策性“去库存”大局中，市场将用错位式发展理念开拓市场，在立足于重点“去库存”的同时，在粮食产销衔接、品种补缺、区域选择、客户选择上抓准突破口，大力尝试和发展非政策性粮食流通交易业务，实现“政策性”和“非政策性”两个市场同步开拓，“政府支持”和“纯市场化运作”两条腿齐步走，发挥市场在保障地方粮食安全中的主渠道作用。

3. 引领性，打造全国主要粮食品种价格发布平台

要突出市场服务于粮食宏观调控功能作用，利用线上线下融合交易的资源优势，采用“政府促、市场做”的方式，在全国粮食主产区和主销区大型批发市场建立以“集约化数据、客观化分析、技术化研究、规范化发布”为基本内容的现代粮食批发市场交易价格运营管理平台，定期发布全国稻米、小麦、玉米、大豆、油籽价格指数，为政府宏观决策、粮食企业经营，提供科学精准的服务，维护粮食安全和流通稳定。

4. 服务性，打造产销互为联结的一体化模式

主产区粮食批发市场要引导同农民形成合理的利益关系，促进粮食加工逐步由粗向深、细、精、品牌转化，促使产品增值。发挥农村合作经济组织的团体营销和农民经纪人、运销大户的作用，实现优势互补，提高组织化、协作化程度，增强抵御市场风险能力。粮食主销区粮食批发市场要充分发挥市场在稳定粮食流通秩序，确保粮食“量”“质”安全中的龙头示范带动作用，以市场为导向，以特色优质服务为载体，引领粮食企业积极树优质、创品牌、创名牌，提高以中国好粮油品牌为代表优质品牌在市场中的覆盖面，提高市场竞争力。产区和销区粮食批发市场要立足粮食流通“一盘棋”、经营发展差异化的原则，开展产地与销地市场间合作，利用集约优势带动整体发展，形成信息、客户资信、物流联动，线上交易、线下物流代理服务互补和金融联保等社会效益和经济效益双提高的发展模式。

5. 安全性，打造粮油消费质量安全准入口

由于粮食批发市场处在确保粮油食品安全质量，打造让政府满意、让城乡居民消费放心的最前沿，社会责任重大，要从提高人防和技防相结合的角度，把好粮油质量准入关，尤其要增强对入场交易粮油“三证一报告”的粮油索证管理和粮油卫生指标的检测力度，坚决杜绝不合格粮油出入口粮市场，真正实现让老百姓从吃得饱到吃得好、吃得健康的转变。

（中粮协粮食批发市场分会理事长、杭州国家粮食交易中心董事长
陈国强）

二、粮食期货市场发展状况与展望

【内容提要】

2018 年，国内期货市场活跃度增强，玉米、棉花等农产品品种产业链得到进一步完善。中期协等机构公布的统计数据显示，2018 年国内期货市场累计成交量接近 30.29 亿手，累计成交金额接近 210.82 万亿元，分别比 2017 年下降 1.54% 和增长 12.20%，“保险 + 期货”业务在更大范围得到推广。2019 年，我国经济增长仍有望保持韧性，市场流动性有望继续保持合理充裕。市场预计 2019 年及以后，期货市场特别是农产品期货各市场主体，不但拥有较大的市场发展空间，而且拥有较大的市场服务开拓空间。

（一）2018 年粮食期货市场运行状况

1. 2018 年粮食期货市场总体发展形势

2018 年是我国改革开放 40 周年，国内粮油期货市场沉稳自信地迎来了大发展。2018 年期货市场进一步开放，粮食期现货市场融合发展成为重点，“保险 + 期货”等成为支持“三农”发展的重要方式。

从粮油期货市场来看，期现货市场融合得到广泛推广，如郑商所、大商所相关粮油商品仓单与非标仓单等串换、基差贸易、场外期权业务蓬勃发展等，集中展示了业界推进期现货融合的新尝试和新成就。

截至 2018 年，“期货”已连续三年荣登中央 1 号文件，为实施“乡村振兴战略”和服务国家脱贫攻坚战，“保险 + 期货”试点迅速扩大。与此同时，“订单农业 + 保险 + 期货（权）”试点也积极推开。据了解，“保险 + 期货”县域全覆盖试点、“农民收入保障计划”试点、“农户 + 农民专业合作社 + 期货公司”场外期权价格保障等模式创新在 2018 年接连涌现，“保险 + 期货”试点项目、涉及品种、覆盖省份的数量成倍增加。

2018 年，涉农的“保险 + 期货”试点业务进一步扩大。有关机构公布的数据显示，2018 年国内期货公司与多家保险公司合作，围绕大豆、玉米、鸡蛋、白糖、棉花、苹果、天然橡胶等农产品开展了上百个试点项目，覆盖农业种植面积数百万亩。其中，大商所在 2018 年还推出了涵盖“保险 + 期货”、场外期权、基差贸易等多种形式在内的“农民收入保障计划”，共支持开展数十个试点项目。

2018 年，玉米、豆粕、菜粕期价波动幅度较大，其中豆粕、菜粕成交量还出现较大增长，主要原因是自 2018 年 3 月至今，中美贸易磋商一直在反复进行，造成市场情绪不安所致。小麦、稻谷等大宗粮食和植物油脂、油料期货品种市场交易较为低迷，如小麦与稻谷由于交割标的、制度等正在完善中，加上这两个品种仍处在“政策市”，因此其交易一直不太活跃。

2018 年，我国粮油期现货市场的融合得到强化，期货市场的集中交易与现货市场的分散经营等逐渐完成对接，粮油期货交割标的物的标准化对现货市场发挥了积极的引导与示范作用，产业企业与各种农业经营组织进入期货市场来对冲风险，更多的农业龙头企业等利用期货市场来为生产经营活动服务，玉米等期货交割库则设到了田间地头。与此同时，随着期货市场服务“三农”活动的深入开展，更多的金融创新业务出现，农业产业企业特别是中小企业融资难问题得到解决。

从 2018 年国内粮油期现货市场出现的影响价格涨跌的主要因素来看，一是中美贸易磋商一波三折，这让大豆、玉米、豆粕等农产品市场面临诸多挑战；二是 2018 年后期至今非洲猪瘟在各地蔓延，对我国生猪养殖、猪肉消费、大豆与玉米需求等产生重大影响。目前，这两个因素仍然存在。业内专业人士认为，中美贸易磋商给中美经济乃至世界经济带来了一定冲击，国内期货市场也受到一些影响。就农产品而言，贸易摩擦已从供给端影响相关商品价格（见表 6－2－1）。

表 6－2－1　　2018 年郑州商品交易所、大连商品交易所交易情况表

单位：手，亿元

交易所名称	品种名称	2018 年累计成交总量（手）	2017 年同期成交总量（手）	2018 年累计成交总额（亿元）	2017 年同期成交总额（亿元）
郑州商品交易所	早籼稻	38 199	1 037	19.61	0.57
	菜籽油	35 080 478	25 990 659	23 262.07	17 374.30
	油菜籽	1 354	1 908	0.73	0.96
	菜籽粕	104 361 264	79 736 545	25 418.61	18 509.81
	普麦	301	82	0.36	0.10
	强麦	106 902	377 494	55.33	217.70
	粳稻	12 608	261	7.69	0.17
	晚籼稻	537 759	202	307.84	0.12
	总　额	140 138 865	106 108 188	49 072.24	36 103.73
大连商品交易所	黄豆	22 111 727	26 324 058	8 078.74	10 245.57
	玉米	66 812 732	127 323 949	12 323.20	21 070.91
	玉米淀粉	22 613 108	50 433 910	5 102.69	9 926.79
	豆粕	238 162 413	162 877 864	73 500.23	45 853.85
	豆油	54 135 551	57 158 378	31 020.31	35 473.25
	总　额	403 835 531	424 118 159	130 025.16	122 570.37
全国期货市场交易总额		543 974 396	530 226 347	179 097.40	158 674.10

说明：（1）本表根据郑州商品交易所、大连商品交易所提供数据计算；

（2）表中数据均为单边计算；

（3）表中数据均不含期转现数据。

2. 2018 年主要粮食期货品种市场表现

（1）小麦。2018 年，国内普通小麦现货价格出现了较大波动，强筋优质小麦现货价格则表现较为稳定，郑州强麦期价由于市场交易量较小，加上部分龙头产业企业控盘，在一定时间内波动较为频繁。

在 2018 年新麦上市前，国内普通与强筋优质小麦价格均运行平稳。年初时间，除了山东部分地区小麦价格较高以外，全国其他地区小麦市场供应均较为充足，市场价格波动不大。进入当年 5 月以后，随着多个小麦产区出现不利于小麦生长与收获的天气，小麦价格逐步走高，其中郑州强麦期价在 6 月 4 日创出 2 789 元/吨的年内高点。随后伴随着新麦大量上市，国内麦价经过短暂上涨后持续下行，其中强筋优质小麦价格基本上没有给贸易商等获利的机会与时间。

2018 年国内小麦市场有两个现象值得大家关注。一是政策性小麦的影响减弱。当年由于新麦质量差、产量减，特别是有关机构调低了 2018 年小麦最低收购价水平，使得当年最低收购价小麦收购基本没有启动，政策因素对小麦市场的影响持续减弱。二是普通小麦价格波动较大且频繁，强筋优质小麦供应量增加且价格平稳。2018 年河南、安徽等地小麦收获时出现阴雨天气，造成小麦发芽率较高，这部分小麦上市后价格高开低走，如河南产芽麦比例在 20% 以内的小麦开秤价为 1 800 ~ 1 900 元/吨，随后跌至 1 700 元/吨左右，10 月以后，随着价格优势的出现，以及饲料企业等入市收购，这部分小麦价格又回升到 2 100 元/吨左右。同一时期，强筋优质小麦一直表现平平，主要原因是河南、河北、山东等地强筋优质小麦播种面积近年来不断增加、新增供应量较大所致（见图 6 – 2 – 1）。

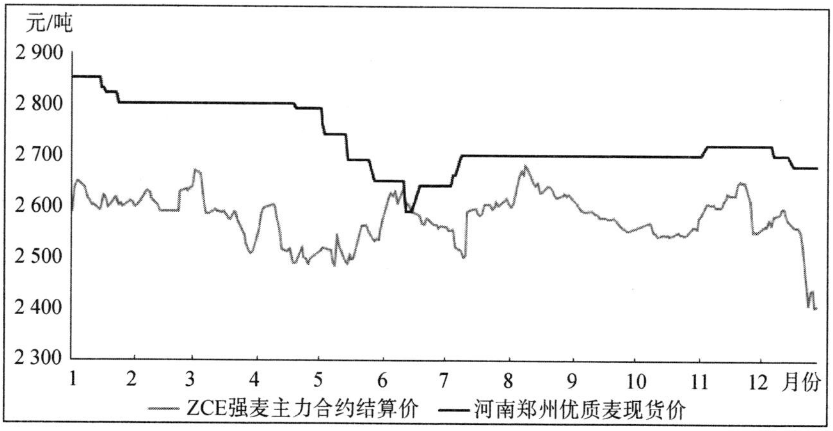

图 6 – 2 – 1　2018 年郑州强麦与河南郑州优质小麦现货价格走势图

（2）玉米与玉米淀粉。在 2018 年的大部分时间内，玉米与玉米淀粉期现货市场均是国内农产品市场令人关注的重点。主要原因是年内玉米与玉米淀粉市场出现了较往年不一样的情况，同时两品种价格的涨跌趋势也比较强，此外临储玉米在 2018 年累计投放 1.9 亿多吨，对市场供求关系形成了重大作用。

2018 年，玉米与玉米淀粉现货价格一路上行，进入 11 月中旬以后又持续走低。而从这两个品种的期价走势来看，其运行轨迹与现货价格保持一致，其中大连玉米期价在 11 月 12 日创出近年来的新高 2 018 元/吨，大连玉米淀粉则在 10 月 30 日创出新高 2 488 元/吨。

玉米与玉米淀粉在 2018 年的大部分时间内之所以表现坚挺，与国内高品质玉米供应偏紧有很大关系，同时下游需求良好与价格传导机制顺畅也支持玉米与玉米淀粉期现货价格保持强势，特别是在 2018 年产区农民普遍惜售。另据了解，2017 年东北地区玉米产量下降，东北地区新增玉米深加工产能较大，临储玉米库存数量下降较快，进口玉米酒糟粕与玉米、高粱、大麦数量下降等，也是造成国内玉米及其淀粉价格上涨的主要原因。特别值得关注的是，中美贸易问题不断出现也是支持玉米及其淀粉价格走高的重要因素。

2018 年 1 月至 10 月底，国内粮油市场最令人关注的粮油品种非玉米莫属，其价格持续上涨、市场各类传闻时刻牵动着人们的神经，市场各方均想在价格上涨的盛宴中分得一杯羹。从各市场主体的收益来看，在 2017 年底与 2018 年初收购并囤积玉米的贸易商等均挣了钱。进入 4 月以后，各类政策性库存玉米大量入市，其中临储玉米入市量最大，但由于 2018 年产区农民惜售、新玉米产量与质量不及预期、中美贸易问题升级等，玉米及其淀粉价格仍稳中有升。在此期间，只要是收购并囤积玉米的市场主体均获得了或多或少的收益。进入 11 月以后，国内玉米及其淀粉价格双双下行，主要原因是非洲猪瘟开始蔓延导致玉米饲用需求大幅减少、中美贸易问题向着好的方向发展、各类社会库存进入市场。在这一阶段，手中握有大量粮源的产区农民、中小型贸易商等收入受损。

在 2018 年玉米及其淀粉持续上涨期间，临储玉米借机大量入市，庞大的库存得到快速消化。有关机构发布的数据显示，自 4 月 12 日临储玉米开始拍卖至停止，在 25 周时间里，累计投放临储玉米 19 596 万吨，实际成交 8 648 万吨，平均成交率为 44%。单从成交比率来看，2018 年的临储玉米成交率并不高，但绝对数量却大幅增加。更值得市场关注的是，在临储玉米敞开供应、2018 年新玉米大量上市之际，市场价格面对新陈粮共同压制并没有“让步”，而且还表现坚挺，这不能不引起市场的思考。

据了解，2018年10月，我国北方玉米产区天气晴好，河南等玉米生产大省新粮集中上市，开秤价在0.85元/斤左右。与2017年相比，2018年新玉米开秤价偏高，玉米质量好于往年，主要是新产玉米没有霉变。天气干燥让收获的玉米可以及时得到晾晒，这方便了农民等保存玉米，造成一部分新产玉米直接流入农户、小贸易商和中小型养殖户手中，令进入市场流通的新粮没有像往年那样出现“潮涌”的现象，新粮对市场价格的“打压”力度低于往年。内地新产玉米质量普遍好于往年，按理说提供给市场的有效供给量也比较大，但为什么内地新产玉米开秤价还偏高呢？这主要是由两个原因造成的：一是农民普遍惜售，2018年内地产玉米质量虽然较好，但单产却下降不少，而且玉米籽粒也较小，农民存粮待涨心理强；二是当时内地市场豆粕价格涨幅较大，很多农民认为玉米价格偏低，未来市场收购价会涨到0.90元/斤以上。

中美贸易问题在2018年国庆长假期间持续发酵，也是造成国内大宗农产品特别是玉米期价上涨的主要原因。无论是从国内农产品产量、库存量来说，还是从进口量等而言，国内大宗农产品产不足需是一个整体问题。同时受制于土地资源、水资源的限制，加上需求仍在不断增长，玉米等大宗农产品价格长期走高的概率较大，这也是很多投资者持有较强的长期看涨心理的主要原因。另外，东北产区玉米就地消化量增加，当地玉米深加工业、饲料行业对高价玉米具有一定的承受能力，新粮上市时抬价收购并以此来留住市场资源的心理较强（见图6-2-2）。

2018年，在玉米及其淀粉期货市场主要发生了两件大事：一是玉米期货集团交割得到推广，二是玉米期权上市工作推进迅猛。据了解，大商所通过制度创新，2018年在玉米产区大力开展集团化交割，这让玉米期货市场服务产业、服务实体经济的能力和水平不断提升，很多种粮大户、农业合作社与涉农龙头企业用上了期货新工具。目前，玉米期货集团交割库及其延伸库点更是设在了东北三省一区的田间地头，农民根本不用再担心卖粮难了。而随着玉米期货集团化交割各项举措逐步实施，该制度在服务玉米供给侧结构性改革、推动生产要素跨区域整合、促进地方经济转型升级等方面发挥了积极作用。

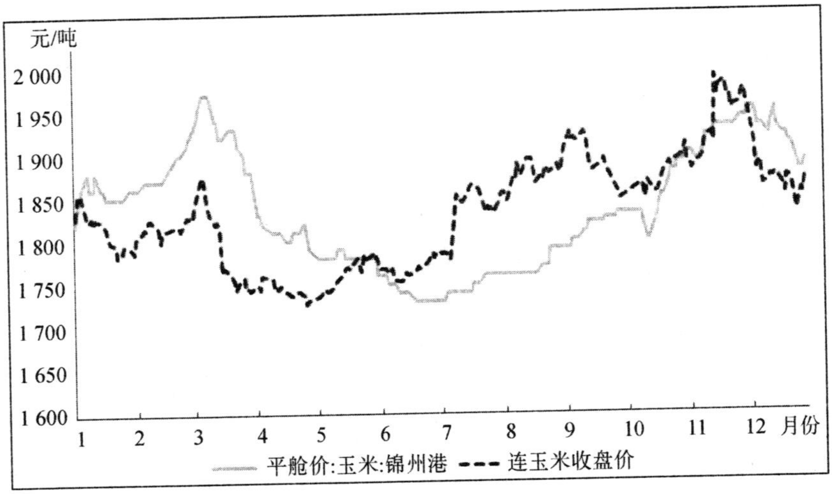

图6－2－2　2018年大连玉米与锦州港玉米平舱价走势图

展望未来，随着国内玉米市场去库存化的深入推进与临时收购政策的完全退出，玉米品种市场化程度会进一步提高，期现货套保需求会进一步增长，我国玉米期货市场增长空间很大。而通过集团化方式设置交割仓库，在产区设置延伸库等，可以建立交割风险分层承担机制、开展仓单串换及现货报价，既可有效满足市场交割需求，切实提升玉米期货市场功能，也可为玉米品种走出东北产区、覆盖全国探索路径打下基础。

（3）早籼稻、晚籼稻、粳稻。2018年，早籼稻、晚籼稻、粳稻期现货价格表现不一，其中早籼稻价格表现较弱，晚籼稻价格年内涨跌有序，晚籼稻价格则表现较强。

截至目前，稻谷收购价格已在我国实施15年，虽然当前的库存较为庞大，但为了保证口粮安全，有关机构一直没有在稻谷市场实行大规模的去库存行动，不过近年来公布的最低收购价格已经连续调低，预计未来市场还会出现去库存化政策等。

从稻谷期货市场2018年的运行情况来看，参考价值不大，一是交易和交割标的物与现货市场存在差异，二是现货市场“政策性”特征依然明显，期现货市场不存在可比性基础（见图6－2－3）。

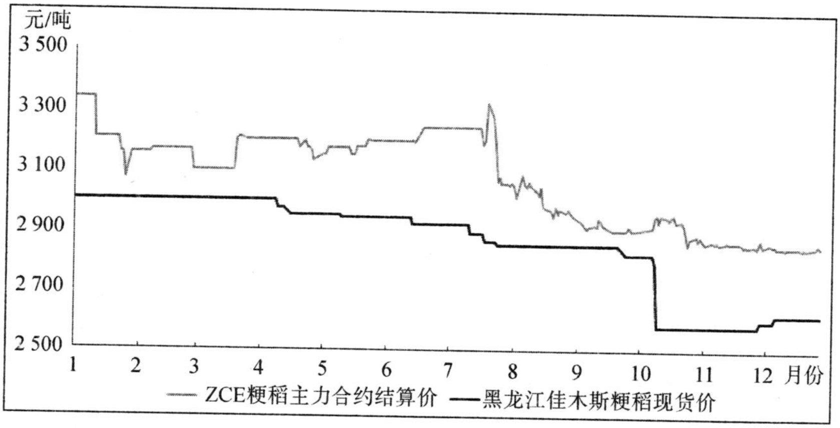

图 6－2－3　2018 年郑州粳稻与黑龙江佳木斯粳稻现货价格走势图

（4）大豆、豆油、豆粕、油菜籽、菜油、菜粕。从 2018 年国内植物油料、油脂和粕类的期现货价格走势分析，全年市场价格均在历史低价区域波动。其中，大连豆粕、郑州菜粕期价波动幅度较大，市场活跃度也比较高（见图 6－2－4）。

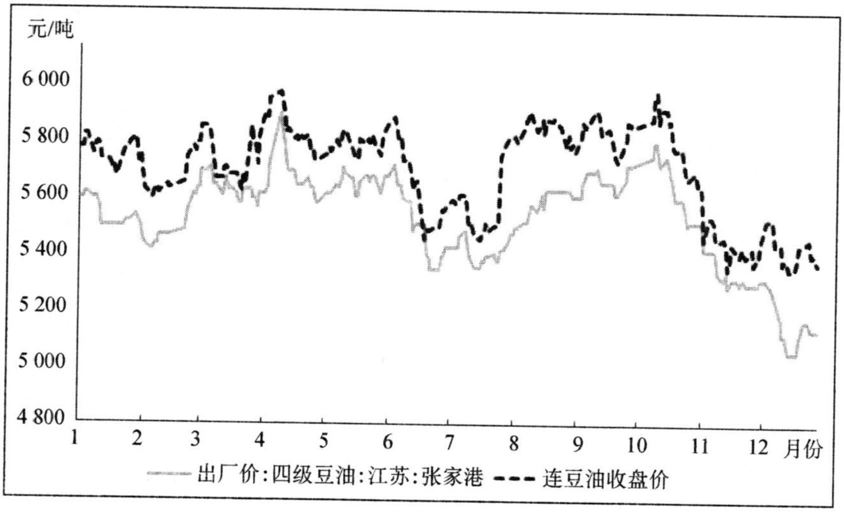

图 6－2－4　2018 年大连豆油与江苏张家港四级豆油出厂价走势图

2018 年，国际市场大豆等获得丰收，虽然受到中美贸易问题影响，我国从美国进口大豆受阻，但进口商很快就转向巴西、阿根廷等国采购，全年我国大豆进口数量仍达到8 800万吨左右，同时我国大量进口了油菜籽、菜油、棕榈油等油料油脂（见图6－2－5）。

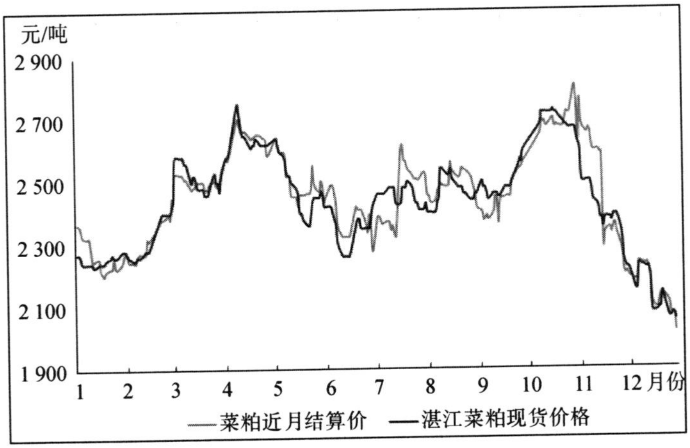

图6－2－5　2018年郑州菜粕与湛江菜粕现货价格走势图

2018年，我国东北地区大豆种植面积持续增加，国产大豆总量在1 600万吨左右，但市场需求并不旺盛，导致国产大豆市场价格平开低走，有关机构为了保护种豆农民利益，不得不加大对种植大豆的农民的补贴，其中黑龙江省农民补贴较多。

从大连国产大豆期价走势来看，在2018年4月9日达到年内高点4 228元/吨后一直下行，直至当年12月24日滑到3 352元/吨才企稳。

从豆油与菜油期现货价格的走势分析，在国内对植物蛋白原料需求强劲的刺激下，油脂原料源源不断地涌入了国内市场，在沿海油厂等大量销售豆粕的同时，也造成豆油等库存急剧上升，同时进口菜油等数量也比较大。在此之际，大连豆油、郑州菜油期价在2018年基本呈现震荡下行态势（见图6－2－6）。

从菜油与菜粕现货市场发展趋势来看，主产区与主销区已从长江流域向川渝地区转移，小包装菜油销量增长较快，同时小机榨油销量较大。

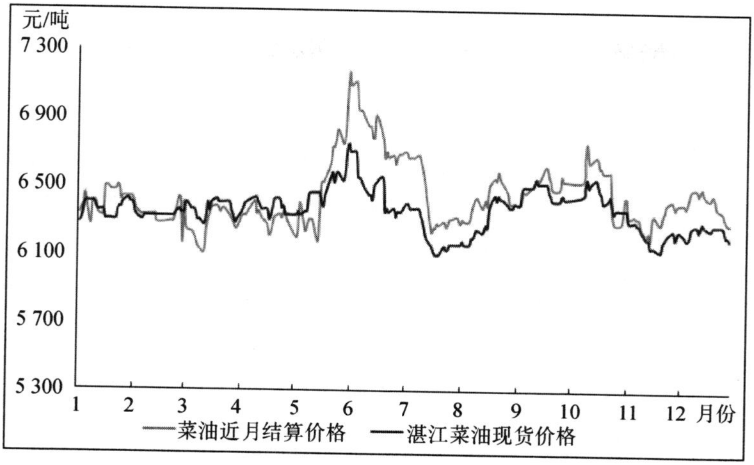

图6-2-6 2018年郑州菜油期价与湛江菜油现货价格走势图

（二）2019粮食期货市场发展展望

2019年，新中国将迎来70华诞，国内经济持续稳健发展，而随着玉米期权、棉花期权的上市，加上未来生猪、尿素等涉农产品的上市，国内粮油期货市场再度扩容值得期待。

预计2019年国内粮油期货市场将进一步对外开放，将为期货行业打开无限想象的空间，也为期货业界确定了未来工作的议程。与此同时，服务好“一带一路”，为实体企业“走出去”提供金融支持，为“三农”发展提供更多的创新服务等将是粮油期货市场的工作重点。

2019年2月19日发布的《中共中央 国务院关于坚持农业农村优先发展做好“三农”工作的若干意见》（以下简称2019年中央1号文件）指出，要扩大农业“保险+期货”试点，支持重点领域特色农产品期货期权品种上市。

可以预见，2019年及以后，在坚持农业农村优先发展做好“三农”工作的过程中，期货市场特别是农产品期货市场与各市场主体，不但拥有较大的市场发展空间，而且拥有较大的市场服务开拓空间，更拥有服务好“三农”的广阔领域。

1. 我国经济预计稳中有升

2019 年，预计稳健的货币政策将是松紧适度，市场会保持流动性合理充裕，市场利率水平也将是合理稳定的。预计有关机构会进一步落实好金融服务实体经济各项政策措施，货币政策等预计更加灵活实用。

预计 2019 年我国经济增长仍有望保持韧性。虽然 2018 年我国经济运行稳中有变、变中有忧，但庆祝改革开放 40 周年大会和中央经济工作会议都释放出非常积极的政策信号。2019 年的宏观政策基本定调，着眼于稳定总需求的财政与货币政策将更加宽松，应对中美贸易摩擦等复杂国际问题将温和且更具弹性。

2. 保障重要农产品有效供给

要必保稻谷和小麦，稳定玉米，振兴大豆，支持油菜，巩固棉花、油料、糖料、天然橡胶生产。经过 40 年的改革开放后，我国经济得到了全面发展，但很多的优良耕地也被占用了，当前米面油等农产品供给非常充裕，但这是我们充分利用国内、国际两个市场资源的结果，如 2017 年仅大豆一个品种我们就进口近 9 600 万吨，2018 年虽然有中美贸易问题存在，我国仍进口大豆 8 500 万吨左右，同一时期还进口了数量庞大的肉、奶等其他农产品。

如何稳定粮食产量，保证我们的粮食安全呢？2019 年中央 1 号文件提出，要确保粮食播种面积稳定在 16.5 亿亩。稳定完善扶持粮食生产政策举措，挖掘品种、技术、减灾等稳产增产潜力，保障农民种粮基本收益。发挥粮食主产区优势，完善粮食主产区利益补偿机制。压实主销区和产销平衡区稳定粮食生产责任。严守 18 亿亩耕地红线，全面落实永久基本农田特殊保护制度，确保永久基本农田保持在 15.46 亿亩以上。与此同时，要巩固和提高粮食生产能力。

稻谷与小麦是我国居民的基本口粮，国产大豆与油菜籽不但是非转基因农产品，而且国产大豆是高蛋白的绿色食品。2019 年中央 1 号文件指出，要将稻谷、小麦作为必保品种，稳定玉米生产，确保谷物基本自给、口粮绝对安全。加快推进粮食安全保障立法进程。在提质增效基础上，巩固棉花、油料、糖料、天然橡胶生产能力。要大力发展紧缺和绿色优质农产品生产，推进农业由增产导向转向提质导向。深入推进优质粮食工程。实施大豆振兴计划，多途径扩大种植面积。支持长江流域油菜生产。

非洲猪瘟近期是国内期货市场关注的热点问题，它的出现不但造成国内生猪与猪肉价格大幅波动，导致国内养殖业、饲料业市场结构发生较大的变化，而且还引起玉米、豆粕等饲料原料市场价格出现较大波动，还间接影响到种粮农民的收益。2019 年中央 1 号文件提出要加强非洲猪瘟等动物疫情监测防控力度，严格落实防控举措，确保产业安全。

3. 灵活用好金融工具与政策

扩大农业“保险 + 期货”试点，支持重点领域特色农产品期货期权品种上市，调整改进“黄箱”政策，扩大“绿箱”政策使用范围，如完善稻谷和小麦最低收购价政策，以及完善玉米和大豆生产者补贴政策。

截至目前，在国内农产品期货市场，我国已上市了玉米、豆粕、白糖、棉花、天胶期权，已上市交易的玉米、豆粕等农产品期货品种更多，并已形成了完整的产业链条，为产业企业规避市场风险提供了市场平台与工具，大连商品交易所、上海期货交易所等更是在农林产品生产环节，面对农民深入开展了“保险 + 期货”试点工作，且取得了良好的社会综合效益。

2019 年中央 1 号文件指出，今年仍要全面深化农村改革，激发乡村发展活力。其中，要完善农业支持保护制度。按照适应世贸组织规则、保护农民利益、支持农业发展的原则，抓紧研究制定完善农业支持保护政策的意见。调整改进“黄箱”政策，扩大“绿箱”政策使用范围。按照更好发挥市场机制作用取向，完善稻谷和小麦最低收购价政策。完善玉米和大豆生产者补贴政策。健全农业信贷担保费率补助和以奖代补机制，研究制定担保机构业务考核的具体办法，加快做大担保规模。按照扩面增品提标的要求，完善农业保险政策。推进稻谷、小麦、玉米完全成本保险和收入保险试点。扩大农业大灾保险试点和“保险 + 期货”试点。支持重点领域特色农产品期货期权品种上市。

目前，中美贸易磋商是广大投资者十分关心的问题，其中涉及有“黄箱”“绿箱”补贴等政策问题。从 2019 年中央 1 号文件看，今后我国农产品市场将进一步市场化，政策对农产品价格的影响不但更透明与明确，而且还会不断减弱。在玉米、豆油、棉花等期货市场进行交易的广大投资者一定要做长远分析。此次 2019 年中央 1 号文件没有提及棉花的补贴政策，而今年我国有关机构仍在新疆实行目标市场价格政策，在棉花期货市场长期持仓的投资者需要注意。稻谷、小麦、玉米、大豆政策今年不会出现大的变化，投资者可放心根据其他市场主要影响因素来分析价格的涨跌。

（河南期货日报传媒有限公司　陈邦华　乔林生）

三、粮食电子商务发展状况与展望

【内容提要】

随着互联网特别是移动互联网普及率的提高，网购用户规模不断扩大，网上零售等新兴市场供给方式延续高增长态势。以互联网经济为代表的新动能不仅成为经济运行的重要动力，也为推动经济进一步转型升级打下良好基础。粮食行业电子商务也在随着行业变化不断变革，信息化技术、产品、服务日益丰富，智能交易、智能支付、智能物流、智能配送、智能仓储等新技术得到了广泛的应用，新的信息技术革命将为粮食产业带来无限可能。

（一）2018 年粮食行业电子商务发展现状

2018 年是贯彻党的十九大精神、实施乡村振兴战略的开局之年，是决胜全面建成小康社会、实施“十三五”规划承上启下的关键一年。国家粮食局印发《粮食流通工作要点》进一步推动了国家粮食电子交易平台体系逐步完善；大型国企、粮食企业等积极参与电子商务的建设和发展，社会化粮食电子商务平台发展势头强劲；移动智能终端机的应用及普及促进粮食行业电商进入一个精准营销新阶段；社交电商的兴起，为粮食电商带来新的发展机遇；粮食电商在国家扶贫项目中发挥着重要作用，促进粮食产业园向规模化发展。

1. 国家粮食电子交易平台体系逐步完善

为深入贯彻党的十九大精神，落实2018年全国粮食流通工作会议关于“加快构建国家粮食电子交易平台体系、着力加强粮食行业信息化建设”的要求，国家粮食局于2018年2月12日印发了《粮食流通工作要点》，并明确提出要加快建设国家粮食电子交易平台体系，健全国家粮食交易中心体系，推进省级粮食交易中心建设，鼓励省级中心向市县延伸。构建交易、信息、物流、融资四个子平台，提升平台服务质量和水平。

国家粮食电子交易平台自上线以来，为推进粮食供给侧结构性改革、提升粮食领域宏观调控水平、强化信息引导以及稳定市场预期等方面均发挥重要作用。截至2018年10月底，平台累计成交国家政策性粮油超12 000万吨。随着平台建设的不断加强，服务功能日趋完善，目前国家粮食交易中心已经与29个省级交易中心实现联网交易。国家、地方政策性粮食与贸易粮食实现多模式统一交易，建立立体化服务网络，覆盖全国、统一开放、竞争有序的现代粮食市场体系正在逐步健全完善。

2. 社会化粮食服务平台稳步发展

伴随粮食供给侧结构性改革深入，粮食流通转型升级，粮食收购开始由政策性收储为主向政府引导下市场化收购转变，社会化粮食交易平台迎来更多的市场机遇。

由中粮集团联合招商局集团共同打造的大宗农粮交易平台粮达网，作为农粮B2B龙头企业，它以供应链金融为切入点，形成从供应链金融到物流配送、交易结算、数据采集“四点合一”的路径模式。自2015年11月23日正式上线以来交易额稳步攀升，截至2018年12月累计成交各类粮油达4 026万吨，交易额达到820多亿元。

中储粮网作为中储粮集团公司倾力打造的“农业互联网+”电子商务网站，为广大涉粮企业提供以玉米、小麦、稻谷、大豆为主要品种的多模式交易，逐渐从单一的电子购销平台，发展成为集收购、销售、运输、检验、金融及信息咨询为一体的社会化粮食服务平台。

3. 移动智能终端机遇与挑战并存

2018 年我国手机上网用户已超过 12 亿，智能手机成为助力电子商务发展的一个重要因素。各类粮食电子商务企业也紧随时代发展，推出手机客户端 APP、微信公众号等产品与服务，实现更加精准、高效的移动电商服务，抢占市场先机。粮多多 APP 是定位于成品粮全产业链的服务平台，利用移动端平台，集结行业资源为粮油客户提供信息撮合服务，打通粮油行业的信息流。中时通 APP，从 2012 年开始以信息平台起步，历经 5 年多持续的技术升级迭代，由信息平台升级为综合的线上买卖服务平台，通过手机 APP 为粮油产业链上下游用户提供买卖信息查询、信息发布、在线买卖结算、仓储物流联通、综合金融服务、数字化营销等综合服务，逐渐形成良好的市场口碑，注册用户突破 20 万户。具有地图、社交、资讯、展台、专家咨询等服务功能的粮咖 APP，是由中华粮网开发运营，致力于打造粮食人自己的社交圈子，以最全面、最快速的方式找到合作伙伴，并在社区内随时随地发起活动，发布粮食动态，了解最新资讯。

4. 社交电商拓宽粮食上行渠道

近年来，电子商务发展速度呈倍增趋势，随着社交电商的兴起，社群经济、网红经济、直播经济、粉丝经济等新经济模式发展迅速，使原粮及粮食产品上行的渠道进一步拓宽。社交电商发挥 C2B 的多对多优势，以社交传播为依托，以大数据平台为后盾，实现摆脱“买家找不到好产品，好产品卖不出好价钱”的现状。“拼多多”电商平台 2015 年成立以来，依托于社交媒介的模式创新，为电商行业开辟了新的路径，是一家专注于 C2B 拼团的第三方社交电商平台。作为一家成立 3 年的新电子商务平台，拼多多平台已汇聚 3.44 亿用户和超过 200 万商户。社交电商因具有运营效率高、推广更为及时、更有交互性的三大优势，为粮食企业完成企业营销、推广和商品的最终销售提供了新型的经营模式。

5. 粮食电商助力精准扶贫

在国家“互联网 +”战略的推进下，电子商务已经成为提升粮食流通现代化水平、解决“三农”问题和扶贫攻坚的重要手段。2018 年 2 月，国家级贫困县新疆吉木乃县成为电商巨头阿里巴巴的脱贫试点样板县之一。阿里巴巴通过在天猫上开通吉木乃县面粉官方旗舰店，积极推动“吉木乃地标小麦”品牌化发展，初步建立以阿勒泰益康有机面业有限公司为龙头的“企业+种植基地+农户+电商”的发展模式，帮助农民提高收入，实现脱贫增收。与此同时，中央电视台财经频道联合财政部、商务部、国务院扶贫办共同举办“改革开放40年·中国电商扶贫行动”，此次行动央视财经频道携手20家龙头电商平台以国家级贫困县为样本打造一县一品，助力精准扶贫。

6. 粮食电商产业园发展日益规范化

全国首家粮食行业综合性电商园区——衢州粮食电子商务产业园，秉承“互联网+”思维，在中国网上粮食市场业务的基础上，采用全国粮食市场首创的集中管理模式，打造了“一站式”仓储物流、金融、电子商务等服务于一体的产业生态体系。该产业园能及时向商户提供实时货物装卸及库存信息，提高作业效率，降低经营成本，提高场地利用率，让商户省钱更省心。粮食电商产业园的出现使粮食的生产、销售、加工三大环节联通于一体，促进粮食线下市场和线上市场协同发展，推动粮食电子商务产业健康成长，形成贯穿整个大宗粮食产业链的服务体系。

（二）2019年粮食行业电子商务发展展望

2019年，随着国家政策的扶持、电商模式的日趋成熟，涉农电商将步入高速发展阶段；粮食电商将在国家扶贫项目、“乡村振兴战略”中发挥越来越大的作用；我国全方位扩大农业对外开放，跨境电商日益兴起；粮食电子商务将实现智能化转变，并趋向于品牌化、融合化发展趋势。

1. 涉农电商高速发展

2019年涉农电商发展将进入“快车道”。随着政策就位、市场成熟、数字技术发展和大量人才返乡，农村电商迈入“天时地利人和”的历史机遇期，迎来全面井喷的“黄金时代”，农资和农产品在电商平台的业务扩展量不断增加，涉及原粮、农副产品以及生鲜等各个方面，逐渐呈现规模化趋势。根据农业部公开数据显示，到2020年，农产品电商交易额将达到8 000亿元，年均增速将保持在40%左右。随着党中央、国务院出台的一系列政策的大力助推，相关企业逐步深入、开拓农村电商领域，未来将有越来越多的“电商县”“电商镇”“电商村”在全国各地诞生，在此基础上，各地政府将持续发力出台举措，通过合理区域布局，提高产品品质，实现农产品上行、产业链精细化运作，培育龙头企业，发展特色产业，将会极大地推动农村电商的发展和普及。

2. 粮食电商扶贫将发挥重要作用

近年来国务院相关部委陆续发布相关文件与政策，要求全面贯彻落实党中央打赢打好脱贫攻坚战和实施乡村振兴战略的新部署新要求，聚焦贫困地区，深入建设和完善农村电子商务公共服务体系，培育农村电子商务供应链，促进产销对接，加强电商培训，带动贫困人口稳定脱贫，推动农村电子商务成为农业农村现代化的新动能、新引擎。

2019年粮食电商将与精准扶贫工作深度融合，围绕产销对接，推进农特产品销售，提高贫困户收入，增强产业扶贫带动力，助推全国打赢脱贫攻坚战。随着相关政策不断出台助推，企业和农村的互动越发良性化，农村电商在兴乡富民过程中扮演起了越来越重要的角色。各地政府不断加大对知名第三方电子商务平台的招商力度，加强与各级电商平台合作，促进农产品上线工业品下线交易。大力发展“互联网+电商扶贫”新模式，发挥互联网在助推脱贫攻坚中的作用，推进精准扶贫、精准脱贫，让更多困难群众用上互联网，为贫困地区和贫困群众插上了脱贫奔小康的“翅膀”。粮食电商扶贫，已成为打赢脱贫攻坚战的有力武器。

3. 电商助力“乡村振兴战略”

随着“三网融合”、物联网、大数据、云计算等创新技术的广泛使用，粮食行业电商规模将向多样化发展，服务环境日趋改善，并与智能农业、智能流通、智能消费联接成一个有机的整体，将带动电商与农村更深层次的互动，推动现代农业生产体系建设，优化农业产品结构、产业结构和布局结构，促进农村一二三产业融合发展。

2019 年电商将成为推动乡村产业兴旺的主力军和乡村振兴的新引擎。未来农村电子商务将带动众筹农业、共享农业、定制农业等新产业新业态呈现爆炸式发展，助力一二三产业融合，提高农业创新力、竞争力和全要素生产率。通过电子商务实现特色乡村旅游景区推介、文化遗产展示、食宿预定、土特产网购、地理定位、移动支付等资源和服务的在线化，深度挖掘农村的生态价值和文化价值，推动产业集聚以及产业转型升级，打通绿水青山变为金山银山的通道。

4. 跨境电商日益兴起

近年来，农业对外合作水平不断提升，农业贸易保持增长态势，结构不断优化，有效服务了农业农村经济大局。中国农业贸易体量巨大，已成为全球第一大农产品进口国和第二大农产品贸易国。同时，我国每年有 1 900亿美元的农产品进出口业务，农产品跨境电子交易将发挥越来越重要的作用。

未来农业对外合作机制将日益完善、农业国际交流将不断深入。依托“一带一路”这个新的世界经济带，粮食行业跨境电商助力农产品引进来与走出去，不仅是对“一带一路”建设的丰富和支撑，更是对我国农业发展的有力促进。跨境电商将释放沿线各国巨大的农产品市场需求，加快推进“一带一路”沿线国家农产品贸易及时互通互惠互利，让沿线各国人民受益。

5. 品牌化是发展趋势

随着粮食生产、农产品种养等全产业链过程的智能化科技应用，粮食行业电子商务变得越来越规范，越来越标准。在消费升级的背景下，农产品消费已更注重质量和品牌，消费者购买线上农产品买的不仅是产品，还有安全、服务和品牌，健全农产品标准化、建立农产品品牌是农产品电商发展的需要。在消费者心中，品牌化农产品代表着信赖、安全和高品质，将会慢慢地对农产品品牌化的需求从个别种类延伸到农产品全产业链中去。品牌化是推进粮食行业供给侧结构性改革的必由之路，也是推动粮食产业转型升级，实现企业增效、农民增收的重要抓手。未来粮食行业电子商务会注重发展和挖掘各地区的资源优势，因地制宜推出农产品品牌，为粮食行业创造更大的经济效应和社会价值。

6. 融合化是未来发展方向

未来粮食行业电商发展更趋向于融合化。粮食电商利用“入口”与流量优势，推动多种商业模式的相互融合和渗透、与其他一二三产业的深度融合成为发展趋势。随着“互联网+”行动的深入推进，粮食电商商业模式呈现相互融合的发展态势，并且与农业生产、农业加工、观光农业、场景农业等多领域相互融合，成为涵盖一二三产业共同发展的大平台。未来集粮食电子商务、高品质绿色食品原产地直供、体验式旅游等于一体的现代农业模式将给农业带来新的发展机遇。

（中华粮网　傅宏）

第七部分

中国粮食市场资料

一、统计数据汇编

表7－1－1　全国粮食作物播种面积、粮食总产量

年份	粮食作物播种面积（万公顷）	粮食总产量（万吨）				
			谷物			
				稻谷	小麦	玉米
1978	12 058. 7	30 476. 5		13 693. 0	5 384. 0	5 594. 5
1980	11 723. 4	32 055. 5		13 990. 5	5 520. 5	6 260. 0
1985	10 884. 5	37 910. 8		16 856. 9	8 580. 5	6 382. 6
1990	11 346. 6	44 624. 0		18 933. 1	9 822. 9	9 681. 9
1991	11 231. 4	43 529. 0	39 566. 3	18 381. 3	9 595. 3	9 877. 3
1992	11 056. 0	44 265. 8	40 169. 6	18 622. 2	10 158. 7	9 538. 3
1993	11 050. 9	45 648. 8	40 517. 4	17 751. 4	10 639. 0	10 270. 4
1994	10 854. 4	44 510. 1	39 389. 1	17 593. 3	9 929. 7	9 927. 5
1995	11 006. 0	46 661. 8	41 611. 6	18 522. 6	10 220. 7	11 198. 6
1996	11 254. 8	50 453. 5	45 127. 1	19 510. 3	11 056. 9	12 747. 1
1997	11 291. 2	49 417. 1	44 349. 3	20 073. 5	12 328. 9	10 430. 9
1998	11 378. 7	51 229. 5	45 624. 7	19 871. 3	10 972. 6	13 295. 4
1999	11 316. 1	50 838. 6	45 304. 1	19 848. 7	11 388. 0	12 808. 6
2000	10 846. 3	46 217. 5	40 522. 4	18 790. 8	9 963. 6	10 600. 0
2001	10 608. 0	45 263. 7	39 648. 2	17 758. 0	9 387. 3	11 408. 8
2002	10 389. 1	45 705. 8	39 798. 7	17 453. 9	9 029. 0	12 130. 8
2003	9 941. 0	43 069. 5	37 428. 7	16 065. 6	8 648. 8	11 583. 0
2004	10 160. 6	46 946. 9	41 157. 2	17 908. 8	9 195. 2	13 028. 7
2005	10 427. 8	48 402. 2	42 776. 0	18 058. 8	9 744. 5	13 936. 5
2006	10 495. 8	49 804. 2	45 099. 2	18 171. 8	10 846. 6	15 160. 3
2007	10 563. 8	50 160. 3	45 632. 4	18 603. 4	10 929. 8	15 230. 0
2008	10 679. 3	52 870. 9	47 847. 4	19 189. 6	11 246. 4	16 591. 4
2009	10 898. 6	53 082. 1	48 156. 3	19 510. 3	11 511. 5	16 397. 4
2010	10 987. 6	54 647. 7	49 637. 1	19 576. 1	11 518. 1	17 724. 5
2011	11 057. 3	57 120. 8	51 939. 4	20 100. 1	11 740. 1	19 278. 1
2012	11 120. 5	58 958. 0	53 934. 7	20 423. 6	12 102. 4	20 561. 4
2013	11 195. 6	60 193. 8	55 269. 2	20 361. 2	12 192. 6	21 848. 9
2014	11 272. 3	60 702. 6	55 740. 7	20 650. 7	12 620. 8	21 564. 6
2015	11 334. 0	62 144. 0	57 225. 0	20 825. 0	13 019. 0	22 458. 0
2016	11 302. 8	61 623. 9	56 516. 5	20 693. 4	12 885. 0	21 955. 4
2017	11 222. 0	61 790. 7	56 454. 9	20 856. 0	12 977. 4	21 589. 1
2018	117 037. 0	65 789. 0	61 019. 0	21 213. 0	13 143. 0	25 733. 0

资料来源：《中国统计年鉴》，中国统计出版社；国家统计局网站。

表 7－1－2　　　　全国油脂、油料播种面积与产量

年份	精制食用植物油总产量（万吨）	油料播种面积（万公顷）	油料总产量（万吨）	花生	油菜籽	芝麻
1978		622.2	521.8	237.7	186.8	32.2
1980		792.8	769.1	360.0	238.4	25.9
1985		1 180.0	1 578.4	666.4	560.7	69.1
1990	544.1	1 090.0	1 613.2	636.8	695.8	46.9
1991	644.3	1 153.0	1 638.3	630.3	743.6	43.5
1992	660.7	1 148.9	1 641.2	595.3	765.3	51.6
1993	965.4	1 114.2	1 803.9	842.1	693.9	56.3
1994	723.0	1 208.1	1 989.6	968.2	749.2	54.8
1995	1 144.5	1 310.1	2 250.3	1 023.5	977.7	58.3
1996	946.5	1 255.6	2 210.6	1 013.8	920.1	57.5
1997	893.7	1 238.1	2 157.4	964.8	957.8	56.6
1998	602.5	1 291.9	2 313.9	1 188.6	830.0	65.6
1999	733.8	1 390.6	2 601.2	1 263.9	1 013.2	74.3
2000	835.3	1 540.0	2 954.8	1 443.7	1 138.1	81.1
2001	1 383.2	1 463.1	2 864.9	1 441.6	1 133.1	80.4
2002	1 531.2	1 476.6	2 897.2	1 481.8	1 055.2	89.5
2003	1 584.3	1 499.0	2 811.0	1 342.0	1 142.0	59.3
2004	1 682.6	1 443.1	3 065.9	1 434.2	1 318.2	70.4
2005	2 071.0	1 431.8	3 077.1	1 434.2	1 305.2	62.5
2006	2 335.2	1 173.8	2 640.3	1 288.7	1 096.6	66.2
2007	2 637.0	1 131.6	2 568.7	1 302.7	1 057.3	55.7
2008	2 805.1	1 282.5	2 952.8	1 428.6	1 210.2	58.6
2009	3 433.4	1 365.4	3 154.3	1 470.8	1 365.7	62.2
2010	3 878.5	1 389.0	3 230.1	1 564.4	1 308.2	58.7
2011	4 331.8	1 385.5	3 306.8	1 604.6	1 342.6	60.5
2012	5 172.97	1 393.0	3 436.8	1 669.2	1 400.7	63.9
2013	5 590.55	1 402.3	3 517.0	1 697.2	1 445.8	62.3
2014	6 534.10	1 404.3	3 507.4	1 648.2	1 477.2	63.0
2015	6 734.30	1 406.0	3 547.0	1 644.0	1 493.1	64.0
2016	6 907.54	1 412.0	3 629.5	1 729.0	1 454.6	63.1
2017	6 071.8	1 322.3	3 475.2	1 709.2	1 327.4	36.6
2018						

资料来源：《中国统计年鉴》《中国统计摘要》，中国统计出版社；国家统计局网站。

表 7－1－3　　2018 年我国主要农产品产量及其增长速度　　　　单位：万吨

产品名称	产　　量	比上年增长（%）
粮　　食	65 789	－0.60%
其中：谷物	61 019	－3.80%
豆类	1 914	2.10%
薯类	2 856	0.10%

资料来源：《2018 年国民经济和社会发展统计公报》。

表 7-1-4　　我国谷物、油料进口数量　　单位：千吨

年份	2005	2006	2007	2008	2009	2010	2011	2012	2013	2014	2015	2016	2017	2018
小麦	3 510.13	584.09	83.42	31.87	893.71	1 218.72	1 248.82	3 688.62	5 507.05	2 971.39	2 972.74	3 374.28	4 296.73	2 876.13
大米	514.18	718.99	470.53	295.57	337.54	366.17	578.38	2 344.62	2 244.32	2 556.55	3 349.98	3 534.54	3 992.49	1 760.45
玉米	3.9	65.13	35.12	49.07	83.47	1 572.14	1 752.74	5 207.38	3 264.88	2 598.04	4 730.04	3 166.95	2 825.45	3 521.51
大麦	2 179.21	2 140.59	913.43	1 076.26	1 738.49	2 367.16	1 775.52	2 527.65	2 335.28	5 413.47	10 731.27	5 005.13	8 863.51	6 815.36
大豆	26 590.23	28 269.88	30 821.43	37 435.89	42 551.65	54 796.82	52 639.55	58 383.82	63 375.15	71 398.98	81 740.34	83 230.17	95 536.5	88 030.95
豆油	1 694.33	1 542.64	2 822.91	2 585.67	2 391.22	1 340.91	1 143.19	1 826.11	1 157.59	1 135.47	817.88	560.23	653.45	549.13
棕榈油	4 330.14	5 081.92	5 095.13	5 282.33	6 441.28	5 696.11	5 912.23	6 341.16	5 979.07	5 323.89	5 909.66	4 478.53	5 079.48	4 994.5
油菜籽	296.24	738	833.1	1 302.46	3 285.85	1 599.85	1 262.27	2 929.59	3 662.41	5 081.04	4 469.66	699.75	4 747.07	4 756.43
菜籽油	177.56	44	374.78	269.79	467.53	985.32	550.9	1 175.82	1 526.83	809.96	815.06	699.75	757.01	1 264.72

资料来源：国家粮油信息中心。

表 7-1-5　　我国谷物、油料出口数量　　单位：千吨

年份	2005	2006	2007	2008	2009	2010	2011	2012	2013	2014	2015	2016	2017	2018
小麦	260.26	1 114.08	2 336.62	125.95	8.4	0	39.79	0	2.52	0.96	5.3	10.54	9.97	7.34
玉米	8 610.84	3 070.4	4 913.6	252.32	129.03	127.16	136	257.26	77.63	20.01	11.07	3.89	85.23	12.02
大米	657.33	1 221.18	1 304.52	946.72	760.76	596.19	515.5	279.09	478.4	419.07	285.94	394.98	1 196.82	769.19
大豆	400	380	460	470	350	163.6	208.26	320.1	208.97	207.07	133.6	127.23	112.21	126.53
豆粕	552.95	381.54	850.06	534.89	1 123.21	1 016.01	406.32	1 232.67	1 070.11	2 090.95	1 695.71	1 876.12	972.9	1 118.11

资料来源：《中国统计年鉴》，中国统计出版社；国家粮油信息中心。

表 7-1-6　全国居民消费价格指数（上年=100）

年份	全国居民消费价格指数	粮食	油脂
1993	114.7		
1994	124.1	150.7	161.3
1995	117.1	136.8	116.0
1996	108.3	106.5	92.1
1997	102.8	91.1	101.5
1998	99.2	96.9	100.0
1999	98.6	96.9	94.5
2000	100.4	88.6	86.8
2001	100.7	99.3	91.7
2002	99.2	98.3	98.7
2003	101.2	102.3	112.6
2004	103.9	126.4	118.2
2005	101.8	101.4	94.3
2006	101.5	102.7	98.6
2007	104.8	106.3	126.7
2008	105.9	107.0	125.4
2009	99.3	105.6	81.7
2010	103.3	111.8	103.8
2011	105.4	112.2	113.4
2012	102.6	114.0	115.1
2013	102.6	104.6	100.3
2014	102.0	103.1	95.1
2015	101.4	102.0	96.8
2016	102.0	100.5	101.7
2017	101.6	101.5	99.8
2018	102.1		

资料来源：《中国统计年鉴》，中国统计出版社；《2017 年国民经济和社会发展统计公报》。

表 7－1－7 2018 年全国主要粮油批发市场价格指数（月度综合指数）

月份	1	2	3	4	5	6	7	8	9	10	11	12
粮食类	215.01	215.68	217.52	215.43	210.82	209.43	209.74	209.17	210.73	209.19	211.18	213.51
食油类	108.12	107.34	107.59	107.26	105.10	106.53	106.24	107.78	107.14	106.49	107.02	106.97
粮油综合类	210.55	211.17	212.94	210.93	206.42	205.15	205.42	204.95	206.41	204.91	206.84	209.07

资料来源：中华粮网。

基期：1994 年 6 月＝100。

表 7－1－8 全国主要粮油批发市场价格指数（年度综合指数）

年 度	2002	2003	2004	2005	2006	2007	2008	2009	2010	2011	2012	2013	2014	2015	2016	2017	2018
粮食类	90.65	97.47	131.29	125.37	127.17	141.74	151.72	159.45	176.42	200.19	219.17	226.46	231.27	224.47	210.48	211.51	212.53
食油类	68.57	87.80	96.19	82.06	81.63	117.76	159.81	114.56	123.63	147.82	146.69	141.73	124.36	114.66	107.21	109.21	107.06
粮油综合类	89.73	97.07	129.83	123.57	125.27	140.74	152.06	157.57	174.21	198.00	216.15	222.94	226.81	219.89	206.17	207.25	208.14

资料来源：中华粮网。

说明：1994 年 6 月＝100。

表 7-1-9　2018 年全国主要粮油批发市场年度平均交易价格　　单位：元/吨

品种	等级	本期平均价	上期平均价	本期与上期比%
白小麦（普通）	三级	2 426.32	2 436.74	-0.0042
黄玉米	二级	1 838.29	1 681.54	0.0933
大豆（油脂业）	三级	3 763.22	3 955.42	-0.0485
豆粕	二级	3 233.34	3 085.35	0.048
花生仁	二级	6 323.88	7 612.8	-0.1693
粳米	标一	4 205	4 703.67	-0.106
早籼米	标一	3 806.71	3 901.17	-0.0242
晚籼米	标一	4 121.88	4 224.94	-0.0243
白小麦（优质）	西农 979	2 602.4	2 645.1	-0.0161

资料来源：中华粮网。

说明：以上价格均为卖方火车板交货价格，包装另计。

表 7－1－10

2009—2018 年粮食批发市场交易国家政策粮油情况

单位：万吨，元/吨

品 种	2009 年		2010 年		2011 年		2012 年		2013 年		2014 年		2015 年		2016 年		2017 年		2018 年	
	成交量	成交均价	成交量	成交均价	成交量	成交均价	成交量	成交均价	成交量	成交均价	成交量	成交均价	成交量	成交均价	成交量	成交均价	成交量	成交均价	成交量	成交均价
小麦	3 980	1 807	4 006	1 873	1 427	1 906	1 447	2 144	3 467.97	2 320	2 008.95	2 364	759.54	2 525	422.44	2 493	1 065.63	2 457	1 040.83	2 269
超标小麦					161	1 810	4.31	1 856					76.09	1 747					25.73	1 387.75
稻谷	924	2 116	1 338	2 026	790	2 017	24.45	2 397			98.7	3 020	536.14	2 981	358.32	2 711	1 062.57	2 322	845.2	2 326
粳稻	852	2 126	331	2 270	21	2 465	6.37	2 983			98.7	3 020			185.42	2 604	557.26	2 610	531.4	2 468
早籼稻	3	1 955	189	1 910	206	1 948									12.62	2 655	120.72	2 316	57.9	2 072
中晚籼稻	69	1 997	818	1 955	563	2 026	18.08	2 190							160.28	2 840	384.59	2 040	255.9	2 325
超期存储粳稻															109.97	1 347				
玉米	1 632	1 622	2 745	1 774	360	1 895					2 965.02	2 259	586.79	2 299	2 477	2 010	5 746.3	1 340	10 014	1 479
大豆	14	3 764			1.6	3 959	375.83	4 255	242.93	4 024	248.13	4 145			54.5	3 307	21.56	3 105	97.5	2 972
食用油			50	9 854	90	9 453			0.66	10 256			23.47	5 675	198.35	5 851	89	6 626	28.44	6 107

资料来源：2015 年之前（含 2015 年）数据来自郑州粮食批发市场、安徽粮食批发市场，2015 年之后数据来自中华粮网。

表7-1-11 2018年全国期货市场交易情况

交易所名称	品种名称	2018年累计成交总量（手）	2017年同期成交总量（手）	2018年累计成交总额（亿元）	2017年同期成交总额（亿元）
上海期货交易所	铜	51 247 050	54 100 135	129 767.96	133 874.35
	铜期权	1 193 828	—	82.89	—
	铝	46 618 361	65 423 439	33 556.71	49 264.73
	锌	92 348 782	91 449 266	104 116.65	107 026.20
	铅	10 203 832	12 509 166	9 605.47	11 555.29
	锡	2 741 587	2 083 571	4 043.73	3 013.70
	镍	114 818 738	74 154 526	119 696.29	65 029.79
	黄金	16 123 891	19 478 090	44 248.00	54 192.88
	白银	42 250 568	53 111 169	23 232.43	32 027.77
	天然橡胶	61 845 475	89 341 052	73 625.11	137 510.95
	纸浆	8 975 314	—	4 606.30	—
	燃料油	39 268 835	1 432	12 048.20	2.98
	石油沥青	69 802 079	97 440 530	21 963.91	25 326.71
	螺纹钢	530 976 610	702 019 499	201 709.80	242 705.67
	线材	157 334	98	58.04	0.03
	热轧卷板	86 816 386	103 131 555	33 055.64	37 779.29
	总　额	117 538 8 670	136 424 3 528	815 417.14	899 310.34
郑州商品交易所	一号棉	58 471 227	26 056 848	49 271.71	20 123.55
	棉纱	1 533 644	124 156	2 016.31	143.63
	早籼稻	38 199	1 037	19.61	0.57
	甲醇	163 896 306	137 005 212	46 842.36	36 573.66
	菜籽油	35 080 478	25 990 659	23 262.07	17 374.30
	油菜籽	1 354	1 908	0.73	0.96
	菜籽粕	104 361 264	79 736 545	25 418.61	18 509.81
	白糖	63 970 432	61 056 859	33 193.50	39 560.57
	白糖期权	4 593 395	1 492 393	34.61	14.36
	PTA	170 845 666	140 394 394	55 861.95	36 964.10
	普麦	301	82	0.36	0.10
	强麦	106 902	377 494	55.33	217.70
	玻璃	25 143 634	41 091 381	7 069.45	11 071.67
	动力煤	48 869 199	30 707 583	30 197.57	18 352.52
	粳稻	12 608	261	7.69	0.17
	晚籼稻	537 759	202	307.84	0.12
	硅铁	21 556 923	16 278 210	7 093.55	5 603.69
	锰硅	18 854 064	24 920 983	7 537.40	8 513.16
	苹果	99 956 441	793 933	94 013.15	636.55
	总　额	817 829 796	586 030 140	382 203.75	213 661.15

续表

交易所名称	品种名称	2018年累计成交总量（手）	2017年同期成交总量（手）	2018年累计成交总额（亿元）	2017年同期成交总额（亿元）
大连商品交易所	黄大豆一号	22 111 727	26 324 058	8 078.74	10 245.57
	黄大豆二号	24 476 720	42 551	8 337.06	14.07
	胶合板	689	1 286	0.48	0.70
	玉米	66 812 732	127 323 949	12 323.20	21 070.91
	玉米淀粉	22 613 108	50 433 910	5 102.69	9 926.79
	乙二醇	2 323 861	—	1 266.19	—
	纤维板	29 630	1 056	13.02	0.42
	铁矿石	236 491 632	328 743 737	115 280.73	170 794.54
	焦炭	69 071 834	40 121 040	149 675.47	77 295.00
	鸡蛋	19 918 457	37 262 376	7 846.56	14 228.12
	焦煤	46 465 289	42 194 764	35 478.22	31 143.97
	聚乙烯	36 735 543	61 420 753	17 105.07	29 148.39
	豆粕	238 162 413	162 877 864	73 500.23	45 853.85
	豆粕期权	12 521 591	3 635 682	92.66	23.89
	棕榈油	44 344 644	68 046 475	21 635.13	37 804.02
	聚丙烯	49 349 161	56 691 866	23 008.76	24 263.81
	聚氯乙烯	36 362 787	39 000 407	12 192.10	12 783.32
	豆油	54 135 551	57 158 378	31 020.31	35 473.25
	总　额	981 927 369	1 101 280 152	521 956.61	520 070.60
中国金融期货交易所	10年期国债期货	8 988 739	11 948 981	85 175.79	113 330.91
	2年期国债期货	34 093	—	678.35	—
	5年期国债期货	1 842 894	2 821 334	17 965.14	27 519.29
	沪深300股指期货	7 486 825	4 101 114	78 277.77	45 092.91
	上证50股指期货	4 517 259	2 443 580	35 243.28	19 004.17
	中证500股指期货	4 340 243	3 280 929	43 882.65	40 974.73
	总　额	27 210 053	24 595 938	261 222.97	245 922.02
上海国际能源交易中心	原油	26 509 423	—	127 383.47	—
	总　额	26 509 423	—	127 383.47	—
全国期货市场交易总额		3 028 865 311	3 076 149 758	2 108 183.94	1 878 964.11

资料来源：中国期货业协会。

说明：（1）本表根据上海期货交易所、郑州商品交易所、大连商品交易所和中国金融期货交易所提供数据计算；

（2）表中数据均为单边计算；

（3）表中数据均不含期转现数据。

表 7-1-12　　芝加哥期货交易所农产品期货交易量情况

单位：张

品种＼年份	2007年	2008年	2009年	2010年	2011年	2012年	2013年	2014年	2015年	2016年	2017年	2018年
小麦期货合约	19 582 706	19 011 928	17 677 547	23 090 255	24 283 331	27 379 403	24 993 158	31 722 024	38 460 544	40 750 542	46 461 697	52 326 430
小麦小型期货合约	79 282	70 971	61 355	91 560	149 102	95 600	125 944	101 124	82 987	74 698	67 718	88 021
玉米期货合约	54 520 152	59 957 118	50 948 804	69 841 420	79 004 801	73 184 337	64 322 600	69 437 304	83 094 271	85 625 219	89 876 782	97 387 154
玉米小型期货合约	156 210	219 562	203 474	237 394	363 832	267 428	206 491	172 411	132 596	143 840	115 646	118 883
燕麦期货合约	432 741	441 588	314 305	344 587	349 316	279 570	254 958	200 531	194 575	225 230	169 252	172 939
大豆期货合约	31 726 316	36 373 096	35 758 855	36 933 960	45 143 755	52 041 615	46 721 081	49 169 361	54 095 051	61 730 753	54 504 169	58 538 591
大豆小型期货合约	540 940	475 231	466 367	412 732	394 119	359 324	299 308	316 771	229 208	296 336	204 819	273 669
豆粕期货合约	12 213 315	13 354 174	12 880 767	14 052 845	16 920 194	18 187 433	20 237 181	20 637 382	24 315 276	25 953 938	25 996 399	31 838 908
豆油期货合约	13 170 864	16 928 361	17 132 082	20 791 164	24 156 509	27 627 590	23 805 912	23 769 391	28 897 275	29 429 298	30 232 316	31 265 884
稻谷期货合约	358 905	362 565	277 065	448 724	555 854	388 936	280 048	225 694	316 315	305 045	271 183	231 294

资料来源：芝加哥期货交易所。

说明：小麦、玉米、燕麦、大豆期货合约单位为5 000蒲式耳，小型小麦、玉米、大豆期货合约单位为1 000蒲式耳，其中小麦、大豆1蒲式耳约等于0.0 272吨，玉米1蒲式耳约等于0.0 254吨，燕麦1蒲式耳约等于0.0 172吨；豆粕期货合约单位为100短吨（约90.72吨）；豆油期货合约单位为60 000磅（约2.72吨）；稻谷期货合约单位为2 000英担（约101.6吨）。

表 7－1－13　美国农业部世界谷物统计与预测　　单位：百万吨

品种	分类	2012/2013年度	2013/2014年度	2014/2015年度	2015/2016年度	2016/2017年度	2017/2018年度（预测）	2018/2019年度（预测）
小麦	产量	658.3	715.4	728.3	735.6	756.5	763.2	734.7
	消费	686.9	690.8	700.4	709.6	703.5	712.7	714.5
	期末库存	177.0	194.0	217.5	240.8	228.9	250.1	240.0
	贸易量	147.1	165.9	161.8	172.1	182.3	182.6	179.5
大米	产量	472.5	478.4	478.6	472.0	490.9	495.1	495.9
	消费	466.1	478.2	475.0	468.4	477.9	482.5	487.8
	期末库存	110.5	107.4	115.0	116.5	149.7	162.0	167.6
	贸易量	39.5	43.4	42.6	40.3	48.1	48.0	48.1
全部粗粮	产量	1 136.5	1 279.6	1 307.6	1 248.6	1 413.7	1 356.8	1 373.6
	消费	1 134.5	1 232.5	1 271.8	1 249.5	1 378.7	1 371.3	1 405.2
	期末库存	163.9	211.0	246.9	246.0	384.5	370.1	337.0
	贸易量	132.4	165.3	173.9	185.2	181.7	186.7	198.2
全部谷物（包括大米）	产量	2 267.3	2 473.4	2 514.5	2 456.2	2 661.1	2 615.1	2 604.2
	消费	2 287.5	2 401.5	2 447.2	2 427.5	2 560.1	2 566.5	2 607.5
	期末库存	451.4	512.4	579.4	603.3	763.1	782.2	744.6
	贸易量	319.0	374.6	378.3	397.6	412.1	417.3	425.8

资料来源：美国农业部。

说明：（1）贸易数据为 7 月/6 月，其他为各国市场年度数据的加总。

（2）贸易量的统计不包括欧盟内部贸易，包括前苏联各加盟共和国间的贸易。

二、2018年中国粮食市场大事记

1月

8日，国家科学技术奖励大会在北京举行，党和国家领导人为获奖代表颁奖。2017年度国家科学技术奖共评选出271个项目和9名科技专家，多项粮食行业研究成果获奖。其中，由中国科学院遗传与发育生物学研究所李家洋等完成的“水稻高产优质性状形成的分子机理及品种设计”项目荣获2017年度国家自然科学奖一等奖；由华南农业大学罗锡文等完成的“水稻精量穴直播技术与机具”项目荣获2017年度国家技术发明奖二等奖；以袁隆平院士领衔的“袁隆平杂交水稻创新团队”荣获2017年度国家科学技术进步奖创新团队奖。

17日，国家粮食局、中国农业发展银行发出通知，公布重点支持粮油产业化龙头企业名单，确定将北京粮食集团有限责任公司等507户粮油企业认定为国家粮食局、中国农业发展银行重点支持粮油产业化龙头企业。《通知》要求，按照有关支持政策，对公布的粮油产业化龙头企业加大政策和信贷支持力度。对符合贷款条件的企业，中国农业发展银行在风险可控的前提下按相关规定予以优先支持和重点支持；国家粮食局在同等条件下优先支持企业参与“优质粮食工程”“粮食安全保障调控和应急设施专项”等粮食行业重大项目建设。

22日至23日，全国粮食流通工作会议在京召开。会议强调，2018年是贯彻党的十九大精神的开局之年，是改革开放40周年，是决胜全面建成小康社会、实施“十三五”规划承上启下的关键一年，也是粮食行业深化改革、转型发展的攻坚之年。全国粮食系统要全面贯彻党的十九大精神，以习近平新时代中国特色社会主义思想为指导，围绕实施国家粮食安全战略和乡村振兴战略、健康中国战略，突出“六项重点”，强化“六个支撑”，守住安全底线，努力构建更高层次、更高质量、更有效率、更可持续的粮食安全保障体系。

22 日，国家粮食局局长张务锋在全国粮食流通工作会议期间接受新华社专访，回答了饭碗里的中国粮情况如何、粮食收储制度改革进展如何、如何应对从“吃得饱”向“吃得好”跃升提出的新矛盾等 3 个问题。张务锋指出，党的十八大以来，中央确立了国家粮食安全战略，推动了中国特色粮食安全理论创新、制度创新和实践创新。五年来，我国粮食流通改革发展扎实推进，国家粮食安全保障能力全面提高，为促进经济发展、社会稳定、民生改善做出了积极贡献。最低收购价和临时收储政策为发展粮食生产、保护农民利益发挥了重要作用。随着供求形势深刻变化，改革势在必行。2014 年以来，国家陆续改革调整大豆、油菜籽、玉米收储政策，目前正在进行实质性改革完善。不同历史时期人民群众对粮食的需求呈现出不同特点。进入中国特色社会主义新时代，消费分层明显，市场分化加速，普通谷物、初级加工品和低端产品的需求增长趋缓，而特色品种、精深加工产品和中高端粮油产品等需求快速增长。

30 日至 31 日，中储粮集团公司在北京召开中央储备粮工作会议。2017 年，面对复杂的国内粮食市场形势和艰巨的国家粮食宏观调控任务，中储粮在服务国家粮食安全战略、服务农业供给侧结构性改革大局中做出新贡献，在推进全面从严治党和从严治企上迈出新步伐，在有效应对和整治重大风险难题上取得新成效，在改善和提升企业运行质量上有了新进步。

2 月

4 日，新华社受权发布 2018 年中央 1 号文件继续锁定“三农”——《中共中央 国务院关于实施乡村振兴战略的意见》。按照党的十九大提出的决胜全面建成小康社会、分两个阶段实现第二个百年奋斗目标的战略安排，实施乡村振兴战略的目标任务是：到 2020 年，乡村振兴取得重要进展，制度框架和政策体系基本形成；到 2035 年，乡村振兴取得决定性进展，农业农村现代化基本实现；到 2050 年，乡村全面振兴，农业强、农村美、农民富全面实现。乡村振兴，产业兴旺是重点，生态宜居是关键，乡风文明是保障，治理有效是基础，生活富裕是根本，摆脱贫困是前提。

9 日，国家公布 2018 年稻谷最低收购价格。综合考虑粮食生产成本、市场供求、国内外市场价格和产业发展等因素，经国务院批准，2018 年生产的早籼稻（三等，下同）、中晚籼稻和粳稻最低收购价格分别为每 50 千克 120 元、126 元和 130 元，比 2017 年分别下调 10 元、10 元和 20 元。为支持完善稻谷最低收购价政策，国家对有关稻谷主产省份给予适当补贴支持，中央财政将补贴资金拨付到有关省份，由其结合当地实际情况按规定统筹安排使用，以保持优势产区稻谷种植收益基本稳定。

12 日，国家粮食局关于印发《2018 年粮食流通工作要点》的通知指出，2018 年，是贯彻党的十九大精神的开局之年，是改革开放 40 周年，是决胜全面建成小康社会、实施“十三五”规划承上启下的关键一年，也是粮食行业深化改革、转型发展的攻坚之年。粮食流通改革发展的总体要求是：全面贯彻党的十九大精神，以习近平新时代中国特色社会主义思想为指导，坚持稳中求进工作总基调，坚持新发展理念，坚持问题导向和底线思维，围绕实施国家粮食安全战略和乡村振兴战略、健康中国战略，以供给侧结构性改革为主线，以实现高质量发展为目标，突出“六项重点”，强化“六个支撑”，守住安全底线，切实增强粮食部门创新力执行力公信力，努力构建更高层次、更高质量、更有效率、更可持续的粮食安全保障体系。

28 日，国家统计局网站发布《2017 年国民经济和社会发展统计公报》。公报显示，2017 年我国粮食产量 61 791 万吨，比上年增产 0.3%。数据显示，全年粮食种植面积 11 222 万公顷，比上年减少 81 万公顷。其中，小麦 2 399 万公顷，减少 20 万公顷；稻谷 3 018 万公顷，减少 0.2 万公顷；玉米 3 545 万公顷，减少 132 万公顷。棉花 323 万公顷，减少 12 万公顷。油料 1 420 万公顷，增加 7 万公顷。全年粮食产量 61 791 万吨，比上年增加 166 万吨，增产 0.3%。其中，夏粮 14 031 万吨，增产 0.8%；早稻 3 174 万吨，减产 3.2%；秋粮 44 585 万吨，增产 0.4%。全年谷物产量 56 455 万吨，比上年减产 0.1%。其中，稻谷 20 856 万吨，增产 0.7%；小麦 12 977 万吨，增产 0.7%；玉米 21 589 万吨，减产 1.7%。

3 月

19 日，《国家粮食局办公室关于做好 12325 全国粮食流通监管热线管理工作的通知》指出，为贯彻落实党的十九大精神和党中央、国务院领导同志关于加强粮食流通监管的重要指示精神，国家粮食局党组研究决定，开通热线电话，接受全社会对粮食流通违法违规行为的举报。目前，12325 全国粮食流通监管热线已正式上线运行。

21 日，新华社全文播发中共中央印发《深化党和国家机构改革方案》，方案提出组建国家粮食和物资储备局。为加强国家储备的统筹规划，构建统一的国家物资储备体系，强化中央储备粮棉的监督管理，提升国家储备应对突发事件的能力，将国家粮食局的职责，国家发展和改革委员会的组织实施国家战略物资收储、轮换和管理，管理国家粮食、棉花和食糖储备等职责，以及民政部、商务部、国家能源局等部门的组织实施国家战略和应急储备物资收储、轮换和日常管理职责整合，组建国家粮食和物资储备局，由国家发展和改革委员会管理。不再保留国家粮食局。新组建的国家粮食和物资储备局主要职责是：根据国家储备总体发展规划和品种目录，组织实施国家战略和应急储备物资的收储、轮换、管理，统一负责储备基础设施的建设与管理，对管理的政府储备、企业储备以及储备政策落实情况进行监督检查，负责粮食流通行业管理和中央储备粮棉行政管理等。

28 日，李克强总理主持召开国务院常务会议，确定深化增值税改革的措施，进一步减轻市场主体税负。会议决定，从 2018 年 5 月 1 日起，将制造业等行业增值税税率从 17% 降至 16%，将交通运输、建筑、基础电信服务等行业及农产品等货物的增值税税率从 11% 降至 10%，预计全年可减税 2 400 亿元。

4 月

2 日，为维护我国利益，平衡因美国 232 措施给我国利益造成的损失，财政部发布通知表示，国务院关税税则委员会决定，对原产于美国的水果及制品等 120 项进口商品中止关税减让义务，在现行适用关税税率基础上加征关税，加征关税税率为 15%；对原产于美国的猪肉及制品等 8 项进口商品中止关税减让义务，在现行适用关税税率基础上加征关税，加征关税税率为 25%。

3 日，农业农村部、财政部发布的《2018 年财政重点强农惠农政策》

指出，中央财政将玉米、大豆生产者补贴统筹安排，大豆补贴标准要高于玉米，在相关稻谷主产省份实施稻谷补贴。

4 日，国家粮食和物资储备局举行挂牌仪式。国家发展改革委党组书记、主任何立峰为国家粮食和物资储备局揭牌，国家发展改革委党组成员、副主任张勇出席仪式。国家发展改革委党组成员、国家粮食和物资储备局党组书记、局长张务锋主持仪式。按照《深化党和国家机构改革方案》，新组建的国家粮食和物资储备局，整合了原国家粮食局的职责，国家发展和改革委员会的组织实施国家战略物资收储、轮换和管理，管理国家粮食、棉花和食糖储备等职责，以及民政部、商务部、国家能源局等部门的组织实施国家战略和应急储备物资收储、轮换和日常管理职责，旨在加强国家储备统筹规划，构建统一的国家物资储备体系，强化中央储备粮棉监督管理，提升国家储备应对突发事件能力。国家粮食和物资储备局由国家发展和改革委员会管理。

19 日，国家发改委发布《农村一二三产业融合发展年度报告（2017 年）》。报告称，截至 2017 年底，全国家庭农场、农民合作社、农业企业等各类新主体超过 300 万家，新型职业农民超过 1 500 万人。2017 年，全国规模以上农产品加工业主营业务收入 19. 4 万亿元，农产品加工业与农业总产值之比达 2. 2∶1，主要农产品加工转化率超过 65%。

23 日，国家粮食和物资储备局召开欢迎转隶人员大会。国家发展改革委党组成员，国家粮食和物资储备局党组书记、局长张务锋出席会议并讲话。张务锋指出，在机构改革中组建国家粮食和物资储备局，充分体现了以习近平同志为核心的党中央对国家粮食安全和国家储备安全的高度重视。全局广大党员干部要增强“四个意识”、坚定“四个自信”，切实把思想行动高度统一到习近平新时代中国特色社会主义思想和党的十九大精神上来，统一到党中央、国务院的决策部署上来，坚决拥护改革、全力支持改革、积极参与改革，当好改革的促进派和实干家，不折不扣完成机构改革任务。

27 日，浪潮集团与河南工业大学签署战略合作协议，双方将在技术研发、平台建设、人才培养、成果转化、行业培训、校企合作等方面开展合作，强强联合，优势互补，深入开展大数据、人工智能在粮食行业的创新应用，共同担当起“智慧粮食”建设发展的社会责任。

5 月

3 日，山西省粮食局在太原召开“山西小米”品牌及商标使用授权仪式新闻发布会。在会上，山西沁州黄小米集团有限公司等 9 家粮食企业成为拥有“山西小米”品牌及商标使用权首批成员。首批获得“山西小米”品牌商标使用授权的企业分别是：山西沁州黄小米集团有限公司、山西东方物华农业科技有限公司、山西鑫霏农业开发有限公司、怀仁县龙首山粮油贸易有限公司、山西石鼓农产品开发有限公司、兴县山花烂漫农业综合开发有限公司、山西太行沃土农业产品有限公司、山西禾卓伟业农业科技有限责任公司、河曲县万家福商贸有限公司。

4 日，国家粮食和物资储备局发布“大米品尝评分参考样品制备技术规范”“电动散装粮食扦样器技术条件与试验方法”“电动吸式包装粮食扦样器技术条件与试验方法”“主要谷物中 16 种真菌毒素的测定”“粮食中镉的快速测定”“粮食中铅的快速测定”等 6 项推荐性行业标准，以上标准将于 2018 年 7 月 1 日起实施。

17 日，国家粮食和物资储备局在河北省正定县召开全国夏季粮油收购工作会议，认真学习贯彻国家粮食收购政策，深入分析夏季粮油购销形势，对收购工作做出全面部署。会议认为，当前粮食生产形势总体较好，种植结构进一步调整优化，夏季粮油有望再获丰收，预计产量和收购量仍将保持较高水平。近几年，国家下调粮食最低收购价格，持续释放改革信号，市场化购销逐步活跃，优质粮食的价格优势更加明显，最低收购价执行预案启动区域有所缩小，启动时间总体推后，托市收购量呈下降趋势。

19 日，国家粮食和物资储备局网站消息，国家发展和改革委员会等六部门发布《小麦和稻谷最低收购价执行预案》，要求各地和有关单位按照预案的要求，精心安排，周密部署，认真做好组织实施工作。现有最低收购价粮食库存的管理，仍按当年预案的有关规定执行。同时，各地要统筹采取储备轮换吞吐、鼓励加工企业收购、支持品牌化生产经营等措施，组织好油菜籽市场化收购，确保市场稳定，促进油菜籽产业健康发展。

20 日，2018 年全国粮食科技活动周启动仪式在山西太原举行。国家发展改革委党组成员，国家粮食和物资储备局党组书记、局长张务锋讲话并宣布全国粮食科技活动周正式启动。张务锋指出，山西素以“小杂粮王国”著称，粮食产业特色鲜明。遵照习近平总书记视察山西重要指示精神，国家粮食和物资储备局同山西省紧密对接合作，大力推动特色杂粮产业发展，着力开发功能食品和药食同源产品，重点支持优质杂粮示范区和杂粮产地交易市场建设，取得了积极成效。

21 日，2018 年全国粮食科技活动周武汉会场活动开幕。国家发展改革委党组成员，国家粮食和物资储备局党组书记、局长张务锋出席开幕式，并宣布武汉会场活动正式开幕。2018 年全国粮食科技活动周，以“科技创新、强业兴粮”为主题，紧紧围绕“科技兴粮”和“人才兴粮”，开展多项科技成果展示推介和人才交流，着力促进粮食产业依靠创新驱动实现高质量发展。

21 日至 24 日，来自中国、美国、法国、加拿大、澳大利亚等 18 个国家和地区的 600 多名代表云集福建厦门，参加由国际谷物科技协会（ICC）和中国粮油学会（CCOA）共同举办的第一届 ICC 粮食科技大会。本次大会的主题是“粮食科技与创新：从亚太走向世界”，其宗旨是加快促进粮油食品的加工和利用、绿色储藏、质量安全、营养健康等相关领域的科技进步与创新，从而应对消费者对粮油及豆类食品的新需求，进而塑造亚太地区的粮食科技新未来。

24 日，国家粮食和物资储备局网站消息，近日，国家发展和改革委员会、国家粮食和物资储备局、教育部、人力资源和社会保障部联合印发《关于“人才兴粮”的实施意见》，就“人才兴粮”工作做出部署。《意见》指出，要以习近平新时代中国特色社会主义思想为指导，全面贯彻党的十九大精神，聚焦实施科教兴国、人才强国和创新驱动发展战略，深化粮食行业人才发展体制机制改革，健全服务粮食全产业链的人才培养体系，优化人才发展环境，激发人才创新创造活力，为粮食流通改革发展提供人才保障。

24 日，第五届国际稻米油大会在越南河内举行，大会宣布成立由中国、日本、印度、越南、泰国、孟加拉国等多个亚洲国家企业组成的稻米油全球贸易委员会。国际稻米油理事会主席白炳德表示，稻米油全球贸易委员会将在全球范围内建设一个集稻米油原料、加工、开发、贸易的全产业链平台，促进稻米油在全球的食用和推广，建立科学的稻米油国际标准，完善稻米油安全保障体系，推动全球稻米油消费文化的形成。

25 日，国家粮食和物资储备局网站消息，近日，国家发展和改革委员会、国家粮食和物资储备局、科技部联合印发《关于“科技兴粮”的实施意见》，就“科技兴粮”工作进行部署。《意见》指出，要以习近平新时代中国特色社会主义思想为指导，全面贯彻党的十九大精神，突出创新是引领发展的第一动力的重要作用，深化粮食科技体制改革，激发各类创新主体的积极性，提高粮食科技创新能力，促进科技成果转化，增强粮食产业健康发展新动能，为推动建设粮食产业强国、促进乡村振兴、满足人民日益增长的美好生活需要提供科技支撑。

29 日，海关总署发布公告，决定自 2018 年 6 月 1 日起，取消对部分产品实施进境动植物检疫审批，其中包括菜粕、棉粕、花生粕等杂粕类产品。

6 月

2 日，江苏省兴化市国家粮食生产功能示范区举行“农业全过程无人作业试验项目”示范演示会，演示了旱耕机、打浆整平机、插秧机、施药施肥机以及收割机的无人作业。多种无人农机借助北斗卫星导航，并加入传感器和控制器，利用嵌入式系统进行现场路径规划和作业控制，同时依靠通信技术完成数据传输。

7 日，德国制药与农化巨头拜耳公司宣布完成对美国生物技术公司孟山都的收购。根据拜耳在其官网上发布的公告，孟山都公司股票将不再在纽约证券交易所交易，拜耳现在是孟山都唯一所有者，孟山都股东将获得每股 128 美元的补偿。拜耳成功收购孟山都是继陶氏与杜邦合并、中国化工收购先正达后，全球农化行业巨头整合的又一步。

11 日，大连商品交易所发布消息称，玉米期货期权立项申请已获得中国证监会批复同意。据了解，玉米期权具有较为成熟的标的市场。2017 年，大商所玉米期货成交量 1.3 亿手，参与客户 29 万户，单位客户日均持仓量占比 42%。大商所目前正稳步推进玉米期权的上市准备工作。一是完成了玉米期货期权合约设计。二是升级优化技术系统，完成了核心交易系统的多品种容量测试，并推动期权行权优化、期权组合保证金、期权套保等功能的开发。三是加大培育力度，积累期权应用策略和案例，为玉米期权的顺利推出奠定客户基础。

11 日，郑州商品交易所棉花期权立项申请获中国证监会批复同意。棉花期权市场基础良好。2017/2018 年度，我国棉花生产量为 613 万吨，净进口量为 114 万吨，消费量为 817 万吨。棉花期货自 2004 年上市以来，市场参与度不断提高，功能发挥不断深化，已成为世界范围内主要的期货品种之一。近几年来，郑商所积极开展农产品期权研发工作。下一步，将完善合约制度设计，加大市场培训和投资者教育，做好技术系统的测试，开展棉花期权新一轮仿真交易工作，做好棉花期权各项上市准备工作。

21 日，国家卫生健康委员会、国家市场监督管理总局公告发布《GB2716－2018 食品安全国家标准植物油》。该标准将从 12 月 21 日起正式实施，这是我国食用油领域最重要的基础性标准，将对我国植物油产业发展产生重要影响。据国家卫生健康委员会食品安全标准与监测评估司解释，植物油新国标 GB2716 是对《食用植物油卫生标准》（GB2716－2005）和《食用植物油煎炸过程中的卫生标准》（GB7102.1－2003）的整合修订。与原标准相比，主要变化是：完善了术语和定义，删除了煎炸过程中植物油的羰基价指标，修改了酸价和溶剂残留指标，增加了对食用植物调和油命名和标识的要求等。根据不同品种植物油的特点，参照国际食品法典委员会（CAC）相关标准，结合我国实际情况，修订后的标准对米糠油、棕榈（仁）油、玉米油、橄榄油、棉籽油、椰子油等不同植物原油的酸价分别进行了规定。对于溶剂残留指标，为确保食品安全，综合考虑植物油的实际食用情况、现代加工工艺及有关检测数据，将浸出工艺生产的食用植物油（包括调和油）的溶剂残留量下调为≤20mg/kg，并增加“压榨油溶剂残留量不得检出”要求，不再对植物原油要求溶剂残留指标。

7 月

1 日，国家对进出口大米税目税率进行调整，其中大米税目调整体现在，按米种划分改为按粒型划分，即稻谷、大米、糙米、粳米目录下的货品名称，从原来的“籼米”和“其他”改为“长粒米”和“其他”，调整涉及 14 个税目。税率的调整主要体现在，自东盟进口的稻谷、整粒米、碎米、大米细粉、大米粗粉粗粒适用的协定税率，由原来的两档 50% 和 5% 调整为现在的五档 50%、50%、5%、40%、5%，部分大米品种最惠国税率出现调整。整体来看，大米税目税率的调整，对进口米市场的影响主要体现在两个方面：一是税目调整影响到从东盟进口糯米的税率，协定税率从5%增加到50%，大幅增加了从东盟进口糯米的成本；二是税率调整影响到进口碎米的成本，进口碎米最惠国税率从65%下调至10%，碎米进口成本下降，对以进口碎米为原料的食品加工业及酿酒行业是一大利好。

6日，首届“一带一路”粮食安全高峰论坛在甘肃兰州举行。国家发展改革委党组成员，国家粮食和物资储备局党组书记、局长张务锋出席论坛并致辞。张务锋指出，中国是一个人口众多的发展中国家，党和政府高度重视粮食安全问题。保障粮食安全是一个永恒的课题，任何时候这根弦都不能松。要认真落实总体国家安全观和国家粮食安全战略，准确把握“多”和“少”、“质”和“量”、生产和流通、当前和长远、国内和国外、政府和市场的关系，加快构建更高质量的粮食安全保障体系。张务锋强调，“一带一路”建设是在新的历史条件下实行全方位对外开放的重大举措，为更好地保障本国粮食安全、维护世界粮食安全提供了难得的机遇和载体。

9日，中粮集团有限公司召开中层以上管理人员大会。中央组织部高选民副部长宣布了中央关于中粮集团有限公司主要领导调整的决定：吕军同志任中粮集团有限公司董事长、党组书记，免去其中国储备粮管理集团有限公司董事长、党组书记职务；免去赵双连同志的中粮集团有限公司董事长、党组书记职务，退休。有关职务任免按有关法律和章程办理。

13日，国家市场监督管理总局、中国国家标准化管理委员会联合发布玉米新标准GB1353－2018，这一标准为国家强制性标准，将于2019年2月1日实施。2018年版玉米新国标提高了容重要求，调整等间差为30g/L，具体容重指标为：一等≥720g/L，二等≥690g/L，三等≥660g/L，四等≥630g/L，五等≥600g/L，等外＜600g/L。2009年版玉米国标容重一等≥720g/L，二等≥685g/L，三等≥650g/L，四等≥620g/L，五等≥590g/L，等外＜590g/L。一二三等容重等间差为35g/L，三四五等容重等间差为30g/L。新国标取消了生霉粒指标限制，增加了霉变粒指标，要求霉变粒含量≤2.0%。

13日至14日，全国粮食和物资储备局长座谈会在北京召开。主要任务是，认真落实习近平新时代中国特色社会主义思想和党的十九大精神，深入贯彻总体国家安全观，分析形势，凝聚共识，全面深化改革，推动转型发展，切实提高国家粮食安全和物资储备安全保障能力。国家发展改革委党组成员，国家粮食和物资储备局党组书记、局长张务锋出席会议并讲话。张务锋指出，新时代开启新征程，新职能赋予新使命，新机构要有新作为。要深刻认识党和国家机构改革的重大意义，明责任、明方向、明任务，牢记使命担当，弘扬创新精神，加快构建统一的国家储备体系。要巩固放大"深化改革、转型发展"大讨论成效，以机构改革为契机，持续转观念、转职能、转方式，科学谋划新时代粮食和物资储备工作，以良好的精神状态不断开创工作新局面。

23 日，新华社电，近日，国务院办公厅印发《关于开展全国政策性粮食库存数量和质量大清查的通知》（以下简称《通知》），部署开展全国政策性粮食库存数量和质量大清查。《通知》指出，要深入贯彻习近平新时代中国特色社会主义思想和党的十九大精神，认真落实党中央、国务院决策部署，进一步查清全国政策性粮食库存实底，强化依法治理和责任落实，依法严惩违法违规行为，防范化解风险隐患，切实守住库存粮食数量真实、质量良好、储存安全的底线，确保国家粮食储备安全。《通知》明确，本次粮食库存大清查遵循"问题导向，底线思维；全面清查，突出重点；先行试点，创新方法；完善机制，压实责任"的清查原则，对各类企业存储的政策性粮食，包括中央储备粮、最低收购价粮、国家临时存储粮、国家一次性储备粮、地方储备粮，以及存储政策性粮食企业的商品粮数量和质量进行清查。同时，对企业执行国家粮食收购政策、储备粮轮换管理、政策性粮食库贷挂钩、财政补贴拨付等情况进行同步检查，验证库存粮食的真实可靠性。《通知》要求，本次粮食库存大清查以 2019 年 3 月末（统计结报日）为清查时点，分为准备、自查、普查、抽查、整改五个阶段。

8 月

1 日，中国农业科学院国家薯类作物研究中心在北京成立并举行揭牌仪式。中国是马铃薯、甘薯、木薯和山药等薯类作物的生产大国，主要薯类作物年种植面积超过 1.6 亿亩，占全国可用耕地 8% 左右，马铃薯和甘薯的种植面积和总产量均居世界第一位。将马铃薯作为水稻、玉米、小麦后的第四大主粮，对保障我国粮食安全、减少资源环境压力、改善居民营养膳食结构具有重要意义。据了解，国家薯类研究中心是在整合中国农科院在马铃薯和甘薯领域研究力量基础上建立的国家级薯类作物研究公共平台，通过整体布局、任务牵引、协同创新、项目驱动等方式实现联合集成、交叉研究与综合提升。该平台的建立将有助于发挥中国农科院在薯类作物研究方面的集团优势，建立一种高效的农业科技协同创新组织模式，更好地为国家马铃薯主粮化战略提供技术支撑，并成为我国对接国际马铃薯中心亚太中心工作的窗口。

6日，国家发展改革委、农业农村部、粮食和储备局会同财政部、自然资源部、生态环境部、水利部、海关总署、市场监管总局、统计局、农业发展银行印发《关于认真开展2018年度粮食安全省长责任制考核工作的通知》（发改粮食〔2018〕1142号，以下简称《通知》），对2018年度粮食安全省长责任制考核工作做出全面部署。《通知》强调，要深入贯彻落实习近平新时代中国特色社会主义思想和党的十九大精神，更好地践行新发展理念，深入实施国家粮食安全战略、乡村振兴战略和健康中国战略，坚持质量兴农、质量兴粮，持续推动粮食安全省长责任制落实，确保党中央、国务院关于保障国家粮食安全的目标任务顺利完成。

18日，首届中国粮食交易大会在哈尔滨开幕。黑龙江省委书记张庆伟，省委副书记、省长王文涛，国家发展改革委党组成员，国家粮食和物资储备局党组书记、局长张务锋出席开幕式，共同为交易大会启动开幕。张务锋指出，在认真落实习近平新时代中国特色社会主义思想和党的十九大精神，加快推进农业供给侧结构性改革的关键时期，举行首届中国粮食交易大会，是促进粮食供需平衡、服务乡村振兴战略的重大举措，有利于适应新时代新形势、增强国家粮食安全保障能力，有利于深化粮食收储制度改革、加强粮食产销合作，有利于增加优质粮油产品供给、满足广大人民群众不断升级的消费需求。本次交易大会由国家粮食交易中心、中国贸促会粮食行业分会和黑龙江省粮食局举办。大会展览面积超过3.2万平方米，参会人数超万人，同期举办的粮油精品展参展企业逾千家。

19日至20日，国家粮食和物资储备局在黑龙江省哈尔滨市召开全国加快推进粮食产业经济发展第二次现场经验交流会。会议主题是深入贯彻习近平总书记关于“粮头食尾”和“农头工尾”的重要指示精神，紧紧围绕粮食产业高质量发展，交流经验，创新举措，着力构建现代化粮食产业体系，加快建设粮食产业强国。国家发展改革委党组成员，国家粮食和物资储备局党组书记、局长张务锋出席会议并讲话。张务锋指出，习近平总书记在黑龙江省考察时做出的关于以“粮头食尾”和“农头工尾”为抓手、推动粮食精深加工的重要指示，为发展粮食产业经济指明了正确方向、提供了根本遵循。李克强总理关于加快建设粮食产业强国的重要批示，提出了明确要求。要围绕落实国家粮食安全战略、着眼乡村振兴战略大局、结合推动高质量发展、立足新时代社会主要矛盾变化，深刻认识抓好“粮头食尾”和“农头工尾”、建设粮食产业强国的战略地位、综合效应、现实作用和深远影响。要进一步增强“四个意识”，坚定“四个自信”，将抓好“粮头食尾”和“农头工尾”、建设粮食产业强国，作为当前和今后一个时期粮食和物资储备部门的重要政治责任，作为粮食行业服务发展大局的职责担当所在，坚持深化改革、转型发展，大力推动粮食产业经济发展质量变革、效率变革、动力变革，全力以赴“为耕者谋利、为食者造福、为业者护航”。张务锋强调，坚持质量第一、效益优先，以供给侧结构性改革为主线，加快实施“五优联动”，着力构建现代化粮食产业体系。

22 日，国务院召开常务会议，确定生物燃料乙醇产业总体布局。为发展绿色能源，并消化部分粮食品种过多库存，会议确定了生物燃料乙醇产业总体布局。坚持控制总量、有限定点、公平准入，适量利用酒精闲置产能，适度布局粮食燃料乙醇生产，加快建设木薯燃料乙醇项目，开展秸秆、钢铁工业尾气等制燃料乙醇产业化示范。会议决定，有序扩大车用乙醇汽油推广使用，除黑龙江、吉林、辽宁等 11 个试点省份外，2018 年进一步在北京、天津、河北等 15 个省市推广。

9 月

4 日，国家发展改革委会同国家粮食和物资储备局、财政部、农业农村部、国家统计局、中国农业发展银行、中储粮集团公司等部门和单位，召开全国政策性粮食库存数量和质量大清查部际协调机制第一次会议。会议指出，搞好粮食库存大清查，对于筑牢国家粮食安全基础，加强粮食库存管理，建立粮食库存监管长效机制意义重大。要通过此次大清查，摸清粮食库存家底，及时发现问题，防范化解风险，提升政策性粮食库存管理水平。同时以大清查为契机，统一检查方法、规范标准，提高粮食行政执法水平和监管能力，推动政策性粮食库存监管的规范化、制度化、常态化，为构建监管长效机制、健全法律体系、提升监管能力夯实基础，加快补齐粮食库存管理和监管的“短板”，推动粮食行业加快转型发展。

11 日，《国家粮食和物资储备局职能配置、内设机构和人员编制规定》（以下简称“三定”方案）对外公布。“三定”方案体现权责一致，突出职能转变，坚持优化协同高效，彰显了组建国家粮食和物资储备局的战略谋划和整体考虑。“三定”方案指出，国家粮食和物资储备局是国家发展和改革委员会管理的国家局，为副部级。下设办公室（外事司）、粮食储备司、物资储备司、能源储备司、法规体改司、规划建设司、财务审计司、安全仓储与科技司、执法监督局、机关党委（人事司）、离退休干部办公室等内设机构。按照规定，国家粮食和物资储备局主要职责包括以下内容：起草全国粮食流通和物资储备管理的法律法规草案、部门规章。研究提出粮食流通和物资储备体制改革方案并组织实施。研究提出国家战略物资储备规划、国家储备品种目录的建议。根据国家储备总体发展规划和品种目录，组织实施国家战略和应急储备物资的收储、轮换和日常管理，落实有关动用计划和指令。管理国家粮食、棉花和食糖储备，负责中央储备粮棉行政管理。监测国际国内粮食和战略物资供求变化并预测预警，承担全国粮食流通宏观调控的具体工作，承担粮食安全省长责任制考核日常工作。拟订粮食和物资储备仓储管理有关技术标准和规范并组织实施。负责粮食流通、加工行业安全生产工作的监督管理，承担国家物资储备承储单位安全生产的监管责任。根据国家储备总体发展规划，统一负责储备基础设施建设和管理。拟订国家储备基础设施、粮食流通设施建设规划并组织实施，管理有关储备基础设施和粮食流通设施国家投资项目。负责对管理的政府储备、企业储备以及储备政策落实情况进行监督检查。负责粮食流通监督检查，负责粮食收购、储存、运输环节粮食质量安全和原粮卫生的监督管理，组织实施全国粮食库存检查工作。负责粮食流通行业管理，制定行业发展规划、政策，拟订粮食流通和物资储备有关标准、粮食质量标准，制定有关技术规范并监督执行。负责粮食和物资储备的对外合作与交流。完成党中央、国务院交办的其他任务。

18日，国家粮食和物资储备局在江苏省南京市召开全国秋粮收购工作会议，传达学习秋粮收购政策，分析研判市场走势和收购形势，对做好秋粮收购工作进行安排部署。会议指出，2018年秋粮生产情况总体较好，预计总产量和收购量仍将保持较高水平，收购任务依然艰巨繁重。各地和有关企业要严格落实《关于切实做好2018年秋粮收购工作的通知》（国粮发〔2018〕210号）要求，迅速行动、多措并举，全力做好秋粮收购各项工作，坚决守住不发生大面积“卖粮难”的底线。

19日，农发行面向境外投资者发行2年期固息人民币债券和3年期浮息美元债券，取得圆满成功，其中人民币债券规模为12亿元，利率为4.16%，认购倍率达到2.73倍；美元债券规模为7亿美元，利率为3ML+62bps，认购倍率达到3.26倍。本次发行获得了境外投资者的热烈追捧，包括央行、主权基金、银行、券商、基金和资产管理公司等，带来了多元化的高品质订单，彰显了境外投资者对农发行和农发债的高度认可。此次双币种债券的成功发行是农发行4年后重启境外人民币债发行，亦是农发行首单外币债券的发行，标志着农发行在拓展筹资业务空间、推动中国债券市场国际化方面迈出了新的步伐。

26日，一列满载545.49吨加拿大亚麻籽的首班进口粮食货运专列抵达河南进境粮食指定口岸。据了解，本批次亚麻籽由宁夏优优食用油有限公司进口，从加拿大温哥华港装船启运，经天津港转关，在国内首次采用海铁联运的方式运抵郑州，创新了原粮进口模式，改变了过去中西部地区粮食进口企业仅能依赖沿海口岸进口优质粮食的局面，大大缩短了交货周期，为采购企业节约了时间和成本。

28日，郑州商品交易所发布公告称，对《郑州商品交易所期货交易细则》进行了修订，修订后的《交易细则》自2018年10月8日起施行。郑商所相关负责人介绍，新的交易细则主要做了四方面修订：一是按照与《交易规则》、交易所业务实际保持一致的原则，删除“场内交易席位”“出市代表管理”相关规定，增加“应急交易场所”有关规定；二是按照与《交易规则》有效衔接原则，增加撮合成交具体确定方式；三是按照顺应新业务发展的原则，增加与“特定品种对外开放”相关内容；四是简化开户流程相关表述。

28 日至 30 日，由中国粮食行业协会主办的第十六届中国国际粮油产品及设备技术展示交易会在长沙国际会展中心举行。中国国际粮油产品及设备技术展示交易会创办于 1999 年，是目前国内粮食行业水平最高、规模最大的综合性展会。本届粮油展以“齐聚粮油会展奥斯卡，共享行业发展新潮流”为主题，引导参展企业和地区加强品牌的培育、管理、推广和维护，展示行业发展的新产品、新技术、新趋势。

10 月

10 日，2018 中国·黑龙江首届国际大米节在哈尔滨开幕。来自日本、泰国、印度、美国、菲律宾等国家和地区的有关专家及 200 多家企业和农业科研单位参展参会。

12 日，国家发展改革委公布了 2019 年粮食和棉花进口关税配额。其中，小麦963.6 万吨，国营贸易比例90%；玉米720 万吨，国营贸易比例60%；大米 532 万吨（其中：长粒米 266 万吨、中短粒米 266 万吨），国营贸易比例 50%。2019 年棉花进口关税配额量为 89.4 万吨，其中国营贸易比例为 33%。粮食和棉花进口关税配额申请时间为 2018 年 10 月 15 日至 30 日。

16 日，中国粮油学会第八次全国会员代表大会暨第九届学术年会在北京隆重召开。第八次全国会员代表大会选举产生了学会第八届理事会，第九届学术年会以“科技引领粮食产业经济发展”为主题，开展了特邀报告会、分会场专题论坛、科技成果展等系列活动。全国各地的会员代表近 500 人汇聚在首都，共同参与这场国内粮油科技界的顶级盛会。在八届一次理事会上，选举产生常务理事 50 名，张桂凤当选理事长，王莉蓉为学会法定代表人、秘书长，选举了第一届监事会，设立了首席专家组，聘任王瑞元、姚惠源、岳国君为学会三个领域的首席专家，并对学会理事会功能型党委进行了换届。

16 日，国家粮食和物资储备局、农业农村部、教育部、科技部、全国妇联和联合国粮农组织在浙江大学联合主办 2018 年世界粮食日和粮食安全系列宣传主会场活动。国家发展改革委党组成员，国家粮食和物资储备局党组书记、局长张务锋作了讲话。张务锋指出，在第 38 个世界粮食日之际，以“努力实现零饥饿”为主题开展相关活动，具有特别重要的现实意义。

16日至20日，国家粮食和物资储备局主办的全国粮食和物资储备系统改革开放40周年成就图片展在浙江大学展出。图片展以全国粮食和物资储备系统改革发展历程为主线，分为前言、重要论述、体制改革、机构沿革、辉煌成就、结束语六部分，共展出200余张图片。其中，“辉煌成就”分宏观调控有力有效、设施建设实现飞跃、产业经济蓬勃发展、创新驱动战略稳步推进、信息化建设步伐加快、法治建设不断加强、行业党的建设和文化建设全面提升、国际交流与合作广泛深入等8个主题，展示了40年来我国粮食和物资储备事业改革发展的光辉历程与巨大成就，展示着粮食和物资储备人始终如一的奉献和担当。

11月

1日，农发行通过深圳证券交易所，以公开招标方式成功发行100亿元金融债券，这是农发行首次在交易所发行金融债券，标志着农发行顺利实现银行间、柜台、交易所市场等境内筹资渠道的全覆盖。本次发行的债券分别为：1年期50亿元，发行利率2.80%，低于前一日中债同期限债券估值12个基点，获得4.08倍认购倍率；2年期50亿元，发行利率3.36%，低于前一日中债同期限债券估值9个基点，获得3.98倍认购倍率。本次交易所债券承销商为浦发银行、江苏银行、东方证券、中信证券、建设银行、交通银行、南京银行、杭州银行、宁波银行、郑州银行、河北银行、第一创业证券、国海证券、申万宏源证券、招商证券、民生证券、国盛证券、万联证券、华西证券、浙商证券。

7日，有消息称，经过前期补贴面积核实及成本收益测算等工作，日前，黑龙江省2018年玉米和大豆生产者补贴资金发放工作正式启动。据了解，2018年黑龙江省玉米生产者补贴标准为合法种植面积25元/亩，大豆生产者补贴标准为合法种植面积320元/亩。相比去年，黑龙江大豆生产者补贴提高了将近150元/亩。补贴标准的提高，进一步缩小了玉米和大豆的种植效益比，此举将有效提升农户种豆的积极性，有利于黑龙江大豆种植面积的进一步扩大。2017年黑龙江大豆生产者补贴标准为173.46元/亩，共补贴大豆合法实际种植面积5 872.26万亩。

8日，《粮食安全保障法》起草领导小组第一次会议在北京召开。会议认为，《粮食安全保障法》的立法思路定位清晰准确，粮食生产流通体系基本形成，关键领域改革政策基本成型，粮食安全保障方面形成了相关制度规定，加快制定《粮食安全保障法》已经具备比较好的工作基础和条件。

13日，2018年巴西农业企业峰会在巴西圣保罗举行，探讨巴西农业贸易、农业发展前景等问题。糖人资本公司副总裁迈克尔·麦克杜格尔在开幕式上介绍说，2017/2018年度，巴西大豆产量仅次于美国，居世界第二，但出口量为世界第一，总计出口7 619万吨，占全球出口总量的49.7%，其中对华出口量占巴西大豆总出口量的61.25%。

16日，国家公布2019年小麦最低收购价格，2019年国家继续在小麦主产区实行最低收购价政策。综合考虑粮食生产成本、市场供求、国内外市场价格和产业发展等因素，经国务院批准，2019年生产的小麦（三等）最低收购价为每50千克112元，比2018年下调3元。

18日，在2018年“智慧之光”湖北专家创新创业成果转化对接活动中，“禾元生物”与“玛克医生”现场签约，由后者独家代理“禾元生物”美妆产品的线上销售业务。“禾元生物”由国家引进专家杨代常创办，其“稻米造血”技术全球首创，即稻米中提取人血清白蛋白，纯度达到99.9999%。目前，我国每年临床对人血清白蛋白的需求量在210吨左右，其中一半依赖进口。“稻米造血”产品通过临床试验，拿到药品批文进入医院使用后，可有效缓解“血荒”。

20日，农发行在卢森堡举行欧元绿色债券成功首发庆祝仪式，农发行行长钱文挥、卢森堡财政部长Pierre Gramegna和中国驻卢森堡参赞尚静出席。农发行于11月19日发行首笔准主权3年期浮息欧元绿色债券，发行规模为5亿欧元，利率为3mE +48bps，认购订单金额为16.84亿元，高达3.4倍，获分配订单中欧洲地区投资者数量占比超过58%，计划在卢森堡证券交易所、中欧国际交易所和香港联交所上市。这是农发行继9月19日成功发行境外双币种债券、首发美元债券后，再次登陆国际资本市场，表明了农发行持续向国际市场提供高品质、高等级投资产品的承诺，以及致力于发展绿色信贷，吸引境内外资金支持农业可持续的实际行动。

22日，“天府菜油”行动启动暨产业创新联盟成立大会在成都举行。

为推动“天府菜油”行动实施，四川省粮食行业协会发起成立“天府菜油”产业创新联盟。产业创新联盟是跨行业非营利性联合体，由四川省农科院、西华大学、油脂加工企业、销售企业等 20 家单位自愿结成。联盟将坚持“高标准、开放性、有进有退”原则，加强联盟成员监管，优先对联盟成员在优惠政策、品牌使用、宣传推介方面提供支持。会议对首批入盟的成员单位进行授牌，并对 15 家骨干油脂加工企业授权使用“天府菜油”品牌。

27 日，由中国粮食行业协会和国际粮食贸易联盟共同主办的世界粮食贸易论坛在北京举行，本届论坛以“世界粮食贸易趋势展望”为主题，共同探讨交流世界粮食生产和贸易的新形势以及面临的新问题，并就深化粮食贸易合作进行了深入探讨。

12 月

1 日，由粮油市场报主办、万年贡集团有限公司冠名的“2018 中国粮油财富论坛”在北京开幕。来自全国各地的优秀粮油企业代表、业内专家学者等 300 余人围绕“创新、转型、提质”的主题，通过主题演讲、论坛对话等形式共探粮企创新发展和产业转型升级之策。论坛上，中国社会科学院财经战略研究院院长何德旭，中国粮食经济学会副会长、同济大学教授程国强，国家粮油信息中心副主任王晓辉，中国农业大学中国农业品牌研究中心主任陆娟，工信部中国电子商务协会副理事长姚光辉等专家，分别围绕 2018 年我国宏观经济形势与展望、深化粮食收储制度改革、2018 年国内国际粮食供求形势分析与展望、新时代农产品品牌建设新思维、电子商务未来趋势及粮农电商的发展前景等主题发表了演讲。论坛对话环节，中国社会科学院农村发展研究所宏观室副主任李国祥、中国林业产业联合会木本油料团体标准专家组组长冯纪福教授、山西省粮食和物资储备局局长王云龙、吉林省粮食和物资储备局副局长刘红霞、四川省粮食和物资储备局产业发展处处长王亚南、万年贡集团有限公司董事长蔡阳厚、江苏省粮食集团有限责任公司董事长刘习东、河南省豫粮粮食集团有限公司董事长张培贤等 13 位嘉宾，分别围绕“创新发展与转型升级”“公共品牌与品质粮油”两大主题进行了分享和交流。“第八届中国粮油榜颁奖盛典”同期举行。现场对 2018 年度中国百佳粮油企业、中国十佳粮油集团、中国十佳粮油影响力人物、中国十佳粮食产业发展标杆企业、中国十佳粮油（食品）影响力品牌、中国十佳粮油优质特色产品、中国十佳粮油区域领导品牌、中国十佳粮油企业成长之星、中国粮油领军企业、中国粮油领军品牌、中国粮机影响力企业等进行了颁奖。

14 日，国家统计局公布全国粮食生产数据，2018 年全国粮食总产量 65 789 万吨（13 158 亿斤），比 2017 年减少 371 万吨（74 亿斤），下降 0.6%。2018 年，农业种植结构调整优化，粮食播种面积减少。各地调减库存较多的稻谷和玉米种植，扩大大豆种植，因地制宜发展经济作物。初步统计，2018 年，全国粮食播种面积 17.56 亿亩，比上年减少 1 428 万亩，下降 0.8%。因播种面积减少，粮食减产 107 亿斤。谷物播种面积减少。2018 年，全国谷物播种面积 14.95 亿亩，较上年减少 1 619 万亩，下降 1.1%。其中稻谷 4.53 亿亩，比上年减少 837 万亩，下降 1.8%；小麦 3.64 亿亩，比上年减少 360 万亩，下降 1.0%；玉米 6.32 亿亩，比上年减少 404 万亩，下降 0.6%。豆类播种面积增加，薯类面积稳定。全国豆类播种面积 1.53 亿亩，比上年增加 180 万亩，增长 1.2%。其中大豆播种面积 1.26 亿亩，比上年增加 232 万亩，增长 1.9%；薯类播种面积 1.08 亿亩，比上年增加 11 万亩，略增 0.1%。粮食种植结构调整效果明显。湖南、江西两省主动调减单产较低、品质较差的早稻和双季晚稻种植面积 796 万亩，同时增加单产较高、品质较优的中稻和一季晚稻种植面积 348 万亩；黑龙江主动压缩冷凉区域水稻种植面积 249 万亩。贵州、河北两省大力发展经济作物，主动调减玉米种植面积 765 万亩。内蒙古、吉林、河南、山东、安徽等省（区）采取加大政策补贴等措施扶持大豆生产，五省（区）共增加大豆面积 402 万亩。谷物、豆类、薯类三大类粮食单产水平均有所提高。全国粮食作物单产 375 千克/亩，每亩产量比上年提高 0.9 千克，增长 0.2%。其中，谷物单产 408 千克/亩，每亩产量比上年提高 1.1 千克，增长 0.3%；豆类单产 125 千克/亩，每亩产量比上年提高 3.3 千克，增长 2.7%；薯类单产 265 千克/亩，每亩产量比上年提高 5.1 千克，增长 2.0%。因单产提高，粮食增产 33 亿斤。主要粮食品种稻谷单产提高，小麦单产下降，玉米单产持平。稻谷单产增加，达 468 千克/亩，每亩产量比上年提高 7.3 千克，增长 1.6%；小麦单产 361 千克/亩，因灾每亩产量比上年减少 4.4 千克/亩，下降 1.2%；玉米单产

407 千克/亩，与上年基本持平；大豆单产 127 千克/亩，每亩产量较上年增加 3.5 千克，增长 2.9%。

17 日至 18 日，全国政策性粮食库存数量和质量大清查试点工作情况调度座谈会在京召开。大清查部际协调机制召集人，国家发展改革委党组成员、副主任张勇出席会议并作讲话。大清查部际协调机制副召集人，国家发展改革委党组成员、国家粮食和物资储备局党组书记、局长张务锋主持会议并讲话。张勇指出，此次全国政策性粮食库存数量和质量大清查与 2001 年和 2009 年开展的两次全国清仓查库相比，纳入清查范围的粮食库存数量大幅增加，清查的基本原则、组织方式、检查方法、数据采集手段等方面都有创新和突破，技术要求和工作难度明显提高。

18 日，国家粮食和物资储备局召开党员干部大会，认真传达贯彻庆祝改革开放 40 周年大会精神，认真学习习近平总书记在大会上的重要讲话，动员各司局单位党组织和广大党员干部，迅速掀起学习贯彻大会精神热潮，统一认识、凝聚力量，解放思想、创新作为，不断把粮食和物资储备改革发展引向深入。国家发展改革委党组成员，局党组书记、局长张务锋出席会议并作动员讲话。张务锋指出，习近平总书记在庆祝大会上的重要讲话旗帜鲜明、高屋建瓴，视野宏大、气势磅礴，思想深邃、内涵丰富，通篇闪耀着马克思主义真理光芒，郑重宣示了改革开放只有进行时没有完成时、改革开放永远在路上、坚定不移将改革进行到底的信心和决心，是在新时代新起点上推进改革开放伟大事业的根本遵循，是新的历史时期我们党续写改革开放新篇章的政治宣言和行动指南。

19 日，农业农村部副部长张桃林在推进农业机械化和农机装备产业升级政策吹风会上表示，我国面广量大的丘陵地区农机化发展水平相对较低，下一步，农业农村部将会同有关部门改善农田基础条件，加快补齐丘陵山区机械化短板，力争到 2025 年，丘陵山区（县）农作物耕种收综合机械化率达到 55% 以上。

19 日至 21 日，中央经济工作会议在北京举行。中共中央总书记、国家主席、中央军委主席习近平，中共中央政治局常委、国务院总理李克强，中共中央政治局常委栗战书、汪洋、王沪宁、赵乐际、韩正出席会议。习近平在会上发表重要讲话，总结 2018 年经济工作，分析当前经济形势，部署 2019 年经济工作。李克强在讲话中对 2019 年经济工作做出具体部署，并做了总结讲话。会议强调，在充分肯定成绩的同时，要看到经济运行稳中有变、变中有忧，外部环境复杂严峻，经济面临下行压力。这些问题是前进中的问题，既有短期的也有长期的，既有周期性的也有结构性的。要增强忧患意识，抓住主要矛盾，有针对性地加以解决。会议指出，我国发展仍处于并将长期处于重要战略机遇期。世界面临百年未有之大变局，变局中危和机同生并存，这给中华民族伟大复兴带来重大机遇。要善于化危为机、转危为安，紧扣重要战略机遇新内涵，加快经济结构优化升级，提升科技创新能力，深化改革开放，加快绿色发展，参与全球经济治理体系变革，变压力为加快推动经济高质量发展的动力。会议认为，我国经济运行主要矛盾仍然是供给侧结构性的，必须坚持以供给侧结构性改革为主线不动摇，更多采取改革的办法，更多运用市场化、法治化手段，在“巩固、增强、提升、畅通”八个字上下功夫。要巩固“三去一降一补”成果，推动更多产能过剩行业加快出清，降低全社会各类营商成本，加大基础设施等领域补短板力度。要增强微观主体活力，发挥企业和企业家主观能动性，建立公平开放透明的市场规则和法治化营商环境，促进正向激励和优胜劣汰，发展更多优质企业。要提升产业链水平，注重利用技术创新和规模效应形成新的竞争优势，培育和发展新的产业集群。要畅通国民经济循环，加快建设统一开放、竞争有序的现代市场体系，提高金融体系服务实体经济能力，形成国内市场和生产主体、经济增长和就业扩大、金融和实体经济良性循环。

24 日，2018 年黑龙江大豆优品推介暨产业项目洽谈会在哈尔滨举行。20 余家省内大豆企业与外省用豆企业达成了一系列大豆购销、项目合作协议，与会专家、嘉宾围绕国内外大豆供需形势，大豆食品行业、大豆蛋白产业发展状况进行了深入探讨，为加快大豆产业发展把脉支招。据介绍，此次会议旨在为黑龙江省搭建大豆产销衔接和产业项目合作平台，完善和落实全省大豆收储、营销和加工推进措施，保证黑龙江大豆产得出、用得上、销得畅，带动大豆产业健康发展和农民增收，为端牢放心安全的“中国饭碗”提供有力支撑。

24 日，财政部发布消息，经国务院关税税则委员会审议通过，并报国务院批准，自 2019 年 1 月 1 日起，我国将调整部分商品的进出口关税。为扩大进口，我国将对 700 余项商品实施进口暂定税率，包括新增对杂粕和部分药品生产原料实施零关税。杂粕包含以下商品：提炼花生油所得的油渣饼及其他固体残渣、棉籽的油渣饼及其他固体残渣、亚麻籽的油渣饼及其他固体残渣、葵花籽的油渣饼及其他固体残渣、低芥子酸油菜籽的油渣饼及其他固体残渣、其他油菜籽的油渣饼及其他固体残渣、椰子或干椰肉的油渣饼及其他固体残渣、棕榈果或棕榈仁的油渣饼及其他固体残渣、税目 2304 或税目 2305 以外的提炼植物油脂所得其他残渣、动物饲料用的其他植物产品。

28 日至 29 日，中央农村工作会议在北京召开。会议以习近平新时代中国特色社会主义思想为指导，深入贯彻党的十九大和十九届二中、三中全会以及中央经济工作会议精神，总结交流各地实施乡村振兴战略经验，研究落实 2019 年至 2020 年“三农”工作必须完成的硬任务，部署 2019 年农业农村工作。中共中央总书记、国家主席、中央军委主席习近平对做好“三农”工作做出重要指示。习近平强调，2018 年，农业农村发展取得了新成绩，粮食再获好收成，乡村振兴开局良好。2019 年是决胜全面建成小康社会第一个百年奋斗目标的关键之年，做好“三农”工作对有效应对各种风险挑战、确保经济持续健康发展和社会大局稳定具有重大意义。要全面贯彻新时代中国特色社会主义思想和党的十九大精神，加强党对“三农”工作的领导，坚持把解决“三农”问题作为全党工作的重中之重，坚持农业农村优先发展，牢牢把握稳中求进总基调，落实高质量发展要求，深入实施乡村振兴战略，对标全面建成小康社会必须完成的硬任务，适应国内外环境变化对我国农村改革发展提出的新要求，统一思想、坚定信心、落实工作，巩固发展农业农村好形势。要毫不放松粮食生产，深化农业供给侧结构性改革，聚力打赢脱贫攻坚战，抓好农村人居环境整治工作，推进新一轮农村改革，加快补齐农村基础设施和公共服务短板，扎实做好乡村规划建设和社会治理各项工作，强化五级书记抓乡村振兴，加强懂农业、爱农村、爱农民农村工作队伍建设，发挥好农民主体作用，提高广大农民获得感、幸福感、安全感，在实现农业农村现代化征程上迈出新的步伐。会议指出，2018 年是全面贯彻党的十九大精神的开局之年，农业发展稳中有进，打赢脱贫攻坚战三年行动开局良好，乡村建设迈出新的步伐，农村改革深入推进，农村社会保持和谐稳定，“三农”持续向好形势进一步巩固。明后两年是全面建成小康社会的关键时期，是打赢脱贫攻坚战和实施乡村振兴战略的历史交汇期。在经济下行压力加大、外部环境发生深刻变化的复杂形势下，必须充分认识做好当前“三农”工作的特殊重要性，牢固树立农业农村优先发展的政策导向，切实稳住“三农”这个基本盘，突出抓好“三农”工作各项硬任务的落实，确保顺利完成到 2020 年承诺的农村改革发展目标任务。

三、2018 年中国粮食经济重要论著索引

（一）2018 年中国粮食经济重要论文索引

1 月

1. 赵丹丹、周宏：《农户分化背景下种植结构变动研究——来自全国 31 省农村固定观察点的证据》，《资源科学》。

2. 赵军洁、吴天龙：《粮食布局、非农就业与土地流转——基于 CHIP2013 的分析》，《江西财经大学学报》。

3. 万宝瑞：《实现“双目标”是落实农业供给侧结构性改革的根本任务》，《农业经济问题》。

4. 郭晓鸣、虞洪：《现代粮食产业发展模式重构探析——基于四川省新津县的探索实践》，《农业经济问题》。

5. 彭小辉、史清华、朱喜：《中国粮食产量连续增长的源泉》，《农业经济问题》。

6. 巫琦玲、张葵：《基于回归分析的粮食产量影响因素分析》，《粮食科技与经济》。

7. 张国、冯华：《中国农业供给侧结构性改革研究综述》，《改革与战略》。

8. 唐黎标：《中美两国粮食贸易特征及其竞争力分析》，《粮食问题研究》。

9. 陈美球、刘桃菊：《新时期提升我国耕地保护实效的思考》，《农业现代化研究》。

10. 王一杰、邸菲、辛岭：《我国粮食主产区粮食生产现状、存在问题及政策建议》，《农业现代化研究》。

11. 谢娟、叶锋、马敬桂：《基于VAR模型的玉米价格波动与大豆价格波动的相关性分析》，《价格月刊》。

12. 孙晶晶、赵凯、牛影影：《构建粮食主产区耕地保护经济补偿机制的关键问题——基于河南滑县473份农户调研数据》，《中国生态农业学报》。

13. 于敏、柏娜、茹蕾：《哈萨克斯坦农业发展及中哈农业合作前景分析》，《世界农业》。

14. 曾雅婷、吕亚荣、王晓睿：《农地流转对粮食生产技术效率影响的多维分析——基于随机前沿生产函数的实证研究》，《华中农业大学学报（社会科学版）》。

15. 李俊鹏、冯中朝、吴清华：《粮食生产技术效率增长路径识别：直接影响与溢出效应》，《华中农业大学学报（社会科学版）》。

16. 魏后凯、韩磊、胡冰川：《粮食供需关系变化新形势下转变农业生产方式研究》，《河北学刊》。

2月

1. 倪汉军：《我国粮食价格与石油价格互动关系研究》，《现代商贸工业》。

2. 高晶、唐增：《基于食物当量的中国居民食物消费变化》，《中国食物与营养》。

3. 董雪、刘畅、张仕颖、朱丹彤、冀原超：《基于农业供给侧改革的黑龙江省农业种植结构调整研究》，《黑龙江八一农垦大学学报》。

4. 仇童伟、罗必良：《种植结构“趋粮化”的动因何在？——基于农地产权与要素配置的作用机理及实证研究》，《中国农村经济》。

5. 吴天龙、姜楠、习银生、张学彪：《新时期中国玉米贸易特点及展望》，《农业展望》。

6. 尹校辉：《建国以来我国农业政策的发展历》，《山西农经》。

7. 王雪琪、邹伟、朱高立、曹铁毅：《地方政府主导农地流转对农户转入规模与粮食单产的影响——以江苏省五地市为例》，《资源科学》。

8. 狄强：《基于效率与安全相协调的我国粮食批发市场建设创新研究》，《农村经济》。

9. 王琛、储霞玲、黄修杰、吴敬学、崔建勋、杨艳涛、毛世平、马力、张琳：《我国粮食生产能力发展沿革及现状分析》，《南方农村》。

10. 周凤杰、刘晓：《农业补贴政策满意度及其影响因素研究——基于 Probit 回归模型》，《价格理论与实践》。

11. 周晓雨、逄学思、郭燕枝、孙君茂：《日本食物消费结构变化及对中国的启示》，《中国农业科技导报》。

12. 田清淞、肖小勇、李崇光：《经济政策不确定性对我国粮食期货价格波动的影响研究》，中国农业大学学报》。

13. 蒋和平：《粮食政策实施及其效应波及：2013—2017 年》，《改革》。

3 月

1. 樊超、曹培格、郭亚菲、杨铁军：《基于灰度极限学习机的粮食产量预测》，《江苏农业科学》。

2. 杨进、吴比、金松青、陈志钢：《中国农业机械化发展对粮食播种面积的影响》，《中国农村经济》。

3. 叶裕民、戚斌、于立：《基于土地管制视角的中国乡村内生性发展乏力问题分析：以英国为鉴》，《中国农村经济》。

4. 黄季焜：《四十年中国农业发展改革和未来政策选择》，《农业技术经济》。

5. 曾雅婷、吕亚荣、刘文勇：《农地流转提升了粮食生产技术效率吗——来自农户的视角》，《农业技术经济》。

6. 刘庆、刘秀丽、汪寿阳：《基于合理膳食结构的 2020—2050 年我国食物用粮需求测算》，《系统工程理论与实践》。

7. 李萍、冯梦黎：《国内外粮食价差对我国粮食供需差额的影响机制及政策意蕴》，《农村经济》。

8. 王倩、任倩、余劲：《粮食主产区农地流转农户议价能力实证分析》，《中国农村观察》。

9. 刘琦、赵明正：《农业现代化进程中农业要素使用强度变化规律研究——基于全球 29 个主要农业国家的国际经验》，《农业经济问题》。

10. 冯雪芹：《粮食主产区种植业比较优势及结构调整思考——基于

河北省的实证分析》，《河北大学学报（哲学社会科学版）》。

11. 罗必良、江雪萍、李尚蒲、仇童伟：《农地流转会导致种植结构“非粮化”吗》，《江海学刊》。

12. 丁雪丽：《粮食生产中的水资源利用效率分析》，《经济研究导刊》。

13. 郝晓燕、韩一军、石自忠：《经济政策不确定性对中国粮食贸易影响分析》，《经济问题探索》。

4月

1. 赵小睿、张光宏：《耕地细碎化背景下农户地块整合分析——以河南省粮食主产县为例》，《农业技术经济》。

2. 王善高、田旭：《农村劳动力老龄化对农业生产的影响研究——基于耕地地形的实证分析》，《农业技术经济》。

3. 麻吉亮：《农户兼业化对粮食生产决策的影响：以玉米为例》，《山西农业大学学报（社会科学版）》。

4. 戈大专、龙花楼、李裕瑞、张英男、屠爽爽：《城镇化进程中我国粮食生产系统多功能转型时空格局研究——以黄淮海地区为例》，《经济地理》。

5. 刘慧、秦富、赵一夫：《玉米收储制度改革背景下北方旱作区农户杂粮种植影响因素分析——基于内蒙古自治区、辽宁省411个农户的调查数据》，《中国农业资源与区划》。

6. 钱龙、刘景景、陈方丽：《农地细碎化经营对粮食种植结构的影响——基于农业部农村固定观察点的微观实证》，《农林经济管理学报》。

7. 曾茜：《我国农业产业结构现状及优化对策——以贵州省为例》，《改革与战略》。

8. 朱晓乐：《粮食收储制度改革：动因、成效与展望》，《宏观经济研究》。

9. 虞琴琴：《中美粮食补贴政策比较分析》，《重庆交通大学学报（社会科学版）》。

10. 郭海清、申秀清：《我国粮食价格政策演变及目标价格政策试点现状研究》，《价格月刊》。

11. 郑辉：《国际粮食价格波动对我国粮食供需平衡的影响探究》，《价格月刊》。

5 月

1. 郭爱民：《20 世纪中期以来中国粮食生产、消费与产业分工关系解读：基于 Agr 与 Nagr 表达式的分析——兼与日美韩相比较》，《中国乡村研究》。

2. 于法稳：《新时代农业绿色发展动因、核心及对策研究》，《中国农村经济》。

3. 张瑞娟、高鸣：《新技术采纳行为与技术效率差异——基于小农户与种粮大户的比较》，《中国农村经济》。

4. 刘远昇、罗建兵、贺亚：《农业生产要素对湖南粮食产量影响的实证研究》，《湖南农业科学》。

5. 王凤、刘艳芳、孔雪松、陈奕云、潘佳威：《中国县域粮食产量时空演变及影响因素变化》，《经济地理》。

6. 高鸣、宋洪远：《脱钩收入补贴对粮食生产率的影响——基于农户收入差异的视角》，《农业技术经济》。

7. 王晶、毕盛、李芸、吕开宇：《正规信贷约束对农户粮食生产的影响分析》，《农业技术经济》。

8. 唐忠、魏素豪：《我国耕地保护补偿：研究进展、主要争论与理论解释》，《农村经济》。

9. 张磊、罗光强：《现实与重构：我国粮食适度规模经营的困境与摆脱——基于川、湘 246 个稻作大户的调查》，《农村经济》。

10. 王帅：《中国粮食虚拟耕地进口的测度及其影响因素——基于大豆、玉米、小麦和大米的分析》，《财经理论与实践》。

6 月

1. 成升魁、汪寿阳、刘旭、刘晓洁、吴良：《新时期我国国民营养与粮食安全》，《科学通报》。

2. 周秀兰：《从货币学角度思考农民增收问题》，《时代金融》。

3. 仇童伟、罗必良：《粮食生产下滑真的源于农地产权边际效应递减吗？——来自1978—2010年中国省级数据的证据》，《制度经济学研究》。

4. 李云云、王灵恩、刘晓洁、成升魁：《基于入户跟踪调研的山东省农村居民家庭食物消费结构与特征研究》，《自然资源学报》。

5. 周向阳、张洪宇、沈辰、张晶、吴建寨：《基于价格波动视角的中国粮食供需分析与展望》，《农业展望》。

6. 温涛、何茜、王煜宇：《改革开放40年中国农民收入增长的总体格局与未来展望》，《西南大学学报（社会科学版）》。

7. 朱坤林、高江涛：《粮食产业政策的国际比较及其启示》，《河南工业大学学报（社会科学版）》。

8. 张冲、王磊：《中国农村人口变动对粮食生产的影响研究》，《农村经济》。

9. 朱国锋、李秀成、石耀荣、张昱、李再艳：《国内外耕地轮作休耕的实践比较及政策启示》，《中国农业资源与区划》。

10. 张志高、娄延军、张玉、郭馨彤、冯森、郑美洁：《2003—2015年河南省粮食增产格局与贡献因素研究》，《中国农业资源与区划》。

11. 王晓瑜：《高标准基本农田建设项目中存在的问题及其对策分析》，《南方农业》。

12. 马细兰：《粮食安全视角下的有机、绿色农业可持续发展问题与对策》，《南方农村》。

7月

1. 张军伟、张锦华、吴方卫：《我国粮食生产的碳排放及减排路径分析》，《统计与决策》。

2. 刘畅：《以计量经济角度探究江西省粮食价格影响因素分析》，《全国流通经济》。

3. 徐田华：《农产品价格形成机制改革的难点与对策》，《农业经济问题》。

4. 李曌、魏晓卓、张宇浩、陈辉：《粮食补贴政策对农户种粮意愿影响的调查分析》，《农村经济与科技》。

5. 王长春：《粮食目标价格制定的影响因素及对策分析》，《时代金融》。

6. 陈新建、康晨：《农户粮食规模经营的政策支持：风险分担与资金约束缓解——基于农业保险、金融信贷与政府补贴的交互效应研究》，《江苏农业科学》。

7. 张含瑞、刘晓华：《改进多变量灰色模型在山东省粮食产量预测中的应用》，《鲁东大学学报（自然科学版）》。

8. 王朗、何蒲明、魏君英：《基于国家粮食安全战略的耕地休耕规模问题研究》，《农业经济》。

9. 董玥、武明宇、孙大为、张淼：《供给侧结构性改革下农作制度的发展方向》，《农业经济》。

10. 李俊高：《中国农业补贴制度转型与政策选择研究》，《上海经济研究》。

11. 姚凤阁、胡静、李福新：《我国粮食主产区农村金融服务效率分析》，《商业研究》。

12. 周洲、石奇：《我国粮食生产收益影响因素实证分析——基于稻谷、小麦和玉米数据的分阶段回归》，《山西农业大学学报（社会科学版）》。

8月

1. 李俊鹏、冯中朝、吴清华：《农业劳动力老龄化与中国粮食生产——基于劳动增强型生产函数分析》，《农业技术经济》。

2. 钱龙、袁航、刘景景、洪名勇：《农地流转影响粮食种植结构分析》，《农业技术经济》。

3. 朱丽娟、王志伟：《黑龙江省种粮大户的技术效率及其影响因素》，《资源科学》。

4. 孙侦、贾绍凤、吕爱锋：《中国海外耕地投资状况研究》，《资源科学》。

5. 周坚、张伟、陈宇靖：《粮食主产区农业保险补贴效应评价与政策优化——基于粮食安全的视角》，《农村经济》。

6. 蒋和平：《改革开放四十年来我国农业农村现代化发展与未来发展思路》，《农业经济问题》。

7. 何坚坚、庞博、张鹏岩、闫宇航、岑云峰：《区域耕地复种指数时空差异测算及可挖掘潜力分析——以中原经济区为例》，《江苏农业科学》。

8. 孔令成、余家凤：《家庭农场适度规模测度及影响因素分析》，《江苏农业科学》。

9. 尹世久、吕珊珊、吴林海：《基于偏好异质性的家庭农场扶持政策研究——黄淮海平原570个粮食类农场的实证分析》，《华中农业大学学报（社会科学版）》。

10. 普蓂喆、郑风田、崔海兴：《粮食最优储备规模研究进展及启示》，《华中农业大学学报（社会科学版）》。

11. 刘海燕、杨士英：《我国农业供给侧结构性改革视野下农村金融的发展方略研究》，《农业经济》。

9月

1. 崔小娜：《探析中美贸易摩擦对我国粮食安全问题的影响及对策》，《山西农经》。

2. 王红、杨兴洪：《粮食安全与农业结构调整研究及展望》，《农业展望》。

3. 李蕾、张帅：《国家经济安全视角下的粮食安全："十三五"前期监测和后期预警》，《兰州大学学报（社会科学版）》。

4. 杨福霞、徐江川、青平：《中国小麦生产的技术进步诱因：投资驱动抑或价格诱导》，《农业技术经济》。

5. 陈诗波：《粮科技创新保障粮食安全的新思考——中美贸易摩擦背景下中国粮食增产增效的路径选择》，《中国农学通报》。

6. 高鸣、寇光涛、何在中：《中国稻谷收储制度改革研究：新挑战与新思路》，《南京农业大学学报（社会科学版）》。

7. 朱明月、王钊、李海央：《土地经营权流转、农户种植偏好与农业经济效益——基于8省779户农户微观调研数据的实证》，《农村经济》。

8. 何蒲明、魏君英、贺亚亚：《粮食安全视阈下地力保护补贴问题研究》，《农村经济》。

9. 张启楠、张凡凡、陈学军：《我国粮食主产区生产效率测算研究》，《价格理论与实践》。

10. 李建平：《粮食主产区土地确权背景下：化肥、农药与粮食产量均衡关系研究——以河南为例》，《中国农业资源与区划》。

11. 辛岭、高睿璞、蒋和平：《我国粮食主产区粮食综合生产能力评价》，《中国农业资源与区划》。

12. 柳晓倩、王长安、伍骏骞：《农业适度规模经营：CES 生产函数下的解释》，《中国农业资源与区划》。

10 月

1. 费喜敏、农梅、王成军、刘龙青：《农民经济分化对耕地效率的影响——基于浙江省的实证》，《江苏农业科学》。

2. 徐永金、黄纪心、苗珊珊：《主产区、产销平衡区和主销区粮食产量影响因素的实证分析》，《江苏农业科学》。

3. 习银生、高鸣、罗兴寰、杨丽：《中国玉米产业供给侧结构性改革述略》，《湖南农业大学学报（社会科学版）》。

4. 尚丽：《基于 DEA 模型的陕西省粮食生产效率评价及影响因素研究》，《东北农业科学》。

5. 张进、王诺、卢毅可、林婉妮：《世界粮食供需与流动格局的演变特征》，《资源科学》。

6. 李昊儒、毛丽丽、梅旭荣、刘月娥、郝卫平：《近 30 年来我国粮食产量波动影响因素分析》，《中国农业资源与区划》。

7. 刘丽辉、辛焕平：《粮食安全与农业结构调整水平的协整分析——以广东省为例》，《中国农业资源与区划》。

8. 于晓华：《以市场促进农业发展：改革开放 40 年的经验和教训》，《农业经济问题》。

9. 王瑞峰、李爽：《基于资源配置效率视角的我国粮食安全保障能力研究》，《南方农业学报》。

10. 张晓恒、刘余：《规模化经营降低农业生产成本了吗？——基于前沿成本和效率损失成本的视角》，《农林经济管理学报》。

11. 白景锋、张海军：《中国水—能源—粮食压力时空变动及驱动力分析》，《地理科学》。

12. 薛信阳、马佳、杨德利：《农业补贴政策实施效果研究述评：回顾与展望》,《中国农学通报》。

11 月

1. 郑亚楠、张凤荣、谢臻、张天柱、李超、王秀丽:《中国粮食生产时空演变规律与耕地可持续利用研究》,《世界地理研究》。

2. 王学、李秀彬:《土地休耕与粮食安全政策背景下中国小麦优化配置的潜在区域——基于 1990—2014 年县域小麦面积与产量时空变化的分析(英文)》。《Journal of Resources and Ecology》。

3. 吴海霞、葛岩、史恒通:《玉米金融化、价格形成机制及政策选择》,《管理评论》。

4. 于学军、冯志强:《粮食市场的结构设计研究——基于中原经济区粮食经济安全研究》,《全国流通经济》。

5. 徐建玲、储怡菲、冯磊:《不同规模农户售粮行为差异及影响因素分析——基于安徽省 320 个农户的调查数据》,《农村经济》。

6. 王文涛、肖琼琪:《改革开放以来中国粮食贸易从调剂余缺到适度进口的战略演变》,《湖南师范大学社会科学学报》。

7. 张天佐、郭永田、杨洁梅:《基于价格支持和补贴导向的农业支持保护制度改革回顾与展望》,《农业经济问题》。

8. 王永春、王秀东:《改革开放 40 年中国粮食安全国际合作发展及展望》,《农业经济问题》。

9. 刘海英、王殿武、谢建政:《粮食增产与农民增收一致性关系研究》,《云南社会科学》。

10. 王晓蜀:《1949 至 2012 年我国粮食生产布局与效率优势匹配情况分析》,《南方农业》。

11. 高群、曾明:《全球化与能源化双重视角下的国内粮食安全研究》,《江西社会科学》。

12. 公茂刚、辛青华、王学真:《基于价格变动率和 HP 滤波的世界粮价波动影响因素研究》,《山东理工大学学报(社会科学版)》。

13. 谢家智、叶盛、涂先进:《粮食金融化对粮食价格波动的影响效应》,《西南大学学报(社会科学版)》。

12月

1. 曾雅婷、李宾、吕亚荣：《中国粮食生产技术效率区域差异及其影响因素——基于超越对数形式随机前沿生产函数的测度》，《湖南农业大学学报（社会科学版）》。

2. 魏君英、夏旺：《农村人口老龄化对我国粮食产量变化的影响——基于粮食主产区面板数据的实证分析》，《农业技术经济》。

3. 蒋和平、杨东群、王晓君：《新时代我国粮食安全导向的变革与政策调整建议》，《价格理论与实践》。

4. 蔡保忠、曾福生：《农业基础设施的粮食增产效应评估——基于农业基础设施的类型比较视角》，《农村经济》。

5. 田红宇、祝志勇：《中国粮食生产效率及影响因素分析——基于DEA－Tobit两步法研究》，《中国农业资源与区划》。

6. 杨宗辉、蔡鸿毅、陈珏颖、刘合光：《我国玉米生产空间布局变迁及其影响因素分析》，《中国农业资源与区划》。

7. 王济民、张灵静、欧阳儒彬：《改革开放四十年我国粮食安全：成就、问题及建议》，《农业经济问题》。

8. 曹宝明、刘婷、虞松波：《中国粮食流通体制改革：目标、路径与重启》，《农业经济问题》。

9. 杨婷婷、赵翠萍：《基于产业链视角的粮食生产托管决策权安排——以河南省为例》，《河南牧业经济学院学报》。

10. 周洲：《我国粮食增产粮农不增收的原因：基于粮食价格和生产成本关系的检验》，《河南工业大学学报（社会科学版）》。

11. 侯晓：《粮食最低收购价调整的政策模拟与效应分析——兼论能否取消最低收购价政策》，《当代经济》。

12. 罗浩轩、郑晔：《中美贸易摩擦下我国农业产业安全深层次困境及破解思路》，《西部论坛》。

（二）2018 年中国粮食经济重要著作索引

1. 吴方卫、赵霞：《长期紧平衡下我国粮食安全研究》，上海财经大学出版社 2018 年 1 月版。

2. 郜亮亮、马翠萍、曾俊霞、王宾、李越：《中国农业可持续发展：基于粮食安全、消除饥饿和改善营养》，社会科学文献出版社 2018 年 1 月版。

3. 曹宝明：《江苏粮食产业发展报告：现状·目标·战略》，经济管理出版社 2018 年 3 月版。

4. 唐致卿：《山东粮食经济研究》，人民出版社 2018 年 1 月版。

5. 赵伟洪：《粮食流通与市场整合——以乾隆时期长江中游为中心的考察》，经济管理出版社 2018 年 2 月版。

6. 程传兴、吴一平：《河南省粮食安全与利益保障机制研究》，中国农业出版社 2018 年 2 月版。

7. 彭留英：《粮食安全视角下我国粮食直接补贴政策效应研究——以山东省为例》，经济科学出版社 2018 年 3 月版。

8. 叙永金、许增巍、苗珊珊：《价格波动、福利效应与中国粮食安全》，中国社会科学出版社 2018 年 3 月版。

9. 李想：《粮食主产区农户技术采用及其效应研究——以安徽省水稻可持续生产技术为例》，经济科学出版社 2018 年 4 月版。

10. 李文娟、尤飞、王秀芬、刘洋：《粮食生产与需求：影响因素及贡献份额》，中国农业科学技术出版社 2018 年 4 月版。

11. 卫荣：《我国粮食生产适度规模研究——基于经营主体视角》，经济科学出版社 2018 年 5 月版。

12. 汪涛：《即将来临的粮食世界大战》，东方出版社 2018 年 5 月版。

13. 农业部农村经济研究中心课题组：《粮食流通体制改革与产业损害补偿机制研究》，中国农业出版社 2018 年 5 月版。

14. 孔令成：《松江粮食家庭农场土地适度规模研究》，中国农业出版社 2018 年 5 月版。

15. 曾晓昀：《粮食法原论》，中国人民大学出版社 2018 年 5 月版。

16. 何英彬、蔡为民、朱春红：《APEC 区域粮食安全新动向及对策研究Ⅱ》，中国农业科学技术出版社 2018 年 6 月版。

17. 杨志海：《非农就业对粮食生产的影响研究：机理、效应与对策》，科学出版社 2018 年 6 月版。

18. 李丰、蔡荣、曹宝明：《中国粮食发展报告——中国的粮食产业》，经济管理出版社 2018 年 7 月版。

19. 李玉义、逄焕成、任天志：《粮食主产区资源节约农作制研究》，中国农业科学技术出版社 2018 年 7 月版。

20. 王珺鑫：《黄淮海粮食主产区农户生产经营行为研究》，中国社会科学出版社 2018 年 8 月版。

21. 向晶：《中国人口变迁与粮食需求研究》，经济管理出版社 2018 年 8 月版。

22. 陆五一：《农村劳动力外出务工对我国粮食生产的影响研究》，经济管理出版社 2018 年 8 月版。

23. 韩一军、姜楠：《新时期中国粮食安全研究》，中国农业科学技术出版社 2018 年 8 月版。

24. 李天祥：《结构调整与技术进步对中国粮食生产的影响研究——基于产量和生产成本角度的考察》，经济管理出版社 2018 年 8 月版。

25. 王双进：《支持粮食有效供给的我国粮食价格波动调控研究》，经济科学出版社 2018 年 9 月版。

26. 联合国粮食及农业组织、译者：李婷：《粮食安全、发展中国家和多边贸易规则》，中国农业出版社 2018 年 9 月版。

27. 周林：《山东粮食产能稳定增长对策综合研究》，中国农业出版社 2018 年 9 月版。

28. 汪希成、谢冬梅：《中国粮食供给侧结构性改革研究》，经济管理出版社 2018 年 10 月版。

29. 联合国粮食及农业组织：《粮食安全与国际贸易：争议观点解析》，中国农业出版社 2018 年 10 月版。

30. 王黎明：《互联网 + 农业智慧粮食的电商流通营销管理生态圈研究》，浙江工商大学出版社 2018 年 11 月版。

31. 杨钢桥：《粮食主产区农地整理项目农民参与机制研究》，科学出版社 2018 年 11 月版。

32. 彭俊杰：《气候变化与我国粮食主产区粮食安全研究》，社会科学文献出版社 2018 年 11 月版。

33. 国家粮食和物资储备局：《建设粮食产业强国政策与举措》，中国财富出版社 2018 年 11 月版。

34. 张彦君、郑少锋：《粮食直接补贴政策效果及影响路径》，社会科学文献出版社 2018 年 11 月版。

35. 聂凤英、毕洁颖、黄佳琦：《中国贫困县农户粮食安全及脆弱性研究》，中国农业科学技术出版社 2018 年 11 月版。

36. 高鸣：《脱钩收入补贴对粮食生产率的影响》，经济管理出版社 2018 年 12 月版。

37. 彭俊杰：《气候变化与我国粮食主产区粮食安全研究》，社会科学文献出版社 2018 年 12 月版。

38. 张新春：《我国粮食价格波动与调控研究》，经济科学出版社 2018 年 12 月版。

四、小麦、稻米、玉米、大豆价格走势图

说明：黑色线为郑州粮食批发市场三等白小麦旬平均价（火车板交货价）；灰色曲线为郑州商品交易所普麦近交割月合约的旬平均价。

图 7－4－1　1991—2018 年郑州粮食批发市场小麦价格历史走势图

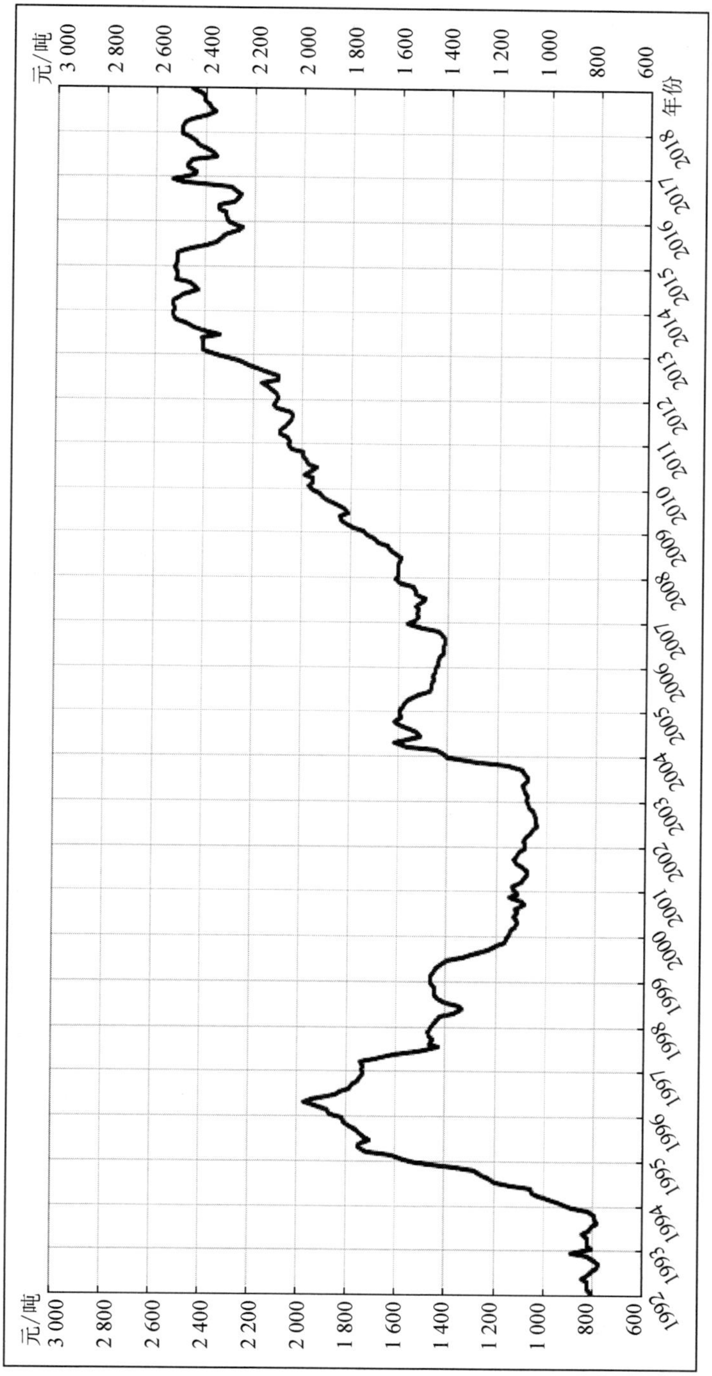

说明：价格为全国主要粮食批发市场三级硬冬白小麦月平均价（当地火车板交货价）。

图7－4－2　1992—2018年全国主要粮食批发市场三级白麦均价走势图

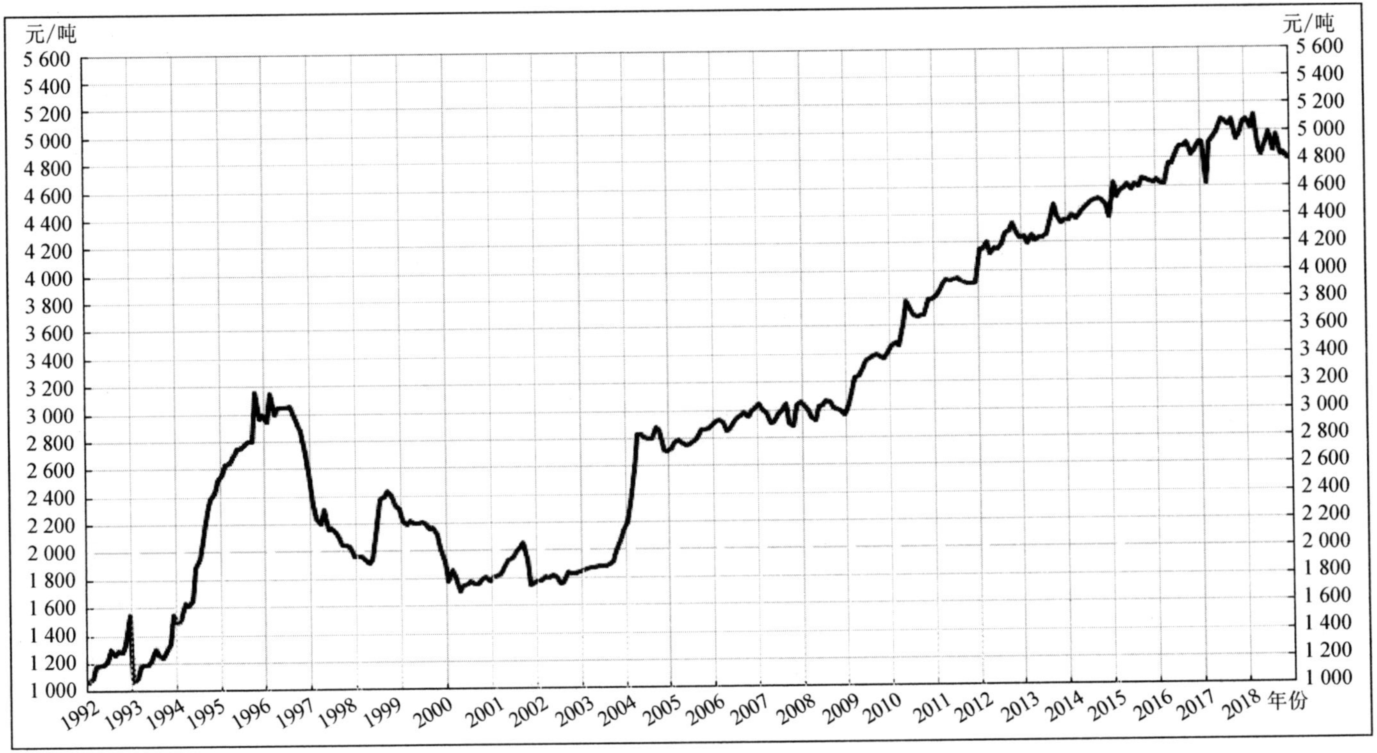

说明：价格为全国主要粮食批发市场标一粳米月平均价（当地火车板交货价）。

图7－4－3　1992—2018年全国主要粮食批发市场标一粳米均价走势图

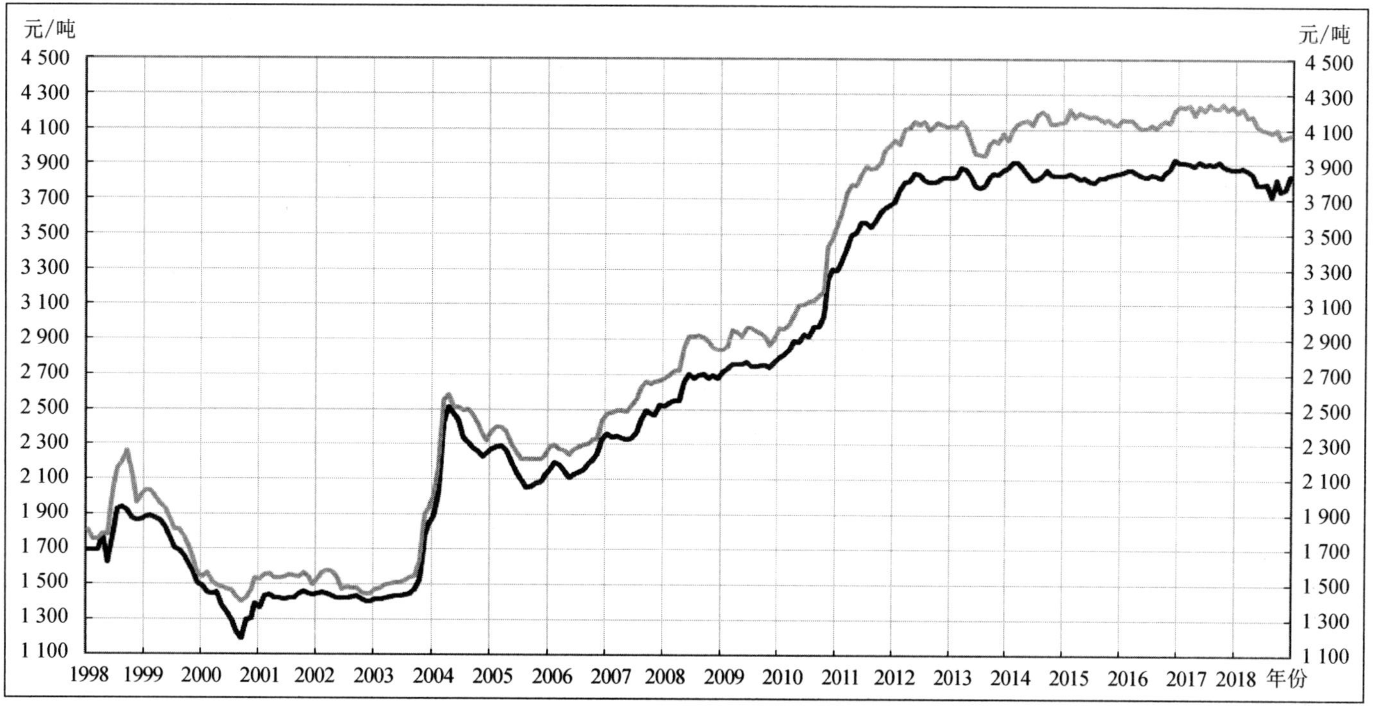

说明：价格为全国主要粮食批发市场标一早籼米（黑色曲线）、晚籼米（灰色曲线）月平均价（当地火车板交货价）。

图 7－4－4　1998—2018 年全国主要粮食批发市场标一早籼、晚籼均价走势图

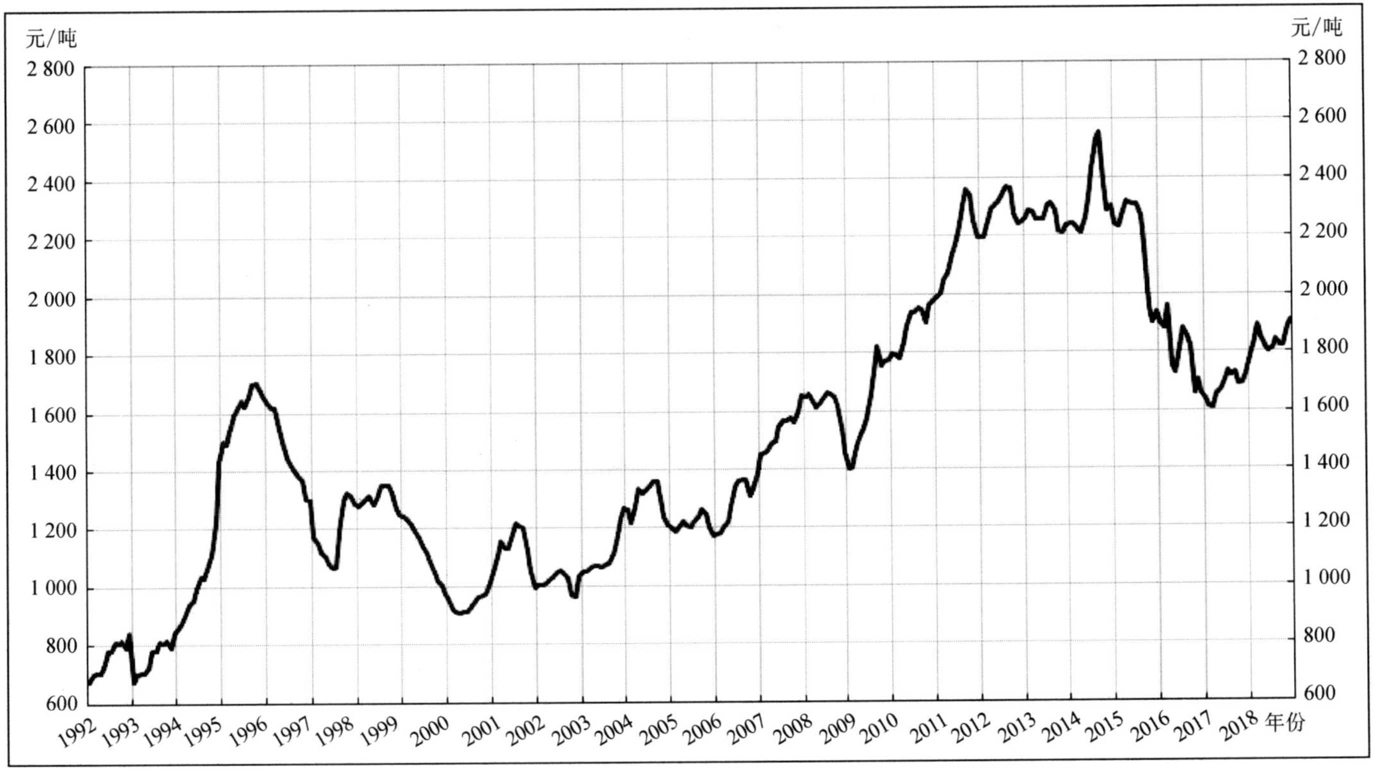

说明：价格为全国主要粮食批发市场二级玉米月平均价（当地火车板交货价）。

图 7-4-5　1992—2018 年全国主要粮食批发市场二级玉米均价走势图

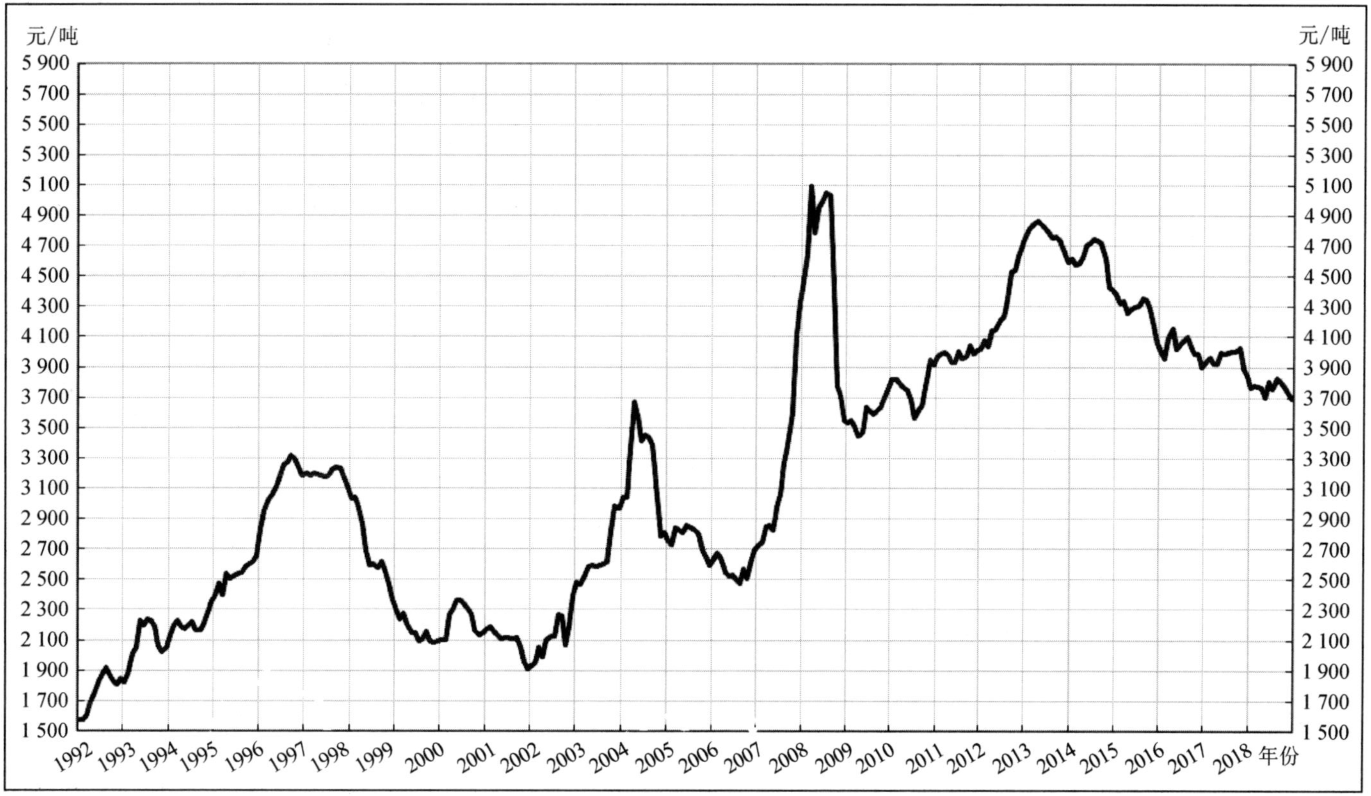

说明：价格为全国主要粮食批发市场三级大豆月平均价（当地火车板交货价）。

图 7－4－6　1992—2018 年全国主要粮食批发市场三级大豆均价走势图

主要参考资料

1. 聂振邦：《世界主要国家粮食概况》，中国物价出版社2003年版。

2. 国家粮食局课题组：《中国粮食批发市场发展研究报告》，经济管理出版社2004年版。

3. 李经谋：《2003中国粮食市场发展报告》，中国财政经济出版社2003年版。

4. 李经谋：《2004中国粮食市场发展报告》，中国财政经济出版社2004年版。

5. 李经谋：《2005中国粮食市场发展报告》，中国财政经济出版社2005年版。

6. 李经谋：《2006中国粮食市场发展报告》，中国财政经济出版社2006年版。

7. 李经谋：《2007中国粮食市场发展报告》，中国财政经济出版社2007年版。

8. 李经谋：《2008中国粮食市场发展报告》，中国财政经济出版社2008年版。

9. 李经谋：《2009中国粮食市场发展报告》，中国财政经济出版社2009年版。

10. 李经谋：《2010中国粮食市场发展报告》，中国财政经济出版社2010年版。

11. 李经谋：《2011中国粮食市场发展报告》，中国财政经济出版社2011年版。

12. 李经谋：《2012中国粮食市场发展报告》，中国财政经济出版社2012年版。

13. 李经谋：《2013 中国粮食市场发展报告》，中国财政经济出版社 2013 年版。

14. 李经谋：《2014 中国粮食市场发展报告》，中国财政经济出版社 2014 年版。

15. 李经谋：《2015 中国粮食市场发展报告》，中国财政经济出版社 2015 年版。

16. 李经谋：《2016 中国粮食市场发展报告》，中国财政经济出版社 2016 年版。

17. 李经谋：《2017 中国粮食市场发展报告》，中国财政经济出版社 2017 年版。

18. 李经谋：《2018 中国粮食市场发展报告》，中国财政经济出版社 2018 年版。

19. 任正晓：《农业与粮食热点问题研究》，中国经济出版社 2006 年版。

20. 邓亦武：《粮食宏观调控论》，经济管理出版社 2004 年版。

21. 黄汉权、蓝海涛：《中国粮食综合生产能力研究》，中国计划出版社 2007 年版。

22. ［美］威廉·恩道尔：《粮食危机》，知识产权出版社 2008 年版。

23. 张晓涛、王扬：《大国粮食问题：中国粮食政策演变与食品安全监管》，经济管理出版社 2009 年版。

24. ［英］拉查·帕特尔：《粮食战争》，东方出版社 2008 年版。

25. 唐风：《粮食新战争》，中国商业出版社 2008 年版。

26. 农业部课题组：《现代农业发展战略研究》，中国农业出版社 2008 年版。

27. 聂振邦：《现代粮食流通产业发展战略研究》，经济管理出版社 2008 年版。

28. 马晓河、蓝海涛：《中国粮食综合生产能力与粮食安全》，经济科学出版社 2008 年版。

29. 聂振邦：《2008 中国粮食发展报告》，经济管理出版社 2008 年版。

30. 聂振邦：《2009 中国粮食发展报告》，经济管理出版社 2009

年版。

31. 聂振邦：《2010中国粮食发展报告》，经济管理出版社2010年版。

32. 聂振邦：《2011中国粮食发展报告》，经济管理出版社2011年版。

33. 聂振邦：《2012中国粮食发展报告》，经济管理出版社2012年版。

34. 国家粮食局：《2013中国粮食发展报告》，经济管理出版社2013年版。

35. 国家粮食局：《2014中国粮食发展报告》，经济管理出版社2014年版。

36. 国家粮食局：《2015中国粮食发展报告》，经济管理出版社2015年版。

37. 国家粮食局：《2016中国粮食发展报告》，经济管理出版社2016年版。

38. 国家粮食局：《2017中国粮食发展报告》，经济管理出版社2017年版。

39. 国家粮食和物资储备局：《2018中国粮食发展报告》，经济管理出版社2018年版。

40. 中华人民共和国农业部：《2008中国农业发展报告》，中国农业出版社2008年版。

41. 中华人民共和国农业部：《2009中国农业发展报告》，中国农业出版社2009年版。

42. 中华人民共和国农业部：《2010中国农业发展报告》，中国农业出版社2010年版。

43. 中华人民共和国农业部：《2011中国农业发展报告》，中国农业出版社2011年版。

44. 中华人民共和国农业部：《2012中国农业发展报告》，中国农业出版社2012年版。

45. 中华人民共和国农业部：《2013中国农业发展报告》，中国农业出版社2013年版。

46. 中华人民共和国农业部：《2014中国农业发展报告》，中国农业出版社2014年版。

47. 中华人民共和国农业部：《2015中国农业发展报告》，中国农业出版社2015年版。

48. 中华人民共和国农业部：《2016中国农业发展报告》，中国农业出版社2016年版。

49. 中华人民共和国农业部：《2017中国农业发展报告》，中国农业出版社2017年版。

50. 中华人民共和国农业部：《2018中国农业发展报告》，中国农业出版社2018年版。

51. 张冬平、魏仲生：《粮食安全与主产区农民增收问题》，中国农业出版社2006年版。

52. 尹成杰：《粮安天下——全球粮食危机与中国粮食安全》，中国经济出版社2009年版。

53. 刘斌、张兆刚、霍功：《中国三农问题报告》，中国发展出版社2004年版。

54. 丁声俊、杨振海：《粮食——新阶段及对策》，中国商业出版社2002年版。

55. 肖春阳、熊本国：《国有粮食企业改革》，经济管理出版社2005年版。

56. 游宏炳：《温饱之后的中国粮食安全研究》，中国言实出版社2009年版。

57. 柯炳生：《入世以来中国农业发展与新一轮谈判》，中国农业出版社2005年版。

58. 林毅夫：《制度、技术与中国农业发展》，上海人民出版社2008年版。

59. 郭宏宝：《中国财政农业补贴：政策效果与机制设计》，西南财经大学出版社2009年版。

60. 国家发展和改革委员会、国家粮食局：《全国粮食现代物流规划》（征求意见稿），2005年4月。

61. 肖国安、王文涛、朱有志、唐之享：《中国粮食安全报告：预警与风险化解》，红旗出版社 2009 年版。

62. 洪涛：《中国粮食市场化大趋势经济》，经济管理出版社 2004 年版。

63. 鲁靖：《粮食经济中的和谐——中国粮食市场与政府宏观政策的耦合》，东南大学出版社 2006 年版。

64. 何蒲明：《粮食安全与农产品期货市场发展研究》，中国农业出版社 2009 年版。

65. 蓝海涛、王为农：《中国中长期粮食安全重大问题》，中国计划出版社 2008 年版。

66. 刘颖：《基于国际粮荒背景下的中国粮食流通研究》，中国农业出版社 2008 年版。

67. 程国强：《中国农业补贴制度设计与政策选择》，中国发展出版社 2011 年版。

68. 丁声俊、王耀鹏等：《反饥饿　反贫困》，中国农业出版社 2012 年版。

69. 丁声俊：《中国有能力养活中国》，中国农业出版社 2014 年版。

70. 国家统计局：《中国统计年鉴》，中国统计出版社 1990—2017 年各版。

71. 国家统计局农村社会经济调查总队：《中国农村统计年鉴》，中国统计出版社 2000—2018 年各版。

72.《中国财政年鉴》(2018)，中国财政杂志社 2018 年版。

73.《粮油市场报》，2018 年有关各期。

74.《期货日报》，2018 年有关各期。

75.《中国粮食经济》，2018 年有关各期。

76.《调研世界》，2018 年有关各期。

77.《农业经济问题》，2018 年有关各期。

78.《粮食经济研究》，2018 年有关各期。

79.《中国农村经济》，2018 年有关各期。

80. 中华人民共和国国家统计局：《中华人民共和国 2008 年国民经济和社会发展统计公报》。

81. 中华人民共和国国家统计局：《中华人民共和国 2009 年国民经济

和社会发展统计公报》。

82. 中华人民共和国国家统计局：《中华人民共和国 2010 年国民经济和社会发展统计公报》。

83. 中华人民共和国国家统计局：《中华人民共和国 2011 年国民经济和社会发展统计公报》。

84. 中华人民共和国国家统计局：《中华人民共和国 2012 年国民经济和社会发展统计公报》。

85. 中华人民共和国国家统计局：《中华人民共和国 2013 年国民经济和社会发展统计公报》。

86. 中华人民共和国国家统计局：《中华人民共和国 2014 年国民经济和社会发展统计公报》。

87. 中华人民共和国国家统计局：《中华人民共和国 2015 年国民经济和社会发展统计公报》。

88. 中华人民共和国国家统计局：《中华人民共和国 2016 年国民经济和社会发展统计公报》。

89. 中华人民共和国国家统计局：《中华人民共和国 2017 年国民经济和社会发展统计公报》。

90. 中华人民共和国国家统计局：《中华人民共和国 2018 年国民经济和社会发展统计公报》。

91. 新华网：《中共中央　国务院关于促进农民增加收入若干政策的意见》(2004 年中央 1 号文件)。

92. 新华网：《中共中央　国务院关于进一步加强农村工作　提高农业综合生产能力若干政策的意见》(2005 年中央 1 号文件)。

93. 新华网：《中共中央　国务院关于推进社会主义新农村建设的若干意见》(2006 年中央 1 号文件)。

94. 新华网：《中共中央　国务院关于积极发展现代农业　扎实推进社会主义新农村建设的若干意见》(2007 年中央 1 号文件)。

95. 新华网：《中共中央　国务院关于切实加强农业基础建设　进一步促进农业发展农民增收的若干意见》(2008 年中央 1 号文件)。

96. 新华网：《中共中央　国务院关于促进农业稳定发展农民持续增收的若干意见》(2009 年中央 1 号文件)。

97. 新华网：《中共中央　国务院关于加大统筹城乡发展力度　进一步夯实农业农村发展基础的若干意见》（2010 年中央 1 号文件）。

98. 新华网：《中共中央　国务院关于加快水利改革发展的决定》（2011 年中央 1 号文件）。

99. 新华网：《中共中央　国务院关于加快推进农业科技创新　持续增强农产品供给保障能力的若干意见》（2012 年中央 1 号文件）。

100. 新华网：《中共中央　国务院关于加快发展现代农业　进一步增强农村发展活力的若干意见》（2013 年中央 1 号文件）。

101. 新华网：《中共中央　国务院关于全面深化农村改革　加快推进农业现代化的若干意见》（2014 年中央 1 号文件）。

102. 新华网：《中共中央　国务院关于加大改革创新力度　加快农业现代化建设的若干意见》（2015 年中央 1 号文件）。

103. 新华网：《中共中央　国务院关于落实发展新理念　加快农业现代化实现全面小康目标的若干意见》（2016 年中央 1 号文件）。

104. 新华网：《中共中央　国务院关于深入推进农业供给侧结构性改革加快培育农业农村发展新动能的若干意见》（2017 年中央 1 号文件）。

105. 新华网：《中共中央国务院关于实施乡村振兴战略的意见》（2018 年中央 1 号文件）。

106. 新华网：《关于坚持农业农村优先发展做好"三农"工作的若干意见》（2019 年中央 1 号文件）。

107. 新华网：《国务院关于完善粮食流通体制改革政策措施的意见》（国发〔2006〕16 号）。

108. 新华网：《中共中央关于完善社会主义市场经济体制若干问题的决定》，2003 年 10 月。

109. 新华网：《中共中央关于制定"十二五"规划的建议》，2010 年 10 月。

110. 新华网：《中华人民共和国国民经济和社会发展第十二个五年规划纲要》，2011 年 3 月。

111. 新华网：《中共中央关于全面深化改革若干重大问题的决定》，2013 年 11 月。

112. 郑州粮食批发市场：《中国粮油市场月度分析报告》，2018 年各期。

113. 郑州粮食批发市场：《2018 中国粮油市场年度分析报告》，2018 年 1 月。

114. 国家发展和改革委员会网站：http：//www. sdpc. gov. cn/。

115. 财政部网站：http：//www. mof. gov. cn/。

116. 国家粮食局网站：http：//www. chinagrain. gov. cn/。

117. 中国农业信息网：http：//www. agri. gov. cn/。

118. 国家统计局网站：http：//www. stats. gov. cn/。

119. 国土资源部网站：http：//www. mlr. gov. cn/。

120. 中国海关网站：http：//www. customs. gov. cn/。

121. 新华网：http：//www. xinhuanet. com/。

122. 中华粮网：http：//www. cngrain. com/。

后　记

解决好十几亿人的吃饭问题，始终是治国理政的头等大事。

2018 年，我国粮食产量稳居高位，种植结构调优调新调绿；新的粮政机构扬帆起航，担当历史擘画未来；最低收购价政策机制完善，激活多元主体；去库存加码给力，品种结构渐趋合理；粮食产业风生水起，农民乐享改革红利；“中国好粮油”示范效应彰显，粮食质量监测无盲区；城乡配送供应方便快捷，产后服务硕果累累；国际粮食合作不断深化，粮食企业“走出去”铿锵有力。

2019 年，新中国迎来 70 华诞，全面建成小康社会迎来关键之年。在中华民族伟大复兴的新征程中，更要始终保持对“粮安”内涵的清醒认识和准确把握，夯实国家粮食安全根基，守住管好“天下粮仓”，构建更高层次、更高质量、更有效率、更可持续的粮食安全保障体系。

岁月为犁，不负韶光。光阴的故事之所以令人时刻铭记，是因为其中有我们每一个个体、时代、国家进步的清晰印记。

自 2003 年出版以来，《中国粮食市场发展报告》聚焦粮食市场，关注粮食产业，共筑粮安中国，在粮食流通体制改革的进程中，留下了自己一步步坚实的足迹。

中国粮食经济学会作为国家级粮食经济理论研究的权威学术团体，从 2018 年第十六卷起，参与到本书的编撰工作中来，这对提高报告的内在质量、提升报告的影响力带来了积极的推动作用。

《2019 中国粮食市场发展报告》（第十七卷），按照写作内容的先后顺序，作者分别为：

第一部分：一、杨京，二、刘桂才；第二部分：一、申洪源，二、胡锋，三、冯利臣，四、刘兆福，五、陈艳军，六、李娜；第三部分：一、叶兴庆、伍振军、周群力，二、程国强，三、方言，四、李国祥，五、杨光焰，六、黄汉权、张义博、周振、涂圣伟，七、钟钰，八、张宇松；第四部分：一、张春良，二、郑红明，三、朱勇生，四、高艳滨、赵建新；第五部分：一、张顺喜，二、鲍建安；第六部分：一、陈国强，二、陈邦华、乔林生，三、傅宏；第七部分：一、杨京，二、石金功，三、杨京，四、荆方童。

本书在出版过程中，国家发展和改革委经济贸易司巡视员刘小南同志对中国粮食市场概述一章提出了修改意见，《粮油市场报》承担了该书的总纂工作，南京财经大学朱行研究员翻译了序言和目录，中国财政经济出版社刘瑞思、樊闽、张军编审精心编校。在此，向所有支持《中国粮食市场发展报告》编撰和出版工作的领导、专家、学者及社会各界人士表示感谢！

编者

2019 年 4 月

图书在版编目（CIP）数据

2019中国粮食市场发展报告／李经谋主编．—北京：中国财政经济出版社，2019.5

ISBN 978-7-5095-8972-4

Ⅰ．①2…　Ⅱ．①李…　Ⅲ．①粮食市场-研究报告-中国-2019　Ⅳ．①F724.721

中国版本图书馆CIP数据核字（2019）第078902号

责任编辑：樊　闽　　　　责任校对：张　凡

封面设计：汪俊宇

中国财政经济出版社出版

URL：http：//www.cfeph.cn

E-mail：cfeph@cfeph.cn

社址：北京市海淀区阜成路甲28号　邮政编码：100142

营销中心电话：88191537

北京中兴印刷有限公司印刷　各地新华书店经销

787×1092毫米　16开　23印张　335 000字

2019年5月第1版　2019年5月北京第1次印刷

定价：52.00元

ISBN 978-7-5095-8972-4

（图书出现印装问题，本社负责调换）

本社质量投诉电话：010-88190744

打击盗版举报热线：010-88191661　QQ：2242791300